Auf vielen Seiten findest du einen **Wortschatz**.
Der Wortschatz soll dir helfen, neue Wörter kennenzulernen und bessere Texte zu schreiben.

Oft findest du **Infoboxen** und **Checklisten**.

In den Infokästen kannst du alle wichtigen Informationen zum Schwerpunkt, an dem du gerade arbeitest, nachlesen.

Infobox **Checkliste**

Die Checklisten helfen dir dabei, deine Ergebnisse zu überprüfen und zu verbessern.

An vielen Aufgaben findest du **Tipps**.

Sie funktionieren wie ein Link. Wenn du die Seite aufschlägst, dann findest du dort Informationen, die beim Lösen der Aufgabe helfen.

S. 306

Auf vielen Seiten findest du einen QR-Code, hinter dem sich digitales Material versteckt. Scanne einfach den Code oder gib ihn unter www.westermann.de/webcode ein.

WES-127901-018

Neben den Aufgaben findest du Symbole, die dir zeigen, um welche Ergänzungen es sich handelt:

- Hördateien
- Interaktive Übungen
- Vorlagen (z. B. Texte und Bilder)
- Lösungen
- Videos

westermann

Praxis Sprache 5

Herausgegeben von Tilman von Brand
Astrid Müller

Erarbeitet von Tilman von Brand
Carolin Haase
Tina Hoffmann-Deist
Roberto Hübner
Kristina Koebe
Astrid Müller
Eric Scheibe
Hanna Sieberkrob
Nadja Stelle-Roth

Illustriert von Konrad Eyferth

Georg-Westermann-Allee 66, 38104 Braunschweig
service@westermann.de, www.westermann.de

Druck A[1] / Jahr 2025
Alle Drucke der Serie A sind im Unterricht parallel verwendbar.

Redaktion: Cindy Konrad, Rebecca Mertens, Annette Methfessel, Pia Meyer, Niklas Reichel
Umschlaggestaltung: JANSSEN KAHLERT Design & Kommunikation GmbH, Hannover
Layout: JANSSEN KAHLERT Design & Kommunikation GmbH, Hannover
Druck und Bindung: Westermann Druck GmbH,
Georg-Westermann-Allee 66, 38104 Braunschweig

ISBN 978-3-14-**127901**-6

Sprechen und Zuhören

Lesen & sich mit Texten und anderen Medien auseinandersetzen

Inhalt

Schreiben

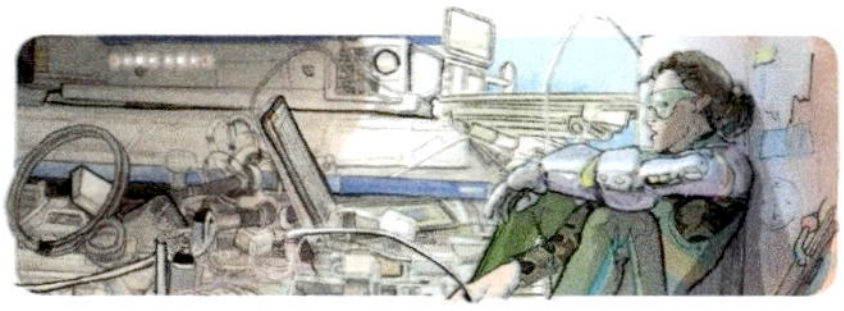

Rechtschreibung und Zeichensetzung

Inhalt

Sprache und Sprachgebrauch untersuchen

Methoden

Anhang

Gemeinsam arbeiten und lernen

1. Der erste Tag in der neuen 5. Klasse... Beschreibt die Situationen auf dem Bild.

2. Sprecht darüber, was die Kinder denken.
   Was davon könnt ihr gut verstehen, was eher nicht?

3. Redet darüber, wie ihr euch das Zusammensein in der neuen Klasse wünscht.
   Ihr könnt vorher auch eure Wünsche auf Zettel schreiben und sie für alle sichtbar an die Wand heften.

In diesem Kapitel lernst du, ...
- wie du deine neue Klasse näher kennenlernen kannst.
- wie du dich anderen vorstellen kannst.
- wie ihr freundlich miteinander umgehen könnt.
- wie ihr euer Klassengespräch organisieren könnt.

Gemeinsam arbeiten und lernen

Einander näher kennenlernen

1 Sicher kennt ihr viele Kinder eurer neuen Klasse noch nicht.
Auf den folgenden Seiten findet ihr ein paar Spielanregungen, die euch dabei helfen sollen, einander besser kennenzulernen.
Lest euch die Anregungen durch und wählt aus, was ihr spielen möchtet.

A Sich mit Körperbewegungen vorstellen

1. Schritt: Den eigenen Namen nennen und eine Bewegung erfinden

Jeweils sechs Kinder stellen sich im Kreis auf. Reihum nennt jedes Kind seinen Vornamen und Nachnamen. Gleichzeitig macht es eine bestimmte Bewegung, z. B.:

- mit einer Hand winken
- den Daumen nach oben strecken
- die Arme vor der Brust überkreuzen
- mit den Händen die Augen zuhalten
- mit dem Zeigefinger auf die Nasenspitze tippen
- die Hände in die Hüften stemmen
- mehrmals den Kopf schütteln
- eine Verbeugung machen

Achtung: Jedes Kind soll eine andere Bewegung machen.

2. Schritt: Die Bewegung und den Namen des Nachbarkindes wiederholen

In Runde zwei wiederholt jedes Kind die Bewegung des rechten Nachbarkindes. Dabei sagt es: „Mein Nachbar / meine Nachbarin heißt …"

3. Schritt: Den Ablauf von Neuem beginnen

Jetzt finden sich neue Sechsergruppen zusammen. Ihr führt die Schritte 1 und 2 erneut durch.

B Zwei Wahrheiten, eine Lüge

1. Schritt: Bei diesem Spiel ist eine gute Vorbereitung gefordert: Überlegt euch drei Aussagen über euch selbst. Aber Achtung! Eine dieser Aussagen soll erfunden sein (z. B. *ich esse gerne Spinat, ich habe eine Spinne als Haustier, ich liebe Mathe*). Merkt euch eure drei Aussagen gut, ihr könnt sie auch als Hilfe aufschreiben.

2. Schritt: Ein Kind trägt nun seine drei Informationen über sich vor. Dabei sollte es selbstbewusst sein und sich nicht anmerken lassen, an welcher Stelle es flunkert.

3. Schritt: Abschließend stimmen die anderen Kinder ab, welche der Informationen vermutlich die Lüge ist. Schließlich löst die / der Vortragende das Geheimnis auf und ihr könnt sehen, ob ihr / wie viele von euch der Lüge auf die Spur gekommen sind.

4. Schritt: Nun ist die nächste Person mit dem Vortragen an der Reihe.

Tipp: Ihr könnt noch eine zweite Runde spielen, um zu sehen, wie gut ihr euch die Eigenschaften gemerkt habt. Der oder die erste steht auf und ihr überlegt gemeinsam, ob ihr euch die beiden wahren Aussagen merken konntet.

C Mischmasch

Jedes Kind schreibt auf ein Kärtchen eine Frage an die anderen Mitschülerinnen und Mitschüler, zum Beispiel: *„Welche Musik hörst du am liebsten?“* oder *„Was ist deine Lieblingsfarbe?“* oder *„Was ist dein Lieblingsessen?“* oder … Dann gehen alle Kinder im Klassenraum umher. Auf ein bestimmtes Signal hin bleiben alle stehen. Die Frage auf dem Kärtchen wird nun der Person gestellt, die einem am nächsten steht. Nachdem beide Kinder ihre Antwort bekommen haben, geht das Spiel weiter. Spieldauer: maximal zehn Minuten.

D Schneeballschlacht

Wenn ihr euch schon ein bisschen besser kennt, könnt ihr das folgende Spiel spielen: Jedes Kind schreibt auf einen Zettel eine kleine Vorstellung über sich selbst (*den Geburtstag und drei weitere Informationen z. B. zu Lieblingsfach, größtes Vorbild, …*). Dann werden die Zettel zusammengeknüllt. Die ganze Klasse bekommt eine Minute Zeit für eine Schneeballschlacht mit den zusammengeknüllten Zetteln. Danach nimmt sich jede / jeder einen Schneeball und muss die Person finden, die den Zettel geschrieben hat.

Achtung: Bitte nicht den eigenen Zettel nehmen! Den solltet ihr unauffällig gegen einen anderen Schneeball eintauschen. Anschließend stellen alle Kinder ihre Person vor und berichten, was sie Neues über sie erfahren haben.

E Wichtiger Gegenstand

Jedes Kind bringt von zu Hause einen Gegenstand mit (oder malt/schreibt ihn auf), der ihm aus bestimmten Gründen wichtig ist. Dann setzen sich alle in einen Kreis. Jedes Kind stellt nun seinen Gegenstand vor. Dabei erklärt es den anderen, warum es diesen Gegenstand mag oder warum er so wichtig ist.

WES-127901-011

Gemeinsam arbeiten und lernen

Sich selbst und andere vorstellen

1 Hier stellen sich Amina und Pascal ihrer Klasse vor. Lest beide Texte laut und merkt euch möglichst viele Informationen.

Amina

Ich heiße Amina Haddad. Ich bin elf Jahre alt. Mein Geburtstag ist am 12. Juli. Ich wohne in Neustadt. Ich habe noch eine Schwester. Die ist vier Jahre alt. Ich gehe gern zur Jugendgruppe der Freiwilligen Feuerwehr. Dort üben wir viel und dürfen auch schon mal ein kleines Feuer löschen. Mein Lieblingsfach ist Musik. Mein Hobby ist Gitarre spielen. Ich wünsche mir, dass ich in einer Schüler-Band mitspielen kann.

Pascal

Ich bin Pascal Sonntag. Mein Geburtstag ist der 24. Dezember. Mein Sternzeichen ist der Steinbock. Ich koche gern und kann das schon sehr gut! Mein Lieblingstier ist mein Pferd Jako. Als liebstes Fach habe ich Sport. Geschwister habe ich keine, aber das ist nicht schlimm. Ich habe ja eine Menge Freundinnen und Freunde. Ach ja, ich wohne in Waldhausen. Und ich wünsche mir, dass unsere Schule einen Schulgarten bekommt.

2 Gebt mündlich wieder, was ihr euch von den beiden Kindern gemerkt habt.

3 Arbeitet in Gruppen:
Lest die beiden Vorstellungstexte nun noch einmal.
- Macht euch anschließend Notizen, zu welchen Bereichen die beiden genauere Angaben machen.
- Ordnet eure Notizen übersichtlich auf einem Zettel.
- Vergleicht eure Ergebnisse dann auch mit den anderen Gruppen. Fehlen euch Angaben? Ergänzt diese.

Vorname und Familienname
Geburtstag
...
...
Geschwister
Wohnort
...
Hobbys
...

4 Jetzt könnt ihr euch besser kennenlernen. Zwei Kinder befragen sich gegenseitig. Nutzt dazu eure Notizzettel aus Aufgabe 3. Haltet die Antworten schriftlich fest.

Wie heißt du?
Wann hast du Geburtstag?
Wo wohnst du?

5 Dann stellt jedes Kind die andere Person dem Rest der Klasse vor.

Das ist ... *Er hat am ... Geburtstag.*
Er wohnt in ... *Sein Hobby ist ...*

6 Verfasse mit dem **Wortschatz** einen Vorstellungstext (Selbstportrait) zu dir. Wähle selbst aus, wie du dein Selbstportrait über dich gestalten möchtest:

I a Schreibe in Stichworten so, wie es Marie macht.

II b Schreibe nach dem Vorbild von Marie, indem du aber nach den Doppelpunkten vollständige Sätze verwendest (Name: *Ich heiße Marie Ellis*).

III c Schreibe einen ganzen Text, so wie es Amina und Pascal gemacht haben.

Name: Marie Ellis
Geburtstag: 12. Mai
Wohnort: Nimburg
Hobbys: Handball, Lesen
Lieblingsfächer: Sport, Deutsch
Lieblingsfarbe: Pink
Lieblingstier: Giraffe
Lieblingsessen: Spaghetti Bolognese
Was ich mir wünsche: Eine gute Klassengemeinschaft

7 Zuletzt geht es an die Überarbeitung eurer Selbstportraits.

» Feedback, S. 294

a) Gebt euch **Feedback** und verbessert die Texte in Gruppen.
b) Übertragt eure Ergebnisse anschließend auf Karton oder festes Papier im Hochformat DIN A4 und gestaltet diese ansprechend. Ihr könnt verschiedene Farben wählen.

8 Präsentiert eure Selbstportraits in der Klasse.

Wortschatz

Name:
- Ich bin ...
- ... heiße ich.
- Mein Name ist ...

Geburtstag:
- Geboren wurde ich am ...
- Ich habe am ... Geburtstag.
- Mein Geburtstag ist der ...

Sternzeichen:
- Mein Sternzeichen ist ...
- Ich wurde im Sternzeichen ... geboren.

Wohnort:
- Ich wohne in ...

Geschwister:
- Ich habe ... Geschwister.

Hobby:
- Ich ... gern.
- Mein Hobby ist ...
- Ich mag ... besonders gern.
- In meiner Freizeit ... am liebsten.

Lieblingsfach / Farbe / Tier / Essen:
- Mein Lieblingsfach ist ...
- ... habe ich am liebsten.
- Die Farbe ... gefällt mir am besten.
- ... finde ich als Tier besonders toll.
- Am liebsten esse ich...
- ... ist meine Leibspeise.

Was ich mir wünsche:
- Es wäre toll, wenn... ... würde ich mir wünschen.

Gemeinsam arbeiten und lernen

Freundlich miteinander umgehen

Damit das gemeinsame Arbeiten Spaß macht, sollte man freundlich miteinander umgehen, auch wenn man mal nicht einer Meinung ist. Das gelingt den Kindern in unserem Beispiel nicht immer.

1 Lest die einzelnen Dialoge mit verteilten Rollen vor.

Hau ab! Du nervst voll! — *Sei doch nicht immer so gemein!*

Wie findest du mein Bild? Gefällt es dir? — *Super! Ich könnte das nicht!*

Du schreibst ja alles von mir ab! Das sage ich Frau Drömel! — *Alte Petze!*

Meine Schrift soll unleserlich sein?! Guck dir mal deine an! — *Sorry, das habe ich so nicht gemeint.*

Was ist das denn für ein komisches Bild? Lol. — *Bleib mal locker! Du musst mich nicht gleich auslachen!*

Das ist doch voll die Angeberei! — *Wenn du das noch mal sagst, gibt es …*

Hör doch mal auf, mich ständig zu verbessern! Das geht echt gar nicht. — *Hör auf zu meckern! Ich wollte dir ja nur helfen.*

Kannst du mir bitte mal helfen? Ich pack das nicht. — *Logisch. Wir schauen uns das einfach zusammen an. Das schaffst du schon!*

2 Untersucht diese Dialoge der Kinder genauer:
- Welche einzelnen Äußerungen findet ihr freundlich?
- In welchen beiden Dialogen gehen beide Kinder freundlich miteinander um?
- Welche Aussagen findet ihr unfreundlich – oder sogar verletzend?
- Bei welchen Dialogen lässt sich schwer sagen, ob sie freundlich sind oder nicht? Probiert dafür, die Dialoge unterschiedlich zu lesen (z. B. nett, aggressiv, sanft). Verändert dafür auch Gestik (Körpersprache) und Mimik (Gesichtsausdrücke).

3 Wandelt alle Aussagen, die beschimpfen, klagen, drohen … in freundliche Aussagen und Reaktionen um und schreibt sie auf. *S. 306*

4 Die Kinder in den folgenden Beispielsätzen 1) bis 8) möchten alle eine Antwort von ihrem Gegenüber bekommen.

1 Ich kann das nicht allein. Hilfst du mir?
2 Das habe ich nicht verstanden.
3 Das stimmt doch aber nicht!
4 Ich finde das total merkwürdig.
5 Diese Stelle im Text finde ich super!
6 Warum bist du so ironisch?
7 Die anderen sind immer so komisch zu mir! Was soll ich denn nur machen?
8 Was du da sagst, habe ich nicht richtig verstanden.

a) Auf welche Weise wenden sie sich an ihr Gegenüber? Findet im **Wortschatz** Begriffe, die das, was die Kinder sagen, treffend bezeichnen, z. B.:
Kind 1) bittet um Hilfe. Kind 2) gibt zu, dass es etwas nicht versteht. Kind 3) …

b) Wie könnte das jeweilige Gegenüber auf die Aussage reagieren? Formuliert freundliche Antworten zu den Sätzen. So könnt ihr beginnen: *S. 306*

Warte, ich helfe dir … Kein Problem, ich erkläre dir gern … Ja, du hast recht mit … Wie meinst du das? … Sorry, so habe ich das nicht … …

5 Entwickelt eigene Dialoge, die veranschaulichen, was die Verben des freundlichen Umgangs (**Wortschatz**) ausdrücken. Ihr könnt sie zum Vorspielen vorbereiten.

I II III

a zwei Dialoge   b drei Dialoge   c fünf Dialoge

z. B. „trösten":

Ich hatte mir so viel Mühe gegeben, aber niemandem gefällt mein Text.

Doch! Ich finde ihn toll. Er ist so spannend!

Wortschatz

- achten
- beruhigen
- etwas erklären
- etwas zugeben
- fragen
- jemandem Mut zusprechen
- nachfragen
- sich bedanken
- sich um jemanden kümmern
- unterstützen
- zustimmen
- akzeptieren
- bestätigen
- etwas richtigstellen
- ermutigen
- freundlich sein
- jemandem unter die Arme greifen
- Rat annehmen
- sich entschuldigen
- trösten
- zuhören
- anerkennen
- einverstanden sein
- etwas wiederholen
- ermuntern
- helfen
- loben
- respektieren
- sich freuen
- um Hilfe bitten
- zur Seite stehen

Gemeinsam arbeiten und lernen

Miteinander sprechen – einander zuhören

WES-127901-015

1. Beschreibt das Bild:
   Was fällt euch auf?
   Was wird hier gerade getan?
   Wie verhalten sich die Kinder?

2. Lies das folgende Gespräch zunächst in Ruhe für dich.

3. Lest es dann mit verteilten Rollen. Achtet beim Lesen auch auf Gestik und Mimik.
   - Ihr braucht insgesamt acht Sprecher.
   - Die Zuhörer achten darauf, wie die einzelnen Kinder miteinander sprechen!

Diskussion: Gestaltung unseres Klassenraumes

Maya: Wir wollen heute darüber diskutieren, wie wir unseren Klassenraum ausgestalten können.
Finn: Poster! Da müssen unbedingt Poster an die Wand!
Paul: *(protestiert laut)* So'n Quatsch! Poster!
Maya: Dann sag doch mal, was für Poster, Finn!
Finn: Gamer! Poster mit Gamern!
Yasmin: *(sehr leise)* Ich bin auch für Poster.
Maya: Wir können dich nicht verstehen, Yasmin. Sprich doch bitte mal etwas lauter!
Yasmin: *(jetzt laut und deutlich)* Ich hab an Bands gedacht.
Paul: *(lacht auf)* Ha, Mädchen und Bands! Ich lach mich tot!
Maya: Da musst du doch nicht gleich lachen! Jedenfalls haben wir jetzt zwei Vorschläge.
Maya: Paul, hast du auch einen Vorschlag?
Paul: *(hat den Kopf auf die Bank gelegt)*
Maya: Paul, du hörst ja gar nicht zu!
Paul: *(hebt den Kopf)* Was hast du gesagt?
Maya: Ob du auch einen Vorschlag hast?
Paul: Nö. Hab ich nicht.
Maya: Dann mach ich mal einen anderen Vorschlag: Wie wäre es mit einem Blumenposter?
Paul: *(lacht ironisch)* Hihi! So mit kleinen niedlichen Gänseblümchen!
Yasmin: Immer musst du andere runtermachen!
Finn: Also ich finde Blumen auch nicht krass! Dann schon lieber ...
Paul: *(unterbricht ihn)* Hör auf mit deinen Gamern!

Maya: Also, Paul, so geht es nicht! Immer musst du jemanden unterbrechen! Du musst dich schon melden, wenn du etwas sagen willst. So kommen wir jedenfalls nicht weiter. *(guckt in die Klasse)* Wie sieht es denn mit weiteren Vorschlägen aus? Wer einen Vorschlag hat, der melde sich bitte. – Luca?

Luca: Ich wäre für einen Geburtstagskalender. Da stehen alle unsere Geburtstage drauf. Und Fotos von uns und vielleicht auch Sternzeichen.

Elif: Vielleicht können wir deinen Vorschlag noch ein bisschen ändern, Luca. Wir haben doch unsere Selbstporträts. Die haben wir noch gar nicht ausgestellt. Wir könnten doch einen großen Baum mit vielen Ästen malen und…

Sophie: Einen Baum? Wieso denn einen Baum?

Elif: Lass mich doch mal ausreden, Sophie. Also: Den Baum malen wir auf dickes Packpapier. Dann schneiden wir ihn aus und hängen ihn hinten an der großen Wand auf. An den Ästen befestigen wir unsere Porträts. Das sieht bestimmt toll aus.

Emily: Finde ich gut.

Elif: Danke, Emily, dass du mich unterstützt.

Sophie: Ich glaube aus Elifs Vorschlag kann echt was werden. Wenn wir den Baum schön groß machen, dann kriegt er in die Äste noch tolle grüne Blätter gemalt… und dazwischen hängen dann unsere Texte – auf schönen bunten Kartons. Das sind dann die Früchte.

Maya: Ich sehe, wir kommen langsam voran.

Luca: Und wenn wir die Porträts noch nach den Monaten der Geburtstage ordnen, dann ist es sogar auch ein Geburtstagskalender…

Maya: Super Idee! Jetzt haben wir aus zwei Vorschlägen einen gemacht. Was meinen denn nun die anderen: Wer für einen Geburtstagskalender-Baum ist, der hebt jetzt bitte die Hand!

4 Sprecht über die einzelnen Kinder, die in dieser Diskussion zu Wort kommen:
- Wie sprechen sie miteinander?
- Wie gehen sie miteinander um?

5 Arbeitet in Gruppen und untersucht die Diskussion mit folgenden Fragen genauer. Notiert die Namen der Kinder und gebt Zeilen für passende Beispiele an.

a fünf Fragen   **b** zehn Fragen   **c** fünfzehn Fragen

- Wer leitet die Diskussion?
- Wer bedankt sich?
- Wer spricht nicht laut genug?
- Wer unterbricht andere?
- Wer macht sich über Beiträge von anderen lustig?
- Wer hört nicht zu?
- Wer spricht sachlich und freundlich?
- Wer stellt anderen Gesprächspartnerinnen und -partnern gezielt Rückfragen?
- Wer vermittelt?
- Wer lehnt etwas sachlich ab?
- Wer kritisiert sachlich?

- Wer geht auf Beiträge von anderen positiv ein?
- Wer fasst zusammen?
- Wer lobt?
- Wer lästert?

6 Tauscht eure Ergebnisse in der Klasse aus und vergleicht eure Angaben.

7 Mit welchem Kind würdest du gerne zusammenarbeiten? Mit welchem eher nicht?

8 Schaut euch die folgende Sammlung an und klärt miteinander in der Klasse:
Was sollte man in einer Diskussion tun? Was sollte man unterlassen?
Gebt die Buchstaben an und begründet eure Zuordnung.

A andere auslachen
B andere unterbrechen
C anderen zuhören
D auf Beiträge von anderen eingehen
E beim Thema bleiben
F reden, was einem gerade einfällt
G den Gesprächspartner anschauen
H weghören, wenn einen etwas nicht interessiert
I seine Meinung begründen
J sich unverständlich ausdrücken
K Grimassen ziehen
L den Gesprächspartner mit Namen ansprechen
M einen Gesprächsbeitrag auch einmal kritisieren
N den Gesprächspartner beleidigen
O an einen Gesprächsbeitrag anknüpfen
P die Augen verdrehen

9 Welche Verhaltensweisen wünscht ihr euch außerdem noch für eure Gespräche und Diskussionen? Lest die **Infobox** und beschreibt eure Wünsche.

Sprache der Höflichkeit

Infobox

Höflichkeit und Freundlichkeit erleichtern den Umgang der Menschen miteinander.

Höflichkeit ist vor allem eine Sache der **Sprache**. Es gibt besondere Ausdrücke, die für die Gesprächspartnerin / den Gesprächspartner angenehm klingen und Wertschätzung zeigen: *Könntest du bitte mal ... Wärst du so nett ... Gut gemacht ... Eine super Idee ... Ein toller Vorschlag ... Würdest du bitte ... Wären Sie so freundlich ... Könnten Sie bitte ...*
Doch Höflichkeit ist auch eine Sache der **Gestik** (Bewegung), der **Mimik** (Gesichtsausdruck) und der **Stimme**. Mit einer ruhigen, freundlichen Körpersprache und Stimme zeigen wir unsere höflichen Absichten anderen Menschen gegenüber.

WES-127901-018

Gemeinsam arbeiten und lernen

Eine Diskussion durchführen

Nun habt ihr selbst die Gelegenheit, eine Diskussion in der Klasse oder in Gruppen durchzuführen. Verteilt die Rollen **Teilnehmer/-in, Beobachter/-in**, **Moderator/-in**.

Hier findet ihr Ideen für Themen. Oder ihr wählt euer eigenes Thema:

Was können wir unternehmen, damit wir als Klasse zusammenwachsen?
Wohin soll es beim nächsten Wandertag gehen?
Wie sollen wir mit Konflikten umgehen?
Welche Vorleseprojekte würden wir gerne durchführen?

I

1 Vor der Diskussion: Mache dich mit deiner Rolle vertraut.

Teilnehmer/-in: *Du hörst aufmerksam zu und diskutierst mit.*

Wortschatz

- Also meiner Meinung nach ist das so: ...
- Erstmal/dann/außerdem ...
- Okay! Ich verstehe dich – aber es wäre auch eine Idee, dass ...
- Ich finde/denke/glaube, dass ..., weil ...
- Wir könnten zum Beispiel ...
- Vielleicht könnten wir auch, ...

2 Während der Diskussion: Nimm deine Rolle ein und verhalte dich entsprechend.
a) Diskutiere mit den anderen Teilnehmenden das Thema.
b) Beachte die Regeln des **freundlichen Umgangs** miteinander (s. **Checkliste**).
c) Nutze dabei den **Wortschatz** zur Unterstützung.

» *Sprache der Höflichkeit, S. 17*

3 Nach der Diskussion: Wie waren deine Erfahrungen? Was hat gut geklappt, was könnte noch besser werden? Wertet gemeinsam aus (s. **Checkliste**).

II

1 Mache dich mit deiner Rolle vertraut:

Beobachter/-in: *Du hörst aufmerksam zu und notierst die wichtigsten Aussagen und Verhaltensweisen.*

Name	An Regeln gehalten	Nicht an Regeln gehalten
z. B.: Svenja	Obwohl sie anderer Meinung war, hat sie Akims Idee, in den Kletterpark zu gehen, gelobt.	...
z. B.: Kerim	„Ich finde deine Idee toll. Einen Vorschlag hätte ich auch noch."	...
...		

2 Während der Diskussion: Nimm deine Rolle ein und verhalte dich entsprechend.
a) Beobachte, wie sich die an der Diskussion Teilnehmenden verhalten und ob sie die Regeln des **freundlichen Umgangs** miteinander (s. **Checkliste**) einhalten.
b) Notiere dir, wer spricht und ob die Person sich an die Regeln hält oder nicht. Halte dazu Beispiele fest.
c) Nutze dabei die **Tabelle** zur Unterstützung.

3 Nach der Diskussion: Was hast du bei der Diskussion beobachtet? Was hat gut geklappt, was könnte noch besser werden? Wertet gemeinsam aus (s. **Checkliste**).

1 Mache dich mit deiner Rolle vertraut: **III**

Moderator/-in: *Du eröffnest die Diskussion, lenkst das Gespräch und forderst, wenn nötig, das höfliche Miteinander ein. Am Ende fasst du das Ergebnis zusammen.*

Wortschatz
- Wir sprechen heute darüber, ob/wie ...
- Vielleicht könnte man eure Vorschläge zusammenbringen. Und zwar so: ...
- Bitte denkt daran, deutlich zu sprechen/nicht abzuschweifen/...
- Vielen Dank! Wir entscheiden also, dass ...

2 Während der Diskussion: Nimm deine Rolle ein, verhalte dich entsprechend.
a) Leite die Diskussion ein, indem du das Thema nennst. Beende die Diskussion, indem du wichtige Ergebnisse zusammenfasst.
b) Finde und spiele je nach Situation mit passenden Impulsen, um das Gespräch voranzutreiben. **Verhalte dich** dabei **angemessen** (s. **Checkliste**).
c) Greife in das Gespräch ein, wenn nötig: z. B. wenn vom Thema abgewichen wird, undeutlich gesprochen wird, nicht freundlich miteinander umgegangen wird (s. **Checkliste**).
d) Nutze dabei den **Wortschatz** zur Unterstützung.

Vielleicht möchtet ihr auch überlegen, wie ihr mit euren guten Ideen zum Thema weitermachen wollt.

3 Nach der Diskussion: Wie hat die Leitung der Diskussion funktioniert? Was hat gut geklappt, was könnte noch besser werden? Wertet gemeinsam aus (s. **Checkliste**).

Checkliste
- Melde ich mich, bevor ich spreche, und warte ich, bis mich der Moderator aufruft?
- Spreche ich laut (genug) und deutlich?
- Höre ich den anderen aufmerksam zu und lasse sie aussprechen?
- Wende ich mich den gerade Sprechenden zu und schaue sie an?
- Beziehe ich mich beim Sprechen auf die Aussagen anderer?
- Bleibe ich beim Thema und schweife nicht ab?
- Begründe ich meine Meinung?
- Formuliere ich sachlich?
- Bin ich freundlich und höflich, auch wenn mir andere Meinungen nicht gefallen?

MITEINANDER LERNEN & ARBEITEN

SICH SELBST VORSTELLEN

Wenn du dich in einer neuen Gruppe vorstellst, hilft es den anderen, wenn du ein bisschen über dich erzählst.

Diese Informationen über dich kannst du nutzen:

- NAME
- GEBURTSTAG
- WOHNORT
- LIEBLINGSTIER
- LIEBLINGSFARBE
- LIEBLINGSESSEN
- HOBBYS
- GESCHWISTER

EINE EIGENE DISKUSSION FÜHREN

- melden → aufgerufen werden → sprechen!
- zu sprechendem Kind wenden und Blickkontakt nicht vergessen
- laut und deutlich reden
- auf Aussagen der anderen eingehen
- über ganz andere Themen reden? → verboten!
- sachlich formulieren, höflich bleiben
- Begründungen nicht vergessen

SPRACHE DER HÖFLICHKEIT

» S. 17

Höflichkeit und Freundlichkeit machen unseren Umgang miteinander besser. Achte dazu auf deine Sprache. Diese höflichen Ausdrücke kannst du nutzen:

Könntest du bitte mal …?
Wärst du so nett … ?

Gut gemacht …
Eine super Idee …
Ein toller Vorschlag …

Würdest du bitte …?
Wären Sie so freundlich …?
Könnten Sie bitte … ?

Zur Höflichkeit gehören auch eine ruhige und freundliche…

- Gestik, (BEWEGUNG)
- Mimik (GESICHTSAUSDRUCK)
- und Stimme.

Bist du einmal unsicher, dann hilft dieser kleine, aber einfache Spruch:

Sei so zu anderen, wie du selbst von ihnen behandelt werden möchtest!

HIER GIBT'S NOCH MEHR

Digital+
WES-127901-020

Gemeinsam arbeiten und lernen

Überprüfe dein Können: Projekt

1 Für das Zusammensein in Gruppen sind gemeinsame Regeln sehr hilfreich. So zum Beispiel für Gespräche und Diskussionen, bei denen ihr euch einigen möchtet oder nach Lösungen für ein Problem sucht. Seht euch dieses Beispiel an:

Regeln für gute Gespräche und Diskussionen

- das Gespräch leiten
- die Hand heben und sich zum Sprechen melden
- laut und deutlich sprechen
- niemanden beschimpfen oder lächerlich machen
- auf die Reihenfolge der Wortmeldungen achten
- andere ausreden lassen, ihnen aufmerksam zuhören und nicht dazwischenreden
- zur Sache reden und die eigene Meinung deutlich machen
- nicht stören oder ablenken
- eventuell abstimmen und das Ergebnis festhalten
- beim Sprechen alle anschauen, nicht nur die Gesprächsleitung
- andere Meinungen gelten lassen

5g der Erich-Fried-Gemeinschaftsschule

2 Nun seid ihr an der Reihe:
Gestaltet eigene Regeln, die in eurer Klasse zum allgemeinen Miteinander gelten sollen. Das kann ein Poster sein. Oder etwas Besonderes, z. B. Sprechblasen, Puzzleteile, bunte Handabdrücke ... in die ihr Regeln schreibt.

Diese Schritte können euch helfen:
1. Schritt: Überlegt euch, was für euer gemeinsames Miteinander wichtig ist.
2. Schritt: Formuliert gemeinsam Regeln, die diese Werte widerspiegeln.
3. Schritt: Organisiert ein Plakat (vielleicht digital), auf dem ihr die Regeln notiert.
4. Schritt: Besprecht eine passende Reihenfolge und sortiert nach Themen.
5. Schritt: Findet eine treffende Überschrift (z. B.: *So sind wir ein gutes Team!*).
6. Schritt: Überlegt, wie ihr das Plakat ausschmücken könnt: Schriftart- und -größen, Farben, Bilder, Symbole, Comics, Gegenstände, ...
7. Schritt: Hängt das Plakat gut sichtbar im Klassenraum auf.

Spezialtipps:
- Nutzt Ich- oder Wir-Botschaften, um die Regeln persönlich zu gestalten.
- Ihr könnt euer Plakat auch humorvoll gestalten (z. B.: *Verhalte dich im Unterricht so, als wäre Florian Wirtz im Klassenraum*).
- Vielleicht möchtet ihr auch alle unterschreiben. Damit sagt ihr zu, dass ihr die Regeln wirklich einhalten wollt.

WES-127901-022

Vorlesen

1 Hier wird fleißig vorgelesen und interessiert zugehört. Tauscht euch aus:
- Welche Situationen könnt ihr erkennen?
- Wer liest dabei wem vor?
- Was für Texte könnten hier gelesen werden?

2 Sicher habt ihr selbst schon Erfahrungen mit dem Vorlesen gemacht:
- Wann und wo habt ihr das letzte Mal jemandem vorgelesen?
- Und was mögt ihr lieber: selbst vorlesen oder anderen zuhören?

3 Vorlesen ist eine echte Kunst. Was aber macht gut vorgelesene Texte aus?
a) Hört euch die beiden Aufnahmen desselben Textes an.
b) Welcher Aufnahme habt ihr lieber zugehört? Begründet eure Wahl.

In diesem Kapitel lernst du, ...
- wie du mit Strategien übst, flüssiger vorzulesen.
- wie du mit Pausen und Betonungen gestaltend vorliest.
- wie du passende Stimmungen beim Vorlesen vermittelst.
- mit welchen Hinweisen du Texte für das Vorlesen vorbereiten kannst.

WES-127901-023

Vorlesen

Flüssiger vorlesen

Sommerferienanfang – Geheimsprachecomputer – Elefantenwasserrutsche

1 Lange Wörter wie diese sind schwierig? Nicht unbedingt! Ihr könnt sie üben.

a) Hier findet ihr Wörterpyramiden. Lest sie gegenseitig von oben nach unten vor.

b) Übt so lange, bis ihr auch die langen Wörter flüssig lesen könnt.

c) Probiert, eigene Wörterpyramiden zu bauen und Wörter einzuüben. S. 306

Sommer	*Geheim*	*Elefanten*
Sommerferien	*Geheimsprache*	*Elefantenwasser*
Sommerferienanfang	*Geheimsprachecomputer*	*Elefantenwasserrutsche*

2 Vorsicht: Der folgende Text „Im Auto" enthält Lücken. Lies ihn halblaut für dich. Springe beim Lesen mit den Augen nach rechts und setze die fehlenden Wörter ein.

Im Auto

Paul Maar

Jeden Sonntagnachmittag ging Nasreddin ____ zum Parkplatz vor dem Haus. Dort stiegen alle ____ . Nasreddin saß mit seiner Frau vorne, die beiden Kinder auf dem Rücksitz. Da blieben sie ein halbes Stündchen ____ , unterhielten sich, machten Witze und erzählten ____ . Dann stiegen sie wieder aus und gingen zurück ____ .

____ wagte es Memet, seinen Freund zu fragen, weshalb er nie wegfahren würde. „Es spart Benzin", antwortete ____ . (Text verändert)

mit seiner Familie
ins Auto
sitzen
Geschichten
ins Haus
Nach einigen Wochen
Nasreddin

3 Achtung, Wörterslalom! Gelingt es euch, ihn zu entschlüsseln? Lest beide Texte mehrmals vor.

START
Heute
ist
der
letzte
Tag.
Nur
noch
ein
paar
Stunden.
Dann
ist
Schluss.
ZIEL

START
Aber
es
ist
kein
Schluss,
bei
dem
man
weinen
muss.
ZIEL

4 Vorlesen macht Spaß. Aber es gehört auch Übung dazu:
Hier findet ihr einen Textauszug aus dem Roman „Irgendwo ist immer Süden“.
Lest ihn zu zweit im **Lesetandem**.

» *Lesetandem, S. 296*

Irgendwo ist immer Süden

Marianne Kaurin

Heute ist der letzte Tag. Nur noch ein paar Stunden. Dann ist Schluss.
Aber es ist kein Schluss, bei dem man weinen muss. Es kommen keine Axtmörder oder Meteoriten oder Epidemien. Das hier ist ein guter Schluss. Die meisten haben sich darauf gefreut. Haben die Wochen im Kalender durchgestrichen, ihre Koffer gepackt und Sandalen gekauft. Sich eine schicke Sommerfrisur schneiden lassen. Ich habe auch gesagt, dass ich mich freue. Das wird so cool, habe ich gesagt und ausgerechnet, wie lange es noch dauert.
Ich habe schon immer gern Dinge gezählt. Tage und Minuten. Haargummis, Farbstifte, Freunde. Irgendwie fange ich ganz automatisch damit an. In meinem Mäppchen stecken vierzehn lila Buntstifte, obwohl meine Lieblingsfarbe Blau ist. Es sind achtundsechzig Treppenstufen vom vierten Stock bis runter in den Hof, zweiundvierzig Schritte bis zu dem hässlichen Schild mit der Aufschrift *Willkommen im Tyllebakken Bauverein.*
Ich habe schon mehr als viertausend Tage gelebt. Ich habe in sechs Wohnungen gewohnt. In drei Städten. Bin in fünf verschiedene Klassen gegangen. Ich hatte drei Freunde, deren Namen mit einem M anfingen. Mit keinem von ihnen habe ich mehr Kontakt, aber M ist mein Lieblingsbuchstabe. Deshalb passt es auch so gut mit Maria.

Meteoriten
Steine aus dem Weltall

Epidemien
sehr ansteckende Krankheit

5 Hat euch das Lesetandem dabei geholfen, diesen Text flüssig vorzulesen?
Teilt eure Erfahrungen.

6 Lest die **Infobox**. Tauscht weitere Übungsvorschläge für das Vorlesen aus

Infobox

Flüssiger vorlesen

Es gibt viele Möglichkeiten, das flüssige Vorlesen zu üben. Hier sind ein paar Tipps:
1. **Regelmäßig** üben: nicht ein Mal sehr lange, sondern lieber häufiger und kürzer.
2. Im **Lesetandem** wirst du sicherer, weil du nicht alleine vorliest, sondern gemeinsam.
3. Höre dir ein **Hörbuch** an und lies gleichzeitig das Buch dazu halblaut mit.
   Wichtig: Im Buch muss genau das Gleiche stehen, was im Hörbuch vorgelesen wird.

Vorlesen

Gestaltend vorlesen

WES-127901-025

1 Lest den Satz vor. Ist das Unsinn? Wie viele „Finger" sind es denn nun?

Zehn Finger habe ich an jeder Hand fünf und zwanzig an Händen und Füßen.

2 Der Spruch ist aber gar nicht unsinnig. Wenn ihr Pausen macht, wird er sinnvoll:

Zehn „Finger" habe ich: || an jeder Hand fünf | und zwanzig an Händen und Füßen.

3 Nutzt die **Infobox**, um mehr über Pausen und den Umgang mit ihnen zu erfahren.

4 a) Wähle einen Text zum Vorlesen aus. Probiere verschiedene Möglichkeiten: Welche Wörter gehören zusammen? Wo machen Pausen den Text verständlich?
b) Schreibe den Text ab. Trage Pausenzeichen (| und ||) für das Vorlesen ein.

Zungenbrecher

I

Ein Stachelschwein, ein Stachelschwein, das muss ein Schwein mit Stacheln sein.

Sägen *Paul Maar*

II

Nur selten kommt der Sägehai zum Sägen in die Sägerei.
Den Sägefisch dagegen, den hört man öfter sägen. (Text verändert)

Alle meine Tiere

III

Ich habe acht Tiere, im Aquarium schwimmen drei Goldfische, auf der Wiese knabbert ein Kaninchen an einer Möhre. Bellt mein Hund da etwa wieder? Ganz ungestört schläft die Katze, im Vogelkäfig flattern zwei Papageien im Garten. Das Ganze klingt zwar ganz schön verrückt, aber mit ein paar Pausen sind alle meine Tiere wieder an ihrem Platz.

5 a) Lest euch eure Texte gegenseitig vor.
b) Was hat euch beim Zuhören gefallen? Wo habt ihr beim Vorlesen Pausen gemacht?

Pausen setzen

Pausen machen das Vorlesen **lebendig** und das Zuhören **leichter**.
Mit **Pausen** gliederst du den Text in Sinneinheiten. **Sinneinheiten** sind Gruppen von Wörtern, die zusammengehören. Die Pausen können unterschiedlich lang sein:

- kurze Pause (|): nur **kurz anhalten**, z. B. *innerhalb eines Satzes, oft nach einem Komma*
- lange Pause (||): **2 Sekunden** warten, z. B. *am Satzende oder nach einem Doppelpunkt*

6 a) Arbeitet mit den folgenden Sätzen:
- Einer liest einen der Sätze laut und deutlich vor.
  Betont beim Lesen stets das unterstrichene Wort.
- Die anderen müssen danach erraten, welcher Satz gelesen wurde.

b) Wie verändert sich dieselbe Aussage mit jedem Mal?

A) Ich gehe jetzt nach Hause.
B) Ich gehe jetzt nach Hause.
C) Ich gehe jetzt nach Hause.
D) Ich gehe jetzt nach Hause.

7 Überprüft eure Vermutung aus Aufgabe 6 mit der **Infobox** (**A**).

8 Gustav hat in der Mathearbeit gemogelt. Es kommt, wie es kommen muss ...

a) Lest den Text von Erich Kästner. Was sagt ihr zu Gustavs Verhalten?

b) Wie Leo und der Lehrer sich wohl fühlen? Führt ein Blitzlicht dazu durch.

Gustav hat abgeschrieben

Erich Kästner

Gustav hatte von Leo abgeschrieben. Während der Rechenarbeit. Das wäre vielleicht nicht weiter aufgefallen, wenn Leos Lösungen richtig gewesen wären. Sie waren aber falsch! 3489 : 179 war bei Leo seltsamerweise 199,99. Und Gustav, der beim Rechnen nur das Abschreiben beherrschte, hatte selbstverständlich auch 199,99 herausbekommen. Genau wie Leo.

Lehrer Hollmann merkte den Schwindel beim Heftekorrigieren. Und die Sache wäre glimpflich abgelaufen, wenn Gustav sein Vergehen zugegeben hätte. Er log aber und behauptete steif und fest, er habe nicht abgeschrieben. Er war sogar so ungezogen und unanständig, zu erklären: Vielleicht habe Leo von ihm abgeschaut!

glimpflich *ohne schlimme Folgen*

Vergehen *eine böse Tat*

9 Bereite den Text mithilfe der **Infoboxen** (S. 25/26) für das Vorlesen vor:
- Wo möchtest du Pausen machen? Welche Wörter möchtest du betonen?
- Welche Stimmung willst du wo vermitteln? ***verärgert, wütend, überrascht ...***
- Lest euch den Text gegenseitig vor und vergleicht, wie ihr gelesen habt.

i Infobox

Sinnvoll betonen und Stimmungen vermitteln

A **Betonungen** sind wichtig, damit Texte gut **verständlich** sind.
Betone die Wörter besonders, die für den **Inhalt** wichtig sind:
- Worum geht es in dem Text? Welche Information ist dafür wichtig?
  Zum Beispiel: *Etwas, das passiert, oder Orte, Zeitpunkte, Figuren.*

B Um **gestaltend** vorzulesen, spielt auch die **Stimmung** eine wichtige Rolle:
- Wie fühlen sich die Figuren? Wie ist die Stimmung in dem Text?
  Ist sie *spannend, geheimnisvoll, traurig, gelangweilt, fröhlich, genervt, ernst ...?*
- Wie kannst du lesen, um das zu vermitteln? *Schnell, langsam, hoch, tief, laut, leise ...?*

Vorlesen

Einen Text vorbereiten und vorlesen

WES-127901-027

Sigge ist mit seiner Mutter und seinen Schwestern in einen kleinen Ort gezogen. Für Sigge ein Sechser im Lotto. Jetzt kann er ganz von vorne anfangen.

1 a) Lies den Textauszug aus „Mein geniales Leben".
b) Warum könnte sich Sigge einen Neuanfang wünschen?

Sigge stellt sich vor

Jenny Jägerfeld

Ja. || Ich habe ein schwaches Auge. || Ich schiele. ||
Das bedeutet, | dass mein eines Auge | immer auf meine Nase zu gucken scheint, | obwohl ich das nicht will. ||
Als ich kleiner war, | hatte ich eine Augenklappe. || Die saß vor dem starken Auge, | weil das schwache trainiert werden sollte. || Sonst bestand die Gefahr, | dass das starke Auge alle Arbeit übernehmen | und das Gehirn das schwache Auge abkoppeln würde, | und dann wäre ich einäugig. || Oder ich hätte zwar immer noch zwei Augen, | aber das eine Auge wäre wertlos und fast blind. ||
Ich hasste die Augenuntersuchungen | und ich hasste die Augenklappe. || Jedes Mal, | wenn die ausgewechselt wurde, | fühlte es sich an, | als würde man mir die ganze Augenbraue abreißen.

2 Bereite den Text für das Vorlesen vor. Probiere ruhig schon Stellen aus:
- Mache dich mit den eingezeichneten **Pausen** (| und ||) und **Betonungen** vertraut.
- Wähle eine **Stimmung** und lies den Text in dieser Stimmung vor:
  nachdenklich, ernsthaft, verärgert, gelangweilt, friedlich

» *Pausen setzen, S. 25*

» *Sinnvoll betonen und Stimmungen vermitteln, S. 26*

3 Wie dein Vorlesen wirkt, merkst du meist erst richtig, wenn du dir selbst zuhörst:
a) Übe zunächst mehrere Male, den Text gestaltend vorzulesen.
b) Mache eine Aufnahme, während du vorliest. Achte darauf, flüssig vorzulesen und Pausen, Betonungen und die Stimmung sinnvoll einzusetzen.
c) Höre dir deine Aufnahme an und überprüfe sie mit der **Checkliste** (S. 29).
d) Wiederhole die Stellen, die du noch verbessern kannst. *S. 306*

4 Los geht's: Lies deinen Text nun ein letztes Mal vor.

II

Die 11-jährige Pembo zieht mit ihrer Familie aus der Türkei nach Hamburg. Sie hat mit der Sprache in Deutschland keine Probleme, weil sie zweisprachig aufgewachsen ist. Von ihrer neuen Heimat ist sie anfangs aber nicht sehr begeistert. Oft träumt sie von einem berühmten Zauberer, mit dem sie gemeinsam auftritt.

1 Lies den Textauszug aus „Pembo" leise für dich.

Pembos Traum

Ayşe Bosse

Mondschein glitzert silberweiß auf dem nachtschwarzen Wasser. ||

Es duftet nach süßem Jasmin, | nach salzigem Meer | und herrlich köstlichen Köfte. ||

Es ist ganz warm, | und ein kleiner freundlicher Wind weht vom Meer her | zu dem großen Freilufttheater herauf, | dessen bunte Lichter hoch oben auf der Meeresklippe funkeln. ||

Alles ist absolut megamagisch ... ||

Es ist ihre achtundfünfzigste Show in diesem Sommer, | und wie jeden Abend ist das Theater restlos ausverkauft. || Der Magier ist heute mal wieder in Bestform. || Sein Glitzeranzug leuchtet im Licht der Scheinwerfer, | in Tausenden kleinen Strahlen | bis hoch in den dunklen Nachthimmel. || Er dreht sich, | schimmert elegant wie eine Discokugel, | schnipst mit dem Finger | und murmelt dabei leise eine Zauberformel. || Das Publikum vergisst fast das Atmen vor lauter Aufregung. || Die Tochter des Magiers schaut hinauf in den Sternenhimmel. || Dort funkeln die Sterne in hellem Glanz.

2 Mache dich mit dem Text vertraut. Beantworte dazu diese Fragen: *S. 306*

- Was passiert in dem Text? Von welchen Eindrücken wird berichtet?
- Wie stellst du dir Pembo vor? Was erfährst du über Ort und Zeit?
- Kannst du vermuten, wie es Pembo in ihrem Traum geht?

3 a) Bereite den Text für das Vorlesen vor. Probiere ruhig schon Stellen aus:
- Die eingezeichneten **Pausen** (| und ||) helfen dir.
- Überlege, welche Wörter wichtig sind und **betont** werden sollten.
- Welche **Stimmung** willst du beim Vorlesen erzeugen? Und wie?
  z. B. *ruhig, aufgeregt, gemütlich, hektisch, träumerisch, traurig, fröhlich*

b) Schreibe den Text ab und trage die Hinweise für das Vorlesen vollständig ein.

4 Wie dein Vorlesen wirkt, merkst du meist erst richtig, wenn du dir selbst zuhörst:

a) Übe zunächst mehrere Male, den Text gestaltend vorzulesen.

b) Mache nun eine Aufnahme, während du vorliest. Achte darauf, flüssig vorzulesen und Pausen, Betonungen und Stimmungen sinnvoll einzusetzen.

c) Höre dir deine Aufnahme an und überprüfe sie mit der **Checkliste**.

d) Beim ersten Versuch stimmt selten schon alles: Übe holprige Stellen. *S. 306*

5 Los geht's: Lies deinen Text nun ein letztes Mal vor.

III

Atlanta will mit ihrem Fahrrad einmal um das ganze Eisselmeer fahren. Ganze 360 Kilometer an einem Tag und in einer Nacht. Atlanta ist fest entschlossen, denn der nächste Tag könnte schreckliche Untersuchungsergebnisse für ihre Mutter bringen.

1 Lies den Textauszug aus „Haifischzähne" leise für dich.

Die längste Straße der Welt

Anna Woltz

Ich bin außer Atem. Noch nie im Leben bin ich so eine lange Strecke mit dem Rad gefahren. Schon gar nicht allein. Und das ist bloß der allererste Anfang, sage ich mir. Ich mag wirklich keine Sekunde daran denken, dass ich jetzt schon ein wenig müde bin. Müde gibt es noch lang nicht, mindestens hundertfünfzig Kilometer lang.
Bis Medemblik kannte ich die Strecke von Radtouren mit meinem Vater. Fünfundzwanzig Kilometer über den hohen Deich und dann Mittagessen im Hafen. Wohin man auch schaut, sieht es hier aus wie auf einer Ansichtskarte.
Aber dann. Hinter Medemblik fängt die längste Straße der Welt an. Kerzengerade, kein richtiger Radweg, vorbeirasende Autos. Das Eisselmeer ist von hier nicht mehr zu sehen, weil der Deich dazwischen liegt. Dort dürfen jetzt nur noch Schafe mit Glupschaugen und harten Köpfen grasen. Während hoch über mir die Flügel einer Windmühle schwirren, denke ich an Mama. Ich versuche mir vorzustellen, wie ein Leben ohne sie wäre. Aber ich weiß nicht, wo ich anfangen soll. (Text verändert)

Medemblik
eine Stadt in den Niederlanden (Holland)

2 Mache dich mit dem Text vertraut. Beantworte dazu diese Fragen: *S. 306*
- Was passiert in dem Text? Von welchen Ereignissen wird berichtet?
- Wie stellst du dir Atlanta vor? Was erfährst du über Ort und Zeit?
- Warum könnte es für Atlanta wichtig sein, das Eisselmeer zu umrunden?

3 a) Bereite den Text für das Vorlesen vor. Probiere ruhig schon Stellen aus:
- Übe die Aussprache aller Wörter im Text, die du schwierig findest. *S. 307*
- Überlege, wo du **pausieren** (| und ||) und welche Wörter du **betonen** solltest.
- Welche **Stimmung** ist beim Vorlesen sinnvoll? Wie kannst du das umsetzen?

b) Schreibe den Text ab und trage die Hinweise für das Vorlesen ein.

4 a) Übe zunächst mehrere Male, den Text gestaltend vorzulesen.
b) Mache nun eine Aufnahme davon, wie du vorliest.
c) Höre dir deine Aufnahme an und überprüfe sie mit der **Checkliste**.
d) Beim ersten Versuch stimmt selten schon alles: Übe solche Stellen. *S. 307*
e) Los geht's: Lies deinen Text nun ein letztes Mal vor.

Checkliste
- Hast du flüssig und möglichst fehlerfrei vorgelesen?
- Hast du an sinnvollen Stellen Pausen gesetzt?
- Hast du wichtige Wörter betont und die Stimmung des Textes vermittelt?

Vorlesen

FLÜSSIG UND GESTALTEND

STRATEGIEN

» S. 24

- Wörterpyramiden bauen, Lückentexte meistern, Wörterslalom lesen
- Lesetandem = Du liest vor. Dein Lesebuddy liest leise mit und gibt dir Hinweise, wenn du sie brauchst.

PAUSEN

» S. 25

- Mache an passenden Stellen Pausen beim Vorlesen. ?!.,;:
- Achte auf die Satzzeichen, Absätze und Sinneinheiten.
- PAUSENLÄNGE:
  - | kurz = nur kurz Luft holen
  - || lang = 2 Sekunden Pause

BETONUNGEN

» S. 26

- Betone wichtige Wörter.
- Beachte, dass deine Betonung die Bedeutung beeinflusst.
- Betone nicht zu viele Wörter!

GEHEIMTIPPS

» S. 24

- Du hörst das Hörbuch und liest dabei halblaut mit.
- Übe lieber regelmäßiger und kürzer als einmal sehr lange.

STIMMUNGEN

» S. 26

- Vermittle beim Vorlesen die Stimmung des Textes & der Figuren:

LANGEWEILE FRÖHLICHKEIT langsam hoch
SPANNUNG TRAURIGKEIT schnell tief

HIER GIBT'S NOCH MEHR
Digital+
WES-127901-030

Vorlesen

Überprüfe dein Können: Projekt

WES-127901-031

1 Vielleicht möchtet ihr nun euer eigenes Vorleseprojekt starten:
Hier findet ihr Vorschläge. Welche Ideen habt ihr? Führt ein **Brainstorming** durch.

» *Brainstorming, S. 290*

2 Besprecht, welche Ideen sich umsetzen lassen. Stimmt anschließend für eine Idee ab.

3 Trefft alle Vorbereitungen für euer Vorleseprojekt:
Beginnt mit der Suche passender Texte im **Internet** oder in **Büchereien**.
Denkt bei der Auswahl an eure Zuhörerinnen und Zuhörer: *S. 307*

- Welche Themen könnten eure Zuhörerinnen und Zuhörer interessieren? *Tiere, Magie, Reisen …*
- Welche Textarten eignen sich? *Geschichten, Zeitungsartikel, Gedichte …*
- Wie lang und wie schwierig sollten solche Texte sein? *eher kurz, einfach …*

» *Informationen im Internet recherchieren, S. 138*

» *Eine Bücherei erkunden und nutzen, S. 117*

4 Übt, eure Texte gestaltend vorzulesen. Denkt auch hier an das Publikum: *S. 307*

- Habt ihr Pausen, Betonungen und Stimmungen passend eingeübt?
- Habt ihr Besonderheiten beachtet? *extra laut und deutlich, anschaulich …*

5 Überlegt gemeinsam, wie ihr den Ablauf eures Projektes organisiert.

- Wann und wo soll es stattfinden?
- Wollt ihr den Raum besonders gestalten? *gemütliche Kissen, dunkle Vorhänge …*
- Müsst ihr vor dem Lesen etwas erklären? Möchtet ihr danach Gedanken teilen?
- In welcher Reihenfolge wollt ihr eure Texte vorlesen? Gibt es eine Pause?

6 Und nun viel Spaß bei eurem Vorlese-Abenteuer!

WES-127901-032

Hörbuch

Ich liebe Hörbücher. Da kann ich mich in meinen Sitzsack kuscheln, die Augen zumachen und einfach zuhören.

1 In diesem Kapitel geht es um Hörbücher. Besprecht miteinander:
- Kennt ihr bereits Hörbücher? Wenn ja: welche?
- Seht euch die Sprechblase an: Was ist das Besondere an Hörbüchern?
- Lest ihr lieber Bücher oder hört ihr lieber Hörbücher? Begründet.

2 Seht euch das Cover des Hörbuches „Der Tag, an dem die Oma das Internet kaputt gemacht hat" genauer an. Tauscht euch über folgende Fragen aus:
- Was könnt ihr alles entdecken?
- Worum könnte es in dem Hörbuch gehen?

3 Hört euch „Der Tag, an dem die Oma das Internet kaputt gemacht hat" an. Tipp: Wenn ihr die Augen schließt, könnt ihr aufmerksamer zuhören.

4 Führt ein Blitzlicht zu euren ersten Höreindrücken durch.

In diesem Kapitel lernst du, ...
- einem Hörbuch genau zuzuhören und es zu verstehen.
- den Inhalt eines Hörbuches allgemein und genau wiederzugeben.
- eine Meinung zu einem Hörbuch zu entwickeln.

Hörbuch

Ein Hörbuch hören und verstehen

WES-127901-033

1 Was für ein Abenteuer, als die Oma das Internet kaputt gemacht hat. Bringt die Ereignisse in die richtige Reihenfolge und erzählt nach, was passiert ist.

2 Ein Quiz: Versucht nun, die Fragen zu beantworten. Wie viele könnt ihr lösen?

- A *Wie merkt Oma, dass das Internet kaputt ist?*
  - B *Was tut Tiffany, während die Oma das Internet kaputt macht?* *S. 307*
- C *Wie fühlt sich Tiffany, als das Internet wieder funktioniert?* *S. 307*
  - D *Worüber sieht sich der Opa gern Fernsehsendungen an?* *S. 307*
- E *Welches altmodische Teil hat der Opa von früher dabei?* *S. 307*
  - F *Welche Farbe haben Luisas Haare?* *S. 307*
- G *In welcher Phase ist Luisa?* *S. 307*
  - H *Wie heißt die Band, die Luisa gern hört?*
- I *Wie sollte die Band nach Max' Meinung heißen?* *S. 307*
  - J *Was macht Max auf seinem Handy?*
- K *Wie alt ist Max?*
  - L *Was macht der Techniker, um das Internet zu reparieren?*
- M *Wie nennen die Mama und der Papa Erdbeeren?* *S. 307*

3 Entwickelt weitere Fragen für eure Klasse, um herauszufinden, wie genau ihr zugehört habt. Schreibt eure Fragen auf oder nutzt eine Quiz-App. Los geht's!

4 Höre dir das Hörbuch nun noch einmal aufmerksam an. Entscheide dich dazu für eine der folgenden Fragen und lege eine entsprechende Tabelle an.

I

Figur
Person oder anderes Wesen in literarischen Texten

a Welche **Figuren** treten auf und was kann man über sie sagen?

Figur	**Informationen**
die Oma	kann nicht gut mit Technik umgehen, …
Tiffany	ist in den Ferien nicht im Kindergarten, …
…	…

II

b Welche **Auswirkungen** hat das kaputte Internet auf die Figuren?

Figur	**Auswirkung**
die Oma	kann nicht mehr im Internet surfen
der Opa	kann nicht mehr …
…	…

III

c Welche **Beschäftigungen** finden sie nach einiger Zeit?

Beschäftigung	**Umsetzung**
Geschichten erzählen	alle erzählen der Reihe nach, wie die Oma …
…	…

5 Die Mama schlägt vor, dass sich alle eine Geschichte ausdenken sollen, wie die Oma es geschafft hat, das Internet kaputt zu machen.
An welche Geschichten kannst du dich erinnern?
Erzähle sie mit eigenen Worten nach.
Geschichten von: Mama, Opa, Papa, Luisa, Max, Pizzajunge, Tiffany

6 a) Woran erkennt ihr, dass es sich bei „Der Tag, an dem die Oma das Internet kaputt gemacht hat" um ein Hörbuch handelt? Überlegt gemeinsam.
b) Vergleicht eure Überlegungen mit der **Infobox**.

7 Besprecht abschließend, wie euch das Hörbuch gefallen hat.

Infobox

Hörbuch

Ein Hörbuch ist die **vorgelesene Version eines Buches**. Du liest dieses also nicht, sondern kannst ihm zuhören. Meist ist es nur von **einer Sprecherin** oder **einem Sprecher** eingelesen. Das machen häufig Schauspielerinnen oder Schauspieler, weil sie sehr gut und ausdrucksstark vorlesen. Manchmal liest die **Autorin** oder der **Autor** selbst. Hörbücher **können** auch mit Geräuschen und Musik unterlegt sein.

Hörbuch

Ein Hörbuch inhaltlich selbst erschließen

WES-127901-035

1 Höre dir das Hörbuch „Der Tag, an dem der Opa den Wasserkocher auf den Herd gestellt hat" mindestens einmal aufmerksam an.

2 Da hat der Opa ganz schön etwas ausgelöst.
Beschreibe, was auf den Bildern zu sehen ist, und sortiere die Geschichte dabei in die richtige Reihenfolge.

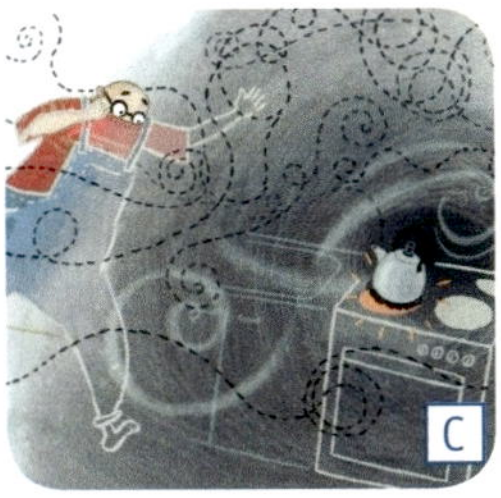

3 Welche Aussagen sind richtig? *S. 307*
Die Buchstaben der richtigen Aussagen ergeben ein Lösungswort. Wie lautet es?

- Der neue Wasserkocher ist aus Edelstahl, aber unten aus Plastik. (O)
- Die Familie nutzt normalerweise einen Kochtopf zum Wasserkochen. (M)
- Als alle aus dem Haus laufen, kommt der Opa hinterhergehustet. (P)
- Der Opa möchte der Mama und dem Papa nicht erzählen, was passiert ist. (A)
- Der Pizzajunge hat zu wenig Pizza dabei. (H)
- Der Opa isst am liebsten Fisch. (I)
- Der Opa hat beim Tischtennis gegen Tiffany 11:0 gewonnen. (G)

4 Nicht nur der Opa hat schon einmal Unsinn gemacht.
Was haben die anderen Familienmitglieder schon alles angestellt?
Schreibe alle Ereignisse auf, die du dir merken konntest. *S. 308*
Unsinn von: Mama, Papa, Oma, Tiffany, Max, Luisa

5 Welches der beiden **Hörbücher** („Der Tag, an dem der Opa den Wasserkocher auf den Herd gestellt hat" oder „Der Tag, an dem die Oma das Internet kaputt gemacht hat") hat dir besser gefallen? Begründe deine Wahl.

» *Hörbuch, S. 34*

1 Höre dir das Hörbuch „Der Tag, an dem der Opa den Wasserkocher auf den Herd gestellt hat" mindestens einmal aufmerksam an.

2 Welche Aussagen sind richtig? S. 307
Die Buchstaben der richtigen Aussagen ergeben ein Lösungswort. Wie lautet es?

- Der Papa hat diesen Wasserkocher gekauft. (K)
- „Retro" heißt, dass die Leute von heute Sachen schön finden, die die Leute von gestern normal fanden. (L)
- Luisa nennt den Nachbarn einen „Kacknachbarn". (U)
- Der Opa hat ein ganzes Butterbrot mit Fischfutter aufgegessen. (V)
- Der Opa weint fast, weil er den Wasserkocher auf den Herd gestellt hat. (I)
- Luisa ist Vegetarierin. (S)
- Der Pizzajunge hat Feierabend, als er die Pizzen bringt. (T)
- Nach der Gartenolympiade gibt es eine wilde Schlacht mit Wasserkochern. (I)
- Am Ende versteht sich die Familie mit dem neuen Nachbarn. (A)

3 Wie nimmt das Abenteuer seinen Lauf? Sortiere die Symbole in den Zeitstrahl ein.

4 Das Bild stammt aus dem Buch zum Hörbuch. Beschreibe, was darauf zu sehen ist, indem du es in den Verlauf der Geschichte einordnest.

5 Nicht nur der Opa hat schon einmal Unsinn gemacht. Was haben die anderen Familienmitglieder schon alles angestellt?
Schreibe alle Ereignisse auf, die du dir merken konntest.
Unsinn von: Mama, Papa, Oma, Tiffany, Max, Luisa

6 Forsche noch einmal in der Geschichte nach: Was war eigentlich auch gut daran, dass der Opa den Wasserkocher auf den Herd gestellt hat? Beende die Sätze:
Anstelle von Papas Braten, den keiner mag, gibt es …
Weil alle raus aus dem Haus müssen, können sie …
Der „Kacknachbar" ist eigentlich …

7 Welches der beiden **Hörbücher** („Der Tag, an dem der Opa den Wasserkocher auf den Herd gestellt hat" oder „Der Tag, an dem die Oma das Internet kaputt gemacht hat") hat dir besser gefallen? Begründe deine Wahl.

III

1 Höre dir das Hörbuch „Der Tag, an dem der Opa den Wasserkocher auf den Herd gestellt hat" mindestens einmal aufmerksam an.

2 Welche Aussagen sind richtig?
Die Buchstaben der richtigen Aussagen ergeben ein Lösungswort. Wie lautet es?

- Der Opa hat schon mal seine Goldfische im Wasserkocher aufbewahrt. (L)
- Der neue Nachbar verbrennt immer seinen Müll. (K)
- Der Opa hat ein Salzwasseraquarium. (M)
- Der aktuelle Wasserkocher war schon mal in der Spülmaschine. (N)
- Max findet aufgeplatzte Würstchen super. (B)
- Luisa ist mit dem Pizzajungen zusammen. (A)
- Der Papa hat früher oft „Krass, ey!" gesagt. (Q)
- Tiffany möchte, dass der Opa den Wasserkocher wieder auf den Herd stellt. (X)
- Beim Tischtennis sind immer der Pizzajunge und Max im Finale. (G)
- Bei der Gartenolympiade läuft Max mit Luisa auf dem Rücken ums Haus. (E)

3 Wie nimmt das Abenteuer seinen Lauf? Sortiere die Symbole in den Zeitstrahl ein.

4 Beide Bilder stammen aus dem Buch zum Hörbuch. Beschreibe, was darauf zu sehen ist, indem du sie in den Verlauf der Geschichte einordnest.

5 Nicht nur der Opa hat schon einmal Unsinn gemacht. Was haben die anderen Familienmitglieder schon alles angestellt?
Schreibe alle Ereignisse auf, die du dir merken konntest.

6 Forsche noch einmal in der Geschichte nach:
War auch etwas gut daran, dass der Opa den Wasserkocher auf den Herd gestellt hat?
Begründe deine Meinung.

7 Welches der beiden **Hörbücher** („Der Tag, an dem der Opa den Wasserkocher auf den Herd gestellt hat" oder „Der Tag, an dem die Oma das Internet kaputt gemacht hat") hat dir besser gefallen? Begründe deine Wahl.

HÖRBUCH

WAS GENAU IST EIN HÖRBUCH?

» S. 34

- Ein Hörbuch ist die vorgelesene Version eines Buches.
- Du kannst einer Sprecherin oder einem Sprecher zuhören. Das sind oft Schauspielerinnen oder Schauspieler. Manchmal liest die Autorin oder der Autor auch selbst.
- Manchmal können Hörbücher auch mit Geräuschen und Musik unterlegt sein.

FIGUREN KENNENLERNEN

» S. 34

Manchmal kann es helfen, Informationen über die Figuren aufzuschreiben. So kannst du sie besser kennenlernen, z. B.:

- Name
- Allgemeines (Alter, Aussehen, Hobbys, ...)
- Was tun sie gerade?
- Was sagen sie?
- Wie denken sie über etwas?

GEHEIMTIPP

Mit einem Hörbuch kannst du auch dein Vorlesen trainieren.

- [ ] Suche zum Hörbuch das dazugehörige Buch.
- [ ] Lies während des Hörens halblaut im Buch mit.

HANDLUNG NACHVOLLZIEHEN

» S. 34

Um die Handlung zu verstehen und um auch später darüber sprechen zu können, kannst du beim Hören die einzelnen Momente in ...

- einem Zeitstrahl aufreihen.
- einer Tabelle festhalten.
- mit Bildern sortieren.

HIER GIBT'S NOCH MEHR
Digital+
WES-127901-038

DU MÖCHTEST SAGEN, WIE DIR EIN HÖRBUCH GEFALLEN HAT?

So kannst du beginnen:

> Mir hat das Hörbuch gefallen/ nicht so gut gefallen, weil ... die Figur ... der Ort ... die Länge ...

Du fandest es vielleicht:

> aufregend, interessant, lustig, spannend, witzig oder albern, langweilig, vorhersehbar, schwierig, unlogisch ...

Hörbuch

Überprüfe dein Können: Projekt

WES-127901-039

Hoffentlich hat euch die Beschäftigung mit den Hörbüchern gefallen.
Vielleicht habt ihr auch Lust auf einen kleinen Wettbewerb: Über einen bestimmten Zeitraum geht es darum, so viele Hörbücher wie möglich anzuhören.

1. Legt gemeinsam den Zeitraum für eure Hörolympiade fest, z. B. einen Monat, bis zu den Ferien, bis zu den Zeugnissen.

2. Einigt euch darauf, ob neben Hörbüchern noch andere Audioformate (z. B. Wissenssendungen, Podcasts, Sachbücher) angehört werden dürfen. Klärt außerdem, ob es eine Mindestdauer geben soll.

3. Legt nun alle ein Hörtagebuch an, in das ihr eintragt, welches Hörbuch ihr wann gehört habt. Haltet den Inhalt in Sätzen, Stichworten, Bildern oder zum Beispiel einem Zeitstrahl fest. Gebt auch eine Einschätzung, wie euch der Titel gefallen hat:

Mein Hörtagebuch

Titel	Datum	Zeit	Inhalt	Bewertung
Marc Uwe Kling: Der Tag, an dem die Oma das Internet kaputt gemacht hat	3. Mai 4. Mai	15.15–15.45 15.00–15.15	Eines Tages geht das Internet nicht mehr und das Leben einer Familie kommt durcheinander. Sie machen dann viele lustige Sachen, bis das Internet repariert wird.	Sehr lustig, vor allem das Ende, als sich die Oma wieder an den Computer setzt
…	…			

4. Ihr könnt euch überlegen, ob man gewinnt, wenn man die meisten Hörbücher gehört hat oder die meiste Zeit damit verbracht hat (sonst zählen kurze und lange Hörbücher gleich viel).

Anregungen:

Von Erlebnissen erzählen

1 Hier wurde gefeiert! Tauscht euch über die Situationen aus:
- Welche Feste erkennt ihr?
- Was erleben die Kinder dort?

2 Denke an eine Feier, die du einmal erlebt hast oder gern erleben würdest:
Fällt dir ein lustiger/aufregender/überraschender Moment ein?
Erzähle der Klasse davon.

3 Teilt eure Eindrücke:
- Gebt wieder, was euch an euren Erzählungen gefallen hat.
- Was war leicht oder schwierig beim Erzählen? Und beim Zuhören?

In diesem Kapitel lernst du, ...
- wie du Erlebnisse nachvollziehbar erzählst.
- wie du eine Erzählung lebendig gestaltest.
- wie du eine Erlebniserzählung überarbeitest oder fortsetzt.
- wie du Erlebnisse anderen gegenüber gut vorträgst.

Von Erlebnissen erzählen

Ein Erlebnis verständlich erzählen

WES-127901-041

1 Hülya verbringt einige Tage an der Nordsee – und macht eine besondere Entdeckung. Hört die Sprachnachricht an ihre Familie an.

„Hey ihr. Ihr werdet ... ihr werdet es nicht glauben. Die Zeit war so krass! Wir ham da ... ähm ihr wisst ja, so eine Besichtigung gemacht. Also hier konnte man ... [Möwen kreischen] wir konnten äh das Watt untersuchen ... so ’ne festere Schlammmatsche [kichert]. Und dann ... dann sind wir so los ..., aber echt, das mit dem auf dem Weg dorthin, das Erlebnis glaubt ihr nie! [Wind weht] Wir sind erst ... ja, an so ner kleinen Düne ... äh ... ähäm ... hups ... vorbei ... Also wir ham dann gemerkt, dass sich der schwarze Busch so ... ähm, irgendwie so bewegt hat ... und so n leises äh ... Heulen haben wir ... Voll komisch. Wir ... also weiter zur ähm ... Düne ... – und ... ihr glaubt es nicht ... Es war wirklich ’n ... ein voll süßes kleines ... Baby, das ... [Wind weht] Es war so richtig ... klein und lag da, als ob es äh ... schlafen würde, ja wie beim Schlafen. Aber ... dann ham wir da so was ... gesehen, dass das ... äh ... festgesteckt hat [Schneller] ... und in ’nem Netz feststeckte ... Heftig. Keine Ahnung, was man dann tut. [Schlucken] ... Polizei rufen? Oh, was ist da los? Voll gefährlich, die großen Hunde, wie die sich so ... jagen. Ähm also Frau Rose hat dann jedenfalls ... angerufen ... – ein Glück! Ach, und, danach habe ich mit Lisa, Rafael und [Möwen kreischen] ähm ... die ganze Klasse hat ein Eis gegessen ... auf den Schreck. Und dann sind wir langsam ... gaaanz langsam ein Stück weg ..., um es ... das Seehundbaby nicht zu stören. Voll die Aufregung. [Seufzt] Naja, schade, dass ihr bei der Klassenfahrt an die Nordsee natürlich nicht dabei sein konntet.“

2 Was für ein Abenteuer. Habt ihr verstanden, was Hülya erlebt hat? Erzählt davon.
- Wo und wann war Hülya genau unterwegs?
- Wer war dabei?
- Was haben sie in der Düne gefunden?
- Und wie haben sie das Problem gelöst?
- Haben sie erst auf Hilfe gewartet oder erst ein Eis gegessen?
- Was haben die großen Hunde damit zu tun?

3 Sicher habt ihr bemerkt, dass Hülya nicht nur inhaltlich schwer zu folgen ist. Woran liegt das? Seht euch die Antworten ihrer Familie im Gruppenchat an.
- Welchen Antworten könnt ihr besonders zustimmen?
- Was ist euch sonst noch aufgefallen?

Oma: „Hülya, ich habe nichts verstanden. Da waren zu viele Geräusche drin.“
Bruder: „Erst am Ende verstanden, dass das Baby ein SEEHUNDbaby ist.“
Schwester: „Das, äh-ähäm-hups, hat mich gekriegt, ab da war ich raus, haha.“
Papa: „Vielleicht kannst du das ohne die vielen Wiederholungen aufnehmen?“
Mama: „Also diese ewigen Pausen, wo man den Faden verliert, hat Hülya von Papa.“

WES-127901-042

4 Vergleicht eure Gedanken mit der **Infobox**. Erklärt, wie ihr verständlich erzählt.

5 Erzähle Hülyas Erlebnis nun selbst verständlich nach. Bereite das vor.
Schreibe dazu den folgenden angefangenen Stichwortzettel ab:

Beginn:	**Hauptteil:**	**Schluss:**
Was ist passiert? … *Wann und wo? …* *Wer war dabei? …*	*Womit ist alles losgegangen? …* *Was passierte dann? …* *Gibt es einen Höhepunkt? …* *Wie ging es weiter? …*	*Wie ist das Erlebte ausgegangen? …*

I

a) Du kannst mit diesen Stichworten den Stichwortzettel befüllen:
auf Rettung gewartet – Entdeckung: Seehundybaby, das in Netz feststeckte – regslos dagelegen – Wattwanderung, Nordsee – auf dem Weg an Düne vorbei – etwas in Busch bewegt und geheult – Notfall: kann sich nicht befreien – Frau Rose hat Polizei gerufen – Eis nach dem Schreck – die Klasse, Lisa, Rafael, Frau Rose und ich

II

b) Nutze den **Wortschatz** für deine Stichworte:

Wortschatz

- Seehundbaby
- Wattwanderung
- Frau Rose
- festgesteckt
- Busch in Düne
- Polizei
- Klassenfahrt
- leises Heulen
- Eisessen

III

c) Schreibe deine Stichworte selbst. Sieh dir dazu erneut Seite 41 an.

6 Sprecht die Sprachnachricht nun selbst ein. Überprüft eure Version mit der **Infobox**.

7 Erzählt von eigenen Erlebnissen (*ein Ausflug, ein Besuch, ein Tag im Park* …).
a) Legt einen Stichwortzettel wie oben an.
b) Tragt nun eure Erzählungen einander vor.
c) Stellt Rückfragen und gebt **Feedback**, wie euch das Erzählte gefallen hat.

» *Feedback, S. 294*

Infobox

Erlebnisse verständlich erzählen

Diese Informationen sind zu **Beginn** der Erzählung wichtig:
1. Von **welchem Erlebnis** wird erzählt?
2. **Wer oder was** steht im Mittelpunkt?
3. **Wann und wo** passiert das Ganze?

Im **Hauptteil** erzählst du in richtiger Reihenfolge die **Schritte des Erlebnisses** nach.
Zum **Schluss** löst du auf, wie das Ereignis **ausgegangen** ist.
Beim mündlichen **Sprechen** sind wir **freier** als beim Schreiben. Achte trotzdem darauf, …
- nicht zu sehr **abzuweichen** oder zu lange **Redepausen** einzulegen,
- auf zu viele **Wiederholungen** und **Füllwörter** zu verzichten (*„und dann …", „äh"*).

Von Erlebnissen erzählen

Eine Erzählung zum Leben erwecken

WES-127901-043

1 „Dann war da noch eine Müllsammelaktion ..." Nun schickt Hülyas Zwillingsbruder Deniz eine Sprachnachricht in den Chat. Hört euch den Anfang an.

> *„Der weiche Sand war toll! Erst habe ich ein paar bunte Muscheln entdeckt. Dann sind wir zum rauschenden Meer. Aber rein sind wir nicht – zum Glück, bei dem kalten, salzigen Wasser. Endlich haben wir die erste leere Flasche mit so stinkenden Resten drin entdeckt. Und sind dann zu den schreienden Möwen."*

2 Welche Sinneseindrücke verwendet Deniz in seiner Erzählung?

a) Ordnet die markierten Stellen zu: *Sehen, Hören, Riechen, Schmecken, Fühlen*.

b) Was passiert, wenn ihr die Sinneseindrücke weglasst? Erzählt den Anfang ohne die Sinneseindrücke. Wie wirkt das Erzählte nun auf euch?

3 Lest die Infobox und tragt zusammen, wie ihr eine Erzählung zum Leben erweckt.

4 Helft nun Deniz dabei, sein Erlebnis lebhaft zu Ende zu erzählen.

- Geht dazu die folgende Mitschrift durch.
- Nutzt die Sinneseindrücke und Spannungswörter aus dem **Wortschatz**.
- Überlegt euch einen Gedanken [...], der ihm durch den Kopf geht.

„... Wir haben eine ganze Weile gesammelt. Dann sind wir mit den ? Eimern langsam zur Touristeninfo umgedreht. *X* hab ich den ? Himmel gesehen. Es hat ? gegrummelt und der ? Wind hat uns ins Gesicht gepustet. Wir haben uns einen Spaß gemacht und die paar ? Regentropfen mit dem Mund eingefangen. *X* schnell habe ich gemerkt: Oh nein, [...]. Also sind wir losgerannt, weg vor dem Gewitter. Das war mit den ? , ? Eimern gar nicht einfach. Ich bin ein paar mal im ? Sand fast umgeknickt. *X* haben wir dann das ? Touristen-Häuschen erreicht. *X* hat es richtig angefangen zu ? und zu ? . Das war aber schnell vergessen, als der Mann von der Touristeninfo meinte: ‚Aber jetzt: Wer möchte für seinen vollen Eimer ein Eis?' Und dann gab es für jeden ein ? Softeis."

Wortschatz

- blitzen
- dunkel
- kalt
- knallrot
- krachen
- lecker
- leise
- miefig
- nass
- randvoll
- salzig
- schwer
- aber/hoffentlich
- in diesem Augenblick/zum Schluss
- plötzlich/endlich
- zum Glück/leider

5 a) Erzählt selbst von Erlebnissen, wo ihr Glück im Unglück hattet. Achtet darauf, Sinneseindrücke, Spannungswörter, Gedanken und wörtliche Rede einzuflechten.

b) Stellt Rückfragen und gebt Feedback, wie euch das Erzählte gefallen hat.

» *Feedback, S. 294*

Eine Erzählung lebendig gestalten

Infobox

Eine Erzählung erwacht zum Leben durch ...

- **Sinneseindrücke** (Sehen, Hören, Fühlen, Riechen, Schmecken),
- **Gedanken** und **wörtliche Rede** (z. B. *Hilfe, was soll ich tun?*),
- **Spannungswörter** (z. B. *aber, auf einmal, plötzlich, unglaublich*).

WES-127901-044

Von Erlebnissen erzählen

Von einem (eigenen) Erlebnis erzählen

I

1 a) Hier findest du einen Erzählfaden. Ähnlich wie Perlen auf einem Faden sind dabei alle Momente eines Ereignisses nacheinander aufgefädelt. Sieh ihn dir an.

b) In was für einem Notfall befinden sich Sam und ihre Freunde?

Rettungsaktion in letzter Minute

im Freibad, Samstagnachmittag, mit Freunden

schwimmen, sonnen, Limo trinken und Ball spielen

X : Nickerchen auf Liege, aufwachen, Hund auf 3-Meter-Sprungbrett entdeckt

X : Aufspringen und zum Turm sprinten

Hinaufklettern, zwei Stufen auf einmal

[...]

X : Hund langsam heruntertragen

X : Oma, Opa und kleiner Junge kommen erleichtert herbei

2 a) Male zunächst den Erzählfaden ab.

b) Sortiere Spannungswörter ein: *gerade als, sofort, endlich, in dem Moment*

c) Überlege dir einen Gedanken [...] für Sam, als sie zum Hund klettert.

» *verständlich erzählen, S. 42*

» *lebendig erzählen, S. 43*

3 a) Erzähle Sams Erlebnis aus ihrer Sicht. Nimm dich dabei auf. Starte so:
Neulich musste ich eine Rettungsaktion in letzter Minute starten.
Ich war mit Freunden ... / Erst waren wir schwimmen und ...

b) Überprüfe mit der **Checkliste**, ob du **verständlich** und **lebhaft** erzählt hast.

II

1 a) Hier findest du eine Bildfolge zu Achims Besuch im Gruselpark. Sieh sie dir an.

b) Welche zwei Überraschungen erlebt Achim gleich nacheinander?

Bild 1

Bild 2

Bild 3

Bild 4

2 Ergänze den Stichwortzettel aus Achims Sicht.
Denke daran, auch Spannungswörter (*doch dann, auf einmal …*), Sinneseindrücke (*Sehen, Hören, Fühlen, Riechen …*), Gedanken und wörtliche Rede einzupflegen.

Beginn:

- *Was ist passiert? Glück im Unglück bei …*
- *Wann, Wo, Wer? Letzten Samstag mit Familie in Kiel im Gruselpark …*

Hauptteil:

- *Womit ist alles losgegangen? Zuerst waren wir im Spiegelkabinett. Wir sahen lustig klein, groß oder wellenförmig aus. …*
- *Was passierte dann? Aber als wir in einen dunklen, stinkenden Gang geführt wurden. … Man hörte ein … Und auf einmal fühlte es sich … an. …*
- *Gibt es einen Höhepunkt? Plötzlich war Papas Geldbeutel weg … Ach du Schreck! Wir alle dachten: …*

Schluss:

- *Wie ist das Erlebte ausgegangen? Am Ende war das nasse Teil also nur …*

3 a) Erzähle Achims Erlebnis aus seiner Sicht. Nimm dich dabei auf.
b) Überprüfe mit der **Checkliste**, ob du **verständlich** und **lebendig** erzählt hast.

III

1 Such dir ein Erlebnis aus deiner Erinnerung aus, von dem du erzählen möchtest.

2 Überlege dir einen Beginn, Hauptteil und Schluss.
Plane auch Sinneseindrücke, Spannungswörter und Gedanken ein.
Du kannst dir einzelne Stichwörter notieren. Der **Wortschatz** hilft dir.

Wortschatz

- Ich sehe/höre/fühle …
- … nahm ich wahr.
- aber dann
- Da war doch wohl nicht …
- Ein … Geschmack …
- plötzlich
- keine Sekunde später
- Ich dachte nur: …
- Es roch nach …
- in diesem Augenblick
- Warum war nur …?
- Mir ging … durch den Kopf.

3 a) Erzähle dein Erlebnis mit der Vorbereitung möglichst frei. Nimm dich dabei auf.
b) Überprüfe mit der **Checkliste**, ob du **verständlich** und **lebhaft** erzählt hast.

Checkliste

- Werden die wichtigen W-Fragen (wer, was, wann, wo) beantwortet?
- Ist die Reihenfolge des Erlebnisses passend?
- Ist es dir gelungen, beim Thema zu bleiben und dich nicht zu wiederholen?
- Hast du auf lange Pausen und Füllwörter verzichtet?
- Werden Sinneseindrücke und Spannungswörter genutzt?
- Werden Gedanken und/oder wörtliche Rede mitgeteilt?

VON ERLEBNISSEN ERZÄHLEN

VERSTÄNDLICH ERZÄHLEN

» S. 42

Zu **Beginn** deiner Erzählung musst du deine Zuhörerinnen und Zuhörer „ins Boot holen":

- Wovon erzählst du?
- Wer oder was war dabei?
- Wann und wo ist es passiert?

↓

Im **Hauptteil** erzählst du in passender Reihenfolge die Schritte des Erlebnisses nach:

1. Alles hat angefangen, als ...
2. Als nächstes ...
3. Aber dann ...

↓

Zum **Schluss** löst du alles auf:

„Wie ist das Erlebnis ausgegangen?"

LEBENDIG AUSGESTALTEN

» S. 43

Eine Erzählung erwacht zum Leben durch ...

- Sinneseindrücke

Ich habe gesehen/gehört/gefühlt ...
Es roch/schmeckte nach ...

- Gedanken und wörtliche Rede, z. B.

„Donnerwellen und Wassermann, das ist ein Wetter!"

- Spannungswörter

ABER ... AUF EINMAL ... BALD DARAUF ... PLÖTZLICH ... UNGLAUBLICH ... ÜBERRASCHENDERWEISE ... DANACH ... UNERWARTET ... SOFORT ... ZUERST ...

SPRACHE

Beim mündlichen Sprechen sind wir viel freier als beim Schreiben. Man muss dich trotzdem verstehen können. Vermeide daher:

- Abweichungen
- zu lange Redepausen
- Wiederholungen
- Füllwörter

ÄHM ... UND DANN ... ÄH ... ALSO ... HMM ...

TIPPS & TRICKS

- Stichwortzettel
- Erzählfaden
- Bildfolgen

HIER GIBT'S NOCH MEHR
Digital+
WES-127901-046

Von Erlebnissen erzählen

Überprüfe dein Wissen und Können: Erzählrunde

1 Gestaltet eine „Erzählrunde“ zu eigenen Erlebnissen.

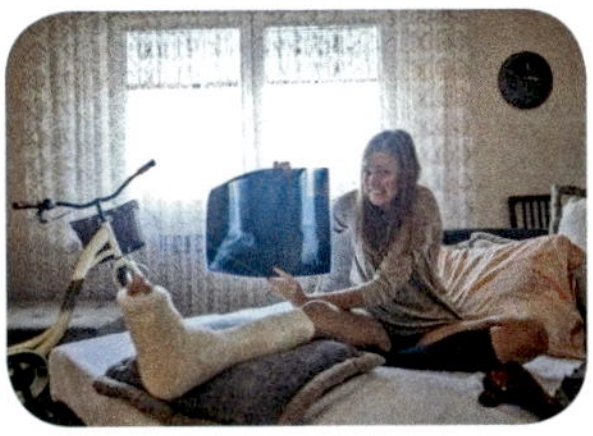

2 Entwickelt konkrete Ideen für eure Erzählungen.
- Von welchen aufregenden, lustigen oder überraschenden Erlebnissen möchtet ihr erzählen?
- Ihr könnt Fotos oder Gegenstände suchen, die damit zu tun haben.
- Ihr könnt euch passend anziehen, um das Erlebnis anschaulich zu gestalten (z. B. als Fahrradfahrer, Musikerin, Koch, Fußballerin).

3 Bereitet eure Erzählungen Stück für Stück vor.

a) Notiert euch Stichworte zu dem Erlebnis, um nachvollziehbar zu erzählen. Bezieht mitgebrachte Dinge in eure Erlebniserzählungen ein.

Beispiele:
Pizzakarton/erster „Kochversuch“/Plastikfolie nicht entfernt …
Foto von Fahrradausflug/„Schlange“/Panik/war Blindschleiche …
Fußballschuh/D-Junioren-Spiel/entscheidendes Tor …

b) Ihr könnt schon Wörter notieren, mit denen ihr das Erlebte lebhaft ausgestaltet.

4 Übt eure Erlebniserzählungen. Nutzt eure Stichworte mit jedem Mal etwas weniger.

5 Veranstaltet eure Erzählrunde.

a) Sorgt für eine angenehme Atmosphäre – z. B. einen Sitzkreis. Vielleicht gibt es auch einen geeigneten besonderen Ort in eurer Schule oder Schulbibliothek.
b) Erzählt eure Erlebnisse möglichst frei, nachvollziehbar und lebendig.
c) Stellt einander Fragen, falls ihr Genaueres über das Erzählte erfahren möchtet.
d) Reflektiert am Ende gemeinsam, ob das Projekt gelungen ist.

Märchen

1 In diesem Märchenland ist eine Menge los.
a) Welche Märchenfiguren könnt ihr entdecken?
b) Welche andere Märchen kennt ihr noch? Erzählt davon.

Figur
Person oder anderes Wesen in literarischen Texten, z. B. Märchen

2 Erzählt eines der Märchen aus dem Bild in Form einer **Erzählkette** nach.

» *Erzählkette, S. 293*

3 Welches sind eure Lieblingsmärchen? Warum mögt ihr sie so besonders?

In diesem Kapitel lernst du, ...
- dir den Inhalt von Märchen zu erschließen.
- welche Merkmale und welchen Aufbau Märchen haben.
- welche Arten von Märchen es gibt.
- Märchen weiterzuschreiben.
- eigene Märchen zu schreiben.

Märchen

Märchen lesen und verstehen

WES-127901-049

Die Brüder Jakob und Wilhelm Grimm sind die bekanntesten Märchensammler in Deutschland. Sie ließen sich Märchen erzählen und schrieben diese dann in ihrer Sammlung „Kinder- und Hausmärchen" auf.

1 Lest dieses Märchen gemeinsam laut. Beantwortet dabei die Fragen.

Rumpelstilzchen *nach den Brüdern Grimm*

Es war einmal ein Müller, der war arm, aber er hatte eine schöne Tochter. Eines Tages traf der Müller einen König und sagte zu ihm: „Ich habe eine Tochter, die kann Stroh zu Gold spinnen." Dem König, der das Gold liebte, gefiel diese Kunst sehr und er befahl: „Wenn deine Tochter so geschickt ist, wie du sagst, so bring sie morgen in mein Schloss, da will ich sie auf die Probe stellen."
Als nun das Mädchen zu ihm gebracht wurde, führte er es in eine Kammer, die ganz voll Stroh lag. Er gab ihr Rad und Haspel und sprach: „Spinne dieses Stroh bis morgen früh zu Gold. Schaffst du es nicht, so musst du sterben." Danach wurde die Kammer verschlossen und das Mädchen blieb allein zurück.

spinnen
Wolle wird an einem Spinnrad zu einem Faden gedreht

Rad und Haspel
Werkzeuge, die genutzt werden, um Fäden herzustellen

2 Ob die Müllerstochter diese Aufgabe wohl lösen kann? Stellt Vermutungen dazu an.

Da saß nun die arme Müllerstochter und wusste keinen Rat. Sie hatte schließlich keine Ahnung, wie man Stroh zu Gold spinnen konnte. Ihre Angst wurde immer größer und schließlich fing sie an zu weinen. Da ging auf einmal die Tür auf und ein kleines Männlein trat herein. Es blickte die Müllerstochter an und sprach: „Guten Abend, liebe Müllerstochter, warum weinst du so sehr?" „Ach", antwortete das Mädchen, „ich soll Stroh zu Gold spinnen und kann das nicht." Da sprach das Männlein: „Was gibst du mir, wenn ich es dir spinne?" „Mein Halsband", sagte das Mädchen. Das Männlein willigte ein und nahm das Halsband. Es setzte sich vor das Rädchen, und schnurr, schnurr, schnurr, dreimal gezogen, war die Spule voll. Dann steckte es eine andere auf, und schnurr, schnurr, schnurr, dreimal gezogen, war auch die zweite voll. So ging es bis zum Morgen, bis alles Stroh gesponnen und alle Spulen voller Gold waren.

Spule
anderes Wort für eine Rolle

3 Vermutet, ob die Müllerstochter nun wieder nach Hause darf.

Als der König bei Sonnenaufgang kam und das Gold erblickte, staunte er und freute sich. Aber sein Herz wurde nur noch goldgieriger und er ließ die Müllerstochter in eine andere Kammer voll Stroh bringen. Diese war noch viel größer als die vorherige. Er befahl ihr, auch dieses Stroh in einer Nacht zu Gold zu spinnen, wenn sie weiterleben möchte. Das Mädchen wusste sich nicht zu helfen und weinte. Da ging abermals die Tür auf. Das kleine Männlein erschien und sprach: „Was gibst du mir, wenn ich dir das Stroh zu Gold spinne?“ „Meinen Ring von dem Finger“, antwortete das Mädchen. Das Männlein nahm den Ring, fing wieder an zu schnurren und hatte bis zum Morgen alles Stroh zu Gold gesponnen.

Der König war außer sich vor Freude, hatte aber immer noch nicht genug Gold. So ließ er die Müllerstochter in eine noch größere Kammer voll Stroh bringen und sprach: „Auch dieses Stroh musst du noch in dieser Nacht verspinnen. Gelingt es dir, so sollst du meine Frau werden.“ Er dachte: „Wenn es auch eine Müllerstochter ist, eine reichere Frau finde ich in der ganzen Welt nicht.“

4 Welchen Eindruck habt ihr vom König?

Als das Mädchen allein war, kam das Männlein zum dritten Mal wieder und sprach: „Was gibst du mir, wenn ich dir noch diesmal das Stroh spinne?“
„Ich habe nichts mehr, das ich geben könnte“, antwortete das Mädchen. Darauf sagte das Männlein: „So versprich mir, wenn du Königin wirst, dein erstes Kind.“ Die Müllerstochter wusste sich in der Not nicht anders zu helfen und versprach dem Männlein, was es verlangte.

5 Was denkt ihr über die Forderungen des Männleins?

Dafür spann das Männlein noch einmal das Stroh zu Gold. Und als am Morgen der König kam und alles fand, wie er gewünscht hatte, so heiratete er die Müllerstochter und sie wurde eine Königin.
Im nächsten Jahr brachte sie ein schönes Kind zur Welt und dachte gar nicht mehr an das Männlein. Da trat es plötzlich in ihre Kammer und sprach: „Nun gib mir, was du versprochen hast.“ Da fing die Königin so an zu jammern und zu weinen, dass das Männlein Mitleid mit ihr hatte: „Drei Tage will ich dir Zeit lassen“, sprach es, „wenn du bis dahin meinen Namen weißt, so sollst du dein Kind behalten.“

6 Wie könnte die Königin versuchen, den Namen des Männleins herauszufinden?

Nun überlegte die Königin die ganze Nacht und dachte an alle Namen, die sie jemals gehört hatte. Sie schickte sogar einen Boten ins Land hinaus. Der sollte sich überall erkundigen, was es sonst noch für Namen gab. Als am andern Tag das Männlein kam, fing sie an mit Caspar, Melchior, Balthasar und sagte alle Namen, die sie wusste. Aber bei jedem sprach das Männlein: „So heiß ich nicht.“
Den zweiten Tag ließ sie in der Nachbarschaft herumfragen, wie die Leute da genannt werden. Sie sagte dem Männlein die ungewöhnlichsten und seltsamsten Namen: „Heißt du vielleicht Rippenbiest oder Hammelwade oder Schnürbein?“

Aber es antwortete immer: „So heiß ich nicht.“

Am dritten Tag kam der Bote wieder zurück und erzählte: „Neue Namen habe ich keinen einzigen finden können, aber wie ich an einen hohen Berg um die Waldecke kam, so sah ich da ein kleines Haus, und vor dem Haus brannte ein Feuer, und um das Feuer sprang ein gar zu lächerliches Männchen, hüpfte auf einem Bein und schrie: „Heute back ich, morgen brau ich, übermorgen hol ich der Königin ihr Kind; ach, wie gut, dass niemand weiß, dass ich Rumpelstilzchen heiß!“

Da könnt ihr euch denken, wie froh die Königin war, als sie den Namen hörte, und als bald danach das Männlein hereintrat und fragte: „Nun, Frau Königin, wie heiße ich?“, da fragte sie erst: „Heißt du Kunz?“ „Nein.“ „Heißt du Heinz?“ „Nein.“ „Heißt du etwa Rumpelstilzchen?“ „Das hat dir der Teufel gesagt, das hat dir der Teufel gesagt“, schrie das Männlein und stieß mit dem rechten Fuß vor Zorn so tief in die Erde, dass es bis an den Leib hineinfuhr, dann packte es in seiner Wut den linken Fuß mit beiden Händen und riss sich selbst mitten entzwei.

7 Tauscht euch über eure **Leseeindrücke** aus.

» *Leseeindruck, S. 88*

8 Sprecht über folgende Fragen und lest im Märchen nach, wenn ihr euch nicht sicher seid: *S. 308*

- Welche Figuren kommen in dem Märchen vor?
- Erklärt, warum die Müllerstochter Stroh zu Gold spinnen muss.
- Warum verspricht sie Rumpelstilzchen ihr erstes Kind?
- Fasst zusammen, was passiert, nachdem das Kind auf der Welt ist.
- Wie gelingt es ihr, den Namen des Männleins herauszufinden?
- Erzählt, wie das Märchen endet.

9 Die Müllerstochter gerät in große Not. Löst eine der folgenden Aufgaben. Der **Wortschatz** kann euch helfen.

a Wie fühlt sich die Müllerstochter vermutlich, als ihr Vater behauptet, dass sie Stroh zu Gold spinnen kann (Zeile 2–5)? Notiere Stichworte. *S. 308* (I)

b Wie könnte die Müllerstochter sich fühlen, als sie in der zweiten Nacht in die nächste Kammer geführt wird, die noch größer ist (Zeile 22–25)? Schreibe ihre Gedanken in ganzen Sätzen auf. *S. 308* (II)

c Wie mag sich die Müllerstochter fühlen und was mag sie denken, als Rumpelstilzchen ihr Kind holen will? Schreibe einen Text aus ihrer Sicht. *S. 308* (III)

Wortschatz

- ängstlich
- erschüttert
- fröhlich
- glücklich
- sauer
- traurig
- verwundert
- wütend

10 In Märchen gibt es oft gute und böse Figuren. Was meint ihr: Wer ist in „Rumpelstilzchen“ gut und böse? *S. 308*

WES-127901-052

Märchen

Die Besonderheiten von Märchen kennenlernen

Märchen werden überall auf der Welt erzählt. Auf den nächsten Seiten lernst du ein Märchen aus Polen kennen.

» *Lesetandem, S. 296*

1 Lest zunächst das polnische Märchen „Stachelsöhnchen" im **Lesetandem**.

Stachelsöhnchen *Ein Märchen aus Polen*

Es waren einmal ein Bauer und seine Frau. Zum ganz großen Glück fehlte beiden nur noch ein Kind. Jeden Morgen, wenn die Bäuerin erwachte, war ihr erster Gedanke: „Ach hätte ich doch nur ein Kind." Jeden Abend schlief sie mit dem gleichen Wunsch wieder ein. Als sie eines Tages im Gras vor ihrem Haus einen Igel sah, dachte sie: „Ach, hätte ich doch ein Kindchen und wäre es nur ein Igel." Nicht lange danach bekam die Bäuerin ein Kind, das so ganz anders aussah als alle Kinder. Es war über und über mit Stacheln versehen und hatte ein schwarzes Schnäuzchen. Nach einem Jahr konnte Stachelsöhnchen schon sprechen wie ein Erwachsener, half der Mutter im Haushalt und brachte dem Vater Essen aufs Feld. Am liebsten aber hütete er die Schweine im Wald, er legte sich unter einen Baum und hörte den Vögeln zu. Einmal geschah es, dass sich ein König im Wald verirrte und dann auf Stachelsöhnchen und die Schweine traf. „Was suchst du, König?", fragte der Igel. „Ich habe mich verlaufen", antwortete der König, „kannst du mir nicht den Weg aus dem Wald zeigen?" „Das kann ich. Du musst mir aber eine deine Töchter zur Frau geben." Der König sah den Igel an und dachte: „Der wird ohnehin nie in mein Schloss kommen." „Wenn das dein Wunsch ist", antwortete also der König, „will ich ihn dir gerne erfüllen."

Kaum hatte Stachelsöhnchen den König aus dem Wald geführt, vergaß dieser sein Versprechen. Als er wieder zu Hause war, bat Stachelsöhnchen am nächsten Morgen seinen Vater, ihm den Hahn zu satteln, damit er in die Welt ziehen und sein Glück suchen kann. Stachelsöhnchen ritt schnurstracks zum Schloss des Königs. Dieser speiste gerade mit seinen sieben Töchtern und war sehr erschrocken, als er den Igel sah. Stachelsöhnchen stieg aus dem Sattel, verbeugte sich artig und sagte zum König: „Ich bin gekommen, mir das zu holen, was du mir versprochen hast!" Der König gestand die Wahrheit ein und seine Töchter fingen an zu lachen und den Igel zu verspotten. Nur die siebente Tochter schaute den Igel nachdenklich an und meinte: „Vater, ein Versprechen ist ein Versprechen, auch wenn man es nur einem Igel gegeben hat. Er hat dir dein Leben gerettet. Ich will ihn zum Manne nehmen." Als die Königstochter den Igel endlich küsste, stand nicht mehr ein Igel, sondern ein schöner junger Mann vor ihr. Den Schwestern verging das Lachen, gab es doch weit und breit keinen so schönen Mann wie ihn. Stachelsöhnchen und die Königstochter bekamen viele Kinder und besuchten jeden Tag die Bäuerin und den Bauern. Und niemand war glücklicher als die beiden.

» *Feedback, S. 294*

2 Was hat euch gefallen oder besonders überrascht? Gebt euch ein **Feedback**.

3 Tauscht euch nun genauer über das Märchens aus.
- Was führt dazu, dass sich der Wunsch der Bäuerin und des Bauern erfüllt?
- Was ist das Besondere an ihrem Kind?
- Wieso kommt es zu der Begegnung zwischen Stachelsöhnchen und dem König?
- Wie geht Stachelsöhnchens Leben nach dieser Begegnung weiter?

4 In Märchen tauchen besondere Figuren und Orte oder auch bestimmte Zahlen auf. Oft müssen Rätsel oder Aufgaben gelöst werden.
a) Lest euch die Bausteine zu den Merkmalen zunächst durch.
b) Ordnet die Bausteine jetzt dem Märchen zu. Notiert passende Zeilenangaben.
c) Gleicht eure Ergebnisse mit der **Infobox** (S. 54) ab.

A *(Helden-)Figuren:*
Bauern

B *Wiederkehrende Zahlen: Sieben*

C *Aufgaben / Rätsel:*
Oft muss die Hauptfigur im Märchen schwierige Aufgaben oder Rätsel lösen:
- *zeigt dem König den Weg aus dem Wald*
- *macht sich selbst auf den Weg, das Schloss des Königs zu finden*

D *Verwandlung:*
In vielen Märchen müssen Figuren aus ihrer Verwandlung befreit werden:
Igel → schöner junger Mann

E *Orte und Wege:*
Märchen spielen oft an ähnlichen Orten und die Figuren müssen weite Wege zurücklegen:
Schloss – Wald

F *Gegensätze:*
Die Eigenschaften der Märchenfiguren sind oft sehr gegensätzlich:
gut ↔ böse, klug ↔ dumm, schön ↔ hässlich, stark ↔ schwach, arm ↔ reich, mutig ↔ feige ...

5 Erforscht nun das Märchen „Stachelsöhnchen".

a) Ordnet die Bausteine unten dem Märchen begründet richtig zu.

b) Lest die **Infobox** und überprüft damit eure Ergebnisse.

1 **Anfang:** *Es war einmal*	2 **Hauptteil:** *Stachelsöhnchen macht sich auf den Weg, das Problem zu lösen.*	3 **Ende:** *Das Problem ist gelöst.*

6 Warum ist „Stachelsöhnchen" ein typisches Märchen? Begründet eure Meinung.

Infobox

Besonderheiten von typischen Märchen

Märchen gibt es überall auf der Welt. Die bekanntesten deutschen Märchensammler waren die **Brüder Jakob und Wilhelm Grimm**. Sie haben vor fast 200 Jahren in ihrer Märchensammlung viele Märchen zum ersten Mal aufgeschrieben. Diese Märchen werden **Volksmärchen** genannt.

1. Merkmale

In Märchen kommen meistens *Könige und Prinzessinnen, Bauern oder Müllersleute* vor. Ihre Eigenschaften sind oft gegensätzlich. Im Verlauf des Märchens müssen die Hauptfiguren an Orten wie *Schlössern, Wäldern* oder *Gebirgen* knifflige *Aufgaben* lösen. Dinge, Tiere und Wesen mit *übernatürlichen Kräften* können dabei eine Hilfe oder aber eine Gefahr darstellen. Eine weitere Besonderheit ist, dass Figuren aus einer Verwandlung befreit werden müssen. Auch *Sprüche, Zauberformeln* und *„magische" Zahlen* kommen vor.

2. Aufbau von Märchen

Zu *Beginn* wird die Ausgangssituation vorgestellt, in der ein Problem auftritt. Dann macht sich die Hauptfigur im *Hauptteil* auf den Weg, um das Problem zu lösen. Dabei trifft sie auf Herausforderungen. Am Ende ist das Problem gelöst, die Guten werden belohnt und die Bösen bestraft (= *Happy End*). Typisch sind außerdem:

Anfangsformel: z. B. *„Es war einmal …", „Vor langer, langer Zeit …", „In alten Zeiten, als das Wünschen noch geholfen hat, …"*

Schlussformel: z. B. *„Und wenn sie nicht gestorben sind, dann leben sie noch heute.", „… und sie lebten vergnügt bis an ihr Ende."*

Erzähltempus: Märchen sind meistens im *Präteritum* erzählt (*Es war einmal …*).

Märchen

Ein Märchen szenisch darstellen

Durch eine szenische Darstellung kann man ein Märchen lebendig gestalten.

1 Bereitet das Märchen „Stachelsöhnchen“ für ein **szenisches Spiel** vor.

» *Szenisches Spiel, S. 303*

1. Schritt: Eine Spielfassung schreiben

Schreibt eine Spielfassung für euer szenisches Spiel:

- Gliedert das Märchen in Szenen. Eine Szene ist eine kleinere Einheit in einem Text. Sie spielt meist an nur einem Ort.

1. Szene: Bauernhaus, morgens
Die Bäuerin und der Bauer liegen im Bett.
Bauer (dreht sich von der Seite auf den Rücken, seufzt): Hast du heute Nacht wieder geträumt, dass wir ein Kind haben?
Bäuerin (flüstert): Ja, das habe ich. Ach, hätte ich doch nur ein Kind! Nichts auf der Welt wünsche ich mir mehr …
Bauer (setzt sich auf): Komm, lass uns aufstehen, die Arbeit auf dem Feld wartet.

- Überlegt euch, was die Figuren des Märchens in den Szenen sagen.
- Schreibt auch dazu, wie die Figuren sprechen und was sie dabei tun.
- Überprüft, ob eure Spielfassung zu den Figuren im Märchen passt.

2. Schritt: Die Rollen verteilen

- Verteilt die Rollen auf verschiedene Schauspielerinnen und Schauspieler. Wenn ihr die Rollen doppelt besetzt, könnt ihr euch beim Einstudieren der Texte helfen.
- Denkt auch an Personen, die für Requisiten und Technik zuständig sind.

Requisiten
Gegenstände wie Möbel, Teller, Computer, Bilder

3. Schritt: Die Texte einstudieren

- Lest den Text für eure Szenen mehrmals und macht euch so mit ihm vertraut.
- Probt in Gruppen, die Szenen mit verteilten Rollen zu lesen und zu sprechen.
- Probiert dabei auch verschiedene Möglichkeiten aus, wie die Figuren sprechen.

4. Schritt: Die Aufführung vorbereiten

- Wenn eure Texte „sitzen“, überlegt euch passende Requisiten.
- Probt eure Szenen mehrmals gemeinsam. Gebt einander **Feedback**.
- Macht zum Schluss eine gemeinsame Generalprobe.

» *Feedback, S. 294*

2 Jetzt seid ihr an der Reihe, das Märchen szenisch aufzuführen.

a) Präsentiert eure Aufführungen vor der Klasse.
b) Gebt euch Feedback zu euren Aufführungen.
  - Was findet ihr gelungen? *Gut habt ihr … umgesetzt.*
  - Was könnte noch verbessert werden? *Beim nächsten Mal könntet ihr …*

WES-127901-056

Märchen

Ein modernes Märchen untersuchen

1 „Babsi boxt sich durch" – wovon könnte ein Märchen mit diesem Titel handeln?

2 Lest das folgende moderne Märchen.

Babsi boxt sich durch

Es war einmal ein König, der mit wenig Erfolg ein kleines und armes Königreich regierte. Denn statt weise zu regieren und für seine Untertanen zu sorgen, verspielte er lieber im Kasino seine Steuereinnahmen. Das Geld war also immer knapp in der königlichen Kasse.

Eines Tages wurde die Königin schwanger und brachte ihre Tochter Barbara zur Welt, die alle nur Babsi nannten. „Sie wird einmal eine hübsche Prinzessin werden. Sobald sie erwachsen ist, können wir sie mit einem reichen Prinzen verheiraten. Dann haben wir keine Geldsorgen mehr", sprach der König. Die Königin schwieg, doch sie merkte sich diese Worte tief in ihrem Herzen.

Die Zeit verging wie im Flug und Babsi wuchs heran. Aus Angst, dass der Vater das Kind bald an den erstbesten Prinzen vergeben würde, startete die Königin eines Nachts einen Fluchtversuch mit ihrem alten Auto. Doch weit kamen sie nicht, denn die Königin hatte nicht auf die Tankanzeige geschaut. So blieb das Fluchtauto noch auf dem Burgplatz mit leerem Tank stehen. „Immer fährt der König meinen Tank heimlich leer und macht ihn dann nicht wieder voll!", fluchte die Königin.

Der König war von dem ganzen Lärm wach geworden, schnappte sich seine Tochter und sperrte sie daraufhin in einen hohen Turm auf einer einsamen Insel, sodass sie niemals wieder fliehen könnte.

So wuchs Babsi abgeschottet von der Außenwelt in ihrem Turm heran. Ihr sprechender Kater Max leistete ihr dabei Gesellschaft. Gemeinsam lasen sie viel darüber, wie man gut ein Land regiert, schauten Serien und machten jeden Tag Sport. Max, der in einem früheren Katzenleben als Trainer gearbeitet hatte, brachte Babsi im selbst eingerichteten Fitnessstudio des Turms das Boxen bei. „Wenn wir nicht hier im Turm festsitzen würden, hättest du gute Chancen, Weltmeisterin zu werden", lobte Max sie.

Zu ihrem 18. Geburtstag stand plötzlich der König an der Eingangstür zum Turm: „Es wird Zeit, dass du einen reichen Prinzen heiratest, mein Kind, denn ich brauche Geld", rief der Vater. Die Tür öffnete sich. Begrüßt wurde er allerdings nicht von seiner Tochter, sondern von ihrer starken Faust im roten Boxhandschuh. Ihre Faust krachte ihm ins Gesicht: WUMMS. Der König stolperte zurück. „Geschieht dir recht, du Blödmann! Was fällt dir eigentlich ein, mich all die Jahre nicht einmal besuchen zu kommen?", schrie Babsi ihrem Vater entgegen. „Vielleicht wird es Zeit, dass du einige Zeit allein im Turm verbringst. Dann weißt du auch mal, wie das ist!" Und so sperrte Babsi den König in den Turm ein, wo er Zeit hatte, über seine böse Tat nachzudenken.

Kasino
Ort, wo Spiele um Geld gespielt werden

Steuereinnahmen
Geld, das Menschen an das Land zahlen, damit z. B. Straßen für alle gebaut werden

Tankanzeige
Bildschirm, der anzeigt, wie viel Benzin im Auto ist

Katzenleben
ein Sprichwort sagt: Katzen haben 7 Leben

3 Was erwartet der König von Babsi, wie verhält sie sich stattdessen?

Babsi reiste, begeistert von ihrer wiedergewonnenen Freiheit, durchs Land und wurde als Thronfolgerin mit offenen Armen zurück im Schloss empfangen. Gemeinsam mit ihrem Kater Max sorgte sie dafür, dass es ihren Untertanen wieder besser ging. Schließlich regierte sie weise.

Thronfolgerin
Person, die als nächstes regiert

Obwohl sie Max an ihrer Seite hatte und in ihrer Freizeit Mädchen aus ihrem Königreich das Boxen beibrachte, war Babsi immer öfter einsam und sehnte sich nach einem Märchenprinzen, wie sie ihn aus ihren Serien kannte. Sie sagte zu Max: „Wenn ich schon ein Königreich regiere, dann will ich auch einen Traumprinzen haben. Aber den richtigen suche ich mir lieber selbst aus."

Und so passierte es zufällig, dass sie beim Frühstücken über die Kontaktanzeige eines Prinzen stolperte. „Der gefällt mir", rief Babsi und schrieb ihm eine Nachricht. Der Prinz antwortete sofort. Babsi schwang sich auf ihr Fahrrad mit Anhänger, Max sprang hinein, und sie trafen sich alle auf einen Kaffee. Denn Babsi liebte Kaffee.

Kontaktanzeige
die Suche z. B. nach einem Partner in der Zeitung oder im Internet

Und so geschah es, dass Babsi den Prinzen besser kennenlernte und er großartig zu ihr passte: Sie passten sogar wie die Faust aufs Auge zueinander, weil sie beide gern ins Fitnessstudio gingen und ihre Liebe für guten Kaffee teilten. Und auch sonst kamen sie gut miteinander aus. Auch Max war begeistert, denn: Mit dem Prinzen ging er oft gemeinsam fischen, wenn Babsi mit den Mädchen auf Boxturniere fuhr. Max fischte dann mit seinen Pfoten, der Prinz mit einer Angel.

wie die Faust aufs Auge passen
ironisches Sprichwort: etwas passt perfekt

Irgendwann holte Babsi ihren Vater zurück aus dem Turm und sie versöhnten sich. Regieren wollte er aber nicht mehr, weil er inzwischen verstanden hatte, dass Babsi das viel besser konnte. Und wenn sie nicht gestorben sind, dann boxen, angeln und versöhnen sich alle noch heute.

4 Wie hat euch das Märchen **gefallen**? Sprecht darüber.

» *Leseeindruck, S. 88*

5 Fasst in eigenen Worten zusammen, worum es in dem Märchen geht. Macht euch Notizen und vergleicht eure Ergebnisse.

6 a) Welche typischen Besonderheiten von Märchen könnt ihr in „Babsi boxt sich durch" entdecken? Lest dazu noch einmal die **Infobox** auf Seite 54.
b) Begründet, warum diese Gegenstände nicht märchentypisch sind.

7 Babsi ist eine besondere Prinzessin. Vergleicht, was von ihr erwartet wird und was sie stattdessen tut. Der **Wortschatz** hilft euch dabei.

- Sieh dir die Pläne des Königs für seine Tochter an: Welche Eigenschaften stellt er sich für Babsi vor? *Babsi soll … sein, …*
- Lies nun nach, wie Babsi ihr Leben in die Hand nimmt: Welche Eigenschaften passen zu Babsi? *Babsi ist aber …, …*

Sie wird einmal eine hübsche Prinzessin werden. Sobald sie erwachsen ist, können wir sie gut mit einem reichen Prinzen verheiraten. Dann haben wir keine Geldsorgen mehr!

Geschieht dir recht, du Blödmann! Was fällt dir eigentlich ein, mich all die Jahre nicht einmal besuchen zu kommen? / Vielleicht wird es Zeit, dass du einige Zeit allein im Turm verbringst. / Wenn ich schon Königin bin, dann will ich auch einen Prinzen haben. Aber den richtigen suche ich mir selbst aus. / Der gefällt mir!

Wortschatz

abenteuerlustig – ängstlich – böse – clever – entschlossen – ernst – fleißig – fröhlich – furchtlos – gutherzig – hilflos – kühn – lebhaft – leichtsinnig – mutig – schön – schüchtern – selbstbewusst – stark – tapfer – unerschrocken – wagemutig – wütend

8 a) Warum ist „Babsi boxt sich durch“ ein modernes Märchen? Nutzt die **Infobox**.
b) Schreibt den Textanfang weiter. *S. 309*

Das Märchen „Babsi boxt sich durch“ ist ein modernes Märchen. Es gibt zwar typische Merkmale, z. B. die Anfangs- und die Schlussformel. Aber ganz vieles gehört zu einem modernen Märchen: …

Infobox

Merkmale von modernen Märchen

Moderne Märchen können:

- typische Märchenmerkmale **modernisiert** erzählen: *die Hexe als Besitzerin einer modernen Großbäckerei, die Königin lebt in einem Wolkenkratzer.*
- ganz **neu erfunden** sein: *ohne Prinzen und Prinzessinnen, aber mit aktuellen Themen wie digitalen Medien, Klimawandel …*
- typische Eigenschaften von Figuren **tauschen**: *mutige Prinzessin, liebevolle Stiefmutter.*
- gute und böse Eigenschaften **nicht eindeutig** zuordnen: *Figur, die sowohl hilfsbereit als auch gemein ist.*
- die Anfangs- und Schlussformel **umwandeln**: *Es war erst letzte Woche …*

Märchen

Ein Märchen schreiben

1 Jetzt könnt ihr euer eigenes typisches oder modernes Märchen schreiben.

» *typisches Märchen, S. 54*

2 Wählt aus jeder Truhe mindestens einen Baustein aus, den ihr für eure Märchen nutzen wollt. Ihr könnt auch mehrere Bausteine nutzen.

» *modernes Märchen, S. 58*

3 Worum soll es in eurem Märchen gehen? Folgende Ideen können euch helfen:
- Die Hauptfigur ist schüchtern und will mutig werden.
- Die Hauptfigur wurde entführt und muss befreit werden.
- Die Hauptfigur wurde verzaubert und soll erlöst werden.
- Die Hauptfigur will ihre eigenen Abenteuer suchen.

4 Schreibt euer Märchen auf. Ihr könnt den **Wortschatz** nutzen. Ergänzt einen passenden Titel. Beachtet dabei, was ihr zu den Merkmalen von Märchen gelernt habt.

Wortschatz

- **Anfangsformel:** Es lebten einmal ein ... – Ein König hatte drei Töchter ... – Am Rande eines dunklen Waldes stand eine ...
- **Schlussformel**: Von nun an waren alle Bewohner/-innen ... – Dort lebten sie ein Leben lang in ... – Glücklich lebten die beiden bis an ihr Lebensende ...
- **Weitere Wörter für Satzanfänge:** Da – Gerade als – In diesem Moment – Kurz darauf

5 Nun geht es an die Überarbeitung und Präsentation.
a) Überarbeitet eure Märchen in einer **Schreibkonferenz**.
b) Stellt eure fertigen Texte anschließend vor.

» *Schreibkonferenz, S. 300*

WES-127901-060

Märchen

Ein Märchen untersuchen und weiterschreiben

Hans Dumm *nach den Brüdern Grimm*

Es war einmal ein König, der lebte vergnügt mit seiner Tochter, die sein einziges Kind war. Auf einmal aber brachte die Prinzessin ein Kind zur Welt, und niemand wusste, wer der Vater war. Der König wusste lange Zeit nicht, was er deswegen tun sollte. Schließlich befahl er, dass die Prinzessin mit dem Kind in die Kirche gehen solle. Dem Kind sollte eine Zitrone in die Hand gegeben werden, und wem es diese Zitrone geben würde, der solle Vater des Kindes und Ehemann der Prinzessin sein. Gleichzeitig wurde der Befehl gegeben, dass nur schöne Leute in die Kirche hineingelassen werden sollten. Es war aber in der Stadt ein kleiner, schiefer und buckeliger junger Mann, der nicht sehr klug war und darum Hans Dumm hieß. Er drängte sich zwischen den anderen ebenfalls in die Kirche. Und als das vaterlose Kind die Zitrone austeilen sollte, gab es sie dem Hans Dumm.

Die Prinzessin erschrak. Der König war so aufgebracht, dass er sie und das Kind zusammen mit Hans Dumm in eine Tonne stecken und auf dem Meer aussetzen ließ. Die Tonne schwamm fort. Als sie allein auf dem Meer waren, klagte die Prinzessin: „Du garstiger, buckeliger, naseweiser Mensch bist an meinem Unglück schuld! Was hast du dich in die Kirche gedrängt, das Kind ging dich nichts an!“ – „O doch,“ sagte Hans Dumm, „das ging mich wohl etwas an, denn ich habe mir einmal gewünscht, dass du ein Kind bekämst, und was ich wünsche, das trifft ein.“ – „Wenn das wahr ist, so ...“

1 Lies den ersten Teil von „Hans Dumm“.

2 Wie endet der Satz? Wähle das richtige Ende aus.

a) In dem ersten Absatz von „Hans Dumm“ geht es darum, dass ...
- *die Prinzessin sich ein Kind aussucht.*
- *ein Kind sich seinen Vater aussucht.*

b) Zur Strafe werden Hans Dumm, die Prinzessin und das Kind ...
- *auf dem Meer ausgesetzt.*
- *in einem finsteren Wald ausgesetzt.*

3 Welche Merkmale treffen auf das Märchen „Hans Dumm" zu? Schreibe die richtigen Buchstaben auf. Ergänze, in welchen Zeilen du die **Besonderheiten** gefunden hast.

» *typisches Märchen, S. 54*

A *Das Märchen beginnt mit einer typischen Anfangsformel.*
B *Es kommen typische Märchenfiguren vor.*
C *Die Figuren haben gegensätzliche Eigenschaften.*
D *In dem Märchen kommen Magie, wiederkehrende Zahlen oder Sprüche vor.*
E *Das Märchen spielt an einem typischen Ort für Volksmärchen.*
F *Es gibt Aufgaben, die gelöst werden müssen.*
G *Das Märchen ist im Präteritum geschrieben.*

4 Wie das Märchen von Hans Dumm wohl weitergehen könnte?
a) Sieh dir dazu die Bilder auf Seite 60 an.
b) Wähle für den Schluss eine passende Idee aus:

5 Schreibe die Fortsetzung von Hans Dumm auf.
Der **Wortschatz** und die **Checkliste** auf S. 63 helfen dir.

Wortschatz

- als Nächstes wünschte sich Hans Dumm ... nach einiger Zeit ... nach ein paar Jahren ... am Ende des Tages ... nachdem er/sie das gesagt hatte ... bevor er/sie etwas antworten konnte ... da dachte er/sie bei sich ... am Ende ...
- Hans Dumm wünschte sich Kartoffeln. – Anschließend wünschte sich Hans Dumm ein schnelles Schiff . – Gerettet an Land wünschte er sich ein prächtiges Schloss. – Zum Abschluss wünschte er, dass er ein schöner Prinz wurde. – Sie lebten glücklich zusammen. – Eines Tages kam der König durch Zufall an dem Schloss vorbei.

6 Nun geht es an die Präsentation.
a) Stelle deinen Text in der Klasse vor.
b) Wie endet das Märchen wohl? Vergleiche dein Ende mit dem Original.

II

1 Lies den ersten Teil von „Hans Dumm" auf Seite 60.

2 Notiere folgende Aussagen zum Anfang von „Hans Dumm" und ergänze sie.
- *Das Märchen „Hans Dumm" handelt von …*
- *Als das Kind die Zitrone bekommt, …*
- *Hans Dumm erklärt der Prinzessin, warum sie ein Kind bekommen hat: …*

3 Setze dich genauer mit den **Besonderheiten** von typischen Märchen auseinander.
a) Welche Besonderheiten eines typischen Märchens treffen auf „Hans Dumm" zu? Schreibe sie auf und ergänze passende Textstellen.
b) Ist „Hans Dumm" ein typisches Märchen? Begründe deine Einschätzung.

4 Wie könnte das Märchen von Hans Dumm wohl weitergehen? Sieh dir dazu die Bilder auf Seite 61 an.

5 Schreibe das Märchen jetzt weiter.
Die **Checkliste** auf S. 63 und der **Wortschatz** helfen dir.

Wortschatz

als Nächstes wünschte sich Hans Dumm … nach einiger Zeit … nach ein paar Jahren … am Ende des Tages … nachdem er/sie das gesagt hatte … bevor er/sie etwas antworten konnte … da dachte er/sie bei sich … am Ende …

6 Nun geht es an die Präsentation.
a) Stelle deinen Text in der Klasse vor.
b) Wie endet das Märchen wohl? Vergleiche dein Ende mit dem Original.

III

1 Lies den ersten Teil von „Hans Dumm" auf Seite 60.

2 Fasse den Inhalt des Anfang von „Hans Dumm" zusammen.

3 Welche **Besonderheiten** von Märchen stecken im Anfang von „Hans Dumm"? Notiere diese und belege sie mit passenden Textstellen.

4 Ist „Hans Dumm" ein typisches Märchen? Begründe deine Einschätzung.

5 Wie könnte das Märchen von Hans Dumm wohl weitergehen?
  a) Schreibe das Märchen zu Ende. Du findest Ideen in den Bildern auf Seite 61.
  b) Überprüfe deinen Text mit der **Checkliste** unten und überarbeite ihn, wenn nötig.

6 Nun geht es an die Präsentation.
  a) Stelle deinen Text in der Klasse vor.
  b) Wie endet das Märchen wohl? Vergleiche dein Ende mit dem Original.

Checkliste

Hast du geprüft, ob ...
- in „Hans Dumm" **typische Märchenfiguren** vorkommen?
- die Figuren gegensätzliche **Eigenschaften** haben?
- magische **Wesen** und wiederkehrende **Zahlen/Sprüche** vorkommen?
- der Text an **typischen Orten** für Volksmärchen spielt?
- im Verlauf **Herausforderungen** oder **Aufgaben** auftreten?
- deine Fortsetzung des Märchens mit einem **Happy End** abschließt?
- dein Märchen mit einer typischen **Schlussformel** endet?
- die Fortsetzung deines Märchens im **Präteritum** geschrieben ist?

MÄRCHEN

TYPISCHE MÄRCHEN » S. 54

FIGUREN
- Königinnen und Könige
- Prinzessinnen und Prinzen
- Müllersleute

ANFANG
Es war einmal …

SCHLUSS
Und wenn sie nicht gestorben sind …

Happy End

WAS PASSIERT?
- Magie
- Gefahren und Abenteuer
- Verwandlungen

MODERNE MÄRCHEN » S. 58
- moderne Merkmale
- Figuren tauschen Eigenschaften
- Anfangs- und Schlussformel wandeln sich

MÄRCHEN SCHREIBEN » S. 63

FRAGEN, DIE DIR HELFEN:
- Wie geht es weiter?
- Was machen die Hauptfiguren?
- Wem begegnen sie?
- Wie gelangen sie an ihr Ziel?
- Was ist am Ende das Happy End?

Lasst es uns mal SZENISCH DARSTELLEN!

ZIEL: sich in Figuren hineinversetzen

1. Spielfassung schreiben
2. Rollen verteilen
3. Texte einstudieren
4. Aufführung vorbereiten

HIER GIBT'S NOCH MEHR

Digital+
WES-127901-064

Märchen

Überprüfe dein Wissen und Können

WES-127901-065

1 Welche der folgenden Besonderheiten sind typisch für Märchen? S. 309

[A] Anfangs- und Schlussformel [B] Gegensätze [C] Bilder und Sprechblasen
[D] Zauberformeln [E] wiederkehrende Zahlen [F] Aufgabe und Rätsel [G] kurze Wege
[H] nur Figuren, die Gutes tun [I] Dinge und Wesen mit übernatürlichen Kräften

2 Lies den Märchenanfang.

Der süße Brei *nach den Brüdern Grimm*

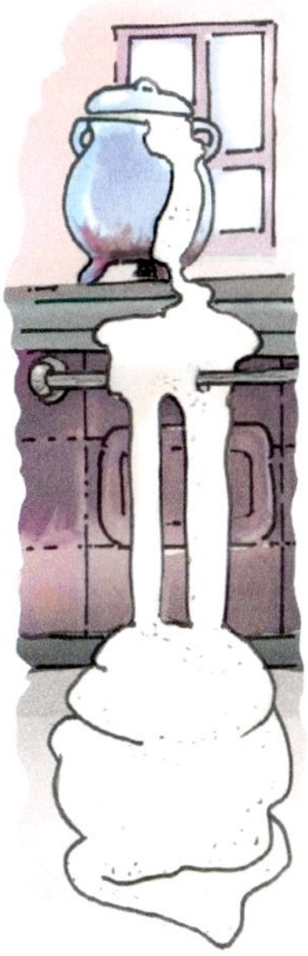

Es war einmal ein armes, frommes Mädchen, das lebte mit seiner Mutter allein, und sie hatten nichts mehr zu essen. Da floh das Kind wegen der ganzen Not zu Hause hinaus in den Wald. Dort begegnete ihm eine alte Frau. Die wusste um die Sorgen des Mädchens und schenkte ihm einen Kochtopf. Zu dem Topf sollte das Mädchen sagen: „Töpfchen, koche“. Dann kochte der Topf guten, süßen Hirsebrei, und wenn es sagte: „Töpfchen, steh“, so hörte der Topf wieder auf zu kochen. Das Mädchen brachte den Topf nach Hause zu seiner Mutter. Von nun an waren ihre Armut und ihr Hunger vorbei und sie aßen süßen Brei, sooft sie wollten. Eines Tages war das Mädchen ausgegangen, da sprach die Mutter: „Töpfchen, koche“. Der Topf kochte süßen Brei und die Mutter aß sich satt. Dann wollte sie, dass das Töpfchen wieder aufhören sollte zu kochen. Aber sie hatte den Spruch vergessen ...

3 Worum geht es in dem Märchenanfang? Wähle die passende Aussage aus.

[A] *In dem Märchen baut sich ein Mädchen einen Kochtopf, der selbst kochen kann.*

[B] *In dem Märchen ist die Mutter des Mädchens eine Hexe und schenkt ihr einen kochenden Zaubertopf.*

[C] *In dem Märchen geht es um ein armes Mädchen und seine Mutter, die jetzt nicht mehr hungern müssen.*

4 Notiere Antworten auf folgende Fragen:
- Welche Besonderheiten von Märchen erkennst du wieder?
- Ist dieser Text ein typisches Märchen? Begründe.

5 a) Finde mit den Bildern heraus, wie das Märchen endet. Bringe sie dafür in die richtige Reihenfolge.
b) Schreibe nun dein eigenes Ende. Nutze dafür (a) zwei (b) drei (c) vier Bilder.

I II III

Gedichtwerkstatt

1 Seht euch die vier Bilder in Ruhe an. Tauscht euch darüber aus:
- Erkennt ihr, was das für Gegenstände sind?
- Wo könnten euch ähnliche Texte im Alltag begegnen?
- Was gefällt euch an den Texten?
- Fällt euch etwas Besonderes an den Texten auf?

2 Man könnte sagen, dass diese Texte kleine Gedichte sind.
Was meint ihr dazu?

3 Welche Erfahrungen habt ihr schon mit Gedichten gemacht? Sprecht darüber.

In diesem Kapitel lernst du, …
- was Gedichte sind.
- die Stimmung in einem Gedicht zu erfassen.
- den Inhalt eines Gedichtes wiederzugeben.
- die Form und Gestaltung eines Gedichtes zu untersuchen.
- Gedichte in besonderen Formen selbst zu verfassen.
- ein Gedicht gestaltend vorzutragen.

Gedichtwerkstatt

Merkmale von Gedichten erkennen

WES-127901-068

1 Gedichte sind besondere Texte, aber woran erkennt man sie eigentlich?
a) Lest euch zunächst das Gedicht „Die Fleddermaus" in Ruhe durch.
b) Achtung: In einigen Versen fehlen Wörter. Setzt die passenden Wörter ein.
c) Lest euch das Gedicht nun gegenseitig vor.

Die Fleddermaus

Werner Färber (verändert)

Zu Beginn der Dämmerung
gerät die Fledermaus in ?.
Sie kommt aus ihrem Schlafquartier
und jagt gekonnt ?.

Mit eingebautem Echolot
sammelt sie ihr Abendbrot.

Doch die Signale, die sie ?,
sind mit einem Mal gestört!
Der sonst perfekte ?
ist ganz plötzlich einfach hin!

Orientierungslos im Raum
saust sie voll in einen Baum.

Taumelnd, hilflos, kreuz und quer
geht's zwischen Ästen hin und ?.
Nur mit Glück findet sie raus –
die arg zerzauste ?.

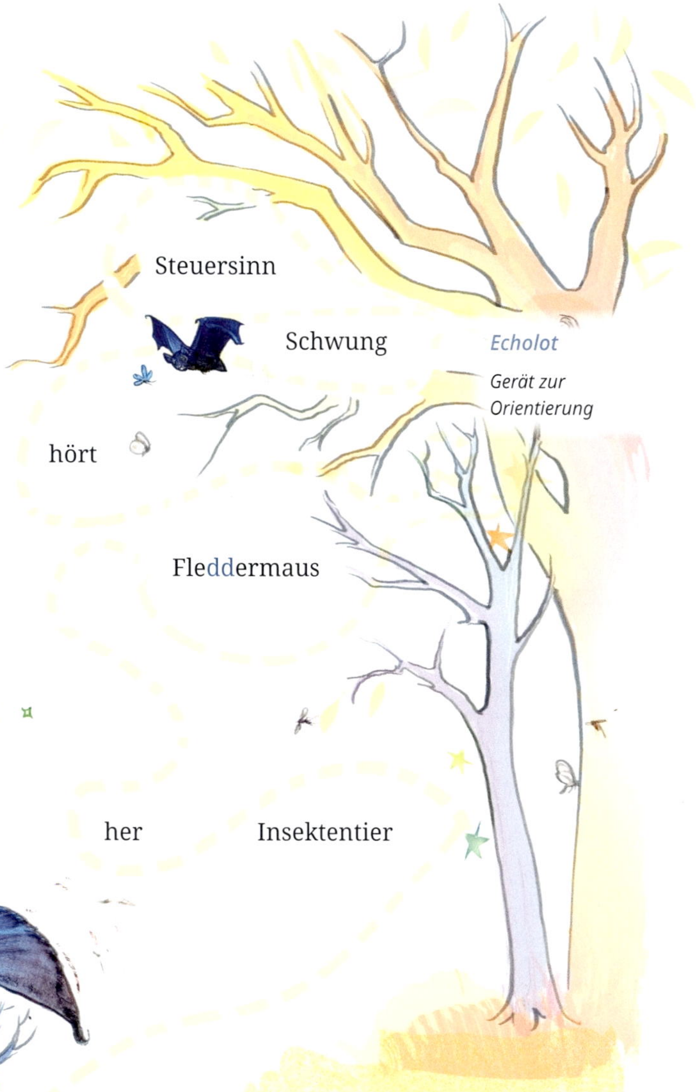

Echolot
Gerät zur Orientierung

2 a) Gebt wieder, in welcher Notsituation sich die Fleddermaus befindet.
b) Wie gefällt euch das Gedicht? Teilt eure Gedanken in einem Blitzlicht.
c) Findet ihr, dass der Titel „Fleddermaus" zum Gedicht passt? Begründet.

3 Hier findet ihr einen Sachtext zur Fledermaus. Lest den Text gemeinsam laut.

Die Fledermaus

Die Fledermaus ist ein nachtaktives Tier, das sich mit seinem Gehör orientiert. Das funktioniert ähnlich wie ein Echolot für Schiffe. Dabei sendet die Fledermaus hohe Schreie aus, die wir nicht hören können. Der Ultraschall-Schrei wird von Gegenständen zurückgeworfen und gelangt zu den Ohren der Fledermaus. Aus dem zeitlichen Unterschied zwischen dem Schrei und dem zurückkommenden Schall nehmen Fledermäuse wahr, wie weit etwas entfernt ist. So können sie im Flug ihre Nahrung wie Nachtfalter fangen.

4 a) Tauscht euch aus, welche besondere Fähigkeit Fledermäuse haben.
b) Sprecht darüber, wie der Sachtext im Vergleich zum Gedicht auf euch wirkt.

5 Untersucht die Texte nun genauer:
Wie unterscheidet sich das Gedicht von dem Sachtext?
Vervollständigt dazu die folgenden Aussagen:
a) Das Gedicht ...
b) Der Sachtext ...

1 ... erklärt, wie Fledermäuse sich nachts orientieren.
2 ... malt eine Art Bild davon, wie eine Fledermaus unterwegs ist.
3 ... ist in sachlichen Worten verfasst.
4 ... enthält Wörter, die ähnlich klingen.
5 ... besteht aus ähnlich geformten Absätzen.
6 ... ist in einem Fließtext geschrieben.
7 ... will uns unterhalten.
8 ... will unser Wissen bereichern.

6 Überprüft eure Erkenntnisse zu Gedichten mit der **Infobox**.

i Infobox

Gedichte erkennen

Gedichte sind Texte, die beim Lesen und Hören Bilder und Gefühle erzeugen können.
Am besten sind Gedichte an ihrer äußeren Form zu erkennen:
Sie bestehen aus Versen und einer oder mehreren Strophen.

- Eine Zeile in einem Gedicht nennt man **Vers**.
- Einen Absatz in einem Gedicht nennt man **Strophe**.

Häufig gibt es am Ende der Verse Wörter, die **ähnlich klingen (Reime)**.

Gedichtwerkstatt

Stimmungen in Gedichten wahrnehmen

WES-127901-069

1 Schließt die Augen und hört euch das folgende Gedicht von Wilhelm Busch an.

Sie war ein Blümlein hübsch und fein

Wilhelm Busch

Sie war ein Blümlein hübsch und fein,
heil aufgeblüht im Sonnenschein,
er war ein junger Schmetterling,
der selig an der Blume hing.

Oft kam ein Bienlein mit Gebrumm
und nascht und säuselt da herum.
Oft kroch ein Käfer kribbelkrab
am hübschen Blümlein auf und ab.

Ach Gott, wie das dem Schmetterling
so schmerzlich durch die Seele ging.
Doch was am meisten ihn entsetzt,
das Allerschlimmste kam zuletzt.

Ein alter Esel fraß die ganze
von ihm so heiß geliebte Pflanze.

2 Was habt ihr euch beim Anhören vorgestellt?

3 Warum ist der Schmetterling am Ende des Gedichtes so entsetzt?

4 Forscht nach, wie sich die Gefühle des Schmetterlings entwickeln. S. 309

- Welche Bedeutung hat das Blümlein für den Schmetterling?
- Das Blümlein wird von vielen Tieren besucht. Wie findet der Schmetterling das?
- Mit welchen Gefühlen bleibt er in den letzten beiden Strophen zurück?

5 a) Lest das Gedicht in verschiedenen Stimmungen vor. Nutzt den **Wortschatz**.
b) Welche Stimmungen passen zu dem Gedicht? Begründet.
c) Lest das Gedicht nun noch einmal in den passenden **Stimmungen** vor.

Sinnvoll betonen und Stimmungen vermitteln, S. 26

Wortschatz

- entsetzt
- gemütlich
- glücklich
- lebhaft
- begeistert
- traurig
- aufgeregt
- verzweifelt
- zufrieden

6 Afife hat Bilder zum Gedicht gemalt, um die Stimmung zu verdeutlichen: S. 309
- Welches der Bilder B und C passt zur Mitte des Gedichtes (Vers 5–8)?
- Welches der beiden Bilder gehört zum Ende (Vers 9–14)? Begründet.

7 Gestaltet nun das fehlende Bild A für den Anfang des Gedichtes (Vers 1–4):
- Überlegt euch, welches Tier zu sehen ist und was es tut.
- Verdeutlicht auch die friedliche Stimmung der Strophe.

8 Prüft mit der **Infobox**, ob die Bilder jetzt alle Stimmungen im Gedicht darstellen.

Infobox

Stimmungen in Gedichten

In Gedichten erzeugen **bestimmte Wörter** (z. B. Adjektive, Farben) verschiedene **Stimmungen** (z. B. ängstlich, mutig). Welche Wörter das sind, ist unterschiedlich. Auch welche Stimmungen sie erzeugen, kann **unterschiedlich empfunden** werden.

Gedichtwerkstatt

Reime in Gedichten untersuchen

WES-127901-071

1 In vielen Gedichten kommen Reime vor. Sicher seid ihr schon gut darin, Reime zu bilden. Findet passende Reimwörter zu den folgenden Wörtern:

- **a** Hut – Sand – Tisch – Wind, *z. B. Hut: Mut, Flut …*
- **b** Grund – heller – Kissen – Reise – tanzen, *z. B. Grund: Hund …*
- **c** Abenteuer – bald – Freundlichkeit – heiter – telefonieren – warf – Handyhülle

2 Lest das Gedicht zum „gereimten Löwen" zunächst laut vor. Beantwortet dabei die Frage am Rand. Achtung: Die letzte Strophe im Gedicht stimmt (noch) nicht ganz.

Der gereimte Löwe

James Krüss (verändert)

Ein Löwe, groß und fürchterlich,
Begann vor Wut zu weinen:
Er suchte einen Reim auf sich,
Doch leider fand er keinen.

Er lief durchs ganze Afrika,
Am Tag oft zwanzig Stunden.
Und fraß so manchen Dichter da,
Der keinen Reim gefunden.

Am Kap der guten Hoffnung, ach,
War Afrika zu Ende.
Allein er dachte weiter nach,
Wie er ein Reimwort fände.

Er saß betrübt am Meeresstrand,
Wo wilde Wellen schäumen,
Bedenkend, dass sich rings im Land
Fast alle Tiere reimen.

Es reimt sich, sprach er, Kuh auf Gnu
Und Stiere auf Vampire.
Auch Marabu und Känguru
Sind reimverwandte Tiere.

Warum reimt sich der Löwe nicht?
Soll er stets reimlos bleiben?
Wird niemals jemand ein Gedicht
Mit Löwenreimen schreiben?

Der arme Löwe saß und sann,
Im Ufersande schabend.
Da kam ein weißer Vogel an
Und sagte: Guten Abend!

sann (sinnen) nachdenken über etwas

Lass mich allein! Entferne dich!
Erwiderte der Löwe.
Ich suche einen Reim auf mich!
Da sprach der Vogel: _ _ _ _ !

Was sagt der Vogel? Findet einen Reim auf Löwe.

Zwar reimt sich, sprach sie, Hunz auf Kunz
Und andre dumme Sachen!
Jedoch auch wir zwei reimen uns.
Und sie fing an zu lachen.

Hunz und Kunz abgeleitet von „Hinz und Kunz": Redewendung für „jedermann"

Der Löwe lachte ebenfalls
Und raste vor Entzücken.
Er fiel der Möwe um den Hals,
Als wollt' er sie erdrücken.

Er rief: Ich habe einen Reim!
Jede Möwe lebe hoch!
Jetzt kehre ich beruhigt heim
Als der gereimte Löwe.

Seitdem sagt jedes Löwenkind
Tante zu jeder Möwe,
Weil sie doch jetzt Verwandte sind –
Zumindest Reimverwandte!

3 Was hat euch an der Reise des Löwens bedrückt oder zum Schmunzeln gebracht?

4 Begebt euch auch in diesem Gedicht auf Reimsuche:
- Welche Reimwörter könnt ihr in den einzelnen Strophen entdecken?
- Notiert sie oder markiert sie in unterschiedlichen Farben auf der Vorlage.
  Strophe 1: fürchterlich – sich; weinen – keinen
  Strophe 2: Afrika – da …

5 Probiert einmal, die Wörter in den letzten zwei Strophen so umzustellen, dass ihr auch dort Reime findet. *S. 309*
- Auch hier sollen sich die Enden der Verse reimen: 42 / 44, 46 / 48.
  Die blauen Verse könnt ihr dabei so stehen lassen.
- Schreibt die Strophen dafür ab oder nutzt die digitale Übung.

6 Warum bauen Dichterinnen und Dichter überhaupt Reime in Gedichte ein?
a) Lest dazu die letzten zwei Strophen auf Seite 71 laut vor.
Stoppt nach jeder Strophe und wiederholt sie, aber mit eurer Umstellung.
b) Vergleicht, wie sich der Klang der Verse durch eure Umstellung verändert hat.

7 Hier findet ihr drei weitere Gedichte. Hört sie an und lasst sie auf euch wirken.

Eisbärwünsche

Victoria Herold

Nichts wünschte sich die Eisbärin mehr
als eine Zukunft schön und weiß.
Ihr Herz wog tonnenschwer,
geschmolzen war das Eis.

Wir haben uns. Egal, was auch kommt,
sagte sie zum Eisbärenkind.
Sah Licht am Horizont.
Spürte den kalten Wind.

Ameisenbär

Regina Schwarz

Der **A**meisenbär hat vorn ein **A**.
Aus gutem Grunde steht es da.
Denn ohne **A** am Anfang wär
Er nur ein kleiner Meisenbär.

Niedliches Eichhörnchen

Joachim Ringelnatz

Ein niedliches Eichhörnchen
lutschte am kleinen Zehchen.
Dort hatte es ein Wehwehchen -
Wahrscheinlich ein Leichdörnchen.

8 In welcher (un)glücklichen Situation sind Eisbärin, Ameisenbär und Eichhörnchen?

9 Seht euch die Reime in den Gedichten genauer an.
a) Schreibt die Gedichte ab oder nutzt die Vorlage.
b) Markiert zunächst die Reime an den Versenden mit unterschiedlichen Farben.
c) Vergleicht die Gedichte und ihre Reime. Welche Unterschiede stellt ihr fest?

10 Ordnet nun die drei Reimformen aus der **Infobox** den Gedichten zu.

Reime

Infobox

Wenn man ein Gedicht vorliest, dann bringt man die Wörter zum **Klingen**. Dadurch werden die **Reime** hörbar. Reime sind Wörter, die **ähnlich** klingen. Dabei sind die betonten Vokale und das Wortende mehrerer Wörter gleich oder sehr ähnlich, z. B.: ***Baum** – Tr**aum**, kr**achen** – l**achen**, Meeresw**ogen** – Regenb**ogen***
Es gibt verschiedene **Reimformen**:

Paarreim:
Die reimenden Verse folgen aufeinander.

Inselstrand a
weißer Sand a
Meereswogen b
Regenbogen b

Kreuzreim:
Hier wechseln sich die reimenden Verse ab.

Inselstrand a
Meereswogen b
weißer Sand a
Regenbogen b

umarmender Reim:
Hier „umarmen" reimende Verse andere Verse.

Inselstrand a
Meereswogen b
Regenbogen b
weißer Sand a

WES-127901-074

Gedichtwerkstatt

Lautmalerei in Gedichten erkennen

1 Manche Gedichte spielen mit dem Klang von Wörtern.
a) Lest das Gedicht „Manchmal" vor. Betont dabei besonders die *Verben*.
b) Etwas ist merkwürdig: Was ist hier durcheinandergeraten?

Manchmal

Jürgen Spohn

An manchen Tagen
geht nichts zusammen:
Da *bellt* die Maus
Da *kräht* der Frosch
Da *muht* das Schwein
Da *fiept* der Hund
Da *quakt* der Hahn
Da *quiekt* das Huhn
Da *zirpt* die Ziege
Da *meckert* die Meise
Da *gackert* die Katze
Da *zwitschert* die Kuh

2 Bringt Ordnung in diese Tierwelt: Sortiert die Verben im Gedicht so, dass alle Tiere sie selbst sind. Achtung: Für ein Tier gibt es kein passendes Verb. *S. 309*
*An manchen Tagen geht nichts zusammen: Da fiept **die Maus**, da …*

3 *bellen, krähen, muhen, fiepen, quaken, quieken, zirpen, meckern, gackern, zwitschern …*
Schließt die Augen und lasst euch die Wörter der Reihe nach laut vorsprechen:
- Welches Geräusch stellt ihr euch dabei vor?
- Tauscht euch aus: Helfen die Wörter dabei, euch diese Geräusche vorzustellen?

a) Sammle eigene Beispiele für Lautmalerei: *z. B. Kuckuck, rascheln …* *S. 309*
b) Lest sie euch zu zweit vor und ratet, woran der Klang jeweils erinnert.
c) Vergleicht eure Erfahrungen mit der **Infobox**.

i **Infobox**

Lautmalerei

Lautmalereien sind **Wörter**, die **an Geräusche erinnern** oder sie sogar **nachmachen**:
- Das Wort „*zischen*" erinnert z. B. beim Aussprechen an ein Zischen.
- Das Wort „*Puh!*" macht z. B. unser tiefes Ausatmenn nach, wenn wir erleichtert sind.

Gedichtwerkstatt

Das „Ich“ in Gedichten aufspüren

WES-127901-075

1 Lest das folgende Gedicht leise.

? ? ?

Ich war einmal ein grünes Ding.
Ich kroch von Blatt zu Blatt.
Ich fraß und fraß von Tag zu Tag,
doch wurd’ ich niemals satt.

Dann fielen mir die Augen zu.
Ganz dunkel wurd’ es ringsumher.
Ich schlief ganz fest den Winter lang,
von Eis und Schnee merkt’ ich nichts mehr.

Es wurde warm und hell um mich
nach langer dunkler Nacht.
Ich streckte mich und weckte mich,
dann bin ich aufgewacht.

Ich krieche aus der Höhle raus
und spür’ den Sonnenschein.
Weit breite ich die Flügel aus
und flieg’ in den Frühling hinein.

2 Das Gedicht ist ein bisschen wie ein Rätsel.
a) Malt einmal auf, wie ihr euch das Tier am Ende des Gedichtes vorstellt.
b) Erkennt ihr, um welches wandelbare Tier es geht? *S. 309*
c) Gebt dem Gedicht einen passenden Titel.

3 Forscht nun genauer: Was erfahrt ihr über das Tier und was passiert mit ihm? Erstellt mündlich eine kleine Liste. Jeder sagt nacheinander ein Stichwort.
1. Das Tier ist grün - 2. Es kriecht auf Blättern - 3. ...

4 a) Wer oder was erzählt denn, was das Tier tut und was mit ihm passiert? Findet Belege im Text. Schreibt sie auf oder markiert sie in der Vorlage. *S. 309*
b) Vergleicht eure Überlegungen mit der **Infobox**.

5 Stell dir einmal vor, du als Mensch würdest den Schmetterling beobachten. Schreibe das Gedicht so um, dass du das „Ich“ bist. *S. 310*
Ich sah einmal ein grünes Ding.
Es kroch von Blatt zu Blatt. ...

6 Vergleicht die Varianten: Bei welcher fühlt ihr euch dem Tier näher? Warum?

Das „Ich“ in Gedichten

Infobox

Ein **„Ich“**, das in Gedichten spricht, etwas beobachtet, erlebt oder empfindet, nennt man **lyrisches Ich**. Dieses von Dichterinnen oder Dichtern erfundene Wesen kann z. B. **ein Kind, ein Tier oder ein Gegenstand** sein. Aber das „Ich“ ist **nicht** mit der Dichterin oder dem Dichter zu verwechseln.

WES-127901-076

Gedichtwerkstatt

Gedichte nach besonderen Regeln schreiben

1 Es gibt Gedichte mit auffälligen Formen. Vielleicht kennt ihr solche Gedichte.
a) Lest euch die folgenden Gedichte vor.
b) Beschreibt, was das Besondere an den Gedichtformen ist. S. 310
c) Welche dieser Formen gefallen euch gut und warum?

Akrostichon

Flink
Unzähmbar
Clever
Hinterlistig
Scharfsinnig

Schneeball

Hase
im Schnee
hoppelt und springt
übers große weiße Feld
nahender Schritt
fluchtbereit
still

Haiku

Bashô (verändert)

Auf blattlosem Ast
sitzt allein eine Krähe;
herbstlicher Abend.

Elfchen

Marienkäfer
rot, gepunktet
er fliegt los
ich fühle mich leicht
Glücksbringer

2 Bildet Gruppen zu viert. Teilt die vier Gedichte untereinander auf:
a) Untersucht, wie euer Gedicht aufgebaut ist. S. 310
b) Vergleicht euer Ergebnis mit dem passenden Abschnitt in der **Infobox**.
c) Stellt nun einander die verschiedenen Gedichtformen vor.

3 Verfasse nun dein eigenes Tiergedicht.
Die **Mindmap** und der **Wortschatz** können dir helfen.
a Schreibe nach den Regeln des Akrostichons.
b Schreibe nach den Regeln des Schneeballs.
c Schreibe nach den Regeln des Haikus oder des Elfchens.

» Mindmap, S. 297

I
II
III

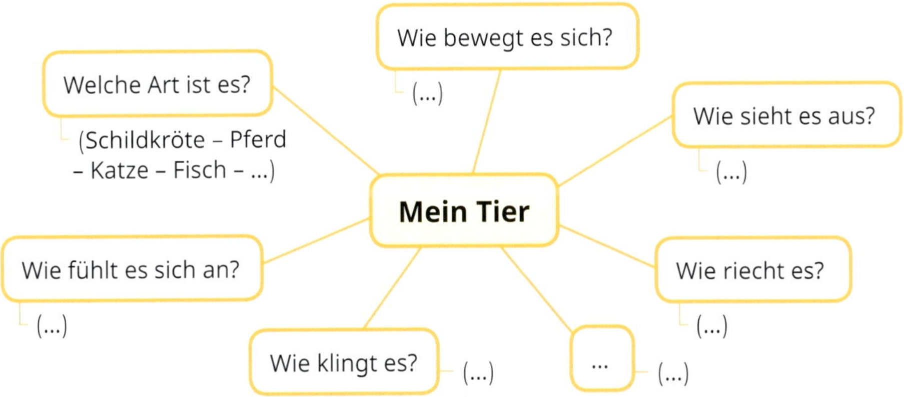

Wortschatz

- blubbernd
- erdig
- galoppiert
- gemustert
- glatt
- grün
- hart
- kriecht
- leise
- modrig
- rhythmisch
- salzig
- schillernd
- schleicht
- weich

4 Stellt euch nun eure Haikus, Elfchen, Akrostichons und Schneebälle vor:

a) Seht euch zunächst still das jeweilige Gedicht – oder bereits alle Gedichte – an.

b) Tauscht euch dann dazu aus:

- Was gefällt euch besonders an dem Gedicht/den Gedichten?
- Gibt es etwas, das an der Form verbessert werden könnte?

Gedichtformen

Infobox

Akrostichon

Hier entsteht aus den **Anfangsbuchstaben** der Verse **von oben nach unten** gelesen ein neues Wort. Die Überraschung ist: Das Wort passt inhaltlich zu den Versen.

Schneeball

Dieses Gedicht heißt so, weil seine **Form** einem Schneeball gleicht.
Das Gedicht beginnt mit einem sehr kurzen Vers. Die nächsten Verse werden jeweils immer länger. Der mittlere Vers ist der längste und ab dort nimmt die Länge wieder ab.

Haiku

Das japanische Haiku hat feste Spielregeln: Es gibt **drei Verse** mit je einer bestimmten Anzahl an **Silben**.

1. Vers: 5 Silben
2. Vers: 7 Silben
3. Vers: 5 Silben

Elfchen

Bei Elfchen werden **fünf Verse** mit einer bestimmten Anzahl an **Wörtern** gebaut.

1. Vers: 1 Wort
2. Vers: 2 Wörter
3. Vers: 3 Wörter
4. Vers: 4 Wörter
5. Vers: 1 Wort

WES-127901-078

Gedichtwerkstatt

Gedichte vortragen

1 Lies das Gedicht „Schattenspiel“ leise für dich.

Schattenspiel

Josef Guggenmos

Am Abend geistern Schatten |
noch lustig an der Wand, |
da spielen wir Theater |
mit nichts als unsrer Hand. ||

Wer zeigt sich überm Bette, |
welch Untier groß und grau? ||
Das ist der Wolf, der böse, |
den kennt man ganz genau! ||

Sein Hunger ist gewaltig, |
sein Rachen fürchterlich: |
Du Ziegenbock da drüben, |
gib acht, gleich frisst er dich! ||

Der Gockelhahn, der stolze,
macht seine Sache gut.
Wer kommt ihm da entgegen?
Sieh an, ein Herr mit Hut!

Was tut die brave Ente
in unserm Schattenspiel?
Mit ihrem Schnabel schnappt sie
keck nach dem Krokodil!

Am Schluss gibt's was zu lachen:
Ein Has, der Männchen macht!
Er winkt mit seiner Pfote:
Für heute gute Nacht!

2 Wie hat euch dieses Gedicht gefallen? Sprecht darüber.

3 a) Wer oder was ist dieser Wolf in Wirklichkeit?
b) Trotzdem wirkt er ganz schön furchteinflößend – woran liegt das?
c) Besprecht, welche weiteren Tiere auftauchen und was sie tun.

4 Beim Gedichtvortrag geht es darum, die besondere **Stimmung** zu verdeutlichen.
a) Sammelt Ideen, wie ihr die Stimmung beim Vortrag vermitteln könnt. *S. 310*
b) Welche Anregungen findet ihr bereits im Gedicht?
c) Vergleicht eure Überlegungen mit der **Infobox**.

» Sinnvoll betonen und Stimmungen vermitteln, S. 26

5 Bereite nun das Gedicht mit folgenden Schritten für den Vortrag vor:
(a) Strophen 1–3
(b) Strophen 4–6
(c) Alle Strophen

Schritt 1: Schreibe die Strophen ab oder nutze die Vorlage. Beim Abschreiben wirst du auf bestimmte Wörter aufmerksamer als beim Lesen mit den Augen.

Schritt 2: Wie ist die Stimmung in den Strophen? Du kannst wichtige Wörter notieren und daneben schreiben, wie sie auf dich wirken. *S. 310*

Schritt 3: Finde durch Ausprobieren heraus, wo Pausen helfen und wo Betonungen sinnvoll sind. Ergänze die fehlenden Vortragszeichen (| , || oder _) an diesen Stellen. Manchmal ist es besser, mehr Pausen zu machen, damit du nicht zu hastig sprichst.

Schritt 4: Übe den Vortrag ein. Du kannst ihn auch mit Gesten lebendig machen.

6 Wähle aus, wie du das Gedicht auswendig lernen und vortragen möchtest.
(a) Trage eine deiner Strophen auswendig vor. Nutze für die restlichen die Vorlage.
(b) Trage zwei deiner Strophen auswendig vor. Nutze für die restlichen die Vorlage.
(c) Trage deine Strophen **auswendig** vor.

» Auswendiglernen, S. 289

7 Gebt euch gegenseitig **Feedback** zu euren Gedichtvorträgen.

» Feedback, S. 294

Gedichtvortrag

Infobox

Wenn du ein Gedicht **vorträgst**, solltest du auch seine **Stimmung** vermitteln. Du kannst zum Beispiel eine ruhige Atmosphäre schaffen oder Spannung aufbauen. Das erreichst du auch durch die Verwendung von **Pausen** und **Betonungen**.

Pausen (| oder ||):
- kurze Pause (|): nur kurz **Luft holen**
- lange Pause (||): etwa **2 Sekunden** warten

Betonungen (_):
- Betone Wörter, die **wichtig** für den Inhalt oder die Stimmung sind.
- Sprich sie etwas **lauter** aus.

WES-127901-080

Gedichtwerkstatt

Ein Gedicht untersuchen

1 Lies das Gedicht „Winterschlaf".

Winterschlaf

Martin Ebbertz (verändert)

Der Igel mag den Winter nicht |
Aus diesem Grund verzieht er sich |
in eine hintere Ecke vom Garten |
(Wo genau, | wird nicht verraten!) ||

Sobald es kalt wird, | ist er weg |
und bleibt in dem Geheimversteck |
allein für sich verkrochen |
mindestens zwölf Wochen ||

Doch manchmal hält er's nicht mehr aus |
Dann guckt er kurz _____

2 Finde heraus, worum es in dem Gedicht geht.
Füge dazu passende Wörter in den Lückentext.
In der ersten Strophe des Gedichts mag der ? den ? nicht. Er versteckt sich also ganz hinten im ?. In Strophe ? bleibt er so lange dort, wie es draußen ? ist. Er ist alleine und mindestens ? Wochen dort. In den letzten zwei Versen kommt der Igel doch ab und zu aus seinem ?, weil er es nicht mehr ?.

3 Hältst du den Titel „Winterschlaf" für das Gedicht geeignet?
Lies dir dazu den folgenden Sachtext durch und begründe deine Meinung.
Winterschlaf ist kein wirklicher Schlaf, sondern ein schlafartiger Zustand. Viele Tiere fahren dabei den Herzschlag und die Atmung herunter. Das ist wichtig, um die kalten Temperaturen des Winters zu überleben.

Der Titel „Winterschlaf" passt (nicht) zu dem Gedicht von Martin Ebbertz, weil …

» *Reime, S. 73*

4 a) Ist das Gedicht im **Paarreim**, **Kreuzreim** oder **umarmenden Reim** verfasst?
b) Welches Wort könnte im letzten Vers ergänzt werden?

» *Stimmungen in Gedichten, S. 70*

5 Wie ist die **Stimmung** des Gedichts?
ruhig – aufgeregt – gemütlich – hektisch – friedlich – traurig – fröhlich – …

» *Gedichte vortragen, S. 79*

6 a) Übe den **Gedichtvortrag**. Beachte die Vortragszeichen und die Stimmung.
b) Trage das Gedicht nun in der Klasse vor.

1 Lies das Gedicht „Fliegenmahlzeit".

II

Fliegenmahlzeit

Friedrich Hoffmann (verändert)

Die Familie Siebenbein |
führt heut, | welche Wonne, |
alle hundert Kinderlein |
in die Abfalltonne. ||

Mhm, | wie riecht's hier wunderbar |
nach verfaulten Pflaumen. |
Ach, | solch grüne Wursthaut gar |
kitzelt mir den Gaumen. ||

Schimmelkäse, alt und zäh,
eine ganze Schüssel!
Kinder, wenn ich so was seh,
wässert mir der Rüssel.

Immer schön manierlich sein,
nicht so hastig schlecken!
Brumsebrim, es ist nicht fein,
sich was einzu_______.

[...]

manierlich
sich gut und anständig benehmen

2 Fasse den Inhalt des Gedichtes zusammen: Baue aus den Stichwörtern einen Text.
In dem Gedicht – von – geht es um – Erst – unterwegs – in einer Mülltonne – Sie finden – und – riechen und essen – Dann – eine ganze Schüssel – Wasser läuft im Mund zusammen – Aber – ordentlich benehmen …

3 a) Erkläre in einem Satz, warum das Gedicht „Fliegenmahlzeit" heißt.
Das Gedicht von Friedrich Hoffmann heißt „Fliegenmahlzeit", weil …
b) Findest du den Titel passend?
Für mich passt der Titel „Fliegenmahlzeit" (nicht) zum Gedicht, denn …

4 a) Bestimme die **Reimform** des Gedichtes.
b) Ergänze ein passendes Wort am Ende des letzten Verses.

5 a) Erkläre, warum das Wort „schlecken" (Vers 14) eine **Lautmalerei** ist.
b) Gehe auf die Suche: Findest du weitere Lautmalereien? Schreibe sie auf.

6 Welche **Stimmungen** erzeugt das Gedicht?
Am Anfang geht vom Gedicht eine … Stimmung aus. Das liegt daran, dass …

7 a) Ergänze die fehlenden Vortragszeichen im Gedicht.
b) Übe den **Vortrag** des Gedichtes. Denke daran, die Stimmungen zu vermitteln.
c) Lerne das Gedicht und die Vortragsweise auswendig.
d) Bühne frei: Trage das Gedicht auswendig vor!

III

1 Lies das Gedicht „Wattwurms Erwachen".

Wattwurms Erwachen

Jan Kaiser (verändert)

Mitten in der dunklen Nacht
ist Wattwurm Alfons aufgewacht.
Das Watt lag still, er fragte sich:
„Herrjemine, was weckte mich?"

„War es des Mondes trübes Licht?
Nee, das war es sicher ?.
War es des Leuchtturmwärters Singen?
Das würd kaum bis hier draußen ?.
War es der Deich mit seinen Schafen?
Nein, dabei kann ich prima ?.
War es der Nordseekrabben Schrei?
Quatsch, der wär mir ?.
War es der Ruf des Kabeljaus?
Nee, ich glaub', den schließ ich ?.
Vielleicht ist 'ne Scholle am Verrecken?
Iwo, das würd' mich niemals ?.
Dann war es etwa gar der Butt?
Der macht den Schlaf mir nicht ?.
So keift der Aal des Nachts durchs Watt?
Ach was, den überhör ich ?.
Oder der Hummer, der oft stöhnt?
Nein, daran hab' ich mich ?.

Es war nicht Dorsch, auch Flunder nicht,
und ich bin müde im Gesicht,
drum wird's wohl Liebeskummer sein!"
dacht sich der Wattwurm ...

... und schlief ein.

2 Fasse den Inhalt des Gedichtes knapp zusammen (lass die Verse mit ? weg).
Vers 1–4: Ein Wattwurm... / Vers 5–22: Er vermutet, dass... / Vers 23–25: ... / ...

3 a) Erkläre, warum das Gedicht „Wattwurms Erwachen" heißt.
b) Begründe, ob du den Titel passend findest.

4 a) Notiere, wer oder was das **„Ich"** im Gedicht ist.
b) Schreibe die markierten Verse so um, dass das „Ich" das gesamte Gedicht erzählt.

5 Bestimme die **Reimform** des Gedichtes an der ersten Strophe.
Findest du die passenden Stellen für diese Wörter, sodass neue Reime entstehen?
schlafen, einerlei, aus, wecken, nicht, dringen, kaputt, glatt, gewöhnt

6 Finde **Lautmalereien** in dem Gedicht und begründe, warum es welche sind.

7 Welche **Stimmungen** erzeugt das Gedicht? Begründe und beziehe auch das lyrische Ich, die Reimform und die Lautmalereien mit ein.

8 a) Bereite das Gedicht mit Vortragszeichen für einen **Vortrag** vor.
b) Übe, das Gedicht vorzutragen. Achte auch auf die Stimmungen.
c) Lerne das Gedicht und die Vortragsweise auswendig.
d) Bühne frei: Trage das Gedicht vor!

Umgang mit Gedichten

Gedichte bestehen aus Versen und Strophen.

S. 68

LAUTMALEREI

Ziel: Das Gedicht wirkt lebendig.

- Wörter, die an Geräusche erinnern
- Wörter, die Geräusche nachmachen

S. 74

STIMMUNGEN

S. 70

Die Wahrnehmung von Stimmungen ist individuell. Die Stimmung in einem Gedicht wird durch seine Sprache beeinflusst:
Adjektive oder Farben erzeugen z.B. eine fröhliche oder traurige Stimmung.

LYRISCHES ICH

= ein vom Dichter oder der Dichterin erfundenes Wesen, das spricht, sieht, fühlt, denkt, ...

S. 75

REIME

S. 73

= Wörter, die ähnlich klingen.
Man unterscheidet folgende Reimformen:

- Paarreim

- Umarmender Reim

- Kreuzreim

IDEEN RUND UM GEDICHTE

S. 77 + 79

- Vortrag einüben
- Bild zum Gedicht malen
- Gedicht umschreiben
- nach Regeln schreiben

HIER GIBT'S NOCH MEHR

Digital+
WES-127901-083

WES-127901-084

Gedichtwerkstatt

Überprüfe dein Wissen und Können

1 Bringe Ordnung in die folgenden Sätze.
Finde dazu den Fehler in jeder Aussage und notiere den Satz korrekt:

a) Nur Sachtexte erzeugen Bilder und Gefühle in uns.
b) Ein Gedicht hat vor allem ein Ziel: Die Leser informieren.
c) Ein Gedicht besteht aus Strophen und Zeilen.
d) Gedichte enthalten niemals Wörter, die ähnlich klingen.

2 Ergänze die fehlenden Buchstaben in den Wörtern rund um Gedichte.

LA ? TM ? ? ? REI   *L ? RI ? ? ? ES ICH*   *ST ? ? PHE*   *UM ? ? ? ENDER REIM*

3 In dem Suchsel sind weitere Begriffe zum Thema Gedichte versteckt.
Schreibe sie heraus.

K	N	V	E	R	S	A	Y
R	E	O	S	E	D	G	C
E	L	H	T	Z	A	X	Q
U	F	J	I	F	U	G	J
Z	J	D	M	J	C	R	O
R	H	T	M	U	A	Y	B
E	Y	S	U	N	I	U	V
I	H	F	N	E	D	E	D
M	L	L	G	K	B	N	N
P	A	A	R	R	E	I	M
Y	U	A	U	O	Q	Q	A

4 Fallen dir zu jedem markierten Wort passende Reimwörter ein? Schreibe sie auf.

Ausgangswort	**Reimwörter**
Beginnen wir mit dem Wort „Tier“.	?
Das passt gut zu „Löwe“.	?
Was passt wohl bei „Maus“?	?
Das reimt sich auf „Hase“.	?

5 Erforsche Gedichte (und ihre Inhalte, Reime ...) nun einmal genauer.
Du kannst die Vorlage oder digitale Übung nutzen.

a Lies „Die Vogelscheuche“. Notiere und ergänze die passenden Zettel. S. 310

b Lies „Drei Finken“. Notiere und ergänze dazu passende Zettel. S. 310

c Lies beide Gedichte. Ordne die Zettel jeweils zu und ergänze sie.

Die Vogelscheuche

Christian Morgenstern (verändert)

Die Raben rufen: „Krah, krah, krah!
Wer steht denn da, wer steht denn da?
Wir fürchten uns nicht, wir fürchten uns nicht
vor dir mit deinem Brillengesicht.

Wir wissen ja ganz genau,
du bist nicht Mann, du bist nicht Frau.
Du kannst ja nicht zwei Schritte gehn
und bleibst stehn bei Wind und Wetter.

Du bist ja nur ein bloßer Stock,
mit Stiefeln, Hosen, Hut und Rock.
Krah, krah, krah!“

Drei Finken

Wolf Harranth (verändert)

Es sitzen drei Finken auf einem Ast,
die haben zur Herbstzeit den Abflug verpasst.
Da hocken sie nun und träumen
von sommersonnigen Bäumen.

Doch beißt sie ein Windstoß von Zeit zu Zeit
und zaust ihnen eisig das Federkleid
und bringt ihren Ast arg ins Schwanken,
geraten ins Wanken die Träume.

Dann rucken sie hin und rucken sie her,
die frierenden Finken, und träumen nicht mehr.
Und ich höre sie, will es mir scheinen,
ganz leise weinen auf Finkenart.

„krah“ – „?“ und „nicht“ – „?“ sind zwei Paarreime.

Das Gedicht von Harranth beginnt mit Finken, ...

Der markierte Vers muss „und bleibst bei Wind und Wetter ?.“ heißen.

„rucken“ ist eine Lautmalerei, weil ...

In „Die Vogelscheuche“ geht es um Raben, die ...

In „Die Vogelscheuche“ gibt es kein „Ich“. Aber ? sprechen.

Das „Ich“ beschreibt und hört ?. Das wird in Vers 11/12 deutlich: ...

Das Gedicht „Drei Finken“ wirkt erst verträumt, dann ...

Die Stimmung in „Die Vogelscheuche“ ist lustig/furchtlos/?.

Die markierten Verse sind eigentlich: „geraten die Träume ins Wanken“ und ...

Die Reimform ist: a - a („Ast“ - „verpasst“) und ...

„Krah!“ ist eine Lautmal...

zausen *durcheinanderbringen*

rucken *mit einem Ruck bewegen*

Textwerkstatt

1 Diese Schülerinnen und Schüler erzählen von ihren Erfahrungen mit dem Lesen. Verschafft euch einen Überblick:

a) Was für Geschichten mögen sie gern? Warum?

b) An welchen Orten und zu welchen Zeiten lesen sie? Womit lesen sie?

…

2 Tauscht euch über folgende Fragen aus:

- Kennt ihr schon spannende, packende Geschichten?
- Was hat euch daran gefallen?
- Wo, wann und wie lest ihr am liebsten?

In diesem Kapitel lernst du, …

- Leseeindrücke zu formulieren.
- den Inhalt eines literarischen Textes zusammenzufassen.
- die Handlungen literarischer Figuren nachzuvollziehen.
- dich in eine literarische Figur hineinzuversetzen.
- persönliche Briefe zu verfassen.
- Standbilder und Schaubilder zu entwickeln.

Textwerkstatt

Leseeindrücke formulieren

WES-127901-087

1 Lest nun den ersten Text in diesem Kapitel leise.

Ein Abend bei Familie Theufel

Marc-Uwe Kling

Abendessen bei Familie Theufel und der alltägliche Wahnsinn: Die Geschwister Tina und Theo sind ganz schön auf Zack und halten mit unerbittlicher Korrektheit ihre Eltern auf Trab.

„Ich finde, das Zeug sollte nicht Rote Bete heißen, sondern Lila Bete", sagte Tina und begutachtete das vermutlich ungenießbare Stück Knollengemüse auf ihrer Gabel. „Man könnte es auch Eklige Bete nennen", schlug Theo vor. Mama und Papa sagten nichts dazu. Sie guckten nur so, wie Eltern halt gucken, wenn sie eigentlich was sagen wollen, aber stattdessen nur gucken. […]

„Dürfen wir vor dem Schlafengehen noch was spielen?", fragte Tina.
„Ja, dürfen wir?", fragte Theo. „Bitte, bitte, bitte."
„Esst erst mal eure Teller auf", sagte Papa.
„Aber Papa", sagte Theo. „Wie soll ich denn meinen Teller aufessen? Der ist doch aus Porzellan."
„Der ist nicht aus Porzellan", sagte Tina. „Der ist aus Keramik."
Papa seufzte.
„Essen!", sagte er nur.
Unter Aufbringung monumentaler Überwindungskräfte schob sich Tina die Gabel mit der Ekligen Lila Bete in ihren Mund. […]

Keramik, Porzellan verschiedenes Material von Geschirr

monumentale Überwindungskraft extreme Anstrengung

„Also dürfen wir noch spielen?", fragte Theo und nahm einen großen Happs.
„Habt ihr denn schon Hausaufgaben gemacht?", fragte Mama.
„Ja klar", sagte Tina mit vollem Mund.
„Gestern zum Beispiel", sagte Theo.
„Oder letzte Woche", sagte Tina.
„Wir haben schon richtig oft Hausaufgaben gemacht", fügte Theo hinzu.
Mama verdrehte die Augen.
„Ihr seid solche Klugscheißer", seufzte Papa.
„Das haben sie von dir", meinte Mama.
„Bitte was?", fragte Papa. „Ich bin ja wohl in dieser Familie derjenige, der am wenigsten klugscheißt."
„Quatsch!", sagte Mama. „Du klugscheißt doch immer."
„Nicht immer", widersprach Papa.
„Nur oft", ergänzten Theo und Tina.
Mama und Papa seufzten.

„Dürfen wir denn jetzt noch spielen?“, fragte Tina. „Wir haben aufgegessen, was auf unseren Tellern war.“

„Außer dem Besteck“, warf Theo ein.

„Und wir haben heute keine Hausaufgaben bekommen“, fuhr Tina fort.

„Na los, haut ab“, sagte Papa. „Geht spielen. Aber nur bis halb acht.“

2 Ihr findet hier zwei spontane Reaktionen zum Text. Worum geht es dabei?

In der Familie sprechen alle wie bei uns zu Hause.

Ich finde die Geschichte lustig, weil alle unbedingt das letzte Wort haben wollen.

3 Formuliert nun eigene Leseeindrücke. Der **Wortschatz** hilft euch.
Überprüft mit der **Infobox**, worauf ihr alles eingegangen seid.
Geht auf Spurensuche: Was müssen Tina und Theo vor dem Spielen erledigen?

Wortschatz

- Bei Familie Theufel wäre ich gern mal zu Besuch.
- Mir gefällt die Geschichte, weil sie ...
- Ich freue mich, dass die Kinder ...
- Tina und Theo sind ganz schön auf Zack. Das finde ich super!

4 Lest nur die richtigen Antworten vor:
abwaschen, aufessen, Hausaufgaben machen, Oma anrufen

5 Den Text kann man mit einem Augenzwinkern lesen:
Versucht, die Unterhaltung der Familie zu entschlüsseln.
a) Beschreibt die Bilder neben der Geschichte.
b) Was glaubt ihr: Haben Mama und Papa das wirklich so gemeint?
c) Warum tun Tina und Theo wohl so, als würden sie alles wörtlich verstehen?

i Infobox

Leseeindruck

Dein Leseeindruck ist wie eine **Spur**, die ein Text bei dir hinterlässt.
Er ist **spontan** und kann **nicht falsch** sein. Der Text löst ganz unterschiedliche Gedanken und Gefühle in jedem von uns aus:

- Wie **gefällt** dir der Text? Wie wirken die **Figuren** auf dich?
- Welche **Stimmung** nimmst du wahr? Kennst du **Ähnliches**?
- Bleiben **Fragen** offen? Wie könnte es **weitergehen**?
- Welche **Erwartungen** hast du an den weiteren Verlauf des Textes?

Textwerkstatt

Handlungen literarischer Figuren nachvollziehen

WES-127901-089

Vielleicht habt ihr schon von Till Eulenspiegel gehört. Er wanderte im Mittelalter von einem Ort zum anderen. Wohin er auch kam: Überall stellte er Unfug an.

1 Die folgende Schelmengeschichte ereignete sich in der Stadt Erfurt.
a) Lest die Überschrift: Um was für einen Streich könnte es im Text gehen?
b) Lest nun den Text.

Schelmengeschichte (Schwank) kurze, lustige Erzählung, in der Streiche gespielt werden

Wie Till Eulenspiegel einem Esel das Lesen beibrachte

Erich Kästner

Eine Zeit lang beschäftigte sich Eulenspiegel damit, dass er von Universität zu Universität zog, sich überall als Gelehrter ausgab und die Professoren und Studenten neckte. Er behauptete, alles zu wissen und zu können. Und er beantwortete tatsächlich sämtliche Fragen, die sie ihm vorlegten. [...]

Endlich fiel ihnen etwas Passendes ein. Sie kauften einen Esel, bugsierten das störrische Tier in den Gasthof „Zum Turm", wo Eulenspiegel wohnte, und fragten ihn, ob er sich zutraue, dem Esel das Lesen beizubringen. „Selbstverständlich", antwortete Till. „Doch da so ein Esel ein dummes Tier ist, wird der Unterricht ziemlich lange dauern."

„Wie lange denn?", fragte der Rektor der Universität.

„Schätzungsweise zwanzig Jahre", meinte Till. Und hierbei dachte er sich: Zwanzig Jahre sind eine lange Zeit. Bis dahin stirbt vielleicht der Rektor. Dann geht die Sache gut aus. Oder ich sterbe selber. Oder der Esel stirbt, und das wäre das Beste.

Der Rektor war mit den zwanzig Jahren einverstanden. Eulenspiegel verlangte fünfhundert alte Groschen für seinen Unterricht. Man gab ihm einen Vorschuss und ließ ihn mit seinem vierbeinigen Schüler allein.

Till brachte das Tier in den Stall. In die Futterkrippe legte er ein großes altes Buch, und zwischen die ersten Seiten des Buches legte er Hafer. Das merkte sich der Esel. Und um den Hafer zu fressen, blätterte er mit dem Maul die Blätter des Buches um. War kein Hafer mehr zu finden, rief der Esel laut: „I-a , i-a !" Das fand Eulenspiegel großartig, und er übte es mit dem Esel wieder und wieder. Nach einer Woche ging Till zum Rektor und sagte: „Wollen Sie bei Gelegenheit einmal mich und meinen Schüler besuchen?"

„Gern", meinte der Rektor. „Hat er denn schon einiges gelernt?" „Ein paar Buchstaben kann er bereits", erklärte Eulenspiegel stolz. „Und das ist ja für einen Esel und für eine Woche Unterricht allerhand."

necken ärgern

bugsieren hinbringen

störrisch eigensinnig

Rektor Leiter der Universität

Groschen Geldmünzen

Futterkrippe Futterbehälter

allerhand viel

Schon am Nachmittag kam der Rektor mit den Professoren und Studenten in den Gasthof, und Till führte sie in den Stall. Dann legte er ein Buch in die Krippe. Der Esel, der seit einem Tag kein Futter gekriegt hatte, blätterte hungrig die Seiten des Buches um. Und da Eulenspiegel diesmal überhaupt keinen Hafer ins Buch gelegt hatte, schrie das Tier unaufhörlich und so laut es konnte. „I-a , i-a , i-a!"
„I und A kann er schon, wie Sie hören", sagte Eulenspiegel. „Morgen beginne ich damit, ihm ein O und ein U beizubringen." Da gingen die Herren wütend fort. Der Rektor ärgerte sich so sehr, dass ihn bald darauf der Schlag traf. Und Till jagte den Esel aus dem Stall. „Scher dich zu den anderen Erfurter Eseln!", rief er ihm nach. Dann schnürte er sein Bündel und verließ die Stadt noch am selben Tag.

ihn trifft der Schlag
hier: tot umfallen

Scher dich!
Verschwinde!

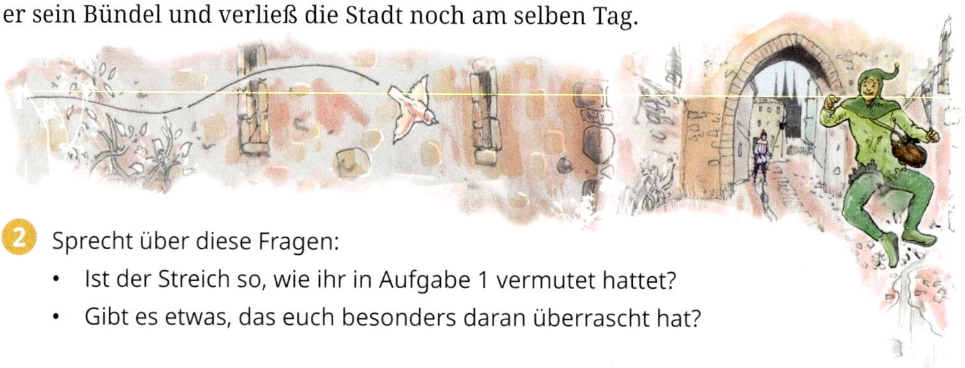

2 Sprecht über diese Fragen:
- Ist der Streich so, wie ihr in Aufgabe 1 vermutet hattet?
- Gibt es etwas, das euch besonders daran überrascht hat?

3 Geht Till Eulenspiegels Streich Schritt für Schritt durch.
Tauscht euch über folgende Fragen aus:
- Welche Aufgabe erhält Till? Was antwortet er und warum antwortert er so?
- Mit welchem Trick bringt Till dem Esel „das Lesen" bei?
- Welche Laute kann der Esel? Was meint ihr: Kann der Esel wirklich lesen?
- Wie läuft die Vorführung beim Rektor ab? Wie reagiert der Rektor?
- Ende gut, alles gut? Wie geht die Geschichte für Till aus?

4 Fasst die Geschichte zu zweit in einem Frage-Antwort-Spiel zusammen. *S. 311*
a) Lest die **Infobox** zum Zusammenfassen von literarischen Texten.
b) Stellt abwechselnd W-Fragen. Ihr könnt weitere Fragen ergänzen.
c) Beantwortet die W-Fragen dabei gegenseitig und fasst so den Text zusammen.
d) Gebt zum Schluss **Feedback**, ob ihr alles richtig beantwortet habt.

» *Feedback, S. 294*

i Infobox

Einen literarischen Text zusammenfassen

Wenn du einen Text verstehen und zusammenfassen willst, helfen dir **W-Fragen**:
- **Wer** spielt im Text eine wichtige Rolle?
- **Wo** findet die Handlung statt?
- **Wann** findet die Handlung statt?
- **Was** passiert und in welcher Reihenfolge?
- **Wie** verhalten sich die Figuren?
- **Warum** ist das Ganze passiert?

Manchmal kannst du nicht alle Fragen beantworten. Denn einige Texte lassen bewusst Informationen aus, um deine Fantasie anzuregen oder die Spannung zu steigern.

WES-127901-091

Textwerkstatt

Handlungen literarischer Figuren nachvollziehen

1 Teilt die Textabschnitte auf mehrere Kinder auf und lest euch den Text vor.

Wie Ole seinen Hund bekam

Astrid Lindgren

Ole hat keine Geschwister. Aber er hat einen Hund. [...] Der Hund heißt Swipp. Jetzt will ich erzählen, wie es zuging, dass Ole Swipp bekam, genau so, wie er es uns erzählt hat.

Mitten zwischen Bullerbü und Storbü wohnt ein Schuhmacher, der heißt Nett. Er *heißt* Nett, aber er *ist* nicht nett, wirklich kein bisschen. Nie hat er unsere Schuhe fertig, wenn wir kommen und sie abholen wollen, auch wenn er ganz fest versprochen hat, dass sie fertig sein sollten. Das kommt davon, weil er so viel trinkt, sagte Agda. Ihm hat Swipp früher gehört. Er war nie nett zu Swipp, und Swipp war der schlimmste Hund, den es im ganzen Kirchspiel gab. Immer war er an der Hundehütte angebunden, und wenn man mit den Schuhen zu Nett wollte, kam Swipp aus der Hundehütte herausgestürzt und bellte. Wir hatten Angst vor ihm und wagten uns nicht in seine Nähe. Wir hatten auch vor dem Schuhmacher Angst, denn er sagte immer: „Kinder sind ein Pack, sie müssten jeden Tag Prügel kriegen.“ Swipp bekam auch sehr oft Prügel, obwohl er ein Hund war und kein Kind. Nett fand vielleicht, Hunde müssten auch jeden Tag Prügel kriegen. Und wenn Nett betrunken war, vergaß er, Swipp etwas zu fressen zu geben.

Zu der Zeit, als Swipp noch bei dem Schuhmacher war, fand ich immer, er wäre ein hässlicher und bösartiger Hund. Er war so schmutzig und zerzaust und knurrte und bellte in einem fort. Jetzt finde ich, er ist ein freundlicher und hübscher Hund. Ole hat ihn so nett gemacht. Ole ist auch selber immer so freundlich. Als Ole einmal mit seinen Schuhen zum Schuhmacher wollte, kam Swipp wie gewöhnlich aus der Hundehütte gestürzt und kläffte und sah aus, als ob er beißen wollte. Ole blieb stehen und sprach mit ihm und sagte, er wäre ein braver Hund und er sollte nicht so bellen. Er stand natürlich etwas entfernt, sodass Swipp nicht an ihn herankonnte. Swipp war genauso boshaft wie immer und benahm sich überhaupt nicht wie ein braver Hund. Als Ole kam, um seine Schuhe abzuholen, brachte er für Swipp einen Knochen mit. Swipp knurrte und bellte, aber er war so hungrig, dass er sich sofort auf den Knochen stürzte und ihn zerbiss. Während er fraß, stand Ole die ganze Zeit ein kleines Stück entfernt und sagte immer wieder zu Swipp, er sei ein braver Hund. Ole musste ja öfter hin, um nach diesen Schuhen zu fragen. Denn sie waren natürlich nicht fertig. Und jedes Mal brachte er Swipp etwas Gutes mit. Und eines schönen Tages, stell dir vor, knurrte Swipp ihn nicht mehr an, sondern bellte nur, wie Hunde bellen, wenn sie einen Menschen sehen, den sie mögen. Da ging Ole zu Swipp und streichelte ihn, und Swipp leckte ihm die Hand.

Schuhmacher
jemand, der Schuhe repariert

Kirchspiel
Orte, die alle zu einer gemeinsamen Kirche gehören

Pack
unfreundliche Bezeichnung für eine Gruppe, die man nicht mag

an die Kehle fahren
angreifen

es ist ihm über
er hat von etwas die Nase voll

Eines Tages fiel der Schuhmacher hin und verstauchte sich den Fuß. Er kümmerte sich nicht darum, ob Swipp etwas zu fressen bekam. Ole tat es leid um Swipp. Deshalb ging er zu Nett und fragte, ob er für Swipp sorgen dürfe, solange Nett den schlimmen Fuß hätte. Dass er sich traute! Aber Nett sagte nur: „Das möchte ich mal sehen! Der fährt dir an die Kehle, wenn du nur in seine Nähe kommst.“ Aber Ole ging zu Swipp hinaus und streichelte ihn, während der Schuhmacher am Fenster stand und zusah. Da sagte er, Ole dürfe für Swipp sorgen, solange er selber es nicht könne. Ole machte die Hundehütte sauber, legte frisches Heu hinein, wusch Swipps Trinknapf aus, füllte ihn mit frischem, sauberem Wasser und gab Swipp ordentlich zu fressen. Hinterher nahm er ihn mit auf einen langen Spaziergang bis zu uns nach Bullerbü, und Swipp hüpfte und sprang und bellte vor Freude, denn er war so lange angebunden gewesen, dass es ihm schrecklich über war. Die ganze Zeit, während Nett den kranken Fuß hatte, holte Ole Swipp jeden Tag ab und ging mit ihm spazieren. Wir gingen auch mit ihm spazieren, aber Swipp mochte Ole am liebsten leiden, und kein anderer durfte seine Leine halten, denn dann knurrte Swipp.

Als Netts Fuß wieder in Ordnung war, sagte er zu Ole: „Jetzt aber Schluss damit! Der Hund ist ein Wachhund. Er muss wieder an die Kette.“ Swipp dachte, er dürfte wie gewöhnlich mit Ole spazieren gehen, und er hüpfte und jaulte. Aber als Ole fortging, ohne ihn mitzunehmen, heulte Swipp und war schrecklich traurig, sagte Ole.

Und Ole war auch viele Tage lang traurig. Schließlich konnte sein Papa es nicht länger mit ansehen, wie traurig er war, und da ging Oles Papa zu Nett und kaufte Swipp für Ole. [...]

2 Tauscht euch über den Text aus:
- Wie kam es dazu, dass Ole einen Hund bekam?
- Wie hat euch die Geschichte von Ole und seinem Hund gefallen?
- Was hat euch besonders gefreut? Habt ihr euch auch über etwas aufgeregt?

3 Beschäftigt euch mit dem Verhalten des Schuhmachers.
- Wie verhält er sich Swipp und den anderen gegenüber?
- Astrid Lindgren hat dem Schuhmacher den Namen „*Nett*“ gegeben. Welchen Namen würdet ihr ihm geben? Begründet.

4 Figuren verändern sich häufig im Verlauf einer Geschichte – so auch Swipp. Untersucht Swipps Verhalten. Arbeitet zu zweit oder in Gruppen.
a) Was erfahrt ihr über Swipps Verhalten und sein Äußeres, bevor er Ole begegnet? Notiert Beispiele. *S. 311*
b) Wie erklärt ihr euch die „Verwandlung“ von Swipp, als er Ole kennengelernt hat? Lest dazu noch einmal im Text in den Zeilen 20–34 nach und begründet.
c) Vergleicht eure Ergebnisse.

5 Erarbeitet nun das Verhalten von Ole.
Wählt eine Frage aus. Begründet eure Antwort mit passenden Textstellen.
a Wie gelingt es Ole, das Vertrauen von Swipp zu gewinnen (Zeile 25–31)?
b Wie sorgt Ole für Swipp, als Nett sich den Fuß verstaucht hat?
c Wie entwickelt sich die Beziehung von Ole und Swipp?

I II III

6 Stellt eure Ergebnisse aus Aufgabe 5 vor. Ergänzt einander, wenn nötig.

7 Als der Schuhmacher wieder gesund ist, sagt er zu Ole:

„Jetzt aber Schluss damit!
Der Hund ist ein Wachhund.
Er muss wieder an die Kette.“

- Wie reagieren Ole und Swipp in dieser Situation?
- Wer hilft den beiden dabei, eine Lösung zu finden? Warum hilft er ihnen?

8 Wählt einen der Besuche von Ole aus:
A **eine der ersten Begegnungen, als Ole die Schuhe bringt und abholen will**
B **einen der vielen Besuche während Netts Krankheit**
C **seinen letzten Besuch zum Abschied**

Stellt einen Besuch von Ole beim Schuhmacher und Swipp in einem **Standbild** dar. Arbeitet zu dritt und präsentiert eure Ergebnisse in der Klasse.

» *Standbild, S. 301*

Schritt 1: Schaut erneut in den Text (Zeile 20–34, 35–49 oder 50–53).
Schritt 2: Überlegt passende Körpersprache und Gesichtsausdrücke für die Situation. Beachtet, wie Ole, Nett und Swipp zueinander stehen. Benötigt ihr Gegenstände?
Schritt 3: Baut nun euer Standbild und verharrt in den Positionen.
Schritt 4: Gebt Rückmeldung: Sind die Situation und das Verhalten der Figuren passend zum Text dargestellt?

WES-127901-094

Textwerkstatt

Sich in literarische Figuren hineinversetzen

1 Lest den Text „Der Bücherfresser". Beantwortet dabei die Fragen.

Der Bücherfresser

Cornelia Funke

Stens Großvater vererbte der Familie seine Bücher, die Decke, auf der sein Hund immer gelegen hatte, und eine kleine Holzkiste, auf der stand: „Nur für Sten. Unbedingt heimlich öffnen."

Die Decke wollten Stens Eltern nicht, wegen der Hundehaare.

„Und all die Bücher!", stöhnte Mama. „Was sollen wir mit denen?"

„Verfeuern!", schlug Papa vor.

Da guckte Sten ihn ganz streng an und sagte: „Also, ich verfeuer deine Autozeitschriften nicht, wenn du mal tot bist."

Papa wurde rot wie ein Radieschen – und schleppte Opas Bücher auf den Dachboden. Dreiundzwanzig steinschwere Umzugskartons. Danach musste er sich erst mal aufs Sofa legen.

Sten aber schlich auf den Dachboden, packte alle Bücher aus und stapelte sie zu Wänden. Ein paar Mal krachte alles zusammen, aber irgendwann war sie fertig, seine Bücherhöhle. Als Dach nahm er die alte Decke und als Beleuchtung Papas Taschenlampe. Dann kroch er mit der „Unbedingtheimlichöffnen"-Holzkiste hinein. Zwischen den Büchern roch es nach Opa. Hundehaare rieselten von der Decke. Auf der Kiste klebte ein Brief.

2 Von wem könnte dieser Brief sein? An wen ist er? Und was mag darin stehen?

„Hallo, Sten! Ich weiß, du magst keine Bücher. Hoffentlich hast du meine trotzdem vor eurem Ofen gerettet. Für das, was in der Kiste steckt, wirst du sie nämlich brauchen. Bis irgendwann in einem anderen Leben, Opa."

Sten wurde ganz kalt vor Traurigkeit. Still war es auf dem Boden, nur der Regen prasselte aufs Dach. Sten fuhr sich mit dem Ärmel über die Augen und riss das Paketband ab, mit dem die Kiste zugeklebt war. Dann klappte er den Deckel auf.

3 Psst ... „Unbedingt heimlich öffnen" – Was ist in der Holzkiste von Opa versteckt? Zeichne doch einmal, was in der Kiste sein könnte.

Auf einem Haufen Papierschnipsel lag ein pelziges Etwas. Ein bisschen wie ein Meerschwein sah es aus.

„'n Stofftier?", murmelte Sten. Aber als er nach dem Plüschding griff, kreischte es los. Erschrocken ließ Sten es zurück in die Kiste fallen. Er lauschte nach unten, aber seine Eltern schienen das Gekreisch nicht gehört zu haben.

Das Pelzschwein grunzte aufgeregt vor sich hin. „Reg dich ab, ich tu dir nichts!", flüsterte Sten. „Ehrenwort."
„Gib mir ein Buch!", lispelte das Pelzschwein. „Ein knackig-knuspriges! Nein, warte – ein flüstervoll-furchtbar-fantastisches, ja?"
Sten zog vorsichtig irgendein Buch aus der Höhlenwand. „Kaperfahrt nach Tortuga", las er.

4 Überlege einmal: Wozu möchte das Pelzschwein wohl ein knackig-knuspriges oder ein flüstervoll-furchtbar-fantastisches Buch von Sten haben?

Das Pelzschwein beschnüffelte den Einband und nickte. „Hmm, ja, das riecht abenteuerlich, trauerlustig, süß und sauer, ja!" Es biss in das Buch, als wäre es ein Butterbrot.
„Sten, komm essen!", rief Mama die Dachbodenleiter hoch.
So schnell hatte Sten noch nie gegessen. Als er zurück in die Bücherhöhle kroch, waren von „Kaperfahrt nach Tortuga" nur noch ein paar Papierschnipsel übrig.
„War eine wunderbare Geschichte! Kribbelt immer noch bis in die Zehen", sagte das Pelzschwein und strich mit den Pfoten über die Bücherwände. „Bist du auch einer?"
„Was?", fragte Sten.

5 Was meint das Wesen: Was soll Sten sein? Und warum „auch"?

„Nein." Das Pelzschwein schüttelte den Kopf. „Du bist keiner. Aber dein Großvater! Was für ein Bücherfresser! Drei am Tag schaffte er – verschlang sie mit den Augen, weißt du, ohne einen Buchstaben zu zerkrümeln." Es seufzte. „Ich kann das nicht. Aber ich behalte jedes Wort, das ich wegknabbere! Als dein Großvater schlechte Augen bekam, hat er mich mit Büchern gefüttert und ich habe sie ihm Wort für Wort erzählt, so ..."
Die Bodenleiter knarrte. Erschrocken verschwand der Bücherfresser in der Kiste.
„Dreiundzwanzig Kartons voll", sagte Stens Vater. „Die meisten sind ziemlich alt, aber ..."
Sten kroch aus der Höhle. Hinter seinem Vater quetschte sich ein dicker Mann durch die Bodenluke.

verschlingen
wörtlich: gierig essen; übertragend: sehr schnell lesen

Bodenluke
Zugang zum Keller oder Dachboden

6 Oh nein, Besuch! Was wollen die bloß mit meinen Kartons auf dem Dachboden?

„O nein! Sten!", rief Papa, als er die leeren Kartons sah. „Konntest du dir nicht aus was anderem 'ne Höhle bauen?"
„Die sind nicht zu verkaufen", sagte Sten. „Ich werd sie lesen. Alle. Jeden Buchstaben."
Mit ärgerlichem Schnaufen stieg der dicke Mann die Bodenleiter wieder runter. Papa war wütend wie ein Walross, aber Sten durfte die Bücher behalten.

7 Die Bücher sind gerettet. Aber ist der Bücherfresser für immer verschwunden?

Sobald alle schliefen, schlich er mit seiner Bettdecke auf den Dachboden. Als er die Taschenlampe in der Höhle anknipste, blinzelte ihn der Bücherfresser verlegen an.
Auf dem Boden lagen Papierschnipsel und mindestens fünf Bücher waren angenagt.

„Ich musste einfach ein paar kosten“, flüsterte er. „Abenteuer, Reisen zum Mond und unter die Erde. Vergangene Zeiten, versunkene Welten, Feiglinge, Helden, Räuber, Verräter, dunkle Orte, Geheimnisse, Schätze ...“ Er seufzte. „Wörtermusik.“

„Okay“, sagte Sten und breitete seine Decke zwischen den Bücherwänden aus. „Erzähl mir eins, irgendeins!“ Er legte sich hin und der Bücherfresser setzte sich auf Stens Bauch und erzählte. Die ganze Nacht. Und noch viele andere.

8 Sten hat mit einem großen Geheimnis zu tun.
Wie kann es sich anfühlen, ein Geheimnis zu bewahren?

9 Bringt nun die Bilder in die richtige Reihenfolge. Lest im Text nach.

A

C

E

B

D

F

10 Forscht nach Stens Gedanken und Gefühlen. Macht Notizen.
Die Markierungen im Text und der **Wortschatz** helfen euch.

a) Was tut Sten, um die Bücherhöhle vorzubereiten? Und weshalb?
b) Wie geht es Sten, als er Opas Brief entdeckt?
c) Wie denkt Sten über das Geschenk? Was verändert sich?
d) Sten beeilt sich beim Essen besonders. Warum wohl?
e) „Die sind nicht zu verkaufen. Ich werde sie lesen. Alle.“
Was sagt die Reaktion über die Bedeutung der Bücher für Sten?
f) In der Nacht schleicht Sten wieder auf den Dachboden. Warum?
g) Sind Sten und der Bücherfresser am Ende Freunde?

Wortschatz

angespannt – ängstlich – aufgeregt – erleichtert – enttäuscht – entspannt – erwartungsvoll – glücklich – hilflos – mutig – nervös – neugierig – selbstbewusst – stark – traurig – überfordert – überrascht – unsicher – verärgert – zufrieden

11 Am nächsten Tag möchte Sten von seinem Erlebnis in einem Brief erzählen.
Nutze dafür die **Infobox** und die Beispiele.

a Schreibe aus Stens Sicht einen Brief an einen Urlaubsfreund. **I**
Wer ist der Bücherfresser? Was hast du erlebt?

b Schreibe als Sten einen Brief an seine Eltern. **II**
Was hat es mit Opas Büchern auf sich? Warum hast du sie verteidigt?

c Schreibe als Sten einen Antwort-Brief an seinen Opa. **III**
Was hat das Geschenk ausgelöst? Was bedeutet dir der Bücherfresser?

Hallo Tom, ...

Du glaubst gar nicht, was ich gestern Verrücktes erlebt habe ...
... Ich hoffe, wir sehen uns bald wieder.

Bis dann – Sten

Liebe Mama, lieber Papa, ...

Ihr habt es sicher schon geahnt: Opas Bücher sind besonders ...
... So, jetzt wisst ihr, was es damit auf sich hatte.

Euer Sten

Guten Morgen Opa, ...

Ich habe den Bücherfresser in deiner „Unbedingtheimlichöffnen"-Kiste gefunden. Das war vielleicht eine Überraschung! ...
... Wir vermissen dich und denken oft an dich.

Liebe Grüße
Sten

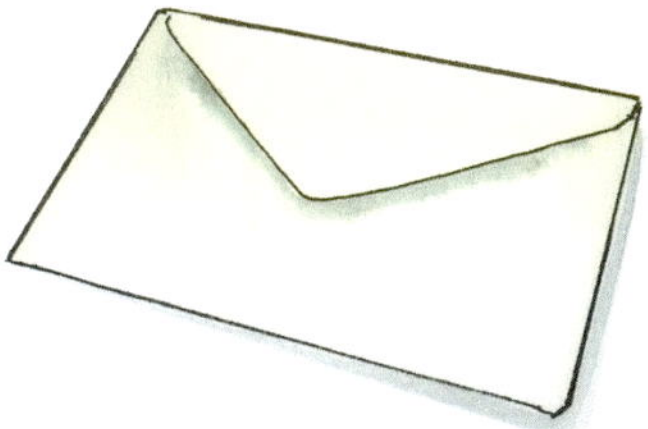

Einen persönlichen Brief schreiben

Infobox

Ein persönlicher Brief ist eine Möglichkeit, jemandem **Informationen, Gedanken** und **Gefühle** mitzuteilen. Er besteht oft aus folgenden **Teilen**:

- **Anrede:** Beginne mit einer Anredeform wie *„Liebe(r)"*, *„Hallo"* oder *„Guten Tag"* und dem Namen der Person, für die der Brief ist. Setze danach ein Komma.
- **Inhalt:** Du kannst am Anfang den Grund für deinen Brief erklären (z. B. von einem Ereignis berichten). Schreibe dann, was du mitteilen möchtest, zum Beispiel, was du erlebt hast. Am Ende kannst du die Person bitten, dir zurückzuschreiben.
- **Grußformel:** Wähle eine Grußformel zum Abschied, die zum Empfänger oder zur Empfängerin passt, zum Beispiel: *„Liebe Grüße"*, *„Viele Grüße"* oder *„Tschüss"*.
- **Unterschrift:** Unterschreibe mit deinem Namen.

Manchmal sollst du aus der Sicht einer literarischen Figur einen Brief schreiben:
Du musst dich dann in diese Figur hineinversetzen und den Brief inhaltlich und sprachlich an die Person und die Handlung des Originaltextes anpassen.
Du kannst auch passende Dinge dazuerfinden.

WES-127901-098

Textwerkstatt

Literarische Figuren untersuchen

Der Roman „Wunder" erzählt die Geschichte von August. Er lebt mit seinen Eltern, seiner großen Schwester Olivia (Via) und dem Hund Daisy in New York. August hat eine Krankheit und sieht ungewöhnlich aus.

I

1 Lies den Text, in dem August von seinem Alltag erzählt.

Normal

Ich weiß, dass ich kein normales zehnjähriges Kind bin. Ich meine, klar, ich mache normale Sachen. Ich esse Eis. Ich fahre Fahrrad. Ich spiele Ball. Ich habe eine Spielekonsole. Solche Sachen machen mich normal. [...] Und ich fühl mich normal. Innerlich. Aber ich weiß, dass normale Kinder nicht andere normale Kinder dazu bringen, schreiend vom Spielplatz wegzulaufen. Ich weiß, normale Kinder werden nicht angestarrt, egal, wo sie hingehen. Wenn ich [...] einen Wunsch frei hätte, würde ich mir wünschen, ein normales Gesicht zu haben, das nie jemandem auffallen würde. Ich würde mir wünschen, dass ich die Straße entlanggehen könnte, ohne dass die Leute diese Sache machen, sobald sie mich sehen, dieses Ganz-schnell-woanders-Hinschauen. [...] Der einzige Grund dafür, dass ich nicht normal bin, ist der, dass mich niemand so sieht. Aber inzwischen bin ich es irgendwie schon gewohnt, dass ich so aussehe. Ich kann so tun, als würde ich nicht merken, was die Leute für Gesichter machen. Wir sind alle schon ganz gut darin: ich und Mom und Dad und Via. Nein, ich nehm das zurück: Via ist nicht so gut darin. [...] Einmal auf dem Spielplatz zum Beispiel, da haben einige ältere Kinder so Geräusche gemacht. Ich weiß nicht mal, was genau das für Geräusche sein sollten, weil ich sie gar nicht selber gehört habe, aber Via hat sie gehört, und sie hat gleich angefangen, die Kinder anzubrüllen. So ist sie eben. Ich bin nicht so. Für Via bin ich nicht normal. Sie behauptet es, aber wenn ich normal wäre, hätte sie nicht so sehr das Gefühl, mich beschützen zu müssen. Und auch Mom und Dad halten mich nicht für normal. [...] Ich glaube, der einzige Mensch auf der Welt, der merkt, wie normal ich wirklich bin, bin ich. Ich heiße übrigens August. Ich werde nicht beschreiben, wie ich aussehe. Was immer ihr euch vorstellt – es ist schlimmer. (Text verändert)

» *Leseeindruck, S. 88*

2 Wie **gefällt** dir der Text? Was denkst du nach dem Lesen?

» *Einen literarischen Text zusammenfassen, S. 90*

3 Wer ist August und **was alles** erfährst du von ihm über sich?

4 Beende die Aussagen zum **Verhalten** und **Gedanken** rund um August. *S. 311*
Die anderen Kinder reagieren auf August mit …
Via und Augusts Eltern gehen damit so um: …
Seine Eltern und seine Schwester halten ihn für (nicht) normal, weil …

5 Ergänze die Aussage. Welche **Gedanken** hat August über sich selbst?
August sagt von sich selbst: … , weil …

1 Lies den Auszug, in dem Olivia von ihrer Familie erzählt. II

Ein Flug durch die Galaxie

August ist die Sonne. Mom und Dad und ich sind Planeten, die die Sonne umkreisen. Der Rest unserer Familie und Freunde sind Asteroiden und Kometen, die um die Planeten herumschweben, die die Sonne umkreisen. Der einzige Himmelskörper, der August, die Sonne, nicht umkreist, ist Daisy, und das liegt nur daran, dass sich in ihren kleinen Hundeaugen Augusts Gesicht nicht besonders von dem Gesicht jedes anderen Menschen unterscheidet. Für Daisy sehen unsere Gesichter alle gleich aus, so flach und bleich wie der Mond.

Ich habe mich daran gewöhnt, wie dieses Universum funktioniert. Es hat mir nie viel ausgemacht, denn ich habe ja nie etwas anderes kennengelernt. Ich habe immer verstanden, dass August etwas Besonderes ist und besondere Bedürfnisse hat. Wenn ich zu laut spielte und er versuchte, ein Nickerchen zu machen, wusste ich, dass ich etwas anderes spielen musste, weil er sich ausruhen musste nach irgendeiner Behandlung, die ihn geschwächt oder ihm Schmerzen bereitet hatte. Wenn ich wollte, dass Mom und Dad mir beim Fußballspielen zuschauten, wusste ich, dass sie es in neun von zehn Fällen nicht schaffen würden, weil sie August zur Sprachtherapie oder zur Physiotherapie fahren mussten oder zu einem neuen Spezialisten oder zu einer Operation.

Mom und Dad sagten immer, dass ich das verständnisvollste kleine Mädchen auf der Welt sei. Keine Ahnung, ob das stimmt, ich weiß nur, dass ich immer verstanden habe, dass es keinen Zweck hätte, sich zu beklagen. Ich habe August nach seinen Operationen gesehen: Sein kleines Gesicht verbunden und geschwollen, sein winziger Körper voller Schläuche und Kanülen, die ihn am Leben halten sollten. Wenn man gesehen hat, wie ein anderer so etwas durchmacht, fühlt es sich ziemlich verrückt an, sich darüber zu beschweren, dass man das Spielzeug nicht bekommt, das man sich gewünscht hat, oder dass deine Mom deine Schulaufführung verpasst. Ich wusste das sogar schon mit sechs Jahren. Niemand hat es mir je gesagt. Ich wusste es einfach.

Ich habe mich also ans Nicht-Beschweren gewöhnt, und ich habe mich daran gewöhnt, Mom und Dad nicht mit Kleinigkeiten zu belasten. Ich habe mich daran gewöhnt, Sachen für mich allein herauszufinden: wie man Spielzeug zusammenbaut, wie ich Termine organisieren muss, damit ich nicht die Geburtstagspartys meiner Freunde verpasse, wie ich in der Schule nicht den Anschluss verliere. Ich habe nie um Hilfe bei meinen Hausaufgaben gebeten. Nie musste ich daran erinnert werden, ein Schulprojekt rechtzeitig abzuschließen oder für einen Test zu lernen. Wenn ich in einem Fach Probleme hatte, ging ich nach Hause und lernte so lange, bis ich es verstanden hatte. Wie man Brüche in Dezimalzahlen umrechnet, habe ich mir selbst beigebracht, indem ich es im Internet recherchiert habe. Ich habe jedes Schulprojekt so ziemlich alleine erarbeitet. Wenn mich Mom und Dad fragten, wie es in der Schule läuft, sagte ich jedes Mal „gut" – auch wenn das nicht immer stimmte. Mein schlimmster Tag, mein schlimmster Sturz, die schlimmsten Kopfschmerzen, die schlimmsten blauen Flecke, der schlimmste Krampf, das Schlimmste, was mir jemand an den Kopf geworfen hat, ist immer nichts gewesen im Vergleich zu dem, was August durchgemacht hat. Ich spiele hier übrigens nicht die Heldin: Ich weiß nur, dass es eben so ist.

Und so ist es schon immer für mich gewesen und für unser kleines Universum. In diesem Jahr aber scheint es eine Verschiebung im Kosmos zu geben. Die Galaxie verändert sich. Die Planeten fallen aus ihrer Konstellation.

2 Formuliere deinen **Leseeindruck**: Was denkst du nach dem Lesen?

3 Erschließe die Situationen, von denen Olivia erzählt, mit **W-Fragen**.

4 Schreibe Antworten zu diesen Fragen auf oder markiere in der Vorlage: *S. 311*

- Wie **verhält** sich Via in den Situationen? *Wenn sie spielt und August schläft, ...*
- Wie **fühlt** sie sich dabei? *Es macht ihr nicht viel aus, ...*
- Was **denkt** Olivia über ihre Familie? *...*

5 Nun kannst du selbst Olivias Universum (Z. 1–7) gestalten.
Nutze die Vorlage oder zeichne das Schema auf. *S. 311*
Ergänze Symbole an den Pfeilen, mit denen deutlich wird, wie sie zu anderen steht.

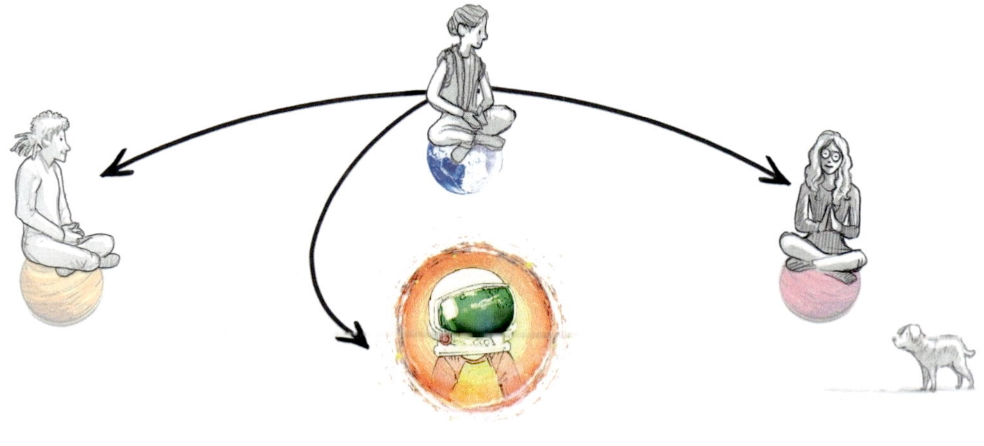

In den folgenden Texten erfährst du etwas über August und seine Mitschüler: Jack, der (eigentlich) sein Freund ist, und Julian, der sich ziemlich gemein verhält.

III

1 Lies die folgenden drei Textauszüge zu August, Julian und Jack.

August Pullman *(aus der Sicht von Jack)*

Also erst einmal: Man gewöhnt sich an sein Gesicht. Die ersten paar Male denkt man noch: Whoa, daran werde ich mich niemals gewöhnen. Und dann, nach einer Woche, ist es mehr so: Ach, ist gar nicht so schlimm.
Zum Zweiten ist er eigentlich ein echt cooler Typ. Ich meine, er ist ziemlich witzig. Also, der Lehrer sagt zum Beispiel irgendetwas, und August flüstert mir irgendetwas Lustiges zu, das sonst keiner hören kann, und ich krieg mich echt nicht mehr ein. Außerdem ist er einfach insgesamt total in Ordnung. Also, man kann gut mit ihm abhängen und reden und so weiter.
Drittens ist er echt clever. Ich dachte, dass er hinter allen hinterherhinken würde, weil er ja vorher noch nie zur Schule gegangen war. Aber in den meisten Fächern ist er mir weit voraus. Ich meine, vielleicht ist er nicht so clever wie Charlotte oder Ximena, aber so in die Richtung. Und anders als Charlotte oder Ximena lässt er mich bei sich abschreiben, wenn ich's wirklich nötig habe (auch wenn das nur ein paarmal der Fall war). Er hat mich auch mal seine Hausaufgaben abschreiben lassen, auch wenn wir dann beide nach dem Unterricht deswegen Ärger bekamen.
„Ihr beide habt in den Hausaufgaben von gestern exakt dieselben Antworten falsch", sagte Miss Rubin und schaute uns an, als warte sie auf eine Erklärung. Ich wusste nicht, was ich sagen sollte, denn die einzige Erklärung wäre natürlich gewesen: Tja, das liegt daran, dass ich die Hausaufgaben bei August abgeschrieben habe. Aber August deckte mich. Er sagte bloß: „Das kommt daher, dass wir unsere Hausaufgaben gestern Abend zusammen gemacht haben", was überhaupt nicht stimmte.
[...] Viertens: Jetzt, wo ich ihn kenne, würde ich sagen, dass ich wirklich mit August befreundet sein möchte.

Julian Perper Albans *(aus der Sicht von August)*

„Welcher war der mit den dunklen Haaren, die er so in die Stirn gekämmt hatte?"
„Julian."
„Und der war nicht nett?"
„Nein, der war nicht nett."
„Oh." Sie dachte einen Moment lang darüber nach.
„Okay, dann ist das eins dieser Kinder, die sich vor Erwachsenen ganz anders verhalten als vor Kindern?"
„Kann sein."
„Ah, die kann ich nicht ausstehen", erwiderte sie und nickte.
„Er hat gefragt: Was ist das mit deinem Gesicht?", sagte ich und schaute die ganze Zeit Daisy an. „Ist das bei einem Brand passiert oder so was?"
Mom sagte gar nichts. Als ich zu ihr aufschaute, konnte ich erkennen, dass sie vollkommen schockiert war.

Jack Will *(aus seiner eigenen Sicht)*

„Also, vergesst nicht, euch mit eurem Partner zusammenzusetzen und euch ein Projekt von der Liste auszusuchen, Leute!", sagte Miss Rubin, als alle ihre Sachen zusammenpackten. Ich schaute August an, aber er hatte bereits seinen Rucksack aufgesetzt und war praktisch schon zur Tür hinaus.
Ich muss ein ziemlich dummes Gesicht gemacht haben, denn Julian kam herüber und sagte: „Sieht aus, als wären du und dein bester Kumpel Partner." Er feixte, während er das sagte. In diesem Moment hasste ich ihn so sehr.
„Hallo? Erde an Jack Will?", sagte er, als ich ihm nicht antwortete.
„Halt die Klappe, Julian." Ich steckte meinen Schnellhefter in meinen Rucksack und wollte nur weg von ihm.
„Das muss dich ja fertigmachen, dass du so an dem kleben bleibst", sagte er. „Du solltest Miss Rubin sagen, dass du den Partner mit jemandem tauschen willst. Ich wette, sie erlaubt das."
„Nein, würde sie nicht", sagte ich.
„Frag sie."
„Nein, will ich nicht."
„Miss Rubin?", rief Julian, drehte sich um und hob gleichzeitig die Hand.
Miss Rubin wischte vorn mit dem Schwamm die Tafel sauber.

feixen
lachen

Sie drehte sich um, als sie ihren Namen hörte.

„Nein, Julian!“, zischte ich.

„Was ist denn, Jungs?“, fragte sie ungeduldig.

„Dürfen wir die Partner tauschen, wenn wir wollen?“, fragte Julian mit Unschuldsmiene. „Jack und ich hatten schon diese Idee für den Naturwissenschafts-Tag, an der wir gern zusammen arbeiten würden ...“

„Na ja, ich denke, das ließe sich arrangieren ...“, fing sie an.

„Nein, es ist okay, Miss Rubin“, sagte ich rasch und ging zur Tür. „Bye!“

Julian rannte hinter mir her. „Warum hast du das gemacht?“, fragte er, als er mich an der Treppe eingeholt hatte. „Wir hätten Partner sein können. Du musst nicht mit der Missgeburt befreundet sein, wenn du nicht willst, weißt du ...“

Und das war der Moment, in dem ich ihm eine reinhaute. Direkt auf den Mund.

2 Formuliere deinen **Leseeindruck**.

3 **Fasse** die drei Situationen **zusammen**. Achte darauf, wer beteiligt ist.

4 Lerne die Figuren nun besser kennen: Wie **verhalten** sie sich? Was **fühlen** oder **denken** sie wohl? Schreibe Textstellen heraus oder markiere in der Vorlage.

5 Ergänze die folgenden Übersichten mit Eigenschaften der Figuren. Füge passende Textstellen hinzu. Wer wirkt auf dich (un)sympathisch? Du kannst die Vorlage nutzen oder die Übersicht abschreiben.

August

Aussehen:

Charakter:

witzig: „flüstert mir irgendwas Lustiges zu“ …

Eindruck:

Jack

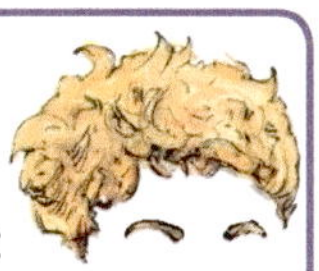

Aussehen:

Charakter:

Eindruck:

Julian

Aussehen:

Charakter:

schadenfroh: „er feixte, während er das sagte“ …

Eindruck:

6 Überlege einmal: Von welcher Figur könnte welches Zitat stammen? Begründe deine Zuordnung. Führe das letzte Zitat passend zu Ende.

Es war, als hätte ich das Portal in ein anderes Universum durchquert, in ein Paralleluniversum, in dem Auggie und ich die Rollen getauscht hatten. Plötzlich war er der große Held und ich der Außenseiter.

Und irgendwie habe ich das Gefühl, als könnte ich August alles erzählen. Als wäre er ein guter Freund.

Ich werde nicht beschreiben, wie ich aussehe.
Was immer ihr euch vorstellt – es ist schlimmer.

Du bist ein Wunder, Auggie. ...

Julian

Jack

August

Augusts Mom

TEXTWERKSTATT

LESEEINDRUCK

- der Eindruck, den ein Text hinterlässt
- entsteht spontan und individuell
- kann enthalten:
  - → WIE DIR DER TEXT GEFÄLLT
  - → SEINE STIMMUNG
  - → OFFENE FRAGEN
  - → DEINE ERWARTUNGEN
  - → DEINE EIGENEN ERFAHRUNGEN

» S. 88

FIGUREN

- literarische Figuren denken, fühlen und handeln
- was man untersuchen kann: Gedanken, Gefühle & Verhaltensweisen einer Figur
  - → WARUM TUT DIE FIGUR ETWAS?
  - → WARUM VERÄNDERT SIE SICH IM LAUFE DES TEXTES?
  - → WIE STEHT SIE ZU ANDEREN FIGUREN?

INHALTS-ZUSAMMENFASSUNG

- ⇨ Ziel: den literarischen Text verständlich zusammenfassen
  ↓
- dafür die W-Fragen möglichst genau beantworten:

WER? WAS? WANN? WIE? WARUM? WO?

» S. 90

IDEEN RUND UM TEXTE

- um literarische Texte besser zu verstehen, kann man produktiv mit ihnen umgehen, zum Beispiel:
  - → STANDBILDER BAUEN
  - → SCHAUBILDER ERSTELLEN
  - → BRIEFE SCHREIBEN
  - → ...

» S. 97

HIER GIBT'S NOCH MEHR

Digital+
WES-127901-105

WES-127901-106

Textwerkstatt

Überprüfe dein Wissen und Können

1 Füge die Begriffe in die passende Kiste ein.

WAS passiert und in welcher Reihenfolge?	**WER** spielt im Text eine wichtige Rolle?	**WO** findet die Handlung statt?	**WANN** findet die Handlung statt?	**WIE** verhalten sich die Figuren?	**WARUM** ist das Ganze passiert?

I a *ein Bruder, an einem See, am 5. Mai 2025, eine Schulgeschichte, Liebe, mutig*

II b *eine Schulklasse, ein Mädchen, auf dem Dach, im Keller, nachts, um zehn Uhr, eine Reise, Wut, Freude, Missverständnis, schnell, bedächtig, unaufhaltsam*

III c *eine Großmutter, ein Hund, auf dem Turm, im Klassenzimmer, beim Abendbrot, im Frühling, eine Alltagssituation, eine Familiengeschichte, Langeweile, traurig, Sehnsucht, Hunger, Neugier, vorsichtig, interessiert, lustig, wütend*

2 Ordne die Informationen passend dem Brief zu.

Guten Morgen Marie,

ich war gestern im Wald.
In einer Baumhöhle habe ich eine Kiste
mit Süßigkeiten gefunden.
Das war vielleicht eine Überraschung!

Viele Grüße
Tuan

Inhalt

Grußformel

Unterschrift

Anrede

3 Lies den folgenden Text.

Kommst du mit zum Mond?

Nicolás Schuff (Auszug)

Die Stille vor Opas Haus ist viel lebendiger als die Stille in der Stadt. Zwischen den Bäumen und Büschen murmelt und summt es – und kleine Lichter flackern hin und her, hin und her. Ab und an wandert eine Sternschnuppe über den Himmel.
„Emilio, würdest du gern den Mond besuchen?“, fragt Opa. „Sehr gern sogar“, sagt er. Opa geht ins Haus und kommt mit einem Rucksack zurück. „Kommst du mit?“, fragt er. „Wohin?“ „Na, zum Mond!“
Emilio und Opa laufen einen Waldweg entlang. Der Mond begleitet sie mit einem geheimnisvollen Silberlicht. Pflanzen kitzeln sie beim Vorübergehen an Armen und

Beinen. [...] Einen Moment lang sind die Sterne zum Greifen nah. Wir gehen zum Mond hinauf, denkt Emilio. Opa kennt bestimmt einen geheimen Weg! Doch dann endet der Pfad – und sie stehen am Rand eines Felsens.

„Bereit zum Abflug?“, fragt Opa. Sie ziehen sich aus, fassen sich an den Händen und gehen ein paar Schritte zurück. „Auf drei“, sagt Opa. „Eins ... zwei ... drei!“ Hand in Hand rennen sie los, rennen und rennen und rennen bis zum Rand und JUHUUU! Sie springen und fliegen durch die Luft, jauchzen und strampeln vor lauter Freude und landen genau in der Mitte des Mondes auf dem See.

Unter Wasser öffnen sie die Augen, sehen schillernde Steine und Schnecken, bestaunen die Farben der Fische und den langsamen Tanz der Pflanzen. Emilio und Opa schwimmen und lassen sich im hellen Kreis des Mondes treiben.

Nach einer Weile gehen sie zurück zum Ufer. Sie sammeln kleine Äste für ein Lagerfeuer. Opa holt zwei Decken und eine Tafel Schokolade aus dem Rucksack. Eingemummelt lauschen sie dem Knistern des Feuers und schlafen unter den Sternen ein.

Das Gezwitscher der Vögel weckt sie früh am Morgen. [...] So gehen sie nach Hause: Zwei, die den Mond besucht haben.

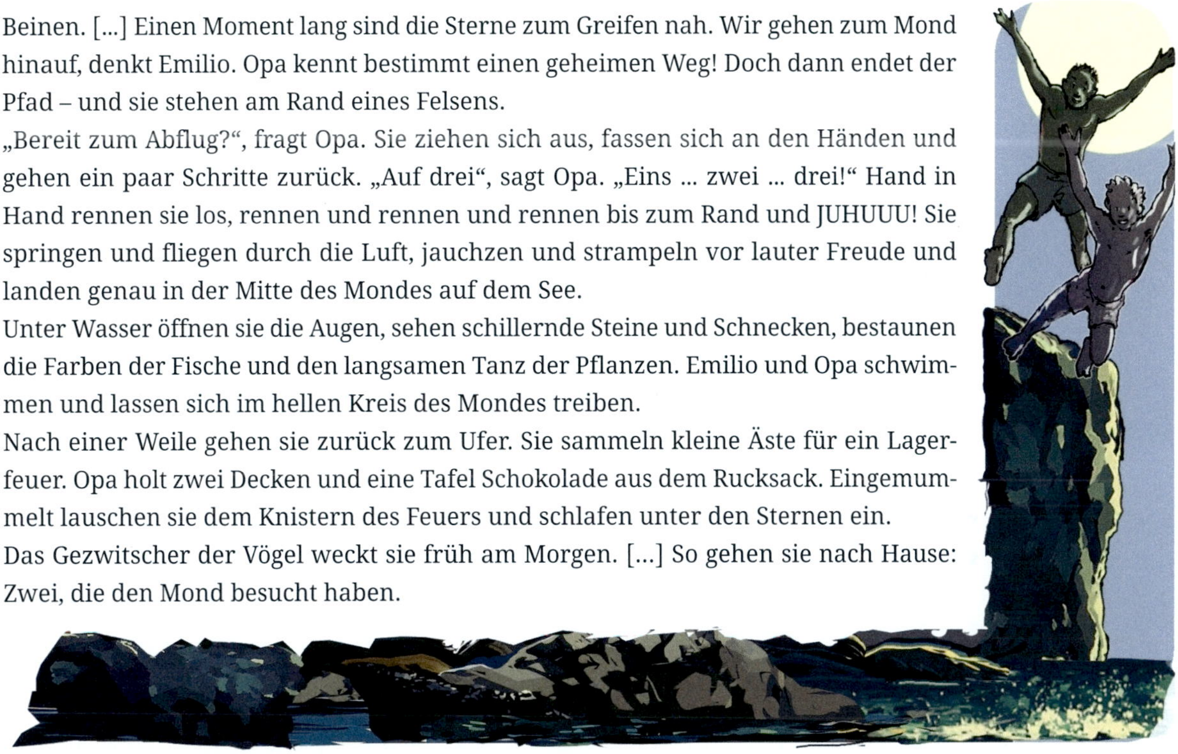

4 Formuliere deinen **Leseeindruck**.
- Was hat dir an dem Text gefallen?
- Was hat dich überrascht?
- Was fandest du merkwürdig?

5 Verschaffe dir einen **Überblick** zum Text:
- Notiere Informationen zu: *Was? Wer? Wo? Wann? Wie? Warum?*
- Finde für die Abschnitte **passende** Zwischenüberschriften.

6 Opa fragt Emilio: *„Kommst du mit? [...] Na zum Mond!“*

a) An was für eine „Reise“ denkt Emilio, als Opa mit ihm losgeht?

b) Was erkunden die beiden am Ende tatsächlich?

7 Untersuche das Verhalten der beiden während ihrer „Mondreise“: Was sehen sie? Was tun sie? Was hören sie? Wie fühlen sie sich?

8 Emilio erwacht am nächsten Morgen und möchte von seinem Erlebnis erzählen.

ⓐ Schreibe aus Emilios Sicht einen Brief an einen Schulfreund. I
Was hast du erlebt?

ⓑ Schreibe als Emilio einen Brief an seine Eltern. II
Warum mochtest du die Reise so sehr?

ⓒ Schreibe als Emilio einen Brief an seinen Opa. III
Was hat dieses Reiseerlebnis in dir ausgelöst?

Jugendbücher

Flo · *Jan* · *Huhn* · *Buch* · *schwimmen* · *Sommerferien* · *Umzug* · *Mathe* · *Fotos* · *Missverständnisse*

1 Ihr seht hier das Cover eines Jugendbuches und einige Begriffe zum Inhalt.
- Was könnte in der Geschichte „Die beste Bahn meines Lebens" erzählt werden?
- Wer könnte die Hauptfigur sein?
- Was könnte den Figuren passieren?
- Wo könnte die Geschichte spielen?

2 Lies, was im Klappentext des Buches steht.

3 a) Was findet ihr an diesem Klappentext interessant?
b) Sprecht darüber, ob ihr das Buch in eurer Freizeit lesen würdet.

Jan liebt es, beim Schwimmen durchs Wasser zu gleiten, hier fühlt sich alles gut an.
Fast so gut, wie mit Flo spontan sein Zimmer zu streichen. Oder einfach mit ihr zu reden.
Erst als Linus dazwischen grätscht und Flo drangsaliert, merkt Jan, dass er handeln muss.

Cover
Titelblatt eines Buches

Klappentext
Text auf der Rückseite eines Buches, der meist eine kurze Inhaltszusammenfassung enthält

drangsalieren
jemanden quälen

In diesem Kapitel lernst du, ...
- wozu Cover und Klappentext eines Jugendbuches gut sind.
- wie du den Inhalt eines Jugendbuches erschließen kannst.
- wie du Figuren und deren Beziehung zueinander untersuchen kannst.
- wie du Büchereien nutzen kannst.
- wie du nach interessanten Büchern recherchieren kannst.
- wie du eine Buchvorstellung vorbereiten und durchführen kannst.

Jugendbücher

Mit dem Erzählanfang einen Überblick gewinnen

WES-127901-109

Auf den folgenden Seiten lernt ihr die beiden Hauptfiguren Flo und Jan aus dem Jugendbuch „Die beste Bahn meines Lebens" kennen.

1 Lest die Seiten zunächst einmal in Ruhe. Ihr könnt in Einzelarbeit und leise lesen, ihr könnt euch die Texte vorlesen lassen oder ihr lest im Lesetandem.

» *Lesetandem, S. 296*

Aufwärmen

Das Wasser ist eiskalt und ganz klar. Im Mondlicht kann ich meine Füße sehen und kleine Fische, die um meine Beine flitzen.
Langsam wate ich weiter. Als das Wasser an meine Shorts schwappt, hole ich einmal tief Luft, tauche ein und schwimme los. Die Kälte krallt sich an meinen Armen und Beinen fest. Ich schwimme Oma-Brust, kleine, langsame Züge, den Kopf über Wasser, die Badeinsel im Blick. Ich trage keine Badekappe, keine Schwimmbrille, und die Shorts schlabbern schwer um meine Beine. Ich kann nicht die Züge bis zur Wende zählen und niemand stoppt die Zeit.
Trotzdem weiß ich: Das hier wird die beste Bahn meines Lebens.

waten
durchs Wasser gehen

Wende
eine Drehung, die ein/-e Schwimmer/-in unter Wasser macht, um wieder in die andere Richtung zu schwimmen

Flo

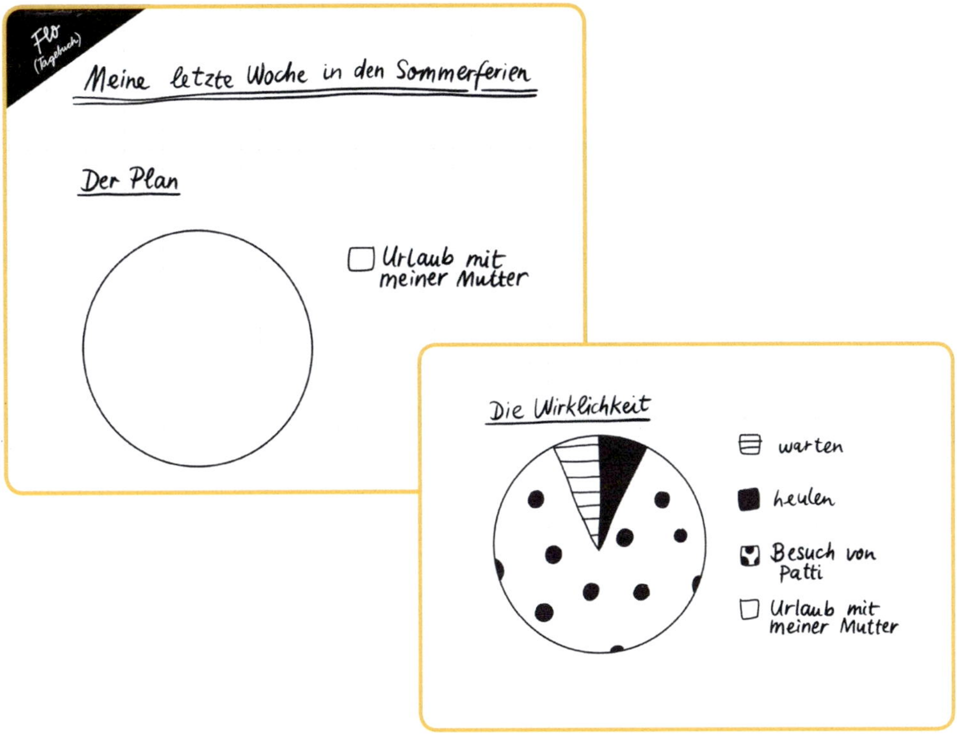

Jan

Klar wusste ich, dass wir umziehen. Mein ganzes Zimmer stand schließlich voll mit Kartons, und seit zwei Tagen hatte ich kein Bett mehr, nur noch eine Matratze. Was eigentlich cool war.

Aber trotzdem war es noch mein Zimmer. Wenn ich auf der Matratze lag und an die Decke sah, konnte ich wie immer Ryan Murphy zuschauen, wie er sich auf dem Rücken durchs Wasser wühlte. Rechts oben war ein langer Riss im Poster, wie ein Fragezeichen. Er ging schon fast bis zu Murphys Hand.

Ryan Murphy amerikanischer Schwimmer

Und dann kam meine Mutter, stellte klappernd die Leiter auf und sagte: „Das nimmst du mit, oder?“

Eine typische Super-Mum-Frage. Super-Mum-Fragen sind dazu da, die Luft in Schwingung zu halten. Antwort überflüssig.

Meine Mutter stieg auf die Leiter und löste vorsichtig die Ecke mit dem Riss, und obwohl das Poster schon seit einem Jahr über meinem Bett an der Decke hing, rollte es sich sofort zusammen. Nur noch Murphys paddelnde Beine waren zu sehen – und das war wie ein Bauchplatscher. Einer von den unerwarteten. Noch in der Luft denkst du, du hast alles im Griff, und plötzlich donnerst du wie ein Anfänger aufs Wasser. Und dann ist da nur noch dieses eklige Brennen. Als hielte dich einer mit dem Bauch zuerst über den Grill.

Als meine Mutter die nächste Ecke löste, bin ich abgehauen. Ins Schwimmbad.

Und jetzt? Überlegt, was nun passieren könnte, und erzählt es euch.

Alle waren draußen, im Freibad. In der Halle gluckerte nur das Wasser in den Überlauf.
Ich drückte mir meine Brille auf die Augen, ließ das Gummiband gegen meinen Hinterkopf schnalzen und schwamm los.

Überlauf hilft, dass das Wasser im Becken immer gleich bleibt. Ist zu viel Wasser im Becken, fließt es über den Rand und wird eingezogen

Wenn ich schwimme, verschwindet alles aus meinem Kopf. Ich tauche ins Wasser ein, und dann sind da nur noch mein Atem, die Kacheln, die vorbeiflitzen, die Bahnen, die durch meinen Kopf klickern, und irgendwann das Brennen in meinen Armen und Beinen.

Ich hatte fast die ganzen Sommerferien nicht trainiert. Trotzdem schwamm ich meine übliche Strecke. Nach der Hälfte der Bahnen fing schon jeder Zug an zu schmerzen und danach hing ich noch ein paar Minuten am Beckenrand. Als ich mich endlich aus dem Wasser stemmte, wog mein Körper eine Tonne. Mindestens.

Ich schlüpfte in meine Badelatschen und ging nach draußen.

Die Schlange am Kiosk war irre lang und die Liegewiese ein einziges Gewusel.

Ich lief gerade am Sprungbecken vorbei, als ich sie sah. Unser Stammplatz war direkt hinter dem Fünfer. Auch heute war da ein riesiges Lager aus Decken und Taschen. Gerade schienen alle im Wasser zu sein. Außer Joschi. Und Lena. Joschi, der eigentlich mein Freund gewesen war. Aber der mich nicht mehr mit dem Hintern angeguckt hatte, seit er wusste, dass wir umziehen. Er hatte den Arm um Lena gelegt. Ganz locker nur. Aber trotzdem.

Ich drehte mich um, ging zum Fünfer und stellte mich an. Zum Glück war die Schlange nicht so lang. Kein einziges Mal sah ich zu ihnen rüber. Erst von oben schaute ich hin: Ein paar andere waren aus dem Wasser zurück und Joschi hatte seinen Arm wieder

weggenommen. Dann sprang ich. Meinen Acapulco-Köpper, den Lena immer so toll fand. Und bei dem Joschi immer versagt hatte. Ich tauchte perfekt ins Wasser ein.
Abends lag ich dann auf meiner Matratze. Die letzte Nacht in meinem Zimmer. Ich starrte an die weiße Decke und versuchte, nicht zu heulen. Das funktionierte nur so mittelmäßig.

Flo

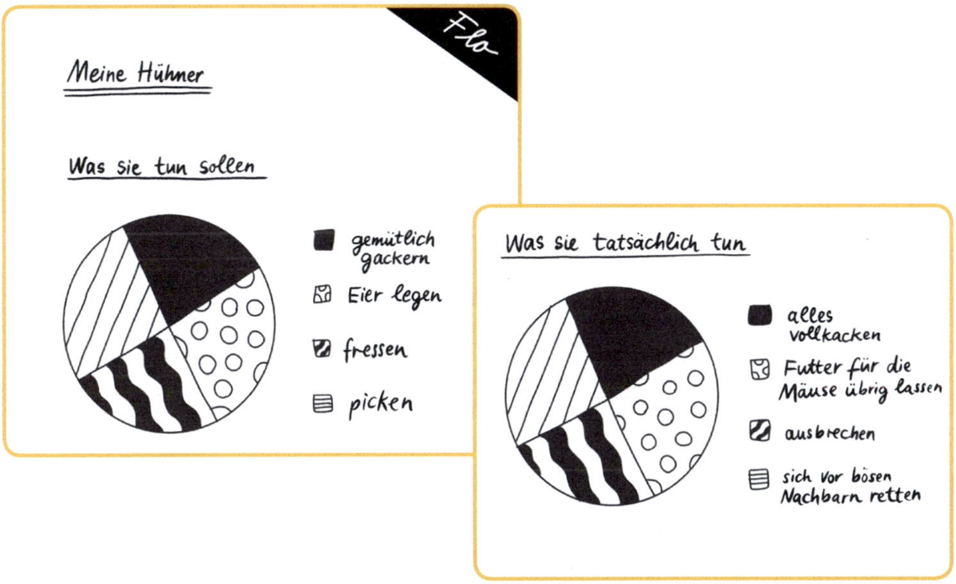

Jan

Ich hasste mein neues Zimmer. Aus der Decke ragten Kabel wie die Arme eines dürren Kraken. Es roch nach Farbe. Und Schweiß. Und eine Wand war blau.
Als ich das Zimmer mit meinem Vater gestrichen hatte, dachte ich, das kommt gut. Aber jetzt fand ich es nur noch bescheuert.

2 Welche Gedanken und Fragen gehen euch nach dem Lesen durch den Kopf?

3 a) Wähle eine der beiden folgenden Aufgaben aus und bearbeite diese.
- Trage zusammen, was du schon über Jan erfahren hast. S. 311
  Jan schwimmt sehr gern ... Sein neues Zuhause findet er ...
- Trage zusammen, was du schon über Flo erfahren hast. S. 311
  Flo wollte in ihren Ferien eigentlich ... Über ihre Hühner erzählt Flo, dass ...

b) Vergleicht und ergänzt eure Ergebnisse.

4 Hat sich die Geschichte so entwickelt, wie ihr erwartet habt? Tauscht euch dazu aus.

5 Welche Fragen habt ihr euch beim Lesen gestellt, die vom Text noch nicht beantwortet wurden? Besprecht auch, welche Antworten ihr erwartet. S. 311

Jugendbücher

Die Erzählweise(n) eines Jugendbuches verstehen

1 Das Jugendbuch wird abwechselnd aus Sicht der zwei Hauptfiguren Jan und Flo erzählt. Flo stellt ihre Erlebnisse und Empfindungen in Form von Grafiken dar.

a) Betrachte die beiden Grafiken „Meine letzte Sommerferienwoche" (S. 109) und „Meine Hühner" (S. 111). Überlege, was Flo darin ausdrückt.

b) Tauscht eure Überlegungen aus.

2 Wähle eine der beiden Grafiken aus. Schreibe sie in einen erzählenden Text um.

- Grafik „Meine letzte Sommerferienwoche" (S. 109) *S. 311*
  In meinen Sommerferien war eigentlich geplant, dass ich viel Zeit mit meiner Mutter verbringe, aber die Realität sieht anders aus …
- Grafik „Meine Hühner" (S. 111) *S. 311*
  Meine Hühner sollten eigentlich viele Eier legen, damit ich jeden Tag Pfannkuchen essen kann. Tatsächlich brechen sie aber ständig aus und …

3 Lest euch eure Ergebnisse aus Aufgabe 2 vor. Vergleicht beim Zuhören Text und Grafik: Was hat sich durch das Umschreiben der Grafik verändert?

4 Nachdem Flo Jan das erste Mal getroffen hat, zeichnet sie, wie ein mögliches Gespräch mit ihrer besten Freundin und Cousine Patti über Jan verlaufen könnte. Schaut euch ihre Grafik an und besprecht folgende Fragen:

a) Welche Erwartungen hat Flo an den Ablauf des Gesprächs?

b) Warum sind die Sprechblasen unterschiedlich gestaltet?

c) Könnt ihr Pattis Reaktionen nachvollziehen?

d) Warum sagt Patti am Ende „Du brauchst neue Klamotten?"

Tipp: Ihr könnt das Gespräch auch nachspielen.

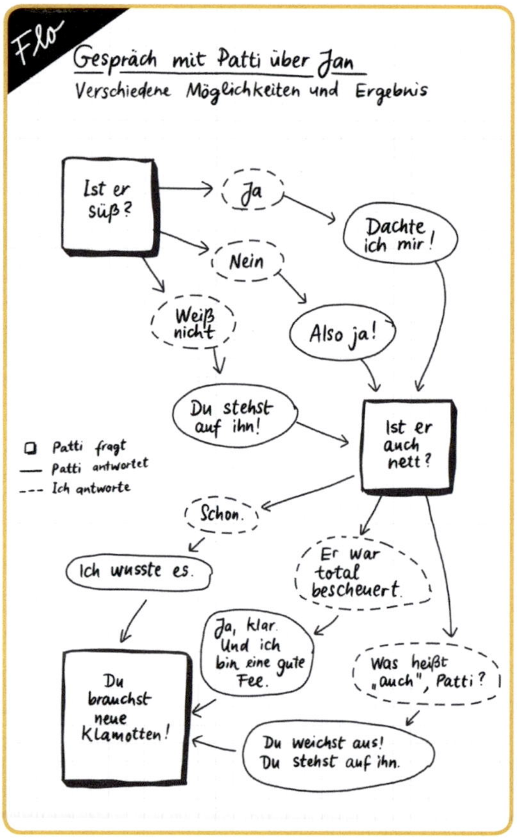

5 Welche Wirkung haben die Texte und welche die Grafiken? Wirken sie unterschiedlich auf euch? Tauscht euch aus.

Jugendbücher

Die Figuren und ihre Beziehungen verstehen

WES-127901-113

Jan und Flo haben festgestellt, dass sie in dieselbe Klasse gehen. In der Schule bemerkt Jan, dass auch Linus in seine neue Klasse geht. Die zwei haben sich zuvor schon am Badesee getroffen.

1 Findet heraus, wie das Aufeinandertreffen von Jan und Linus in der Pause verläuft.

Da baute sich Linus direkt vor mir auf, so nah, dass seine Brust fast meine berührte. Er war ein Stückchen größer als ich. „Is was?" sagte er.
„Was soll sein?" Ich machte einen Schritt zurück. Auf keinen Fall wollte ich an meinem ersten Tag irgendwelchen Stress.
Linus anscheinend schon. „Haste Schiss?" Er schloss die Lücke zwischen uns wieder.
Da zischte Fabi: „Mister Pi!"
Unter dem Korb am anderen Ende des Spielfelds stand ein Lehrer und blinzelte gegen die Sonne zu uns rüber.
„Dein Glück", sagte Linus und rotzte neben mir auf den Boden. „Dein Glück."
Es klingelte. Linus drehte sich um, marschierte direkt auf Flo zu und riss ihr das Buch aus der Hand. Dann sah er kurz rüber zu Mister Pi, aber der verschwand gerade Richtung Pausenhalle.
„Die waren mal zusammen", sagte Fabi neben mir.
„Flo und Linus?!"
„Vor den Sommerferien. Klassenfahrt. Und danach noch maximal 'ne Woche."
Ich schluckte. Irgendwie wollte ich alles darüber wissen. Und gleichzeitig am liebsten gar nichts. „Und dann?"
„Stress. Irgendwas mit irgendwelchen Fotos. Flo hat jedenfalls Schluss gemacht."
Flo lehnte immer noch an der Wand neben dem Mädchenklo, die Arme vor der Brust verschränkt. Linus stand vor ihr und hielt das Buch hoch über seinen Kopf.
„Hol dir dein Buch, kleine Flo." Er wedelte mit dem Buch.
„Hopp, Flo. Spring!"
„Ich bring dich um, wenn damit was passiert." Sie presste die Lippen zusammen.
„Hol's dir doch!" Flo schaute hoch zum Buch. Dann zu Fabi und mir. Dann stieß sie sich von der Wand ab. „Kannst es gerne behalten."
Das sagte sie ganz cool, aber ich konnte sehen, dass ihr Kinn zitterte, als sie sich an Linus vorbeidrängte. Sie stieg die ersten Stufen zur Pausenhalle hoch. Dann drehte sie sich noch einmal um. „Obwohl … kannst du überhaupt lesen?" Sie sah Linus an. Aber ich war mir sicher, dass sie mich meinte. Plötzlich wurde mir total heiß. […]
„Fang!" Linus warf mir das Buch zu. Es sah ziemlich bunt aus und hatte seltsame Grafiken auf dem Cover. „Alltäglicher Wahnsinn in 99 witzigen Grafiken" stand vorne drauf.
„Mach schon!", rief Fabi. „Wir sind echt spät!"
Ich schaute mich um. Der ganze Schulhof war leer. So lang hatte ich für die paar Wörter auf dem Buch gebraucht.

2 Stelle die Beziehungen folgender Figuren zueinander in einem Schaubild dar. Nutze dafür die Texte auf den Seiten 109–114. Auch die **Infobox** kann dir helfen.
- **a** Jan und Linus
- **b** Jan, Flo und Linus
- **c** Jan, Flo, Linus und Patti

3 Tauscht euch mithilfe eurer Schaubilder in der Klasse aus:
In welcher Beziehung stehen Jan, Flo, Linus und Patti zueinander?

4 Arbeitet nun zu zweit weiter:
a) Ergänzt zu allen Figuren in euren Schaubildern passende Eigenschaften:
ängstlich – fröhlich – gesprächig – streitsüchtig – angeberisch – humorvoll – klug – kreativ – mag Wasser – respektlos – selbstbewusst – sensibel – sportlich
b) Notiert euch je eine Textstelle, an der ihr die Eigenschaften erkennt. *S. 312*

5 Präsentiert nun eure fertigen Schaubilder. Erklärt dabei, wieso ihr euch für die Eigenschaften entschieden habt. Nutzt dafür eure notierten Textstellen. Besprecht anschließend, ob ihr noch etwas ergänzen könnt.

i Infobox

Figurenbeziehungen darstellen

Personen, Tiere oder andere Wesen in ausgedachten Geschichten nennt man **Figuren**. Mit einem **Schaubild** kannst du zeigen, in welcher Beziehung Figuren an einem bestimmten Zeitpunkt der Handlung zueinander stehen. Dabei werden die Figuren durch **Linien** oder **Pfeile** miteinander verbunden. **Symbole** an den Linien/Pfeilen zeigen, welche Beziehung die Figuren zueinander haben.

Beispiele für Symbole:
♥ = liebt, 💔 = hat geliebt, ϟ = verfeindet, ☁ = im Konflikt, 👍 = befreundet, ☺ = mag, ☹ = mag nicht.

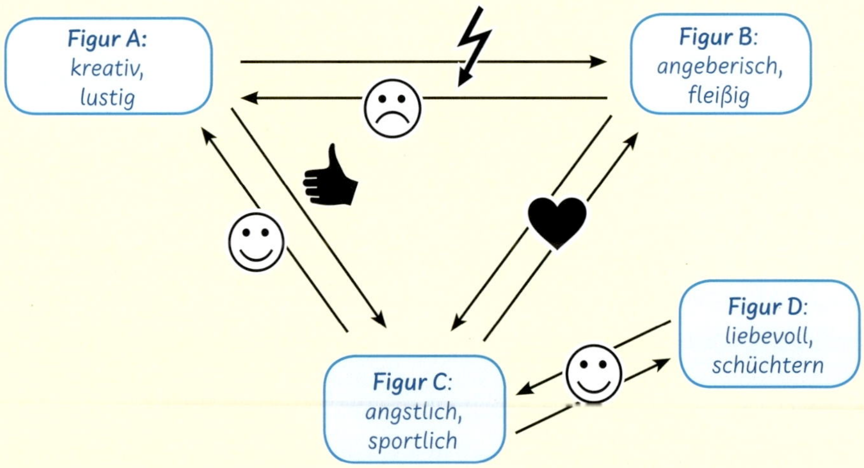

Jan und Flo lernen sich immer besser kennen. Als die beiden Jans Zimmer streichen, kommt es aber zu einer Auseinandersetzung.

6 a) Lest dazu den folgenden Textauszug.
b) Beantwortet nun die Fragen und Aufgaben in den Sprechblasen.

„Was machst du da?“
„Ein Foto von dir mit Farbe.“
„Mach das sofort weg.“
„Die Farbe?“
„Das Foto.“ Flo grabschte nach meinem Handy. Sofort war das Display mit Farbe verschmiert.
„Sag mal, spinnst du?“
„Gib‘s her!“ Flo umklammerte mit einer Hand meinen Arm. Mit der anderen zerrte sie an dem Handy. Ich ließ los.
„Hast du‘s schon verschickt?“ Flo wischte hektisch an meinem Handy rum. Das Display verschmierte immer mehr.
„Quatsch.“
„Oder hochgeladen?“
„Du weißt schon, dass du gerade mein Handy schrottest?“
Flo hörte auf, durch meine Apps zu scrollen. „Oh, Mist.“
Sie nahm einen Zipfel ihres T-Shirts und rubbelte damit auf dem Display rum. Sie schniefte. […]
„Es ist wegen Linus“, sagte Flo endlich und knibbelte Farbe von ihrem Arm. Mir fiel wieder ein, was Fabi gesagt hatte. „Er hat Fotos von dir verschickt?“
Sie nickte. „Keine schlimmen. Aber trotzdem. Er hat mich nicht gefragt. Nicht beim Fotografieren und auch nicht beim Verschicken.“
„Okay.“ Mit meinem dicken Zeh verwischte ich einen Farbklecks auf der Abdeckfolie.
„Er hat einfach nicht kapiert, warum ich das schlimm fand. […]“

Warum reagiert Flo wohl so auf das Foto? Findet Gründe dafür.

Sprecht darüber, ob ihr Flos Reaktion verstehen könnt.

7 a) Stellt den Textauszug und eine gute Lösung des Problems **szenisch** dar.
b) Präsentiert eure Ergebnisse. Besprecht dabei, wie die beiden den Konflikt lösen und wie sie dabei miteinander umgehen.

» *Szenisches Spiel, S. 303*

8 a) Lest nun, wie es im Jugendbuch weitergeht (Z. 24–27).
b) Was meint ihr: Ändert diese Auseinandersetzung etwas in der Beziehung von Jan und Flo? Und falls ja: Was könnte sich ändern?

„Ich hab das Foto nur für mich gemacht. Und für dich.“
„Ich weiß. Tut mir leid.“
„Schon okay. Ich hätte fragen sollen.“ Wir lächelten uns an. So lange, dass es schon ein bisschen komisch wurde. Aber schön komisch.

WES-127901-116

Jugendbücher

Das Ende des Jugendbuches untersuchen

Mittlerweile ist eine ganze Menge passiert. Jan und Flo haben sich noch besser kennengelernt und viel miteinander erlebt.

1 Lest Jans letzten Eintrag im Buch.

Anschlag

Das Wasser ist eiskalt und ganz klar. Im Mondlicht kann ich meine Füße sehen und kleine Fische, die um meine Beine flitzen.
Langsam wate ich weiter. Als das Wasser an meine Shorts schwappt, hole ich einmal tief Luft, tauche ein und schwimme los. Die Kälte krallt sich an meinen Armen und Beinen fest. Ich schwimme Oma-Brust, kleine, langsame Züge, den Kopf über Wasser, die Badeinsel im Blick. Ich trage keine Badekappe, keine Schwimmbrille und die Shorts schlabbern schwer um meine Beine. Ich kann nicht die Züge bis zur Wende zählen und niemand stoppt die Zeit.
Trotzdem weiß ich: Das hier wird die beste Bahn meines Lebens.
Denn neben mir schwimmt Flo. Ihre Haare zieht sie wie Tentakel im Wasser hinter sich her. Ihr Gesicht leuchtet im Mondlicht.
Gleich, wenn wir bei der Badeinsel sind, werde ich sie küssen. Ganz sicher. Und zwar richtig.

2 a) Vergleicht den Eintrag mit dem Anfang des Jugendbuches (S. 109). Welche Gemeinsamkeiten und Unterschiede könnt ihr feststellen?
b) Warum meint Jan, dass es die beste Bahn seines Lebens wird? Tauscht euch aus.
c) Besprecht, ob ihr den Titel des Buches passend findet.

3 Nach diesem Eintrag gibt es im Buch nur noch eine letzte Seite mit einer Grafik, die von Flo stammt.
a) Beschreibt, was diese Grafik ausdrückt.
b) Wie hängen die Grafik und Jans Eintrag zusammen? Tauscht euch aus.

4 Wie gefällt euch das Ende des Jugendbuches?

WES-127901-117

Jugendbücher

Eine Bücherei erkunden und nutzen

1 Auf dem Bild seht ihr eine öffentliche Bücherei. Dort gibt es jede Menge spannende Unterhaltung und wissenswerte Informationen – für euch sogar meist kostenlos. Öffentliche Büchereien gibt es in vielen Orten. Je größer die Stadt, desto größer ist die Bücherei. Manchmal gibt es auch Zweigstellen.

a) Was könnt ihr alles auf dem Bild entdecken?

b) Klärt zu zweit, was ihr nicht kennt oder versteht.

c) Tauscht euch aus, welche Büchereien ihr bereits besucht und welche Erfahrungen ihr dort gemacht habt.

Zweigstelle
gehört zur Hauptbücherei, ist aber kleiner und an einem anderen Ort

2 a) Recherchiert im **Internet**, welche Büchereien in eurer Nähe sind. *S. 312*

b) Betrachtet eure Suchergebnisse und besucht die passende Website der Bücherei.

» Im Internet recherchieren, S. 144–145

3 Orientiert euch auf der Website eurer Bücherei. Notiert Informationen zu folgenden Bereichen:
- Name der Bücherei (z. B. Stadtbücherei Braunschweig)
- Adresse
- Telefonnummer
- Adresse der Website (URL)
- E-Mail-Adresse
- Öffnungszeiten
- Zweigstellen (falls vorhanden)

4 Wähle eine der Fragen aus und finde die Antwort auf der Website eurer Bücherei.
- Welche Medien außer Büchern werden noch angeboten?
- Welche Veranstaltungen für Kinder und Jugendliche gibt es (z.B. Lesetreffs ...)?
- Welche speziellen Angebote gibt es für Schulklassen?

5 Tauscht eure Ergebnisse aus Aufgabe 4 in der Klasse aus.

6 Recherchiere nun zu deiner Bücherei:

a) Welche Regeln gelten für die Ausleihe (z. B. Büchereiausweis, Leihfristen, Mindestalter ...)?

b) Wie kannst du einen Büchereiausweis beantragen? Fülle das bei deiner Recherche gefundene Formular oder die digitale Vorlage aus.

Name, Vorname

Ich erkenne die Benutzungsordnung der Bücherei an.

Datum | Unterschrift

Geburtsdatum

Straße, Haus-Nr.

Telefon | E-Mail

Zustimmung des Erziehungsberechtigten:

Stadtbücherei Braunschweig

7 Führt in Gruppen kleine Quizze durch. Stellt euch gegenseitig Fragen zur Ausleihe, zum Beispiel:
- *Was braucht man unbedingt, um etwas ausleihen zu können?*
- *Wie lange ist der Büchereiausweis gültig?*
- *Darf man den Büchereiausweis verleihen?*
- *Was passiert, wenn man ein Buch zu spät abgibt?*

Die anderen nennen oder suchen die richtige Antwort.
Wer richtig antwortet, darf die nächste Frage stellen.

Jugendbücher

Bücher finden und auswählen

WES-127901-119

1 a) Erklärt das Schaubild mithilfe der **Infobox** auf S. 120.
b) Macht Vorschläge, welche weiteren Interessensgebiete (Genres) im Schaubild anstelle der Fragezeichen stehen könnten.

Sachbücher			**literarische Bücher**		
Natur	Freizeit & Sport	?	Fantasy	Action & Abenteuer	?

2 a) Betrachtet die vier Cover: Worum könnte es in diesen Büchern wohl gehen?
b) Erklärt anhand des Schaubildes aus Aufgabe 1, wo ihr diese Bücher in der Bücherei suchen würdet.

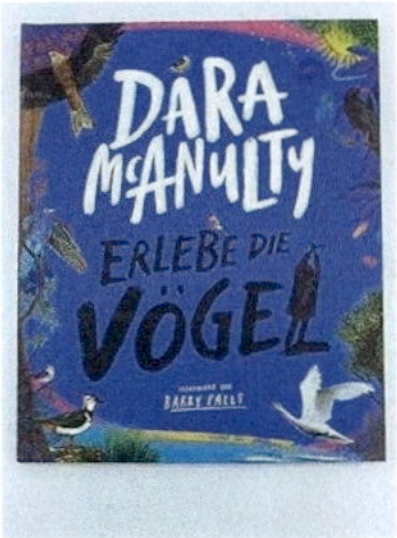

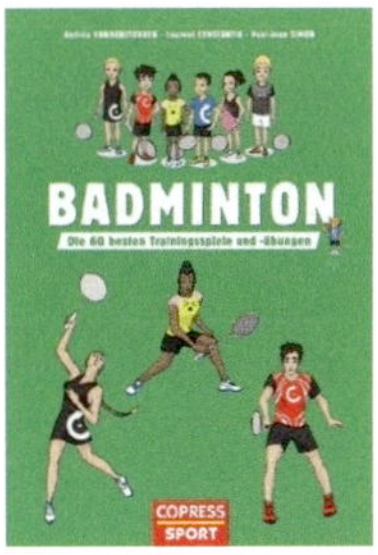

3 Stellt euch vor, ihr steht in der Bücherei vor einem Regal mit Fantasybüchern. Eins davon wollt ihr ausleihen, aber welches? Besprecht, wonach ihr auswählen würdet.

4 Seht euch den Einband dieses Buches an.
- Was fällt auf dem Cover auf?
- Worum könnte es in dem Buch gehen?
- Wie lautet der Titel des Buches?
- Wie heißt die Autorin?
- Wie heißt der Verlag, bei dem dieses Buch erschienen ist?

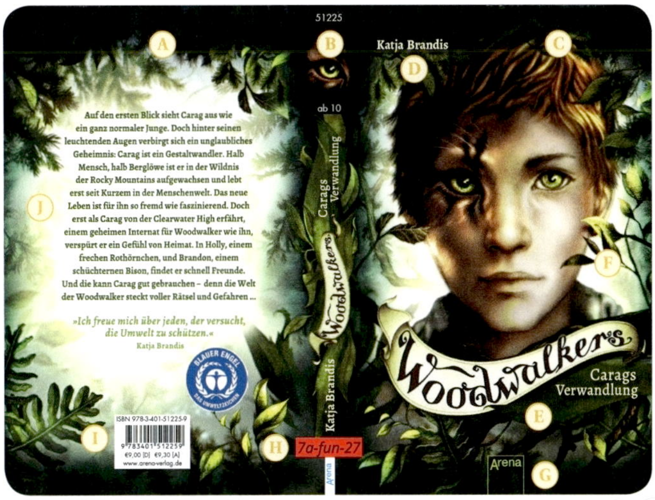

5 Werdet zu Bücher-Profis!
Bezeichnet die Teile A bis J des Bucheinbandes (S. 119) mit den passenden Fachwörtern.
- Nutzt dazu den **Wortschatz**.
- Notiert: *A = Klappentext, B = …*
- Achtung: Bei „I“ müsst ihr vier Fachwörter zuordnen.

Wortschatz

- Autor/Autorin
- Buchrücken
- Cover oder Vorderseite
- Illustration auf dem Cover
- Internetadresse (des Verlags)
- ISBN (Internationale Standardbuchnummer)
- Preis
- Klappentext
- Rückseite
- Signatur
- Strichcode
- Titel
- Verlag

6 a) Im Klappentext auf der Rückseite des Buches ist eine Textstelle abgedruckt. Lest sie vor.
b) Besprecht, warum Verlage wohl eine Textstelle auf dem Buch abdrucken.

7 Überlegt, warum es wichtig sein könnte, dass der Buchtitel und der Name der Autorin oder des Autors auch auf dem Buchrücken stehen.

8 Was hat die Bücherei auf dem Einband hinzugefügt? Sprecht darüber.

9 Jedes Buch hat eine ISBN (**I**nternationale **S**tandard**b**uch**n**ummer).
a) Seht nach, wo sie sich auf dem Einband befindet.
b) Für wen ist die ISBN nützlich? Stellt Vermutungen an.
c) Tauscht euch über eure Vermutungen aus.

Infobox

Bücherei

In einer Bücherei (auch Bibliothek genannt) gibt es oft viele tausend Bücher. Grundsätzlich werden die Bücher in die Bereiche **Sachbücher** und **literarische Bücher** eingeteilt. Zusätzlich sortiert man die Bücher nach verschiedenen Interessensgebieten. Solche Einteilungen nennt man auch **Genres**.
- Im Bereich Sachbuch weisen Schilder auf verschiedene Interessensgebiete hin, wie *Freizeit & Sport, Natur, Technik* oder *Länder & Kulturen*.
- Im Bereich Literatur findet man Schilder wie *Freundschaft & Liebe, Action & Abenteuer* oder *Fantasy*.

Darüber hinaus hat jedes Buch einen festen Platz in einem Regal, auf den es nach der Benutzung wieder zurückgestellt wird. Dafür klebt auf dem Buchrücken eine **Signatur**, die beispielsweise aus einer Kombination von Buchstaben und Zahlen besteht.

Jugendbücher

Medien im Online-Katalog suchen und finden

1. Hier ist die Suchmaske eines Online-Kataloges abgebildet.
   - Lest vor: Welcher Suchbegriff/welche Suchbegriffe wurden eingegeben?
   - Wie heißt die Bücherei?
   - Was muss man tun, um eine neue Suche mit anderen Suchbegriffen zu starten?

2. Das ist das Ergebnis der Suche.
   a) Nennt die Anzahl der Treffer.
   b) Beachtet die Bilder bei den Treffern und nennt die Medientypen.
   c) Erklärt, was „Vormerkung" bedeutet.
   d) Vermutet, wann man etwas vormerken lässt. Wieso kostet das etwas?

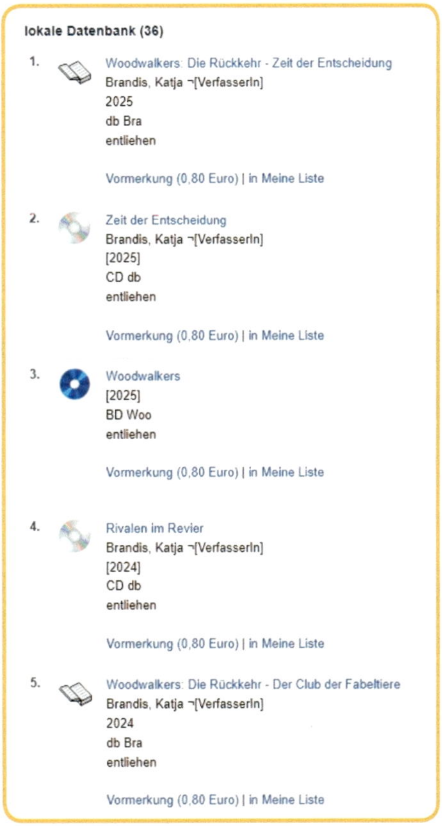

3. Wählt aus, welche zwei Aussagen auf die Suchanfrage zutreffen.
   - Die Suchanfrage ergab 36 Treffer: Zu sehen sind hier zwei Bücher, drei CDs und eine Blu-ray.
   - Alle Medien sind aktuell verfügbar.
   - Die Medien können vorgemerkt werden.
   - Die Vormerkung der Bücher ist kostenlos.
   - Medien, die man sich merken will, kann man auf die eigene Liste setzen.

4. Korrigiert abschließend die falschen Aussagen aus Aufgabe 3. Schreibt sie euch richtig auf.

Online-Katalog

Infobox

In den meisten Büchereien steht dir ein Online-Katalog zum Suchen und Finden der Medien zur Verfügung. So kannst du herausfinden, ob es ein bestimmtes Buch in der Bücherei gibt, ob es **ausleihbar** oder ob es gerade **nicht verfügbar** ist.
Diese Informationen kannst du an **Monitoren** direkt in der Bücherei abrufen.
Oder du nutzt – wenn verfügbar – die **Bücherei-App** auf dem Smartphone, Tablet oder PC. Oft gibt es auch einen Online-Katalog auf der **Website** der Bibliothek.

WES-127901-122

Jugendbücher

Eine Buchvorstellung erarbeiten

Die beste Buchvorstellung kann man anderen dann geben, wenn einem das Buch beim Lesen gut gefallen hat. Wie eine solche Buchvorstellung aussehen kann, könnt ihr hier an dem Beispiel von Leon sehen.

1 Lest die folgende Buchvorstellung in Ruhe durch.

Buchvorstellung: „Die beste Bahn meines Lebens" von Anne Becker

A Kennt ihr ein Buch, das aus Text und Bildern oder Grafiken besteht und kein Comic ist? So ein Buch möchte ich euch heute vorstellen. Es heißt „Die beste Bahn meines Lebens" und wurde von Anne Becker geschrieben. Ich habe es zu Weihnachten von meiner Tante bekommen, die immer gute Bücher kennt. Darin geht es vor allem um Jan und Flo, die sich kennenlernen und näherkommen. Jan zieht nämlich mit seiner Familie aus einer anderen Stadt in das Haus neben Flo und ihren Eltern. Zufällig gehen sie auch noch in dieselbe Klasse. Allerdings wird ihre Freundschaft schnell auf die Probe gestellt, denn da ist auch noch Linus, der Ex-Freund von Flo, und der ist alles andere als nett ...

B Jetzt möchte ich euch kurz die wichtigsten Hauptfiguren des Buches vorstellen. Dazu habe ich eine kleine Übersicht vorbereitet.

Jan
- *13 Jahre, Locken*
- *aus seiner Sicht wird der größte Teil der Geschichte erzählt*
- *zieht mit seiner Familie in das Haus neben Flos Familie*
- *hat Schwierigkeiten mit dem Lesen*
- *hat zwei Geschwister*

Flo(rentine)
- *12 Jahre, rote Locken*
- *hat Hühner*
- *mag Mathe und ist gut darin*
- *drückt ihre Gedanken und Gefühle gerne in Grafiken aus*
- *wollte eigentlich mit ihrer Mutter in den Urlaub fahren*
- *geht mit Jan in eine Klasse*
- *ihre Grafiken ergänzen Jans Geschichte*

Patti
- *Flos beste Freundin und Cousine*

Fabi
- *Freund und Klassenkamerad von Jan*

Linus
- *Ex-Freund von Flo*
- *geht mit Jan und Flo in eine Klasse*
- *ist auch in Jans Schwimmverein*
- *ist gemein (nicht nur) zu Flo*

Jan ist ein 13-Jähriger, der gerne schwimmt und sich langsam mit Flo anfreundet. Flo hat Hühner im Garten und eine Leidenschaft für Mathematik. Deswegen versucht sie auch, sich in Form von Grafiken auszudrücken. Dummerweise gibt es aber auch noch Flos Exfreund Linus, der immer wieder gemein zu allen ist und wegen dem es zwischen Jan und Flo zu Missverständnissen kommt. Wichtig sind noch Patti und Fabi. Patti ist Flos Cousine und gute Freundin und Fabi Jans bester Freund in der neuen Schule.

C Damit ihr euch einen noch besseren Eindruck von dem Buch machen könnt, werde ich euch jetzt etwas daraus vorlesen. In dem Auszug trifft Jan auf Flo und Linus. Linus hatte Flo davor ihr Lieblingsbuch weggenommen und es Jan zugesteckt. Der hatte es bislang noch nicht geschafft, es Flo zurückzugeben. Außerdem hatte Linus Jan die Ventile von seinem Fahrrad geklaut. Ihr merkt schon, Linus ist ein eher unangenehmer Junge ... Jan erzählt also, wie es weitergeht:

Auszug aus „Die beste Bahn meines Lebens“, S. 57–59

Als ich am nächsten Morgen an der Schule ankam, war Flo schon da.
Sie stand am Fahrradständer. Und direkt vor ihr: Linus. Er hatte ihr Vorderrad zwischen seinen Knien eingeklemmt und seine Hände an ihrem Lenker.
Als er mich kommen sah, ließ er los und schlenderte zu mir, die Hände in den Hosentaschen. Flo rammte ihr Rad in den Fahrradständer, schloss es ab und ging, ohne uns weiter zu beachten, zum Eingang.
„Heute mal ein Omarad“, sagte er. Ich musste mit dem Hollandrad meiner Mutter fahren. Das meines Vaters war schließlich platt, und das wusste Linus ganz genau.
Ich antwortete nicht und zog mein Schloss durch die Speichen.
„Ich glaub, das gehört dir.“ Linus ließ etwas in seiner Hand klimpern. Ich zog den Schlüssel ab und richtete mich auf. In Linus’ Hand lagen meine beiden Ventile.
„Bist cooler drauf, als ich dachte. Also ...“ Er hielt mir die Ventile hin, aber gerade als ich danach greifen wollte, zog er die Hand weg und stopfte sie mir in die Brusttasche meines T-Shirts. Dann ging er Richtung Eingang, blieb aber auf halber Strecke stehen.
„Was ist? Kommst du?“, rief er.
Wir gingen nebeneinander die Treppen hoch. Die Ventile klimperten bei jedem Schritt in meiner Brusttasche. Das machte mir irgendwie Mut.
„Was war eigentlich gerade mit Flo?“, fragte ich deshalb.
„Flo ist ein Genie in Mathe.“ Er stieß im Vorbeigehen einem Fünftklässler die Baseballkappe vom Kopf. „So richtig nerdig, weißt du. Wie Einstein oder so.“
„Einstein?“ War Einstein nicht Physiker?
„Auf jeden Fall kann ich ein bisschen Mathe-Genialität gebrauchen. Mein Vater macht tierisch Stress. Deshalb hab ich ihr einen Deal vorgeschlagen.“
Flo hatte vorhin ziemlich wütend ausgesehen, als sie an uns vorbei in die Schule gerauscht war. Und gestern an der Haustür ging es wohl auch genau darum.
„Dein Deal kommt wohl nicht so gut an, oder?“
„Alles Verhandlungssache“, sagte Linus cool und blieb in der Klassenzimmertür stehen.

Er klopfte mir ein paarmal auf die Schulter, beugte sich vor und flüsterte mir zu: „Also immer schön Flos Buch behalten."
Dann marschierte er in die Klasse. [...]
In der Pause hockte ich mit Fabi auf der Treppe neben den Mädchenklos. [...]
Plötzlich erwischte mich was am Hinterkopf. Ich drehte mich um, aber da wieherte auch schon Fabi neben mir los.
„Spinnst du?" Ich boxte ihn in die Seite. „Was gibst du mir einfach 'ne Kopfnuss!"
„Du träumst, Mann."
„Ich träum nicht."
„Nee, gar nicht."
„Ich such wen."
„Und wen?"
„Ist eh nicht da."
„Wer ist nicht da?"
„Flo."
„Oha." Fabi grinste. „Florentine Feldkamp."
Ich boxte ihn wieder. „Ich hab noch was von ihr. Deshalb."
„Sie hat dir was geliehen?" Fabi legte seinen Arm um meine Schultern und säuselte: „Sie liebt dich."
Ich stieß ihn weg. „Hör auf mit dem Scheiß."
„Das ist kein Scheiß. Sie ist total pingelig mit ihrem Kram."
„Jetzt echt?"
„Ja. Echt. In der Klasse fragt schon gar niemand mehr nach irgendwas. Und bei Büchern und Mathe-Hausis ist es besonders schlimm."
„Oh Mist." Ich dachte an das total durchweichte Buch.
Mir wurde echt ein bisschen komisch im Bauch.

D So, mehr verrate ich euch jetzt aber nicht, denn vielleicht wollt ihr das Buch ja nun auch selbst lesen. Ich kann euch sagen, es wird sich lohnen: Ich habe das Buch sehr gerne gelesen und fast in einem durch. Es ist nicht besonders dick, interessant geschrieben und hat eine Handlung, die man sich gut vorstellen kann. Vor allem fand ich interessant, dass die Geschichte aus der Sicht von zwei Figuren erzählt wurde und sich dabei Texte und Grafiken immer abgewechselt haben. Ich hätte nie gedacht, dass auch Grafiken eine Geschichte erzählen können oder zumindest dazu beitragen.

2 Wie hat euch die Buchvorstellung gefallen?
Beschreibt mit euren Worten, woran das liegt.

3 Erarbeitet gemeinsam den Aufbau dieser Buchvorstellung. Haltet eure Antworten schriftlich fest, damit ihr sie später mit den anderen Gruppen vergleichen könnt.
- An welche Formulierungen könnt ihr Leons Begeisterung für „Die beste Bahn meines Lebens" schon im ersten Abschnitt erkennen? Notiert Stichwörter.
- Wieso ist Leon eigentlich auf die Idee gekommen, das Buch zu lesen? Wo findet ihr diesen Hinweis?
- In seiner Buchvorstellung macht Leon Angaben zu den wichtigsten Hauptfiguren. Wie unterstützt seine Figurenübersicht diese Informationen?
- An welchen Stellen sagt Leon etwas über einzelne Figuren? Notiert verschiedene Beispiele aus dem Text.
- Welche Angaben macht Leon zu dem Kapitel, aus dem er eine Leseprobe gewählt hat?
- Weshalb ist diese Leseprobe von Leon dazu geeignet, die Zuhörerinnen und Zuhörer auf das Buch neugierig zu machen? Begründet eure Meinung.
- Notiert Formulierungen, mit denen Leon das Buch abschließend bewertet und empfiehlt.

4 Geht die folgenden Tipps und Hinweise durch, die euch das **Gliedern** eures Vortrags und das **Vorlesen** erleichtern.

Ein Buch zum Lesen empfehlen

1: Einleitung: Du sagst etwas Interessantes über das Buch, **den Autor/die Autorin** oder darüber, wie du auf das Buch aufmerksam geworden bist.

2: Überblick über die Hauptfiguren – Informationen über die Handlung
- Stelle die **wichtigsten Figuren** des Buches vor.

TIPP: In einer Übersicht auf einem Infoplakat kannst du deine Angaben veranschaulichen.
- Du fasst die Handlung des Buches zusammen.

TIPP: Verrate dabei nicht das Ende des Buches!

3: Einen Textauszug für die Leseprobe auswählen
- Wähle einen besonders spannenden Auszug aus.
- Bereite dann diesen Auszug für deinen gestaltenden Vortrag vor.

TIPPS dazu findest du in der rechten Spalte.

4: Das Buch abschließend bewerten und empfehlen
Mache am Ende erneut deutlich, dass du das Buch gern gelesen hast und dass du es zum Lesen empfehlen kannst.

5: Du gestaltest ein Infoplakat mit den wichtigsten Informationen zu diesem Buch.

Tipps für einen guten Lesevortrag

Sorge dafür, dass dein **Publikum** dir **gern zuhört** und deine Leseprobe **genießen** kann. Mit diesen Tipps kannst du dich gut darauf vorbereiten:

TIPP 1: Du musst deinen Text **genau kennen**. **Sprich** den Vortrag **zu Hause mehrmals laut vor und übe ihn so ein**.

TIPP 2: **Mache dir im Text Zeichen für das wirkungsvolle Vorlesen:**
- Wörter, die du besonders betonen möchtest, unterstreichst du
- Markiere **kurze Pausen** im Text mit einem senkrechten Strich |.
- Möchtest du durch eine **längere Pause** Spannung erzeugen, dann markierst du diese Textstelle mit zwei senkrechten Strichen ||.

TIPP 3:
Sprich laut, **deutlich** und **nicht zu schnell**, damit dich **alle gut verstehen**.
- Achte auf die **richtige Betonung wichtiger Wörter**.
- **Schau dein Publikum möglichst oft an**.

TIPP 4:
Verweise **an passender** Stelle auf **dein Infoplakat**.

Jugendbücher

Eine Buchvorstellung vorbereiten und durchführen

Jetzt seid ihr selbst an der Reihe! Wähle ein Buch für eine Buchvorstellung aus. Hier findest du ein paar Vorschläge.

I

Buch ab 8 Jahren, bis 100 Seiten

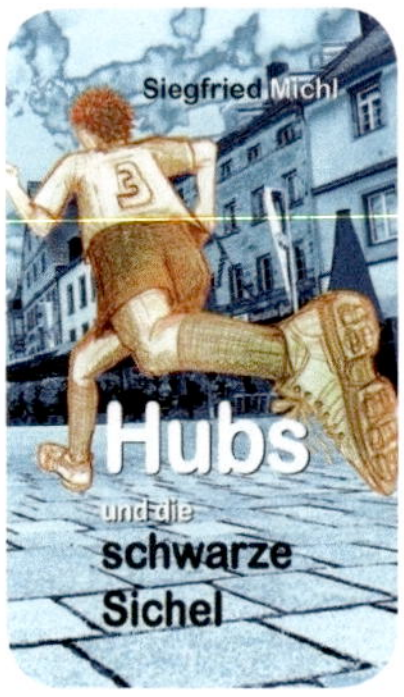

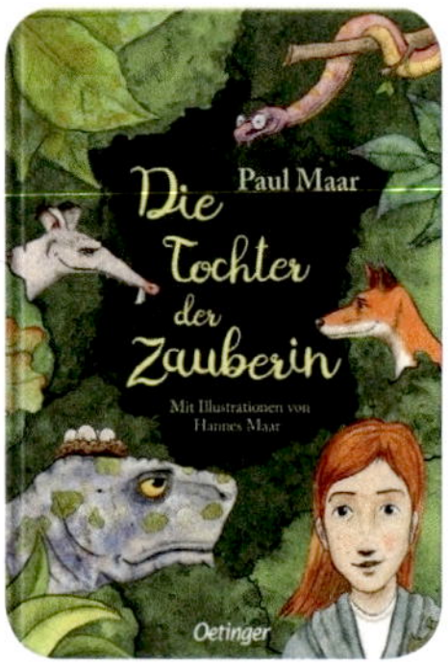

II

Buch ab 10 Jahren, 100–200 Seiten

III

Buch ab 12 Jahren, über 200 Seiten

1 Los geht's. Bereite deine eigene Buchvorstellung vor.
Bearbeite dazu nacheinander die Teilaufgaben im Kasten:

- Erarbeite dir nun den Inhalt und Aufbau des Buches. Folgende Fragen können dir dabei helfen:
  - Wovon handelt das Buch?
  - Welche Themen werden im Buch angesprochen?
  - Wer sind die wichtigsten Figuren und was passiert mit ihnen?
  - Aus wessen Sicht wird erzählt und welche erzählerischen Besonderheiten gibt es?
  - Welche gestalterischen Besonderheiten kannst du entdecken? *S. 312*

- Finde eine geeignete Textstelle (etwa eine Seite bis zwei Seiten), die du bei deiner Vorstellung vorlesen möchtest. Sie soll einen guten Einblick in das Buch erlauben, ohne dass sie zu viel verrät.

- Bewerte das Buch. Gehe dabei vor allem darauf ein, wem es gefallen könnte, wem eher nicht und warum.

- a) Suche geeignetes Anschauungsmaterial heraus, das du bei deiner Buchvorstellung zeigen kannst. *S. 312*
  b) Du kannst damit auch ein **Plakat** gestalten.

» *Plakatgestaltung, S. 298*

- Bündle deine gesammelten Informationen aus den bisherigen Aufgaben. Notiere sie stichpunktartig, am besten auf Karteikarten.

- Übe deinen Vortrag (allein, vor Freunden oder vor deiner Familie). Nutze dabei die **Checkliste**, um zu überprüfen, ob du an alles gedacht hast.

2 Halte deine **Buchvorstellung** vor der Klasse.

» *Buchvorstellung, S. 291*

3 Wie haben euch die Vorträge gefallen? Gebt euch gegenseitig **Feedback**.

» *Feedback, S. 294*

Checkliste

- ✓ Hast du Angaben zum Autor / zur Autorin, zum Titel sowie zu Genre, Verlag, Seitenumfang und Preis gemacht?
- ✓ Hast du interessante Zusatzinformationen genannt?
- ✓ Hast du eine Zusammenfassung des Inhalts gegeben und dabei die wichtigsten Figuren genannt?
- ✓ Hast du eine aussagekräftige Textstelle zum Vorlesen ausgewählt?
- ✓ Hast du geeignetes Anschauungsmaterial ausgewählt?
- ✓ Hast du abschließend das Buch bewertet?

JUGENDBÜCHER

EINE BÜCHEREI ERKUNDEN

» S. 120

Freizeit & Sport
Länder & Kulturen
Natur & Technik

Liebe
Freundschaft
Action
Fantasy

Bücher haben einen festen Platz, den man über die Signatur findet.

ONLINE-KATALOG

» S. 121

Finde mit dem Katalog heraus, ob dein gesuchtes Buch in der Bücherei ...

- vorhanden ist.
- ausleihbar ist.
- nicht verfügbar ist.

FIGURENBEZIEHUNGEN DARSTELLEN

» S. 114

Mit Symbolen und Pfeilen kannst du die Beziehungen zwischen Personen, Tieren und anderen Wesen verdeutlichen:

BUCHVORSTELLUNG planen

- ☑ Informationen zum Buch suchen
- ☑ Inhalt zusammenfassen
- ☑ aussagekräftige Textstelle auswählen und einüben
- ☑ das Buch bewerten ★★★☆

HIER GIBT'S NOCH MEHR

Digital+
WES-127901-128

Überprüfe dein Können: Projekt

WES-127901-129

1 Ihr habt nun eine ganze Menge über Jugendbücher und Büchereien gelernt. Richtet selbst eine Klassenbücherei ein oder ergänzt eure, falls ihr schon eine habt.

2 Bringt Bücher mit, die ihr gerade nicht lest und euren Mitschülerinnen und Mitschülern gern zum Lesen ausleihen würdet.

3 Legt eine Liste mit den Eckdaten aller gesammelten Bücher an.
Tipp: Das könnt ihr auch gut digital machen.

Autor/-in	...
Titel	...
Seitenumfang	...
Genre	...
kurze Zusammenfassung	...
das Buch gehört	...
Bewertung	...

4 Sortiert die Bücher alphabetisch nach den Nachnamen der Autorinnen und Autoren. Wenn ihr viele Bücher habt, könnt ihr die Bücher auch zuerst nach Interessensgebieten (Genres) gruppieren. Die **Infobox** (S. 120) hilft euch dabei.

5 Gestaltet ein Ausleihheft. Dabei könnt ihr euch an folgendem Beispiel orientieren:

Autor/-in	Titel	entliehen von	Ausleihdatum	Rückgabe-datum
...	...	...	...	...
...	...	...	...	...

6 Besprecht gemeinsam, ob ihr ein Büchereiteam bilden wollt.
Das Büchereiteam ...

- führt das Ausleihheft.
- verleiht die Bücher und nimmt sie zurück.
- achtet auf den Zustand der Bücher und die Einhaltung der Leihfrist.

Sachtexte

Vom Z1 zum Smartphone

Computer sind moderne Rechenmaschinen und deswegen nach dem lateinischen Wort „computare“ für „rechnen“ benannt. *Bezeichnung Computer*

Der erste Computer wurde 1938 vom deutschen Erfinder Konrad Zuse entwickelt: der Z1. Er war so groß wie ein Schrank und wog ca. eine Tonne. *Erster Computer: Z1*

Erst im Jahr 1975 wurde in den USA ein Heimcomputer-Bausatz entwickelt: Er hieß Altair 8800 und kostete knapp 400 Dollar. Doch er besaß keine Tastatur, keine Maus und keinen Monitor. *Erster Heimcomputer: Altair 8800*

Anfang der 1980er Jahre wurden die Computer dann ebenfalls in den USA um Tastatur, Maus und Monitor erweitert. *Ergänzung: Tastatur, Maus & Monitor*

Was den damaligen Computern aber noch fehlte, war ein Betriebssystem. Bill Gates lieferte ein solches System, welches allen Menschen den Zugang zu Computern ermöglichte. *Ergänzung: Betriebssystem* Damit war der Erfolg von Computern endgültig nicht mehr zu stoppen. Nach und nach wurden Computer immer kleiner und leistungsstärker. Sie wurden mehr und mehr durch Laptops ersetzt. *Weiterentwicklung: Laptops* In den 2000er Jahren kamen dann Tablets, Smartphones und Smartwatches dazu. In ihnen verschmolzen Tastatur, Maus und Monitor zum Display. *Weiterentwicklung: Tablets, Smartphones & Smartwatches* Heute läuft fast nichts mehr ohne Computer. Jedes Smartphone kann viel mehr als die ersten PCs. *Heute*

1 a) Betrachte zunächst das Bild und die Überschrift. Wovon könnte der Text handeln?
b) Überfliege anschließend den Text, ohne ihn komplett zu lesen.
c) Tauscht euch aus: Haben sich eure Vermutungen bestätigt?

2 Dieser Text ist ein Sachtext. Klärt gemeinsam folgende Fragen:
- Warum würdet ihr einen solchen Text lesen?
- Wo könntet ihr einen solchen Text finden?
- Was macht den Text zu einem Sachtext?

In diesem Kapitel lernst du, ...
- einen Sachtext mithilfe der Fünf-Schritt-Lesemethode zu erarbeiten.
- in einem Sachtext gezielt nach Informationen zu suchen.
- was Sachtexte sind und welche Funktionen sie haben.

Sachtexte

Die Fünf-Schritt-Lesemethode kennenlernen

Um einen Sachtext zu verstehen, kannst du nach der Fünf-Schritt-Lesemethode vorgehen, die du im Folgenden kennenlernst.

1 Max hat schon an dem Text auf Seite 130 gearbeitet.
Kannst du erkennen, wie er den Text bearbeitet hat?

2 a) Lies dir alle Schritte der Fünf-Schritt-Lesemethode in der **Infobox** durch.
b) Besprecht, welche Schritte Max bereits gemacht hat.
c) Wobei helfen die Markierungen im Text und die Zwischenüberschriften am Textrand? Tauscht euch darüber aus.

3 Führt zu zweit ein Fragespiel durch.
- Lies den Text gründlich.
- Jemand stellt eine Frage. Jemand anderes versucht, die Frage mithilfe des Textes zu beantworten. Und dann tauscht ihr die Rollen.
- Wenn eine Frage nicht beantwortet werden kann, schreibt ihr diese Frage auf. Versucht, sie in der Klasse gemeinsam zu beantworten.

Fünf-Schritt-Lesemethode

Infobox

1. **Überfliegend lesen: Was steht ungefähr im Text?**
   Überfliege den Text zuerst. Du musst dabei noch nicht jedes Wort lesen.
   Du erfährst aber, worum es ungefähr geht. Orientiere dich an Überschriften, an Abbildungen und an Nomen, denn sie enthalten wichtige Informationen.
2. **Gründlich lesen: Was steht ganz genau im Text?**
   Lies nun Satz für Satz genau.
   Lass dich nicht von Wörtern irritieren, die du nicht verstehst. Meistens erklären sie sich aus dem Zusammenhang. Wenn du dir ein Wort doch nicht erschließen kannst, frage jemanden oder recherchiere.
3. **Wichtiges kennzeichnen: Welche Informationen sind wichtig?**
   Markiere wichtige Wörter im Text oder notiere sie am Textrand oder auf einem Extrablatt. Aber: Markiere nicht zu viel!
4. **Zwischenüberschriften formulieren: Worum geht es in den Absätzen?**
   Worum geht es in jedem einzelnen Absatz?
   Fasse dies jeweils in einer Zwischenüberschrift (zwei bis drei Wörter, ein kurzer Satz oder eine Frage) am Textrand oder auf einem Extrablatt zusammen.
5. **Inhalt wiedergeben: Wie kann ich den Inhalt zusammenfassen?**
   Gib den Text mit eigenen Worten wieder.
   Benutze dazu deine markierten Wörter und Zwischenüberschriften.
   Ergänzt euch gegenseitig, wenn ihr etwas Wichtiges vergessen habt.

WES-127901-132

Sachtexte

Mit der Fünf-Schritt-Lesemethode arbeiten

Schritt 1) Überfliegend lesen: Was steht ungefähr im Text?

1 a) Lies die Überschrift, betrachte die Bilder und überfliege den Text.
b) Überlegt gemeinsam, worum es im Text gehen könnte und was ihr zu dem Thema bereits wisst.

Persönliche Bilder auf Social-Media-Plattformen

Eigentlich darf man Social-Media-Plattformen erst nutzen, wenn man 18 Jahre alt ist – oder mit Zustimmung der Eltern. Denn Kinder und Jugendliche dürfen noch keine eigenen Verträge schließen. Trotzdem sind viele schon vorher auf diesen Plattformen unterwegs. Deshalb ist es wichtig, dass auch Kinder und Jugendliche die dortigen Regeln kennen und einhalten.

Für fast alle Social-Media-Plattformen gilt: Nach dem Hochladen oder Versenden eines Fotos oder Films kann man kaum noch steuern, was damit geschieht. Auch wenn man es später löscht, kann es noch auf einem Server gespeichert, von anderen heruntergeladen oder als Screenshot kopiert worden sein. Das sollte man immer bedenken, wenn man Fotos von sich hochlädt oder versendet. Besonders gilt dies für Bilder, die einem vielleicht mal peinlich sein könnten.

Aber auch bei Fotos von anderen Menschen muss man vorsichtig sein: Jede Person hat das Recht am eigenen Bild. Das bedeutet, dass man ohne die Erlaubnis einer Person kein Foto von ihr machen darf. Und natürlich darf man es erst recht nicht ohne ihre Zustimmung veröffentlichen. Auch wenn jemand nichts sagt, sollte man niemals Bilder versenden oder hochladen, die der Person unangenehm sein könnten.

Ein weiteres Problem ist, dass Bilder auch von Menschen gesehen werden, die sie nicht verantwortungsvoll nutzen, zum Beispiel weiterleiten oder bearbeiten. Bei den meisten Plattformen kann man einstellen, dass nur Freunde und Bekannte sehen können, was man selbst dort postet. Das bietet einen ersten und wichtigen Schutz.

Wenn persönliche Fotos ohne Erlaubnis in anderen Profilen auftauchen, kann man sofort die Löschung verlangen. Löscht die Person das Bild nicht, kann man sie bei der Plattform melden.

Schritt 2) Gründlich lesen: Was steht ganz genau im Text?

2 a) Lies den Text nun Satz für Satz gründlich.
b) Wenn du ein Wort nicht verstehst, versuche, es dir aus dem Zusammenhang zu erschließen, frage jemanden oder recherchiere. *S. 312*

» *Im Internet recherchieren, S. 144–145*

» *Wörterbucharbeit, S. 304*

Schritt 3) Wichtiges kennzeichnen: Welche Informationen sind wichtig?

3 a) Schreibe die folgende Tabelle ab.
b) Markiere in jedem Absatz wichtige Wörter und fülle damit die ersten drei Spalten der Tabelle stichpunktartig aus.
c) Vergleicht und begründet eure Ergebnisse.

Absatz	Zeilen	Inhalt	Zwischenüberschrift
1	*1–9*	• *Mindestalter Social Media: 18* • *sonst: Zustimmung der Eltern* • *Regeln kennen und beachten*	
2	*10–...*	*...*	

Schritt 4) Zwischenüberschriften formulieren: Worum geht es in den Absätzen?

4 a) Untersuche, worum es in den Absätzen inhaltlich geht.
b) Finde für jeden Absatz eine Zwischenüberschrift.
c) Ergänze dafür die letzte Spalte der angefangenen Tabelle.

Absatz	Zeilen	Inhalt	Zwischenüberschrift
1	*1–9*	• *Mindestalter Social Media: 18* • *sonst: Zustimmung der Eltern* • *Regeln kennen und beachten*	*Regeln für Social Media*
2	*10–...*	*...*	

Schritt 5) Inhalt wiedergeben: Wie kann ich den Inhalt zusammenfassen?

5 Gib zum Schluss den Text mündlich in eigenen Worten wieder.
a) Nenne in einem ersten Satz den Titel des Textes und worum es darin geht.

Im Text „Persönliche Bilder auf Social-Media-Plattformen" geht es darum, dass ...

b) Fasse anschließend alle wesentlichen Informationen zusammen. Dabei helfen dir deine markierten Wörter aus Schritt 3 und deine Zwischenüberschriften aus Schritt 4.

Sachtexte

Nach bestimmten Informationen in einem Text suchen

1 Worüber sorgen sich Menschen wegen KI? Lies den Text und beantworte die Frage. Nenne die Zeile, in der man die Antwort finden kann.

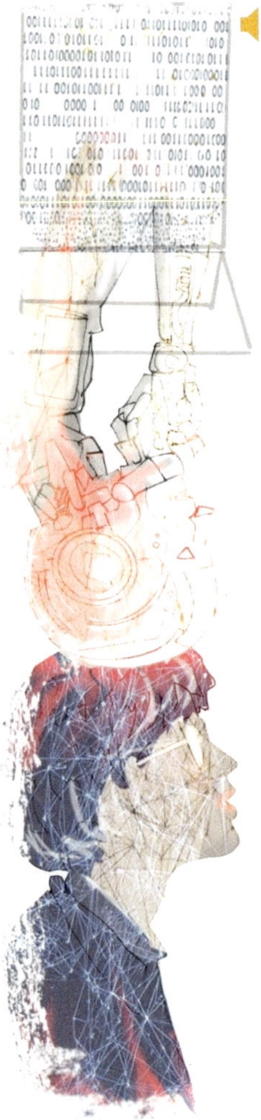

Die Geschichte der Künstlichen Intelligenz

Computer können Dinge lernen, die normalerweise nur Menschen mit ihrem Denken erledigen können. Das liegt an der Künstlichen Intelligenz, auch bekannt als „KI".

Schon in den 1950er-Jahren fragten sich Forschende, ob Computer so intelligent wie Menschen werden könnten. Aber damals konnte man die Idee noch nicht umsetzen. In den 1960er- und 1970er-Jahren machte die KI große Fortschritte. Die Wissenschaft entwickelte erste Programme, die Denkaufgaben erledigen konnten, wie zum Beispiel Schach zu spielen. Diese Software war noch nicht so klug wie Menschen und konnte nur wenige Dinge tun. In den 1980er- und 90er-Jahren wurden die Computer schneller und leistungsfähiger. Dadurch konnten komplexere KI-Systeme entwickelt werden. Zum Beispiel konnten Computer lernen, Sprache zu verstehen. In den letzten Jahren hat sich die KI weiterentwickelt und ist immer intelligenter geworden. Heutzutage haben wir Sprachassistenten, die auf Fragen antworten können. Wir haben auch selbstfahrende Autos, die durch KI-Technologie sicher fahren.

Computer bekommen vielen Daten und verwenden Berechnungsregeln, um diese Informationen zu verstehen und daraus Schlüsse zu ziehen. Je mehr Daten ein Computer hat, desto besser kann er lernen und Entscheidungen treffen. Die KI hat viele nützliche Anwendungen. Sie kann beispielsweise Ärzten helfen, Krankheiten zu erkennen. Oder sie kann die Wissenschaft bei der Erforschung des Weltraums unterstützen. Manche Menschen sorgen sich jedoch, dass die KI zu mächtig wird und den Menschen überlegen sein könnte.

2 Lies die **Infobox**. Beantworte eine Frage durch gezielte Suche nach Informationen.
- a Wann entstand die Idee zu Künstlicher Intelligenz?
- b Wie hilft Künstliche Intelligenz den Menschen?
- c Wie lernen Computer?

3 Was wisst ihr nun über KI? Tauscht euch über eure Ergebnisse aus.

i Infobox

Gezielte Suche nach Informationen

Manchmal liest du einen Text nur, um etwas Bestimmtes zu erfahren. Dabei **überfliegst** du den Text, bis du an die Stelle(n) kommst, wo das Gesuchte steht. Lies dann **einzelne** Sätze oder Absätze, um zu prüfen, ob dort steht, was du wissen willst.

Sachtexte

Die Funktionen von Sachtexten erkennen

1 Schaut euch nun die folgenden Texte und Textausschnitte an.
a) Vermutet, mit welchem Ziel sie geschrieben wurden.
b) Lest nun die **Infobox**.
c) Besprecht, welche unterschiedlichen Funktionen Sachtexte haben können.

A

B

C

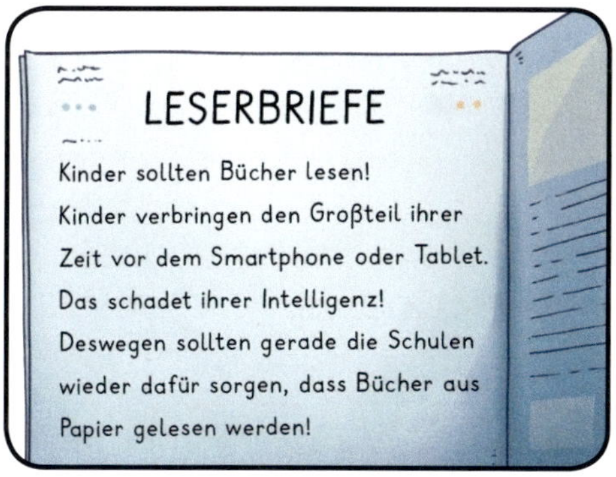

D

Smartphone, das
Ein Smartphone ist ein Mobiltelefon, das auch über Computerfunktionen verfügt und einen Internetzugang ermöglicht. Es wird über einen Touchscreen bedient. Man kann auf einfache Weise kleine Programme (Apps) darauf installieren.

2 a) Ordnet die Funktionen nun den Textabschnitten zu und begründet eure Zuordnung. *Funktionen können sein: informierend, appellierend oder argumentierend.*
b) Vergleicht eure Ergebnisse.

Sachtexte und ihre Funktionen

i Infobox

Sachtexte beziehen sich, anders als literarische Texte, auf die **wirkliche Welt**.
Sie haben den Anspruch, wahre Informationen zu enthalten.
Sie können unterschiedliche (und manchmal mehrere) Funktionen erfüllen, z. B.:

- **Informierende Sachtexte:** Sie vermitteln Wissen und Informationen, ohne diese zu bewerten: *Lexikon-Artikel, Nachrichten* oder *Warnschilder*.
- **Appellierende** oder auch **argumentierende Sachtexte:** Sie versuchen von etwas zu überzeugen oder aufzufordern, etwas zu tun: *etwas kaufen (Werbetexte)* oder *sich eine Meinung bilden (Buchkritik, Leserbrief)*. Das ist nicht immer deutlich zu erkennen.

WES-127901-136

Sachtexte

Die Fünf-Schritt-Lesemethode üben

Woraus ein Smartphone besteht

Rohstoffbedarf

Für die Herstellung von Smartphones werden Rohstoffe benötigt, die mithilfe gefährlicher Chemikalien abgebaut werden. Zu diesen Rohstoffen zählen auch sogenannte „Seltene Erden“. Sie werden für die Lautsprecher, Kameras und Vibrationsmotoren der Smartphones benötigt. Für die Herstellung von Leiterplatten und Chip-Prozessoren, die zu jedem Smartphone dazugehören, braucht man außerdem Metalle wie Kupfer und Wolfram.

Wofür die Rohstoffe benötigt werden

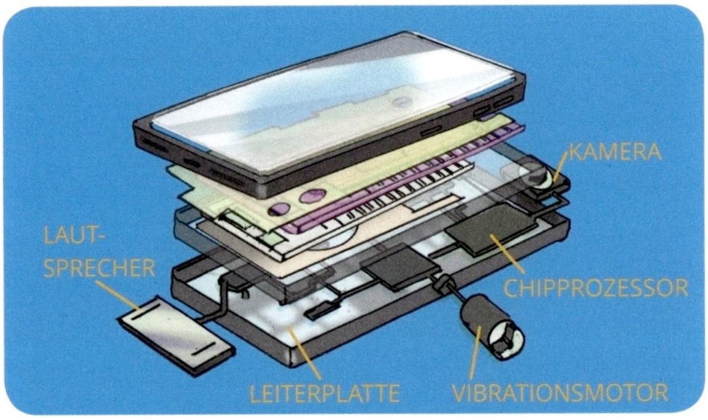

Herkunft der Rohstoffe

Die Minen, in denen diese Rohstoffe abgebaut werden, befinden sich in Südamerika, Afrika und Asien.

Arbeitsbedingungen

Die Bergleute arbeiten dort oft unter gefährlichen Bedingungen und häufig ohne Schutzkleidung. Unter den Arbeitenden sind teilweise auch Kinder, die helfen müssen, ihre Familien zu ernähren.

Folgen für Natur und Menschen

In einigen Ländern, zum Beispiel im Kongo, wird um die wertvollen Rohstoffe sogar gekämpft. Daher schaden Smartphones nicht nur der Natur, sondern gefährden auch Menschen.

» *Fünf-Schritt- Lesemethode, S. 131*

1 Erarbeite den Text nach den ersten **vier Schritten der Fünf-Schritt-Lesemethode**.

2 a) Bereite eine kurze mündliche **Zusammenfassung** des Textes vor. Nutze dafür deine Notizen aus Aufgabe 1.

b) Fasse den Text zusammen.
Du kannst so beginnen:
Der Text „Woraus ein Smartphone besteht“ handelt von den benötigten Rohstoffen zur Herstellung von Smartphones. Diese …

» *Funktionen von Sachtexten, S. 135*

3 Bestimme die **Funktion** des Textes und begründe deine Zuordnung.

Die Herstellung von Smartphones

II

Smartphones, deren Hersteller ihren Sitz in den USA oder Südkorea haben, werden dort zwar entwickelt, aber nicht produziert. Das geschieht häufig dort, wo Arbeitskräfte besonders wenig verdienen. Und das ist oft in Indien, China oder Taiwan der Fall. Menschen, die dort in den Fabriken arbeiten, verdienen meist so wenig Geld, dass es nicht reicht, um sich selbst oder sogar eine Familie zu ernähren. Deshalb machen sie viele Überstunden. Arbeitstage, die 12 Stunden dauern, sind dann keine Seltenheit.

Nicht nur die Löhne sind in diesen Fabriken gering, auch die Arbeitsschutz- und Umweltgesetze sind nicht so streng wie beispielsweise in Europa. Immer wieder wird berichtet, dass die Arbeiterinnen und Arbeiter in den Smartphone-Fabriken ohne Schutzkleidung arbeiten, obwohl sie mit gefährlichen Chemikalien in Berührung kommen. Die chinesische Organisation China Labor Watch (CLW) setzt sich für die Rechte der Arbeiterinnen und Arbeiter in China ein. Sie berichtet von teilweise unmenschlichen Arbeitsbedingungen in den Fabriken. Viele Menschen hätten nicht mal einen richtigen Arbeitsvertrag und dadurch keine Rechte als Arbeitnehmerin oder Arbeitnehmer.
Inzwischen gibt es auf dem Markt mehrere Hersteller, die Smartphone anbieten, welche nicht durch massive Ausbeutung oder sogar Kinderarbeit hergestellt wurden. Sie arbeiten dazu mit den Fabriken in Indien oder China zusammen und versuchen, die Produktionsbedingungen dort zu verbessern.

1 Erarbeite den Text nach den ersten **vier Schritten der Fünf-Schritt-Lesemethode**.

2 a) Bereite eine kurze mündliche **Zusammenfassung** des Textes vor.
Nutze dafür deine Notizen aus Aufgabe 1.

b) Fasse den Text zusammen. Du kannst so beginnen:
Wusstet ihr, unter welchen Arbeitsbedingungen Smartphones hergestellt werden? Der Text „Die Herstellung von Smartphones" befasst sich damit und erklärt, dass …

3 Bestimme die **Funktion** des Textes und begründe deine Zuordnung.

III

Smartphones und Umwelt

Die Herstellung eines Smartphones ist alles andere als umweltfreundlich. Denn für deren Produktion werden seltene Erden verwendet und giftige Chemikalien eingesetzt. Hinzu kommen weite Transportwege: Erst werden die Materialien von Kontinent zu Kontinent gebracht, später die Smartphones von Asien nach Europa geliefert. Durch diese Flug- und Schiffsreisen werden große Mengen an Treibhausgasen ausgestoßen. Deshalb ist die Belastung unseres Klimas durch Smartphones sehr hoch.
Im Jahr 2024 wurden weltweit etwa 2 Milliarden neue Smartphones verkauft. Das zeigt, wie groß die Umweltschäden dadurch sind.
Möchte man daran etwas ändern, hat man mehrere Möglichkeiten: Man kann ein Fairphone kaufen. Das ist ein Smartphone, dessen Hersteller auf umweltverträgliche Materialien und gute Herstellungsbedingungen achten. Außerdem kann man bei diesen Geräten einzelne Teile austauschen, wenn etwas kaputt geht. Dadurch muss man sich nicht gleich ein neues Handy kaufen.

Auch kann die Umwelt geschont werden, wenn man ein Smartphone nicht zu oft durch ein neues ersetzt. Aktuell benutzen die Menschen in Europa ihr Smartphone durchschnittlich drei Jahre lang. Expertinnen und Experten sagen, dass die Klimabilanz eines Smartphones deutlich besser wird, wenn es nicht nur drei, sondern fünf Jahre lang genutzt wird.
Außerdem gibt es inzwischen Bemühungen, die Hersteller von Smartphones zum Recycling zu verpflichten. Das heißt, sie müssten kaputte Telefone zurücknehmen und in ihre Einzelteile zerlegen. Dadurch können zumindest einige darin verwendete Materialien noch einmal verwendet werden.
Kauft man sich ein neues Smartphone, obwohl das alte noch funktioniert, kann man es an eine gemeinnützige Organisation spenden – dort benutzen andere Menschen es dann weiter. Anregungen dazu findet man, wenn man im Internet nach „Handys für die Umwelt“ oder „Handysammelcenter“ sucht.

1 Erarbeite den Text mithilfe der ersten **vier Schritte der Fünf-Schritt-Lesemethode**.

2 **Fasse** den Text **zusammen**.

3 Bestimme die **Funktion** des Textes und begründe deine Zuordnung.

FÜNF-SCHRITT-LESEMETHODE » S. 131

1. ÜBERFLIEGEND LESEN

- Überschriften lesen
- Abbildungen ansehen
- Text überfliegen

WORUM KÖNNTE ES GEHEN?
WAS WEISS ICH DAZU SCHON?

2. GRÜNDLICH LESEN

- Zeile für Zeile lesen
- unbekannte Wörter klären

WAS STEHT GENAU IM TEXT?

3. WICHTIGES KENNZEICHNEN

- wichtige Wörter markieren
- oder wichtige Wörter herausschreiben

WELCHE INFOS SIND WICHTIG?

4. ZWISCHENÜBERSCHRIFTEN FORMULIEREN

- Zwischenüberschriften formulieren (für jeden Absatz)

WIE KANN ICH DEN ABSATZ ALS
ZWISCHENÜBERSCHRIFT ZUSAMMENFASSEN?

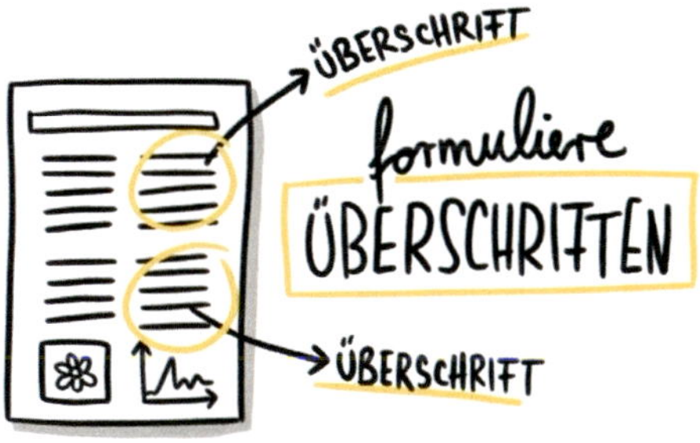

5. INHALT WIEDERGEBEN

- den Textinhalt in eigenen Worten wiedergeben
- Wörter und Zwischenüberschriften beachten

WIE KANN ICH DEN TEXT ZUSAMMENFASSEN?

HIER GIBT'S NOCH MEHR
Digital+
WES-127901-139

WES-127901-140

Sachtexte

Überprüfe dein Wissen und Können

1 Arbeite mit den Bausteinen.

a) Welche Fragen (blaue Kästen) gehören zu den orangenen Kästen?

b) Schreibe die fünf Schritte nun zusammen mit den Fragen in der richtigen Reihenfolge auf.

C Gründlich lesen

D Überfliegend lesen

B Inhalt wiedergeben

E Zwischenüberschriften formulieren

A Wichtiges kennzeichnen

d Was steht ungefähr im Text?

a Was steht ganz genau im Text?

e Welche Informationen sind wichtig?

c Worum geht es in den Absätzen?

b Wie kann ich den Inhalt zusammenfassen?

2 Erarbeite den Text mithilfe der ersten vier Schritte der Fünf-Schritt-Lesemethode.

Das Internet

A Das Internet ist ein weltweites Netz aus miteinander verbundenen Computern, die nach einheitlichen Regeln Daten austauschen. Jeder Computer kann mit anderen Computern über ein System verbundener Netzwerke kommunizieren. Durch diesen Zusammenschluss aus sehr vielen Netzwerken können untereinander Daten ausgetauscht werden.

So können von überall Dateien heruntergeladen, Videos gestreamt oder auch E-Mails verschickt werden. Das Internet ermöglicht auch den Zugriff auf das World Wide Web, kurz WWW. Dieses System von Webseiten kann von jedem Benutzer bzw. jeder Benutzerin jederzeit aufgerufen werden. Mithilfe des Internets können Daten blitzschnell von einem Ort zum anderen transportiert werden.

B Benutzerinnen und Benutzer können das Internet mit verschiedenen Geräten wie Smartphones oder Computern erreichen. Der Zugang zum Internet ist jedoch nicht kostenlos. Man benötigt einen Provider, der das eigene Gerät, auch Client genannt, mit dem Internet verbindet. Wenn man sich über den Provider ins Internet einloggt, erhält man dabei eine spezielle Zahlenkombination, die IP-Adresse. Jedes mit dem Internet verbundene Gerät besitzt eine eigene IP-Adresse. So können alle Geräte gefunden und Daten ausgetauscht werden. Der Datenaustausch im Internet wird über Router organisiert. Sie funktionieren wie Wegweiser und leiten Anfragen

auf dem schnellsten Weg zum Ziel. Große Datenmengen werden vor dem Versenden in kleine Pakete zerteilt. Diese gelangen dann einzeln und oft auf ganz unterschiedlichen Wegen durch Glasfaserkabel und Drahtlosverbindungen zum Ziel und werden dort wieder zusammengesetzt. Man nennt dies Paketvermittlung der Datenübertragung.
[C] Um eine störungsfreie internationale Vernetzung zu ermöglichen, wurden Glasfaserkabel als Land- und als Seekabel verlegt. Die Kabel haben große Übertragungskapazitäten für Daten. Sie sind zudem gut geschützt, sodass eine zuverlässige Kommunikation zwischen den einzelnen Internet-Knoten ermöglicht wird. Außerdem sind noch Satelliten und Richtfunkstrecken in das Internet eingebunden, allerdings läuft hierüber nur ein geringer Teil des Datenverkehrs.

3 Fasse den Text nun zusammen (Schritt 5 der Lesemethode).

a Fasse den Textabschnitt [A] zusammen. **I**

Folgende Fragen können dir dabei helfen:

a) Durch welchen Zusammenschluss werden Daten ausgetauscht?
b) Wofür steht die Abkürzung WWW?
c) Was transportiert das Internet von einem Ort zu einem anderen?

b Fasse die Textabschnitte [A] und [B] zusammen. **II**

Folgende Fragen können dir dabei helfen:

a) Wie kommunizieren Computer miteinander?
b) Was benötigt man, um sich ins Internet einzuloggen?
c) Wer organisiert den Datenaustausch im Internet?

c Fasse alle drei Textabschnitte zusammen. **III**

Folgende Fragen können dir dabei helfen:

a) Wie können von überall Dateien heruntergeladen und verschickt werden?
b) Wofür ist der Provider zuständig?
c) Was trägt zu störungsfreier Kommunikation bei?

4 Welche Funktion erfüllt der Text? Begründe deine Einschätzung.

Informationen im Internet recherchieren

1 Sprecht gemeinsam darüber, was ihr in diesem Bild seht.

2 Warum haben die Schülerinnen und Schüler hier etwas im Internet gesucht? Formuliert passende Gründe wie in den Beispielen. S. 312
Hier wurde im Internet recherchiert, um …
- *eine Adresse herauszufinden.*
- *die richtige Schreibung eines Wortes zu finden.*

3 Sicher habt ihr selbst schon im Internet recherchiert. Tauscht euch aus:
- Was habt ihr zuletzt im Internet gesucht?
- Was sind häufige Gründe für euch, im Internet zu recherchieren?
- Gibt es etwas, worauf ihr beim Recherchieren besonders achtet? Begründet.

In diesem Kapitel lernst du, …
- wie du Suchbegriffe für Suchmaschinen treffend formulierst.
- wie du geeignete Suchergebnisse auswählst.
- wie du die Eignung (und auch das Impressum) einer Website bewertest.
- wie du deine Rechercheergebnisse sicherst.
- wie du deine Recherche in einem Steckbrief präsentierst.

Informationen im Internet recherchieren

Suchmaschinen nutzen

WES-127901-143

1 Maxim recherchiert im Internet, weil er ein Kaninchen als Haustier halten möchte. Schaut euch Maxims Suchergebnisse zunächst an:

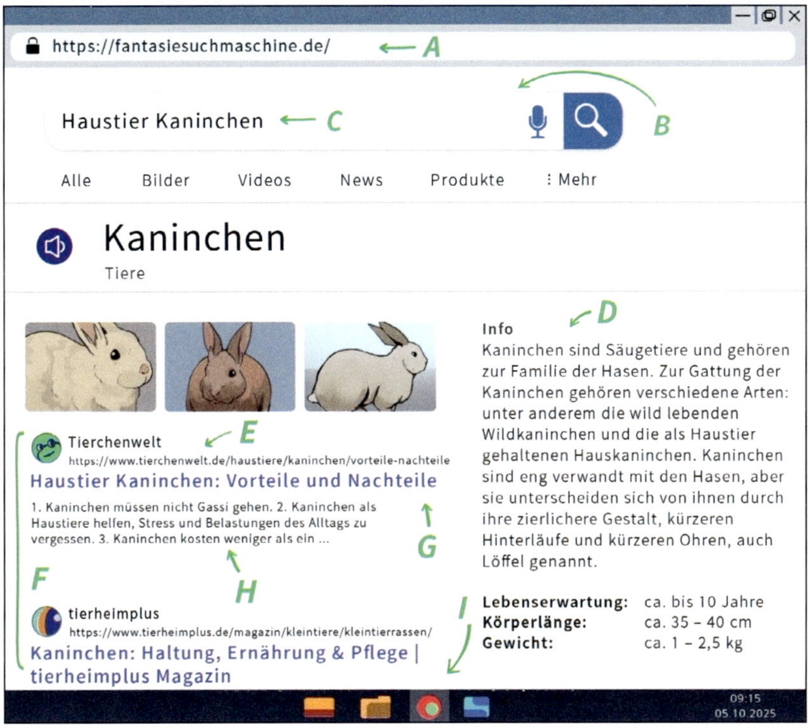

1 *Browser*
2 *Lexikonartikel*
3 *Link*
4 *Suchbegriff*
5 *Suchmaschine*
6 *Suchmaske*
7 *Trefferliste*
8 *URL*
9 *Vorschautext*

2 Was erfährt Maxim hier schon über Kaninchen? Gibt es etwas, das sonst noch wichtig für ihn zu wissen wäre? Sammelt in einem Blitzlicht.

3 a) Seht euch die Fachbegriffe 1–9 am Rand an: Was könnten sie wohl bedeuten?
b) Ordnet sie den Bausteinen A–I in der Suche zu. Die **Infobox** hilft euch. *S. 313*

Fachwörter Internetrecherche

Infobox

- **Browser:** Programm zur Darstellung von Websites
- **Lexikonartikel:** Auszug aus einem Online-Lexikon zum Thema der Suche
- **Link:** Verknüpfung zur Website, die durch Anklicken (von Text, Bild) aufgerufen wird
- **Suchbegriff:** Wort, Wörter oder Frage, die man in die Suchmaske eingibt
- **Suchmaschine:** Website, die mit Suchbegriffen andere Websites findet
- **Suchmaske:** Feld in einer Suchmaschine, in das man Suchbegriffe eingibt
- **Trefferliste:** alle Ergebnisse einer Suche in einer Suchmaschine
- **URL:** genaue Internetadresse, die den Ort einer Website angibt
- **Vorschautext:** kurze Vorschau des Inhaltes einer Website

4 Findet heraus, ob andere Suchmaschinen ebenfalls diesem Aufbau folgen:
a) Öffnet zu zweit eine Suchmaschine eurer Wahl.
Gebt dort den Suchbegriff „Haustier Kaninchen" in die Suchmaske ein.
b) Könnt ihr alle Elemente wiederfinden? Benennt, was ihr seht:
Browser, Link, Suchbegriff, Suchmaschine, Suchmaske, Trefferliste …

5 Es gibt auch Suchmaschinen speziell für Kinder und Jugendliche:
Ruft eine auf und vergleicht, wie sich die Ergebnisse zu den vorigen unterscheiden.
- Was ist hier an der Darstellung (z. B. Schrift, Farbe …) anders? *S. 313*
- Fehlen Elemente? Wie schwierig sind die Inhalte? Gibt es zusätzliche Hilfen?
- Könnt ihr euch vorstellen, diese Suchmaschinen häufiger zu nutzen?

6 Maxim möchte herausfinden, welches Futter man für Kaninchen braucht. Seine Mitschüler/-innen helfen ihm, aber alle geben etwas anderes in die Suchmaske ein …

- Maxim: „Kaninchen"
- Patricia: „Kaninchen Essen"
- Lena: „Was fressen Kaninchen?"
- Husman: „Kaninchenfutter"
- Kaya: „Welches Futter wird Maxims Kaninchen drinnen oder draußen essen?"

a) Probiert die Suchbegriffe einmal selbst aus und macht euch Notizen.
b) Tragt zusammen: Was habt ihr über die Ernährung herausfinden können?

7 Prüft nun, wie treffend die Suche mit den Begriffen war:
a) Mit welchen Suchbegriffen konntet ihr besonders geeignet suchen?
b) Tauscht euch über die Probleme bei den anderen Suchbegriffen aus:
Wo war die Suche z. B. zu knapp, wo zu ungenau oder zu umfangreich?

8 *Merksatz: Beim Formulieren von Suchanfragen sollte ich …* *S. 313*
a) Vervollständige den Merksatz, wie man Suchbegriffe formuliert.
b) Vergleicht den Merksatz mit der **Infobox**.

i Infobox

Suchmaschinen benutzen

Mit Suchmaschinen kannst du Informationen recherchieren. Es gibt sogar **Suchmaschinen für Kinder und Jugendliche**. Du brauchst dabei immer treffende **Suchbegriffe**:
- Suchmaschinen suchen nach den Wörtern, die du eingibst. Wähle also Wörter aus, die **genau** ausdrücken, wonach du suchst, z.B.: *Schwarzbär/Handball* statt *Bär/Ball*.
- Um die Suche noch weiter einzuschränken, kannst du **mehrere Suchbegriffe** zusammen eingeben. Dann bekommst du weniger, aber gezieltere Ergebnisse, z.B.: *Schwarzbär Größe* oder *Handball Verein*.
- Grundsätzlich gilt: Auch eine konkrete **Frage** funktioniert. Fasse dich aber **kurz**.

Informationen im Internet recherchieren

Suchergebnisse auswählen

1 Maxim will wissen: „Wie kann ich Kaninchen artgerecht in einem Gehege halten?“ Betrachte die Trefferliste, die seine Suche dazu ergeben hat.

artgerecht passend dazu, was ein bestimmtes Tier braucht

2 Tauscht euch aus: Was erfährt Maxim hier alles zur Haltung?

3 a) Lest erneut Maxims Frage. Welche Ergebnisse scheinen dafür geeignet? Welche nicht? Begründet eure Einschätzungen.

b) Notiert Tipps, wie ihr geeignete Ergebnisse erkennt. Beachtet dabei: *die Überschrift, den Vorschautext, das Datum, die URL, mögliche Werbung*

c) Vergleicht mit der **Infobox** und überarbeitet oder ergänzt eure Tipps.

Suchergebnisse auswählen

i Infobox

Wenn du Suchbegriffe in einer Suchmaschine eingibst, kommen **viele Suchergebnisse** heraus. Folgende Punkte können dir helfen, geeignete Suchergebnisse auszuwählen:

- Die **Überschrift** klingt so, als würde sie zu deiner Suche passen.
- Der **Vorschautext** passt zu dem, was du wissen willst.
- Das angezeigte **Datum** des Suchergebnisses ist ausreichend aktuell.
- Die **URL** zeigt dir, dass die Website von jemand oder etwas **Vertrauenswürdigem** stammt (zum Beispiel *Tierschutzbund*).
- Es handelt sich nicht um **Werbung**. Diese kannst du oft an einem Hinweis erkennen, wie *Angebot*, *Anzeige*, *gesponsert* oder *Werbung*.

Informationen im Internet recherchieren

Eine Website bewerten

1 Maxim möchte mehr zur artgerechten Kaninchenhaltung erfahren. Dafür hat er recherchiert und ein Suchergebnis angeklickt. Hier siehst du die Website davon.

Alles rund um Zwerkaninchen -

https://www.tierschutzbund.de/tiere-themen/haustiere/andere-haustiere/zwergkaninchen

Aktuelles | Tierheim-Finder | Impressum | Vereine | Suche

Tiere & Themen | Über Uns | Helfen | Kampagnen | Jetzt spenden | Fördermitglied werden

HALTUNG IM DOPPELPACK ODER IN EINER GRUPPE

Zwergkaninchen putzen sich gerne gegenseitig, schlafen aneinander gekuschelt und warnen sich bei Gefahren – sie sind sehr gesellige Tiere, die den Kontakt zu Artgenossen brauchen. Ein einzeln gehaltenes Tier leidet enorm. Halten Sie die Kaninchen daher mindestens zu zweit. Idealerweise leben sie in einer Gruppe aus drei bis fünf Tieren zusammen. Am besten vertragen sich kastrierte Böckchen mit Weibchen. Dass die männlichen Tiere kastriert sind, ist bei jeder Gruppenhaltung wichtig.

Kaninchen haben ein starkes Bedürfnis nach Gesellschaft und sollten daher mindestens zu zweit gehalten werden.

2 Sammelt auch hier, welche weiteren Informationen Maxim zur Haltung bekommt.

3 Woran kannst du erkennen, dass diese Website vertrauenswürdig ist?

a) Betrachtet die Website und beendet die folgenden Aussagen:

1 Der allgemeine Eindruck ist …

2 An der Sprache fällt auf, dass …

3 Die Informationen im Text wirken zuverlässig, weil …

b) Überprüft eure Ergebnisse mit der **Infobox**.

Infobox

Websites bewerten

Auf Websites im Internet kannst du viele Informationen finden – auch falsche. Du musst also immer überprüfen, wie **vertrauenswürdig** die Website ist.

- Schau dir an, welchen **allgemeinen Eindruck** die Website macht. Eine vertrauenswürdige Website ist in der Regel professionell gestaltet.
- Überfliege die Texte auf der Website. Wie sind die Texte **sprachlich** gestaltet? Die Texte sollten sachlich geschrieben sein und keine Rechtschreibfehler enthalten.
- Prüfe die **Informationen** in den Texten. Erscheinen sie nachvollziehbar? Kannst du ähnliche Informationen auf anderen Websites finden?

4 Auf der Website findet Maxim den Reiter „Impressum".
Habt ihr den Begriff schon einmal gehört? Was könnte damit gemeint sein?

IMPRESSUM

DEUTSCHER **TIERSCHUTZ**BUND e.V.

Bundesgeschäftsstelle

In der Raste 10
53129 Bonn

Tel.: (0228) 60 49 60
Fax: (0228) 60 49 640

E-Mail: bg@tierschutzbund.de
URL: www.tierschutzbund.de

5 Besprecht mithilfe des Bildes, welche Informationen im Impressum stehen.
Wählt die richtigen Begriffe aus:
Name, Lieblingsfarbe, Adresse, Telefon, Informationstexte, E-Mail, Website

6 a) Inwiefern kann das Impressum dabei helfen, zu bewerten, ob eine Website vertrauenswürdig ist? Stellt Vermutungen an.
b) Vergleicht eure Vermutungen mit der **Infobox**.

7 Recherchiere nun selbst zur artgerechten Haltung von Kaninchen und wähle ein Suchergebnis aus, das vertrauenswürdig erscheint.
a) Finde das Impressum deiner ausgewählten Website.
- Wenn es keins hat: Wähle ein anderes Suchergebnis aus.
- Wenn es eins hat: Prüfe, ob das Impressum vertrauenswürdig ist. *S. 313*

b) Notiere dir die Informationen, die du zur Haltung von Kaninchen findest.

8 Besprecht zusammen, was ihr herausgefunden habt.

Impressum

Infobox

- Das Impressum einer Website besteht aus Angaben zum **Betreiber** der Website. Das kann eine **Person**, **Gruppe** oder ein **Unternehmen** sein. Es muss zum Beispiel den Namen des Betreibers, die Adresse und eine Kontaktmöglichkeit enthalten.
- Du findest es am **Anfang** oder **Ende** einer Website als *„Impressum"* oder *„Kontakt"*.
- Eine vertrauenswürdige Website hat immer ein Impressum. Dieses ist in Deutschland **gesetzlich vorgeschrieben**. Wenn es also fehlt, ist das ein Warnsignal.
- Achtung: Nicht jede Website mit Impressum ist automatisch vertrauenswürdig. Hier hilft ein **genauer Blick**: Was lässt noch über den Betreiber herausfinden?

WES-127901-148

Informationen im Internet recherchieren

Websites wiederfinden

» *Brainstorming, S. 290*

1 Maxim möchte wissen, wie viel die Haltung von Kaninchen ungefähr kostet. Dafür hat er recherchiert und mehrere geeignete Websites gefunden. Er fragt: „Wie kann ich Websites später zum Nachlesen wiederfinden?" Sammelt Ideen in einem **Brainstorming**.

2 Es gibt einen guten Trick, um Websites wiederzufinden:
a) Betrachtet die Symbole und tauscht euch aus:
- Kennt ihr sie? Wo sind sie euch begegnet?
- Was könnt ihr mit ihnen machen?

b) Vergleicht eure Ideen mit der **Infobox** (**A**).

3 Nicht immer funktionieren Lesezeichen. Zum Beispiel dann nicht, wenn Maxim die ausgewählten Websites für seine Mitschülerin Patricia sichern möchte.
a) Besprecht, welche Informationen er Patricia stattdessen geben kann.
b) Vergleicht eure Ideen mit der **Infobox** (**B**).

4 Jetzt bist du an der Reihe:
a) Recherchiere zu den Haltungskosten von Kaninchen.
b) Wähle drei Suchergebnisse aus, die geeignet scheinen.
c) Öffne die drei Websites dazu und setze jeweils ein Lesezeichen.
d) Schließe die Websites und finde sie mithilfe der Lesezeichen wieder.
e) Kopiere die URL und speichere sie in einem Textverarbeitungsprogramm.
f) Notiere dir den Titel des Textes, den Autor / die Autorin (falls vorhanden) und den Namen der Website.

5 Probiert zu zweit, ob ihr die Websites des anderen mit den Informationen findet.

6 Was erfahrt ihr auf den Seiten über die Kosten? Macht euch Notizen.

i Infobox

Websites wiederfinden

A Wenn du eine Website später schnell wiederfinden willst, kannst du ein **Lesezeichen** setzen. Dafür klickst du auf das Lesezeichensymbol neben der URL.
Die Website wird dann als Link gespeichert oder in einer Liste unter „Lesezeichen".
Je nach Browser sehen die Symbole unterschiedlich aus (z. B. ein Stern).

B Lesezeichen funktionieren nur in deinem Browser. Du brauchst etwas anderes, wenn eine andere Person deine Website finden soll. Folgende Informationen helfen dabei:
- **URL**: Damit kommt man am einfachsten und direkt zur Website.
- **Titel, Autor/-in und Name der Website**: Damit kann die Website bei einer eigenen Recherche leichter wiedergefunden werden.

Informationen im Internet recherchieren

Informationen aus dem Internet auswerten

WES-127901-149

1 Bildet kleine Gruppen und legt für Maxim einen Steckbrief zum Kaninchen an. Lest dazu auf den Seiten 143–147 und in euren Notizen noch einmal nach.

a Schreibt in den Steckbrief Informationen zu ...
... dem Aussehen von Kaninchen (Ohren, Hinterläufe ...) (S. 143)
... weiteren Merkmalen (Größe, Gewicht, Lebenserwartung ...) (S. 143)
... der Herkunft und Gattung von Kaninchen (S. 143)
... dem Futter und passenden Gehegen für Kaninchen (S. 144–145)
... den Kosten für die Haltung von Kaninchen (S. 146)
... Tipps zur artgerechten Haltung (S. 147)

b Schreibt die Informationen in den Steckbrief. Recherchiert im Internet auch zu: Lebensraum, Gesundheit und Pflege von Kaninchen

c Schreibt die Informationen in den Steckbrief. Recherchiert im Internet auch zu: Lebensraum, Gesundheit, Pflege, Fortpflanzung, Kommunikation, Besonderes

Steckbrief: Kaninchen als Haustiere

Aussehen von Kaninchen:
- Ohren: ...
- Hinterläufe: ...

Weitere Merkmale:
- Größe und Gewicht: ...
- Lebenserwartung: ...

Hintergrund:
- Herkunft: ...
- ...

...

2 Nutzt die Steckbriefe, um Maxims Vortrag vor seinen Eltern einzuüben. Stellt das Kaninchen als mögliches Haustier vor. Gebt euch anschließend **Feedback**.

» Feedback, S. 294

WES-127901-150

Informationen im Internet recherchieren

Eine Internetrecherche selbst durchführen

I

Recherchiere zu Dackeln als Haustiere und stelle sie in einem Steckbrief vor.

» *Suchbegriffe formulieren, S. 144*

1 Recherchiere zu Dackeln als Haustiere mit einer Suchmaschine. *S. 313*
Denke daran, **treffende Begriffe** (genau, kurz, mehrere Wörter, Frage) einzugeben, *z. B.: Aussehen von Dackeln, Was fressen Dackel? Wie oft müssen Dackel raus?*

» *Suchergebnisse auswählen, S. 145*

2 Wähle aus der Trefferliste zwei **geeignete Suchergebnisse** aus:
- Überschrift und Vorschautext sollten zum Thema passen.
- Das Datum sollte aktuell sein.
- Die URL muss vertrauenswürdig sein.
- Es sollte keine Werbung sein.

» *Websites bewerten, S. 146*

» *Websites wiederfinden, S. 148*

3 Öffne die Websites deiner Suchergebnisse und **bewerte die Websites**.
- Ist der allgemeine Eindruck vertrauenswürdig? Ist die Sprache fehlerfrei? Scheinen die Informationen nachvollziehbar? Beachte auch das **Impressum**.
- Wenn ja: Setze ein **Lesezeichen** und halte die Informationen fest, die du brauchst, um die Website später wiederzufinden.
- Wenn nein: Schließe sie.
- Wenn alle Websites nicht geeignet sind: Wiederhole die Recherche.

4 Schreibe die Informationen in einen Steckbrief. Du kannst so beginnen: *S. 313*

Steckbrief: Dackel als Haustiere

Aussehen von Dackeln: …

Größe, Gewicht: …

Lebenserwartung: …

Futter, Bewegung: …

Herkunft: …

Besonderheiten: …

5 Überprüfe mit der **Checkliste**, ob du bei deiner Arbeit an alles gedacht hast. Wenn nicht: Hole die fehlenden Punkte nach.

6 Du kannst nun deinen Steckbrief vorstellen und mit denen der anderen vergleichen.

II

Recherchiere zu Meerschweinchen und stelle sie in einem Steckbrief vor.

1 Recherchiere zu Meerschweinchen als Haustiere mit einer Suchmaschine.
a) Benutze **treffende Begriffe** (genau, kurz, mehrere Wörter, Frage).
b) Wähle drei geeignete **Suchergebnisse** (passend, aktuell, vetrauenswürdig) aus.
c) Öffne die Websites der Suchergebnisse und **bewerte sie** (Eindruck, Sprache ...).
d) Speichere Websites, mit wichtigen Infromationen, mit einem **Lesezeichen** ab.

2 Schreibe die Informationen in einen Steckbrief. Du kannst so beginnen:

Steckbrief: Meerschweinchen als Haustiere

Aussehen von Meerschweinchen: ... *Futter, Bewegung: ...*

3 Überprüfe mit der **Checkliste**, ob du bei deiner Arbeit an alles gedacht hast.

4 Du kannst nun deinen Steckbrief vorstellen und mit denen der anderen vergleichen.

III

Recherchiere zu Hühnern als Haustiere und stelle sie in einem Steckbrief vor.

1 Recherchiere zu Hühnern als Haustiere mit einer Suchmaschine:
a) Gib **treffende Begriffe** ein.
b) Wähle bis zu fünf **geeignete Suchergebnisse** aus.
c) **Bewerte** die jeweilige Website. Setze ein **Lesezeichen**, wenn sie geeignet ist.

2 Erstelle einen Steckbrief zum Huhn. Überprüfe deine Arbeit mit der **Checkliste**.

3 Du kannst nun deinen Steckbrief vorstellen und mit denen der anderen vergleichen.

Checkliste

- Hast du genaue und kurze Suchbegriffe oder eine treffende Frage verwendet?
- Hast du deine Suche durch mehrere Suchbegriffe eingeschränkt?
- Hast du geeignete Suchergebnisse ausgesucht, indem du auf Folgendes geachtet hast: Überschrift, Vorschautext, Datum, URL und Werbung?
- Hast du überprüft, dass die Website (auch das Impressum) vertrauenswürdig ist?
- Hast du die Website so gesichert, dass du sie später wiederfindest?
- Hast du alle Informationen strukturiert in einem Steckbrief zusammengeführt?

IM INTERNET RECHERCHIEREN

SUCHMASCHINEN BENUTZEN » S.144

Treffende Suchbegriffe in die Suchmaske eingeben:

- genau (statt Drachen besser Flugdrachen)
- mehrere Suchbegriffe (Flugdrachen Bastelanleitung)
- sich kurzfassen
- oder eine kurze und konkrete Frage (Wie bastele ich einen Flugdrachen?)

SUCHERGEBNISSE AUSWÄHLEN » S.145

viele Suchergebnisse → geeignete auswählen:

→ Suchergebnisse überfliegen

- Überschrift: passend zur Suche?
- Vorschautext: passend zur Suche?
- Datum: ausreichend aktuell?
- URL: vertrauenswürdig?
- Werbung: Werbehinweise?

WEBSITES BEWERTEN » S.146+147

Vertrauenswürdigkeit von Websites überprüfen, bevor man den Informationen glaubt

→ Website untersuchen:

- allgemeiner Eindruck: professionell?
- sprachliche Gestaltung: sachlich und fehlerfrie ? R!
- Informationen: nachvollziehbar und ähnlich auf anderen Websites zu finden?

→ Impressum untersuchen:

- vorhanden?
- vollständig? (Name, Adresse und Kontaktmöglichkeit?)
- Rechercheergebnisse zum Betreiber stimmig?

WEBSITES WIEDERFINDEN » S.148

- Lesezeichen setzen
- URL notieren
- Titel, Autor/-in und Name der Website notieren

HIER GIBT'S NOCH MEHR
Digital+
WES-127901-152

WES-127901-153

Informationen im Internet recherchieren

Überprüfe dein Können: Projekt

1 Beschäftigt euch mit einer Städte-Recherche für Deutschland oder die ganze Welt. Sammelt in einem **Brainstorming** alle Städte, die euch besonders interessieren.

» *Brainstorming, S. 290*

Rom

London

Berlin

München

2 Entscheidet euch zusammen für eine Stadt. Oder jeder wählt eine eigene Stadt aus.

3 Nun könnt ihr eure Recherche vorbereiten.
Notiert Fragen, mit der ihr die Stadt/die Städte besser kennenlernen könnt. z. B.:
Welche Sehenswürdigkeiten gibt es dort?
Welche Sprache wird gesprochen?
Gibt es besondere Traditionen?
Wie reise ich am besten durch die Stadt?
Wie alt ist die Stadt und wie wurde sie gegründet?

4 Recherchiert die Antworten. Folgt dabei diesen Schritten:
1. Wählt eine Suchmaschine und gebt treffende Suchbegriffe in die Suchmaske ein.
2. Wählt aus der Trefferliste die Suchergebnisse aus, die geeignet scheinen.
3. Überprüft, dass die Websites vertrauenswürdig sind und zur Frage passen.
4. Notiert die Informationen, die eure Frage beantworten.
5. Sichert die Website, um sie später wiederfinden zu können.

Achtung: Wenn ihr eine Stadt für alle ausgewählt habt, dann könnt ihr die Fragen zur Recherche untereinander aufteilen.

5 Sammelt anschließend eure Ergebnisse in der Klasse.

6 Hier findet ihr Ideen, was ihr nun machen könnt:
- Erstellt mit euren Recherchefragen ein Quiz (z. B. in einer Quizapp) und fordert einander oder eure Parallelklasse heraus.
- Gestaltet Städte-Steckbriefe für das Klassenzimmer oder die Pausenhalle.
- Bereitet eine Präsentation vor, falls ihr vielleicht sogar einen Ausflug oder eine Klassenfahrt zu einer der Städte plant.

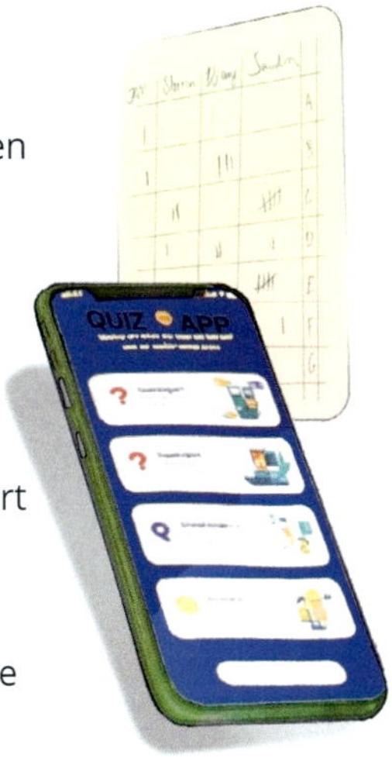

Beschreiben

Leonie: *Mein Gegenstand ist rund. Er besitzt einen Verschluss und man kann ihn am Arm tragen.*

Lucca: *Mit meinem Gegenstand kommt man gut durch den Winter. Er besteht aus weicher Wolle und bildet mit den Farben Grün, Grau und Lila ein schönes Muster.*

Elena: *Mein Gegenstand ist hauptsächlich aus rotem und schwarzem Plastik. Er hat außerdem Einkerbungen, damit er besser in der Hand liegt.*

Max: *Mein Gegenstand ist schwarz und weiß. Er besteht aus weichem Stoff.*

1 a) Welche Gegenstände beschreiben die Schülerinnen und Schüler wohl? Vergleicht die Beschreibungen mit den Gegenständen und ordnet sie zu.
b) Bei welcher Beschreibung wart ihr euch nicht sicher? Begründet, woran das liegt.

2 Sucht euch einen der Gegenstände aus und beschreibt sein Aussehen. Verratet aber nicht seinen Namen und was man damit machen kann. Findet heraus, welcher Gegenstand gemeint ist.

3 a) Besprecht, was euch beim Beschreiben von Gegenständen leichtgefallen ist und was schwierig war.
b) Habt ihr schon Ideen, wie eine Beschreibung sein muss, damit man sich die beschriebenen Gegenstände gut vorstellen kann? Tauscht euch dazu aus.

In diesem Kapitel lernst du, …
- was du beachten musst, um genau und verständlich zu beschreiben.
- wie du Gegenstände und Tiere beschreibst.
- wie dir Fachwörter und Adjektive beim Beschreiben helfen.

WES-127901-155

Beschreiben

Gegenstände beschreiben

Berat hat ein echtes Problem und hofft auf die Hilfe von Hausmeisterin Frau Santori.

1 Lest das Gespräch mit verteilten Rollen.

Im Fundbüro

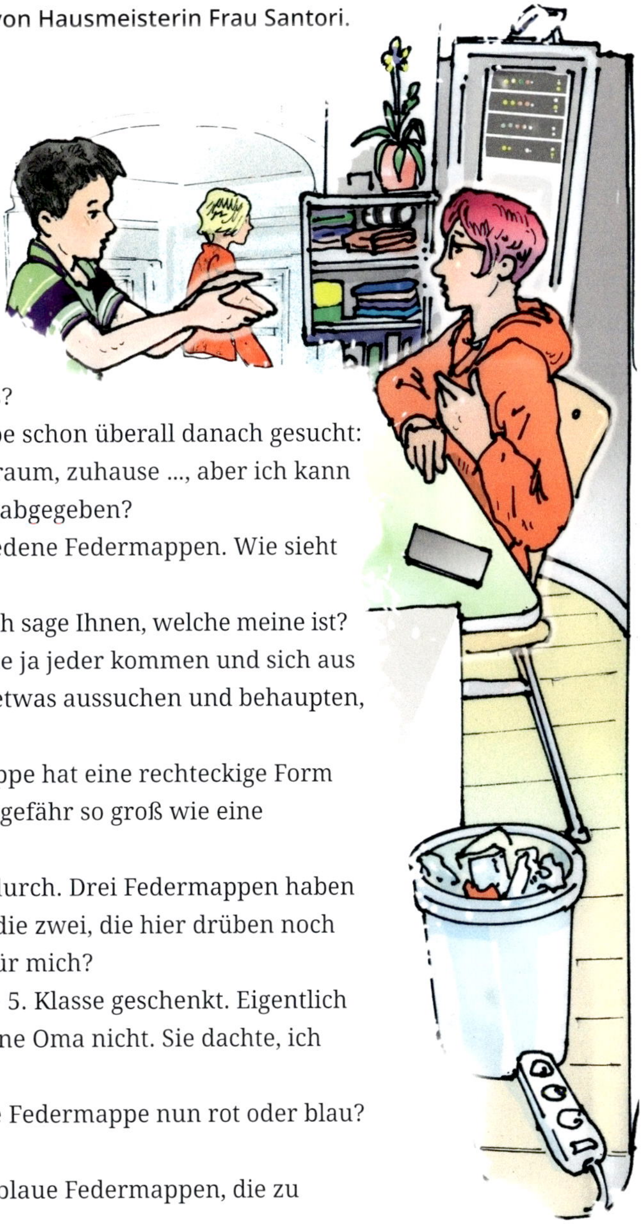

Berat: Hallo, ich heiße Berat. Können Sie mir helfen?
Hausmeisterin: Guten Morgen Berat, was ist denn los?
Berat: Ich habe meine Federmappe verloren. Ich habe schon überall danach gesucht: in meinem Rucksack, in meinem Fach im Klassenraum, zuhause ..., aber ich kann sie einfach nicht finden. Wurde sie vielleicht hier abgegeben?
Hausmeisterin: In meinem Regal liegen fünf verschiedene Federmappen. Wie sieht deine denn aus? Kannst du sie mir beschreiben?
Berat: Können Sie mir nicht einfach alle zeigen und ich sage Ihnen, welche meine ist?
Hausmeisterin: Das darf ich leider nicht. Sonst könnte ja jeder kommen und sich aus den Fundsachen, die bei mir abgegeben werden, etwas aussuchen und behaupten, es sei seins.
Berat: Ach so, das verstehe ich. Also meine Federmappe hat eine rechteckige Form und sie ist ziemlich groß für eine Federmappe, ungefähr so groß wie eine Deutschmappe.
Hausmeisterin: Mmmh, ich schaue sie mal genauer durch. Drei Federmappen haben eine rechteckige Form und sind etwas größer als die zwei, die hier drüben noch liegen. Hast du vielleicht noch eine Information für mich?
Berat: Meine Oma hat sie mir zur Einschulung in die 5. Klasse geschenkt. Eigentlich ist Rot meine Lieblingsfarbe, aber das wusste meine Oma nicht. Sie dachte, ich mag Blau am liebsten.
Hausmeisterin: Jetzt bin ich etwas verwirrt. Ist deine Federmappe nun rot oder blau?
Berat: Blau, meine Federmappe ist blau.
Hausmeisterin: Hier liegen zwei große, rechteckige, blaue Federmappen, die zu deiner Beschreibung passen.
Berat: Mir fällt noch ein, dass das Material meines Federmäppchens so ein wasserabweisender Stoff ist. Meine Oma meinte, dass das gut sein könnte, falls ich mal meine Flasche auf dem Schreibtisch bei den Hausaufgaben umstoße oder sie im Rucksack ausläuft.
Hausmeisterin: Ok, eine der Federmappen ist aus wasserabweisendem Stoff, die andere aus gefärbtem Leder. Schau mal, ist das deine Federmappe? Sie passt zumindest zu deiner Beschreibung.
Berat: Ja, das ist sie. Vielen Dank, Frau Santori.

2 Ihr seht hier mehrere Federmappen. Welche hat die Hausmeisterin wohl Berat gezeigt? Begründet eure Entscheidung.

3 Lies das Gespräch noch einmal leise durch.

a) Welche Aussagen waren für die Hausmeisterin wichtig, um die passende Federmappe herauszusuchen? Notiert die Textzeilen oder markiert die Stellen in der Textvorlage.

b) Tauscht euch aus, warum die Hausmeisterin zunächst verwirrt war, welche Farbe Berats Federmappe überhaupt hat.

c) Welche weiteren Informationen waren überflüssig? Notiert auch zu diesen Informationen die Zeilen oder streicht sie in der Textvorlage durch.

4 Berat hat einige Merkmale genannt. Ordne sie wie im Beispiel in die Tabelle ein.
Federmappe, rechteckige Form, blau, wasserabweisender Stoff, so groß wie eine Deutschmappe

a) Ordne die Merkmale dem jeweils passenden Oberbegriff zu.

b) Vergleicht eure aufgelisteten Merkmale und ergänzt eure Tabellen, wenn nötig.

Oberbegriff	Merkmal
Bezeichnung	*Federmappe*
Form	…
Größe	…
Farbe	…
Material	…

5 Gleiche Berats genaue Beschreibung noch einmal mit deiner Tabelle aus Aufgabe 4 ab: Hat er alle Merkmale genannt?

Ich suche meine Federmappe. In meiner Federmappe sind alle meine Stifte gesammelt, die ich in der Schule brauche. Meine Federmappe hat eine rechteckige Form und ist blau. Sie ist aus besonderem Stoff und so groß wie meine Deutschmappe.

6 Prüfe mithilfe der **Infobox**, an welchen Stellen Berats Beschreibung ergänzt werden sollte, und nimm die Korrekturen vor.

7 Stelle dir vor, du vermisst deine eigene Federmappe und möchtest beim Hausmeister nachfragen. Doch ausgerechnet heute ist das Büro nicht besetzt.

- Verfasse einen Brief mit einer genauen Beschreibung deiner Federmappe, um ihn in den Briefkasten zu werfen.
- Nutze den **Wortschatz** für Formulierungshilfen und beginne so:

Lieber Herr …, liebe Frau …,
ich bin auf der Suche nach meiner Federmappe und habe schon überall danach gesucht. Ist sie vielleicht bei Ihnen abgegeben worden? Sie ist …
Viele Grüße
Ihr(e) …

Wortschatz

ist so groß wie …	die Größe ist vergleichbar mit …
die genaue Farbe ist …	hat mehrere Farben
ist gestreift	hat einen Farbverlauf
besteht aus, verfügt über,	weist schon einige Flecken auf …
sieht aus wie …	ist geformt wie …
erinnert an …	ähnelt …
weitere besondere Merkmale sind …	fühlt sich an wie …
besonders auffällig ist, dass …	ist in einem guten / abgenutzten Zustand …

8 Ein kleines Spiel: Überprüft, ob eure Beschreibungen wirklich genau genug sind, sodass die Hausmeisterin eure Federmappe von anderen unterscheiden könnte.

a) Sammelt alle Federmappen der Klasse auf einem Tisch.
b) Legt alle Gegenstandsbeschreibungen auf einen Stapel.
c) Nacheinander wird eine Beschreibung vom Stapel laut vorgelesen.
d) Lest die **Infobox** und gebt Tipps für Verbesserungen, wenn die Federmappe nicht gleich erraten wurde.

» *Feedback, S. 294*

Eine Gegenstandsbeschreibung verfassen

i Infobox

Eine Gegenstandsbeschreibung ist ein **informierender Text**.
Die einzelnen Informationen sind **Merkmale**, die man in **Oberbegriffen** zusammenfasst. Man kann die Angaben in folgender Reihenfolge anordnen:

1. die genaue **Bezeichnung** des Gegenstandes (*Federmappe, Armbanduhr …*)
2. Beschreibung von Form, Größe, Farbe, Material und anderen **Merkmalen**:
   Form (*rund, eckig, länglich … wie ein Ball, erinnert an einen Würfel*)
   Größe (*Angaben in mm, cm … so groß wie eine Streichholzschachtel*)
   Farbe (*sonnengelb, himmelblau, dunkelrot, grasgrün*)
   Material (*aus Kunststoff, Metall, Holz, Leder, Porzellan, Stoff*)
3. Beschreibung von **Einzelteilen** (*auf dem Deckel, am Boden, an der Seite*) und **besonderen Kennzeichen** (*Symbol, Name, Verzierung, Kratzer, Riss*)

Verwende treffende Adjektive und Verben beim Verfassen deiner Beschreibung.

Beschreiben

Tiere beschreiben

Als Ella nach der Schule nach Hause kommt, begrüßt ihre Schwester Marie sie mit einer kleinen Katze auf dem Arm, die sie im Garten gefunden hat. Die Katze kommt den beiden aus der Nachbarschaft nicht bekannt vor, doch sie ist sehr zutraulich. Sie klingeln bei allen Nachbarn in der Straße, um herauszufinden, ob jemand die Katze vermisst. Aber niemandem scheint sie zu gehören. Ella schaut sich darum online nach Suchmeldungen um. In ihrer Umgebung findet Ella drei Suchmeldungen.

1 Lies die drei Suchmeldungen, die Ella online gefunden hat.

www.tierverloren.de

Tierart: Hauskatze
Rasse: Europäische Langhaarkatze
Geschlecht: männlich
Farbe: schwarz-weiß, gefleckte Ohren
Fell: Langhaar
Besondere Merkmale: trägt ein blaues Halsband, liebt Thunfisch

Tierart: Hauskatze
Rasse: Europäische Kurzhaarkatze
Geschlecht: weiblich
Farbe: weiß, ein schwarzes Ohr
Fell: Kurzhaar
Besondere Merkmale: hat zwei verschiedene Augenfarben, hört auf ihren Namen Kitty

Tierart: Hauskatze
Rasse: Europäische Langhaarkatze
Geschlecht: männlich
Farbe: schwarz, weiße Schwanzspitze
Fell: Langhaar
Besondere Merkmale: ist gechippt, sehr scheu im Kontakt mit Fremden

2 Passt eine der Suchmeldungen zur gefundenen Katze? Tauscht euch aus:
a) Welche Merkmale passen zum Bild der Katze, welche nicht?
b) Welche Informationen helfen euch gar nicht weiter, die gefundene Katze zu erkennen? Warum ist das so?

3 Um die Besitzer zu finden, beschließen Ella und Marie, selbst eine Beschreibung zu verfassen und eine „Gefunden-Meldung“ zu posten.

a) Legt eine Tabelle mit den Oberbegriffen an, die in den drei Suchmeldungen vorkommen.

Oberbegriff	Merkmal
Tierart	*Hauskatze*
...	...
...	...

b) Füllt die Tabelle mit den Merkmalen, die Ellas und Maries Katze aufweist.

c) Welche Oberbegriffe können nicht mit Merkmalen ausgefüllt werden?

4 Im Supermarkt wollen Ella und Marie auch eine Beschreibung der Katze aushängen. Verfasse diese Beschreibung. Nutze den **Wortschatz** und beginne so:

Wortschatz

ist so groß wie ..., die Größe ist vergleichbar mit ..., die genaue Farbe ist ..., hat mehrere Farben, sieht aus wie ..., erinnert an ..., weitere Merkmale sind ..., besonders auffällig ist, dass ...

Uns ist eine Katze zugelaufen.
Sie ist sehr zutraulich.
Die Katze ist ... und hat ... um ihren Hals ...
Ruf uns an, wenn dies deine Katze ist.
Telefonnummer: 123456

5 Tauscht eure Beschreibungen zu Ellas und Maries Katze untereinander aus.

a) Gebt euch **Feedback**, ob die Beschreibung hilfreich ist. Sind alle Merkmale aus der Tabelle genannt?

» *Feedback, S. 294*

b) Überarbeitet eure Meldungen mithilfe der **Infobox**.

Eine Tierbeschreibung verfassen

Infobox

Eine Tierbeschreibung hilft, dass man sich genau über ein bestimmtes Tier informieren kann. Dabei sollten so viele Informationen wie nötig enthalten sein, um das Tier eindeutig erkennen zu können. Überflüssige Informationen werden weggelassen.

Man kann die Angaben in folgender Reihenfolge anordnen:

1. Die genaue Bezeichnung des Tieres (**Art, Gattung ...**), z. B. *Katze, Hund, Kaninchen*
2. Beschreibung **äußerer Merkmale**, zum Beispiel:
   Größe (*Angaben in mm, cm ... so groß wie ...*)
   Farbe (*haselnussbraun, schwarz und weiß gefleckt ...*)
   Fell (*langhaarig, kurzhaarig, struppig ...*)
   Gefieder (*bunt, dicht ...*)
   Schuppen (*dachziegelartig angeordnet, glänzend ...*)
   Panzer (*oval, gewölbt, gefleckt ...*)
3. **Geschlecht** *(männlich, weiblich)*.
4. Beschreibung von **besonderen Merkmalen**, die äußerlich erkennbar und eindeutig überprüfbar sind (*Ohren in zwei verschiedenen Farben, Halsband in bestimmter Farbe ...)*

Beschreiben

Eine Verlustanzeige ausfüllen

Manchmal verliert man etwas und kann es nicht wiederfinden. Eine Möglichkeit, einen verlorengegangenen Gegenstand zurückzubekommen, ist eine Verlustanzeige beim Fundbüro. Fundbüros gibt es in vielen Städten und Gemeinden. Oft gibt es auch ein Online-Formular. So kann man die Verlustanzeige bequem zu Hause ausfüllen und mailen.

1 Hier ist ein solches Online-Formular.
- Welche Angaben macht man …
  in **Schritt 1**?
  in **Schritt 2**?
  in **Schritt 3**?
- Warum sind möglichst genaue Angaben so wichtig?

Verlustanzeige

Schritt 1: Daten zu Ihrer Person

Vorname: z. B. Max
Nachname: z. B. Mustermann
Adresse: z. B. Musterstraße 5a, 01234 Musterstadt
E-Mail: z. B. mail@muster.de

Schritt 2: Wann und wo wurde der Gegenstand verloren?

Datum: z. B. 10.08.2025
Uhrzeit: z. B. 12:00 Uhr
Ort: z. B. Stadtpark

Schritt 3: Gegenstandsbeschreibung

Kurzbezeichnung: z. B. Schlüsselbund
genaue Beschreibung (besondere Merkmale): z. B. 2 Haus-Schlüssel, 1 KFZ-Schlüssel, 1 Chip

Schritt 4: Senden Sie Ihre Verlustanzeige

Verlustanzeige senden

1314PX © Westermann

2 Arbeite mit der Verlustanzeige und dem **Wortschatz** weiter.

I

a Stelle dir vor, du hättest dein Portemonnaie verloren.
- Denke dir aus, wo und wann das passiert sein könnte.
- Lege für die Verlustanzeige einen geordneten Stichwortzettel an.

Verlustanzeige
1. *Daten zur Person*
   Vorname: Tia
   Nachname: Sayar
2. *Zeit und Ort*

II

b Stelle dir vor, du hättest einen der folgenden Gegenstände verloren.
Lege für die Verlustanzeige einen geordneten Stichwortzettel an.

III

c Entscheide selbst, was für einen Gegenstand du verloren hast, und lege einen Stichwortzettel für die Verlustanzeige an.

Wortschatz

ist angebracht, ist angeordnet, ist bedeckt mit, befindet sich, besitzt, besteht aus, erkennt man an, fällt auf, ist geeignet für, ist gefertigt aus, gibt es, hängt, hat eine … Form, ist hergestellt aus, liegt, misst, reicht bis, setzt sich zusammen aus, sieht aus wie, sitzt, sorgt für, trägt man beim

Beschreiben

Sich beim Beschreiben genau ausdrücken

Angaben zur Farbe unterstützen eine genaue Beschreibung. Die Namensgeber für solche Farbadjektive findest du häufig in der Natur:

1 a) Ordnet die Farbkleckse den richtigen Farbadjektiven und Namensgebern aus der Natur zu.

b) Findet drei weitere Farbadjektive, die durch Farben der Natur ihren Namen bekommen haben. Stellt sie in der Klasse vor.

2 Mit Adjektiven lassen sich Form und Aussehen genauer beschreiben. Schau dir das abgebildete Chamäleon aufmerksam an.

- **a** Schreibe die Sätze A und B ab. Wähle die passenden Adjektive.
- **b** Schreibe die Sätze A bis D ab. Wähle die passenden Adjektive.
- **c** Schreibe alle Sätze ab. Wähle die passenden Adjektive.

A Die Füße und Hände des Chamäleons sind (*mächtige/kleine/riesige*) Greifzangen.

B Die Haut des Chamäleons ist (*einfarbig/unauffällig/mehrfarbig*).

C Die Farben reichen von (*apfelgrün/nachtschwarz/haselnussbraun*) bis (*brombeerblau/türkisblau/flamingopink*).

D Auf der Haut sieht man (*runde/sternförmige/quadratische*) Schuppen.

E Der Greifschwanz eines Chamäleons ist durchschnittlich 10 bis 12 cm (*hoch/lang/breit*).

F Die Zunge des Chamäleons ist (*lang/kurz/gespalten*).

3 Auch Fachwörter helfen dir, genau beschreiben zu können.

a) Lies den folgenden Lückentext über ein gestohlenes Fahrrad und schau dir das Bild dazu genau an.

b) Setzt euch mit den fehlenden Wörtern auseinander.
- Habt ihr trotzdem alles verstanden?
- Was für Wörter könnten dort fehlen?
- Warum sind diese Wörter wichtig?

Beschreibung eines gestohlenen Fahrrads
Vor der Schule ist mein Fahrrad verschwunden. Mein Fahrrad ist ein ? in der Größe 24 ? . Es besteht aus ? . Die Farbe des ? ist silbergrau. Am ? ist ein kleiner Korb befestigt. Der ? ist aus *kirschrotem* Leder. Die Reifen haben ein besonders dickes ? . An den ? sind ? angebracht, so dass man im Dunkeln gut gesehen wird. Auch an den ? der Räder sind ? . Besonders auffällig ist außerdem die schrille ? , denn sie ist zitronengelb.

4 Gleicht eure Überlegungen aus Aufgabe 3 mit der **Infobox** ab.

5 a) Vervollständige die Beschreibung, indem du die Lücken mit den passenden Fachwörtern aus dem **Wortschatz** füllst.

b) Vergleicht eure Beschreibungen: Habt ihr die Lücken gleich gefüllt?

Wortschatz

Fachwörter zur Beschreibung des Fahrrads
Zoll, Mountainbike, Rahmen, Sattel, ~~kirschrot~~, Pedalen, Profil, Aluminium, Klingel, Lenker, Speichen, Reflektoren (2x)

Infobox

Mit Fachwörtern und Adjektiven genau beschreiben

1. Beim Beschreiben verwendest du passende **Fachbegriffe**, um dich möglichst genau auszudrücken. Dies ist wichtig, um Verwechslungen zu vermeiden, wenn du z. B. einen verlorenen Gegenstand oder ein entlaufenes Haustier suchst. Wenn du beispielsweise ein Fahrrad beschreibst, benötigst du Fachwörter wie *Rahmen, Lenker, Reflektoren, Profil*. Wenn du ein Tier beschreibst, benötigst du genaue Angaben zur Gattung, Rasse, zum Fell ...
2. Außerdem setzt du passende **Adjektive** ein, um den Gegenstand oder das Tier genau zu beschreiben:
   - Farben (*wollweiß, froschgrün, schwarz gefleckt, rosa gepunktet*)
   - Form (*oval, spitz*)
   - Beschaffenheit (*weich, abgenutzt, glänzend*)

Beschreiben

Selbst beschreiben

Viele Kinder- und Jugendbücher, Comics und Anime gibt es als Hörbücher und in Schmuckausgaben mit farbigen Bildern, die beim Lesen helfen, sich die beschriebenen Figuren und Wesen besser vorstellen zu können. Es gibt allerdings auch Menschen, die nicht so gut sehen können. Sie können sich zwar ein Hörbuch anhören, um in eine fremde Welt abzutauchen, aber sich nicht an Zeichnungen oder Comics orientieren.

1 Beschreibe das abgebildete **Tier** und seinen **Gegenstand** für ein Kind, das die Zeichnung nicht sehen kann. Verwende Formulierungshilfen und **passende Wörter** aus dem **Wortschatz**.

2 Prüfe, ob es dir gelungen ist, das Tier und seinen Gegenstand für Menschen, die beides nicht sehen können, verständlich zu beschreiben. Die **Checkliste** hilft dir.

I

» *Tierbeschreibung, S. 159*

» *Gegenstandsbeschreibung, S. 157*

» *Mit Fachwörtern und Adjektiven genau beschreiben, S. 162*

Wortschatz mit Formulierungshilfen

Dieses besondere Tier erinnert mich an ... Dieses besondere Tier ist eine Art ...
Es hat etwa die Größe von ...
Sein Fell wirkt ...
Sein Mund und die Zähne sind besonders auffällig, denn ...
Auch die Augen sind ungewöhnlich, weil ...
Das besondere Tier hat ein ... Gesicht mit ... Augen, ... Nase und ... Wangen.
Der Gegenstand ist ungefähr genauso groß wie ... und hat die Form von ... Die Farben sind ...
Das kleine Tier sitzt auf dem Gegenstand.

Wortschatz Adjektive und Fachwörter

gestreift, violett, spitz, gekringelt, struppig, breit, schlitzförmig, katzenartig
Fell, Zahnreihe, Pfoten, Krallen, Schnurrhaare, Pupillen

Wortschatz Verben

sehen, erkennen, auffallen, erscheinen, wirken, bestehen aus, leuchten, glänzen, schimmern, strahlen, verblassen, befindet sich, liegt, steht, hängt, ist zu sehen, ist abgebildet

II

1 Beschreibe das **Tier** und seinen **Gegenstand** für ein Kind, das die Zeichnung nicht sehen kann. Verwende **passende Adjektive und Fachwörter** aus dem **Wortschatz**.

2 Prüfe, ob es dir gelungen ist, das Tier und seinen Gegenstand für Menschen, die beides nicht sehen können, verständlich zu beschreiben. Die **Checkliste** hilft dir.

Wortschatz

Adjektive und Fachwörter
bauchig, bemalt, dreifarbig, edel, flauschig, freundlich, glänzend, gekringelt, niedlich, sonnengelb, spitz zulaufend, weich, Ausguss, Henkel, Porzellan

III

1 Beschreibe das abgebildete **Tier** und seinen **Gegenstand** für ein Kind, das die Zeichnung nicht sehen kann. Verwende **passende Adjektive und Fachwörter**.

2 Prüfe, ob es dir gelungen ist, das Tier und seinen Gegenstand für Menschen, die beides nicht sehen können, verständlich zu beschreiben. Die **Checkliste** hilft dir.

Checkliste

Genaues Beschreiben

- Hast du beim Tier zunächst die genaue **Bezeichnung der Art** (*Gattung, Rasse …*) genannt?
- Beschreibst du die **äußerlichen Auffälligkeiten** (*die Form, die Größe, die Farbe, das Material, die Beschaffenheit bzw. das Fell, die Haut …*) genau?
- Hast du beim Gegenstand zuerst seine genaue **Bezeichnung** (*Teekanne, Ball, Zauberstab*) genannt?
- Gehst du zum Schluss auf weitere besondere Merkmale und Details ein?
- Nutzt du treffende **Adjektive** und nötige **Fachwörter**, passende **Verben** und erklärende **Vergleiche**, um Farben, Größenverhältnisse und Beschaffenheiten genau zu beschreiben?

BESCHREIBEN

WARUM GENAU BESCHREIBEN?

- über etwas informieren
- eindeutig sein

TIERE BESCHREIBEN

Beschreibe die Tiere möglichst genau:

- äußere Merkmale
  - ☐ Größe ☐ Farbe
- Fell/Gefieder/Schuppen/Panzer
- Geschlecht
- besondere Merkmale

» S. 159

GEGENSTÄNDE BESCHREIBEN

Fasse die Merkmale in Oberbegriffen zusammen:

- genaue Bezeichnung
  z.B. der Cowboystiefel
- Merkmale
  - ☐ Form ☐ Größe
  - ☐ Farbe ☐ Material
- Einzelheiten und besondere Kennzeichen

» S. 157

GENAU BESCHREIBEN

» S. 162

NUTZE FACHWÖRTER!

- vermeide Verwechslungen
- beschreibe eindeutig
  z.B. der Cowboyhut aus Leder

VERWENDE PASSENDE ADJEKTIVE!

- für Farben
  z.B. froschgrün, rosa gefleckt
- für die Form
  z.B. oval, spitz
- für die Beschaffenheit
  z.B. weich, abgenutzt

HIER GIBT'S NOCH MEHR
Digital+
WES-127901-165

Beschreiben

Überprüfe dein Wissen und Können

1 Achtung, nicht jeder Satz ist hier richtig. Notiere die Buchstaben der richtigen Sätze und verbessere die falschen.

A Die Gegenstandsbeschreibung gehört zu den informierenden Texten.
B Form, Größe, Material und Farbe sollte man erst ganz am Schluss beschreiben.
C Auf Fachwörter sollte man verzichten.
D Angaben zum Zweck des Gegenstands dürfen nicht in die Beschreibung.
E Merkmale der Sache werden so beschrieben, dass man sie sich vorstellen kann.

2 Jedes der folgenden Kleidungsstücke soll eine andere Farbe und ein anderes Muster haben. Wähle aus dem Wortmaterial passende Farben und Muster aus. Schreibe: *ein rot **getupftes** Kleid, eine ? Hose, ein ? Rock, eine ? Bluse, ein ? Tuch, ein ? T-Shirt*

blau, geblümt, gelb, orange, gebügelt, gekräuselt, gekürzt, gepunktet, rosenrot, geringelt, gerüscht, gestreift, getupft, glitzernd, steingrau, grasgrün, kariert, rosa, schwarz, weiß

3 Zwei der folgenden Textabschnitte gehören nicht zu einer Gegenstandbeschreibung. Notiere die Buchstaben und begründe deine Entscheidung.

A Mein Handy ist kaum größer als ein Notizzettel. Das Gehäuse aus Aluminium glänzt in einem knalligen Rot. Das Handy liegt gut in der Hand und wirkt mit seinen abgerundeten Kanten sehr edel.
B Als ich mein schickes Handy im Schulbus verloren hatte, war ich sehr traurig. Ich habe gleich beim Busunternehmen angerufen, aber dort hatte man es nicht gefunden.
C Das klare Display auf der Vorderseite zeigt helle Buchstaben auf schwarzem Hintergrund an. So lassen sich die Informationen gut ablesen.
D Das Handy war unten in meinem Rucksack zwischen die Schulbücher gerutscht. Da habe ich es dann am Nachmittag wiedergefunden.

I

4 In der folgenden Gegenstandbeschreibung sind die Verben zu eintönig. Ersetze sie durch Verben aus dem Wortmaterial. Beachte beim Abschreiben, dass du die Verben verändern musst, damit ein richtiger Text daraus wird.

sich befinden, geben, hängen, aufhängen, leuchten bestehen, kleben

In meinem Zimmer ist ein großer Wandspiegel.
Er ist aus einem kreisrunden Spiegelglas.
Das Spiegelglas ist in einem breiten Rahmen aus Metall.
Zur Verzierung ist auf der linken oberen Ecke eine Blüte aus Glassteinchen.
Die Blüte ist sonnengelb.
Auf der Rückseite hat der Spiegel ein Drahtseil, damit man ihn an der Wand haben kann.

4 Sieh dir das Foto der Tasche an und schreibe die Gegenstandsbeschreibung vollständig ab. Füge treffende Verben und Adjektive ein. Nutze dazu das *Wortmaterial*. II

Meine neue Sporttasche hat leicht ? Formen. Sie ? etwa 35 cm in der Höhe und in der Tiefe und ist 74 cm ?. Das Material besteht aus ? und ? Kunststoffgewebe. Die Tasche ? vier Reißverschlussfächer. Das ? Hauptfach wird durch eine Abdeckung mit einem Klettverschluss ?. In den Seitentaschen lassen sich gut Turnschuhe oder schmutzige Wäsche ?. In der ? Reißverschlusstasche auf der Vorderseite kann man das Handy oder andere ? Dinge aufbewahren. Der Boden aus ? Kunststoffgewebe ? sehr stabil. Er ist bis zu den beiden Tragegriffen aus ? Textilband hochgezogen. Darüber hinaus ? es noch einen ? Schulterriemen.

abgerundet, abnehmbar, besitzt, besonderes, breit, dunkelgrau, flach, gibt, geschützt, gestickt, grau, groß, hellgrau, klein, misst, grün, verstauen, wirkt

4 Überarbeite die folgende Gegenstandsbeschreibung und schreibe die korrigierte Fassung auf. III

- Wähle passende Adjektive aus.
- Setze passende Fachwörter (?) ein. Du findest die Fachwörter direkt am Bild des Füllers.
- Einige Verben sind etwas langweilig. Ersetze die markierten Verben mithilfe des Wortmaterials: *besteht, befindet sich, sitzt*.

Der Füller hat die Form einer Röhre und ist insgesamt etwa 13 cm (*lang/rund/kurz*). Er ist größtenteils aus (*schwarzem, rotem, pinkem*) Kunststoff. In seinem etwa 10 cm langen ? gibt es ein (*ovales/eckiges/sternförmiges*) ?, damit man den ? in der ? ablesen kann. Vorne an dem Schaft ist die ?. Die Vertiefungen aus (*steifem/weichem/klebrigem*) Kunststoff sollen beim Schreiben den Fingern Halt geben.
Das Abrutschen und lästige Tintenflecke an den Fingern verhindert die ?, die aus einer ringförmigen Wölbung besteht. Ganz vorn am Füller ist die (*runde/breite/eckige*) ? aus Metall, die besonders für Schreibanfänger geeignet ist. Verschließen lässt sich der Füller mit der ?.

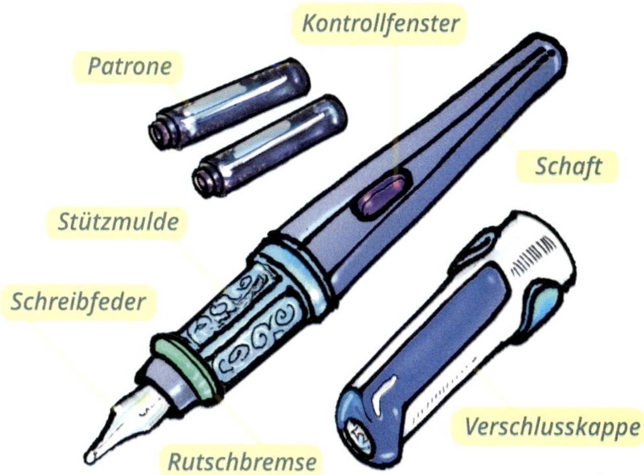

Geschichten erfinden

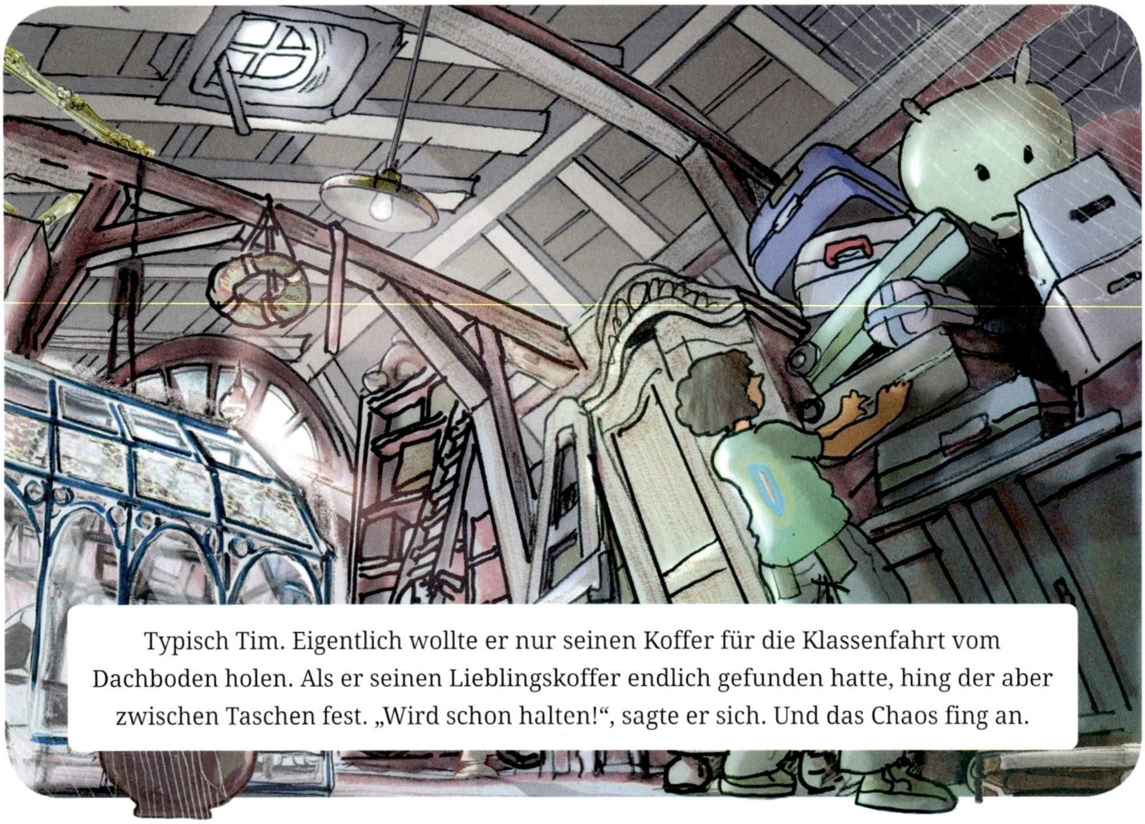

1 Schaut euch diesen ausgestalteten Geschichtenanfang an. Teilt eure Eindrücke:
a) Was könnt ihr alles in den ersten Sätzen und im Bild erkennen?
b) Wie gefallen euch eure Entdeckungen?

2 Sicher wollt ihr erfahren, was Tim nun passiert.
Sammelt in einem **Brainstroming** Ideen, wie die Geschichte weitergeht.

» *Brainstorming, S. 290*

3 Diese Geschichte wurde von einer Schülerin verfasst. Tauscht euch aus:
- Habt ihr schon Geschichten geschrieben?
- Welche Ideen habt ihr für eigene Geschichten?
- Was gefällt euch an Geschichten besonders (z. B. Orte, Figuren ...)?
- Was kann euch beim Schreiben Spaß machen oder herausfordern?

In diesem Kapitel lernst du, ...
- wie du Figuren, Schauplätze und Ereignisse anschaulich gestaltest.
- wie du einen Anfang und ein Ende finden kannst.
- wie du auch mit deiner Sprache Geschichten zum Leben erweckst.
- wie du Geschichten schreibst und überarbeitest.

Geschichten erfinden

Die Bausteine einer Geschichte entdecken

WES-127901-169

In diesem Kapitel lernt ihr, wie ihr selbst Geschichten schreiben könnt.

» *Lesetandem, S. 296*

1 Lest zunächst die vollständige Geschichte von Ezra im **Lesetandem**.

Eine Reise in eine andere Welt

Typisch Tim. Eigentlich wollte er nur seinen Koffer für die Klassenfahrt vom Dachboden holen. Als er seinen Lieblingskoffer endlich gefunden hatte, hing der aber zwischen Taschen fest. „Wird schon halten!“, sagte er sich. Und das Chaos fing an. Tim zog und der Berg aus Koffern stürzte zusammen. RUMMS! Oh nein! Das Gewächshaus von Opa Lucas. Früher hatte Tim es immer lange bewundert, bis Opa ihn dann gerufen hatte: „Tim, Zeit zu gehen!“ Vorsichtig hob Tim jetzt das Häuschen auf.
Auf einmal fing alles um ihn herum an, sich wie in einem Strudel zu drehen. Tim wurde kleiner und kleiner und schrumpfte bis auf die Größe einer Haselnuss. Ist das ein Traum?, überlegte er. Er stand jetzt in der Tür vom Gewächshaus. Tim ging zögernd hinein. Blätter raschelten und wuchsen hinter ihm zu einer grünen Mauer zusammen. Plötzlich stand er in einer Welt, in der bunte Flugtiere im Himmel flogen und wo Bäume bis in die Wolken wuchsen. Er erstarrte, als er auf einmal hinter sich ein tiefes Geräusch hörte. Was war das? Hinter ihm, da stand ein riesiges Wesen. Es hatte bunte Federn und vier Paar Flügel. Und es guckte ihm direkt in die Augen. Tim schrie wie am Spieß: „AAH!“ Er machte ein paar Schritte rückwärts. Obwohl … Der Blick war, ja er war irgendwie freundlich, so gar nicht gefährlich. Neugierig stupste das wilde Tier Tims Schulter mit der Schnauze an. „Oh, hallo!“, rief Tim, ein Lächeln machte sich auf seinem Gesicht breit. Da schnaubte das Wesen und zeigte Tim an, auf seinen Rücken zu klettern. Nichts lieber als das! Das Abenteuer ging los, und was für eins. Zusammen flogen Tim und sein neuer Freund um die Welt, über bergige Landschaften, glitzernde Seen und durch Wolken aus weicher Zuckerwatte. Tim spielte gegen Zwerge Schach und tanzte mit Meerjungfrauen unter Wasser. Er traf Tiere, die sprechen konnten, und Teetassen, die Hände und Füße hatten. Stunden vergingen wie Sekunden.
Erst als die Sonne unterging, merkte Tim, wie viel Zeit vergangen war. Sein neuer Freund brachte ihn zurück zum Gewächshaus. „Zeit nach Hause zu gehen“, flüsterte eine Stimme aus dem Nirgendwo. Merkwürdig – irgendwie vertraut. Und dann …

2 Wie diese Geschichte ausgeht? Versucht selbst, ein passendes Ende zu schreiben.

3 Das ist eine abenteuerliche Geschichte, die Ezra sich ausgedacht hat.
- Was findet ihr an der Reise interessant?
- Gibt es etwas, das ihr euch vorstellen konntet?

4 Untersucht nun die Bausteine der Geschichte genauer: *S. 314*
a) Was ist das besondere Ereignis in der Geschichte, das alles verändert?
b) Welche Menschen, Tiere, Wesen, Gegenstände begegnen Tim?
c) Beschreibt das Tier, das Tim auf eine besondere Reise einlädt.
d) Die Geschichte spielt an zwei Orten. Beschreibt diese Orte.
e) Während der Reise sieht, hört, riecht, fühlt Tim einiges. Zählt je ein Beispiel auf.
f) Für Detektive: Welche geheimnisvolle Stimme ruft Tim wohl zurück nach Hause?

5 a) Hier seht ihr, was Ezras Klassenmitglieder sagen:

Ich finde es cool, dass deine Geschichte so anfängt. Ich bin gleich mittendrin und will unbedingt wissen, was Tim passiert.

Du benutzt Wörter wie „plötzlich" oder „auf einmal". Das macht deine Geschichte spannend. Ich musste unbedingt weiterlesen.

...

b) Was macht Ezra in euren Augen zu einer guten Geschichtenschreiberin? Vielleicht fällt euch schon etwas auf. Ergänzt eine eigene Sprechblase.

6 Ihr habt erste Bausteine für Geschichten kennengelernt. Lest in der **Infobox** nach.

i Infobox

Bausteine von Geschichten

In jeder Geschichte gibt es typische Elemente:

Figuren: Das sind Menschen, Tiere oder Gegenstände, die handeln oder etwas erleben.
Schauplätze: Das sind Orte, an denen die Geschichte spielen kann.
Ereignisse: Das sind Erlebnisse, die in einer Geschichte passieren.

Ein gelungener **Anfang steigt direkt ein/weckt Neugier**, sodass man weiterlesen will.
z. B.: *„Bleib stehen, du Dieb!, rief ..." / „Vollkatastrophe! Das bedeutete ..."*
Ein gutes **Ende schlägt einen Bogen** zum Anfang oder **bietet Auflösungen** für Rätsel.
z. B.: *„So wurde es doch der beste Tag." / „Das war also das Ungeheuer: ein Gummiboot."*

Zusammen **können** diese Bestandteile Geschichten ergeben, die gerne gelesen werden.

Baustein: Figuren gestalten

WES-127901-171

1 Eine gute Geschichte lebt von interessanten Figuren. Lernt nun drei kennen. Lest die Auszüge, die Ezras Mitschülerinnen und Mitschüler geschrieben haben.

A Die graue Gestalt war unter dem weiten Mantel kaum zu erkennen. Das Gesicht war unter der großen Kapuze verborgen, der Rücken kerzengerade und die Hände steckten in dreckigen Lederhandschuhen.

B Merle lehnte lässig an der Mauer. Sie ließ Kaugummiblasen zerplatzen, während der Wind durch ihr Haar blies. Im nächsten Moment formte sie, wie aus dem Nichts, ihre Lippen zu einem Pfiff. Gänsehaut lief allen den Rücken hinunter.

C Amir war ein ganz normaler Junge – in jeder Hinsicht. Ehrgeiz: Durchschnitt. Sportlichkeit: Durchschnitt. Selbstbewusstsein: Durchschnitt. Aber in einem war er außergewöhnlich: Er war neugierig, mutig und abenteuerlustig wie kein Zweiter.

2 Tauscht euch aus: Welche der Figuren findet ihr interessant? Begründet.

3 Untersucht die drei Figuren mithilfe dieser Fragen genauer:
a) Bei welcher Figur konntet ihr euch das Aussehen richtig gut vorstellen?
b) Von welcher Figur kennt ihr das Verhalten schon recht gut?
c) Von welcher Figur kennt ihr den Charakter schon ziemlich genau?

4 Findet heraus, was diese Figuren so anschaulich macht. *S. 314*
- a Schreibe Text A ab. Markiere die Wörter, die das Aussehen beschreiben. I
- b Schreibe Text B ab. Markiere Wörter, die das Verhalten verdeutlichen. II
- c Schreibe Text C ab. Markiere Wörter, die den Charakter aufzeigen. III

5 Seht euch eure Ergebnisse an: Zu welchen Themen habt ihr bei den Figuren Informationen erhalten? *Kleidung, Farben ...* *S. 314*

6 Lest die **Infobox** und vergleicht eure Ergebnisse damit.

Figuren anschaulich gestalten

i Infobox

Figuren sind **Menschen, Tiere oder Gegenstände**, die in einer Geschichte vorkommen. So kannst du Figuren anschaulich gestalten:
- **Aussehen:** Was sind die äußerlichen Merkmale einer Figur? Körperteile, Kleidung, Gegenstände, Farben und Formen (z. B. *lange braune Locken*)
- **Verhalten:** Was tut eine Figur in einer Situation? Welche Hobbys hat sie? Wie verhält sie sich anderen gegenüber, was denken diese über sie? (z. B.: *hilft oft anderen*)
- **Eigenschaften:** Was kann eine Figur gut? Was ist ihr wichtig? Was mag sie? Wie fühlt sie sich? (z. B. *mutig, ängstlich*)

7 Jetzt seid ihr an der Reihe: Seht euch die Bilder an.

- Was macht diese Figuren aus? Über welche würdet ihr gern schreiben?
- Überlegt, welche anderen interessanten Figuren euch einfallen.

8 Plane eine der Figuren oder eine eigene Figur mit deinen Ideen. Du kannst dafür den Steckbrief und den **Wortschatz** nutzen:

Wortschatz

Aussehen: lockige Haare – schmale Ohren – kräftiger Rücken – weite Jogginghose – gestreifte Schuhe – karierter Umhang
Verhalten: respektvoll – freundlich – mysteriös
Eigenschaften: Sportskanone – Musikgenie – Computernerd

Name:
- Hat die Figur einen Namen?

Aussehen:
- Wie sieht die Figur aus?
- Welche Kleidung trägt sie? ...

Verhalten:
- Wie geht sie mit anderen um?
- Was denken andere über sie? ...

Eigenschaften:
- Was kann sie gut?
- Was unterscheidet sie von anderen? ...

9 a) Ergänze den Absatz unten mit deiner Figur und schreibe ihn zu Ende. S. 314
b) Schreibe einige Sätze für eine Geschichte zu deiner Figur.
c) Wenn du dich sicher fühlst, schreibe deine Figur in eine ganze Geschichte hinein.

Merle staunte nicht schlecht, als sie so an der Mauer lehnte und wartete: Was für eine Erscheinung. Die konnte man nicht übersehen. Auffällig war vor allem ...

» *Feedback, S. 294*
» *Einen Text überarbeiten, S. 300*

10 Lest eure Texte. Gebt euch **Feedback** für eine **Überarbeitung**.

WES-127901-173

Geschichten erfinden

Baustein: Schauplätze gestalten

1 Jede Geschichte braucht mindestens einen Schauplatz, an dem sie stattfindet. Lest euch die Ausschnitte von Ezras Mitschülerinnen und Mitschülern vor.

A Es roch erdig und nach stinkendem Müll. An der Brücke lagen leere Dosen herum. Hinten an den Gleisen befand sich ein beschmiertes Zugteil. Die Laterne warf einen Schatten auf die Gestalt. Die Stille war unangenehm, keine Bewegung war zu spüren.
B Amirs Fund war riesig: Die verlassene Villa stand mitten in einem verwilderten Garten. Im Inneren hingen alt riechende Porträts an den Wänden. Immer wieder stolperte er über den unebenen Holzboden. Jeder seiner Schritte knarzte.
C In einer langen Schlange drängten alle zur Essensausgabe. Ein einziger Tisch in der Mitte des Saals war noch frei. Ein warmer Luftzug streifte Merle und dabei roch sie Fisch und Kartoffeln. Das Besteck klapperte und übertönte alle Gespräche.

2 Sprecht über die Orte: Wo sind die Figuren? Gefallen euch Orte besonders? Welche konntet ihr euch gut vorstellen? Wie wirken sie? Der **Wortschatz** hilft euch.

Wortschatz
- aufregend
- gefährlich
- heiter
- hektisch
- langweilig
- lebendig
- traurig
- ungemütlich
- unheimlich
- verträumt

3 Erkundet die Schauplätze nun etwas genauer mit euren Sinnen. Notiert die Tabelle:
a Ergänze Informationen, was du an den drei Orten alles sehen kannst.
b Ergänze, was du an den drei Orten alles sehen und hören kannst.
c Sortiere ein, was du alles an den Orten wahrnimmst. Es bleiben Felder frei.

I II III

	Sehen	Hören	Riechen	Fühlen
an der Brücke (A)	*leere Dosen …*	*unangenehme Stille …*	?	?
die Villa (B)	?	?	?	?
im Essenssaal (C)	?	?	?	?

4 Untersucht eure Tabellen: Welche **Wortart** erzeugt die Stimmung besonders?

» *Wortarten, S. 277*

5 Lest die **Infobox** und vergleicht eure Ergebnisse damit.

Schauplätze wirkungsvoll gestalten

Infobox

Ein Schauplatz kann dein eigenes Zimmer sein oder ein ferner Ort zu einer anderen Zeit. So kannst du Schauplätze besonders anschaulich gestalten:
- **Wahrnehmungen:** Nutze **Sinneseindrücke**, um den Schauplatz zu beschreiben: Was kann man dort sehen, hören, riechen, schmecken und fühlen?
- **Stimmungen:** Beschreibe deinen Schauplatz so, dass die Stimmung deutlich wird. Dabei helfen **anschauliche Adjektive** (z. B. *„knarzende Bäume"* wirken unheimlich).

6 Jetzt seid ihr an der Reihe: Schaut euch die Bilder gemeinsam an.

- Was seht ihr? Welchen Ort würdet ihr für eine Geschichte auswählen und warum?
- Welche weiteren Schauplätze fallen euch ein, die euch neugierig machen?

» *Mindmap, S. 297*

7 Plane einen dieser Schauplätze oder deinen eigenen Schauplatz.
Sammle Ideen in einer **Mindmap**. Nutze auch Adjektive. Der **Wortschatz** hilft dir:

Wortschatz

Sehen:
Blütenmeere – Brillenstapel – Kameras
Hören:
Grollen – Rascheln – Schweigen – Quietschen
Riechen:
muffig – muffig
Schmecken:
chemisch – süß
Fühlen:
glatt – nass

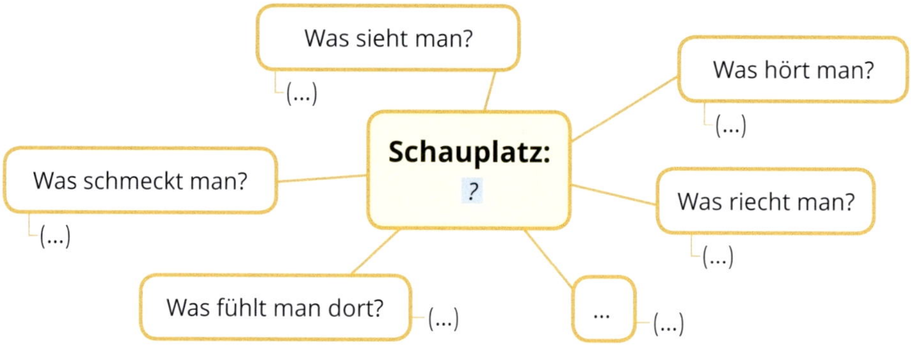

I II III

8 **a** Erwecke deinen Schauplatz zum Leben. Beende den Absatz unten. *S. 314*
b Stelle deinen Ort in einigen Sätzen für eine Geschichte anschaulich dar.
c Du fühlst dich sicher? Schreibe den Ort in eine ganze Geschichte hinein.

Amir öffnete die letzte Tür und blickte sich vorsichtig um. Vor ihm eröffnete sich eine ganz neue Welt: Als er einen ersten Schritt hinein wagte, traute er seinen Augen nicht. …

» *Feedback, S. 294*

» *Einen Text überarbeiten, S. 300*

9 Lest eure Texte. Gebt euch **Feedback** für eine **Überarbeitung**.

WES-127901-175

Geschichten erfinden

Baustein: Ereignisse gestalten

1 Geschichten leben natürlich auch von Ereignissen, die eine Handlung vorantreiben. Lest diese Auszüge der Geschichten.

A Die Reise nahm Fahrt auf. Erst im letzten Moment hechtete die dunkle Gestalt auf den rasenden Zug und rollte sich auf den Rücken. Da erst bemerkte jemand, was da vor sich ging: Halt! ...

B Amir schlug das alte Buch auf. In dem Moment geschah etwas Seltsames. Die Seiten begannen zu leuchten, Wörter und Sätze fingen an, wie Glühwürmchen über das Papier zu schweben. Am seltsamsten aber war ...

C Wie jeden Tag war sie spät dran auf dem Weg zur Schule und in Gedanken. Merle verschwendete kaum einen Gedanken an ihre Umgebung. Doch dann kam plötzlich aus dem Gebüsch ein Geräusch. Sie hörte konzentriert hin: Ein Flüstern ...

2 Tauscht euch aus: Was passiert in den Geschichten? Wo wollt ihr wissen, wie es weitergeht?

3 Untersucht den Verlauf der Ereignisse genauer:
a) Lest nur die unterstrichenen Sätze. Was lösen sie in euch aus?
b) Schaut nun die markierten Sätze an. Was verändert sich hier?

4 Seht euch die Wörter in den Geschichten genauer an:
- a Finde ähnliche Wörter in den Texten wie: *Im letzten Moment, Halt! ...*
- b Suche die Verben in den Texten heraus: *aufschlagen, schweben ...*
- c Finde im Text Wörter wie „plötzlich" und notiere alle Verben.

I II III

5 Lest die Wörter, die ihr gesammelt habt, laut vor. Was lösen sie in euch aus? Warum?

6 Lest die Infobox und vergleicht eure Ergebnisse damit.

Ereignisse ausgestalten

i Infobox

Ereignisse sind wichtige Vorfälle in Geschichten. Diese können spannend, verrückt oder ganz alltäglich sein. So kannst du ein Ereignis gestalten:
- **Treibe die Handlung voran:** Bringe die Figuren in eine neue Situation, z. B. durch ein Problem oder eine Überraschung (*„Die Tür klemmte nicht. Wir waren eingeschlossen."*).
- **Wecke Interesse:** Wörter wie „auf einmal" zeigen eine Wendung an. Ausrufe wie „Vorsicht!" kündigen Gefahr an.
- **Nutze anschauliche Verben:** Bildhafte Verben machen die Handlung lebendig und anschaulich (*„Er sprintete zum Ausgang und flog fast über die Mauer."*)

7 Jetzt seid ihr an der Reihe: Schaut euch die Bilder an und tauscht euch aus.

- Zu welchem Bild fällt euch sofort ein erzählenswertes Ereignis ein?
- Welche besonderen Situationen fallen euch selbst noch ein?

Wortschatz

Spannende Formulierungen: auf einmal – in diesem Moment – in Sekunden – jedoch – plötzlich – sofort – Stopp!
Bildhafte Verben: in Luft auflösen – kichern – krachen – kreischen – – knarren – rasen – schimmern – schleichen – verdüstern – wispern

8 Plane eines der Ereignisse oder dein eigenes. Erweitere es stichwortartig mit Details. Denke an anschauliche Verben und spannende Wörter. Der **Wortschatz** hilft dir.

> Beantworte diese **Fragen** dazu stichwortartig:
> - Was genau passiert? ...
> - Wer ist beteiligt? ...
> - Wo passiert es? ...
> - Wie kommt es dazu? ...
> - Wie geht es weiter? ...

9
I **a** Beende den Absatz unten, indem du ihn mit deinem Ereignis ergänzt. *S. 314*
II **b** Schreibe einige Sätze für eine Geschichte zu deinem Ereignis.
III **c** Wenn du dich sicher fühlst: Schreibe eine ganze Geschichte zu deinem Ereignis.

Die graue Gestalt schwang sich ins Innere des Abteils. „Alle raus hier, sofort!", schrie sie aufgebracht. Die panischen Reisenden sprangen aus den Fenstern. Da geschah es! …

» *Feedback, S. 294*

» *Einen Text überarbeiten, S. 300*

10 Lest eure Texte. Gebt euch **Feedback** für eine **Überarbeitung**.

Geschichten erfinden

Baustein: Mit Sprache gestalten

WES-127901-177

1 Es gibt einige Tricks, wie ihr eine Geschichte mit eurer Sprache abrunden könnt. Lest den Anfang dieser Abenteuergeschichte von Mirja.

A Abenteuergeschichte

B Einmal war Elena zu Besuch bei ihrem Opa in Rumänien. Dort gab es Pferde, Kühe, Hühner, Enten und einen Schäferhund namens Alaska. Den mochte sie besonders.
C Eines Morgens sagte Opa: „Der Schattenwolf hat heute Nacht drei Schafe gerissen." „Der Schattenwolf?", sagte Elena erstaunt. „Ja, ein unheimlicher Wolf, der hier seit Jahrhunderten leben soll", sagte Opa. „Das ist aber gruselig", sagte Elena erschrocken.
D Elena erkundete die Gegend mit Alaska. Er zerrte plötzlich an der Leine. Er riss sich los und rannte weg. Er bellte so laut, dass sie ihm bis zu einer Höhle folgen konnte.
E Elena stieg in die Höhle. „Ob ihm etwas passiert ist und er deswegen so bellt?", dachte sie. Da sah sie Alaska. Er war unversehrt und kaute auf einem Knochen, ein Glück.

Etwas reißen
hier: angreifen und töten

2 Mirja hat Tipps bekommen, wie sie ihre Geschichte anders formulieren kann. Ordnet die losen Zettel den passenden Absätzen A–E zu.

1 Die wörtliche Rede macht deine Geschichte richtig lebendig. Aber du verwendest hier sehr oft „sagte".

2 Die Sorgen und die Erleichterung kann man richtig nachvollziehen. Das ist toll!

3 Du fängst deine Sätze hier immer gleich an, das klingt eher langweilig.

4 Verwende hier Adjektive! Wie sind denn Opa, der Bauernhof und die Tiere?

5 Dein Titel klingt noch nicht so spannend.

3 Welche Tricks gibt es also, um Geschichten sprachlich auszugestalten? Lest die **Infobox** und vergleicht eure Ergebnisse.

4 Jetzt ihr: Schreibt die Geschichte erneut auf. Wie wirkt der Text nun? Spannender ...?

Sprache gezielt einsetzen

Infobox

Wörtliche Rede oder Einblicke in die **Gedanken** erwecken Figuren zum Leben:
„Lauf", rief er mir zu, „bevor sie kommt!". „Mann!", dachte ich, „wäre ich zu Hause geblieben!"

Durch abwechslungsreiche Wörter und Sätze wirkt eine Geschichte spannender:
- Wähle einen **Titel**, der Interesse weckt (z.B.: *Schnüffelnase an Bord*).
- Nutze **anschauliche Adjektive** (z.B.: *verzauberte Elfen ritten auf zotteligen Bären*).
- Nutze **abwechslungsreiche Verben** (z.B.: *flüstern, antworten, nuscheln, fragen*).
- Stelle **Wörter, die Spannung erzeugen**, an den Satzanfang (z.B.: *Plötzlich rief sie ...*).

Geschichten erfinden

Schreibanlässe nutzen

1 Hier findet ihr Bilder von „Lost Places". Das sind Orte, die von Menschen größtenteils verlassen und manchmal auch vergessen wurden. Tauscht euch aus:
- Was für ein Ort ist das? Welche Details könnt ihr entdecken? Warum könnte der Mensch an diesem verlassenen Ort sein?
- Welche Wirkung hat das Bild auf euch? Was für Gefühle löst es in euch aus? Notiert ein paar Stichworte zur Stimmung.

Edward Hopper. Gas. 1940

2 Suche dir eines der Bilder aus. Sicherlich hast du bereits erste Ideen für eine Geschichte dazu. Hilfreich ist es hier, ein paar Vorarbeiten zu erledigen, indem du deine Ideen sammelst und sortierst. Lege dazu einen Schreibplan an.

Titel: ...

Erster Satz: Womit weckst du Interesse?

Ort: Was sieht, hört, riecht, schmeckt, fühlt man? Welche Adjektive zeigen das? ...

Figur(en): Wie sieht die Figur aus? Wie verhält sie sich? Was sind seine Eigenschaften? Was sagt die Figur? Was denkt sie? ...

Ereignis: Was passiert? Welche Spannungswörter/bildhaften Verben eignen sich?

Letzter Satz: Wie rundest du deine Geschichte ab?

3 Schreibe nun deine Geschichte zu dem Lost Place.

4 Es gibt verschiedene Anlässe, um Geschichten in Teilen oder ganz zu schreiben. Hier sind drei verschiedene Anlässe. Suche dir einen Anlass aus, um daraus deine Geschichte zu schreiben:

a) Setze einen der folgenden ersten Sätze zu einer Geschichte fort.

A *Es roch nach Ärger: leere Straßen, dichte Vorhänge, das dumpfe Grollen.*

B *Die Geschichte, die ich erzähle, ist wahr. Zumindest glauben das die meisten.*

C *„Bleib stehen, du Dieb!", rief eine Frauenstimme immer wieder durch die Gasse.*

D *Dieses Spiel war anders als alles, was sie bisher gespielt hatte.*

b) Schreibe zum Zeitungsartikel eine Geschichte.
Gestalte Figuren, Schauplatz und das Ereignis aus und denke dir Details dazu.
Diese Anregungen helfen dir: *S. 314*

- Was genau passiert dem Jungen hier in dem Text?
- Überlege, wie sich der Junge dabei gefühlt haben könnte.
- Was hat er vermutlich gesagt oder getan, als er die Notsituation erkannt hat?
- Der Zugbegleiter entdeckt den Jungen, aber wie hilft er ihm?
- Und wie geht dieses Abenteuer doch noch gut aus?

Familie vergisst Zehnjährigen beim Umstieg

Eine Familie hat beim Umsteigen von einem Zug in den anderen in Flensburg eines ihrer fünf Kinder vergessen. Nach Angaben der Bundespolizei vom Samstag war die Familie am Freitag von Dänemark nach Hamburg unterwegs. In Flensburg habe der Zugbegleiter der Mutter dann gesagt, dass sie mit ihrem Ticket nicht im Eurocity weiterfahren dürfe, sondern einen Regionalexpress nehmen müsse. Beim Umsteigen habe die Frau dann in der Eile ihren zehnjährigen Sohn im Eurocity offensichtlich vergessen. Statt auszusteigen sei der Junge im Schnellzug sitzengeblieben und weitergefahren, was dem Zugbegleiter aber sofort aufgefallen sei. [...]

c) Hier siehst du fünf Wörter. Schreibe eine Geschichte, die diese beinhaltet.
Dazu denkst du dir die Figuren, den Schauplatz und das Ereignis genau aus.

Klassenfahrt — Camping — Gewitter — See — Eichhörnchen

Geschichten erfinden

Eine eigene Geschichte schreiben

Jetzt kannst du alle Bausteine selbst einmal zum Geschichtenschreiben nutzen.

Figuren

A *Am liebsten verbrachte Professor Knatterwitz die Tage allein in seinem Labor. Hier konnte er mit Kakao kleckern, mit Schimpfwörtern um sich werfen und Verrücktes erfinden.*

C *Er kam aus dem Schatten der Unterwelt und besaß die Fähigkeit der Verwandlung. Mal klang seine Stimme wie ein fernes Donnergrollen, mal brachte sein Atem Frost.*

D *Sie war die Anführerin im Team X. Ihr mechanischer Arm hatte unglaubliche Kräfte und mit ihren Augen konnte sie alles sehen. Niemand wusste genau, was sich unter ihrem Umhang verbarg.*

Schauplätze

E *Die hohen Regale waren bis unter die Decke mit Büchern gefüllt. Tanzende Sonnenstrahlen fielen durch die bunten Glasfenster und erzeugten Muster auf dem Boden.*

F *Flinke Schritte quietschten auf dem Boden der alten Turnhalle. Das Licht der Neonröhren flackerte. Stimmen einer entfernten Menschenmenge schwappten herüber. Es roch nach Abenteuer.*

H *In der verlassenen Raumstation hing eine beklemmende Stille. Überall verstreut lagen technische Geräte, deren Bildschirme vereinzelt in der Dunkelheit aufleuchteten.*

Ereignis

I *Plötzlich bewegte sich das Ei im Wasserbecken. Ein leises Summen breitete sich im ganzen Raum aus. Da schoss ein erster Riss durch die Schale.*

K *Ich erstarrte: Ich hatte schon oft mit Tieren oder sogar Gegenständen gesprochen. Aber eine Antwort hatte ich bisher noch nie bekommen.*

L *Nach Wochen war der Code endlich geknackt. Die Maschine surrte und zischte, doch die Anzeigen zeigten etwas Unerwartetes an.*

1 Schreibe nun deine eigene Geschichte:
- Lies erneut die Papierschnipsel **A, E, I** zu **Figuren**, **Orten** und **Ereignissen**.
- Du kannst dazu den **Schreibplan** am Rand, **Wortschatz** und **Checkliste** nutzen.

I

» S. 171, 173, 175, 177, 178, 179

Wortschatz

Eine Entdeckung aus der ...

Am liebsten verbrachte Professor Knatterwitz die Tage allein in seinem ... Hier konnte er mit Kakao kleckern, mit Schimpfwörtern um sich werfen und Verrücktes erfinden.

Hier roch es nach ...
Die hohen Regale waren bis unter die Decke ...

In einer Ecke des Raumes lag ein großes, schimmerndes Ei in einem ...
Der alte Professor war sehr aufgeregt. „Heute ist der Tag!", flüsterte er und strich mit schwitzigen Händen über ...

Der alte Mann war ...

... bewegte sich das Ei im Wasserbecken. Ein leises Summen breitete sich im ... Da schoss ein erster Riss durch die Schale. Auf einmal brach die Eierschale auf, und ...

Endlich kroch ein kleines, glitzerndes Wesen heraus. Es hatte ... Flügel und Augen, die wie Sterne funkelten. Aber am interessantesten war ...

„...!", rief der Professor erstaunt und machte einen Schritt ... Das Tier bewegte sich vorsichtig und schüttelte ... Es sah ihn an, als wollte es ...

Der Professor beugte sich nach vorne und dachte: „Du bist der erste deiner Art, der ..."

Doch bevor er etwas sagen konnte, flog das Wesen plötzlich los, ab in die zitternde Luft ... Es zischte und ...

Nach einer gefühlten Ewigkeit landete das Wesen endlich wieder ...

Und so stand der Professor in seinem Labor, mit diesem Wesen, das er zum Leben erweckt hatte und ...

Titel

Erster Satz: Wecke Interesse!

Ort: Was sieht, hört, riecht, schmeckt, fühlt man hier? Welche Adjektive veranschaulichen das?

Figur: Wie sieht der Professor aus? Wie verhält er sich? Wie sind seine Eigenschaften?

Ereignis: Welche Spannungswörter eignen sich? Welche bildlichen Verben?

Figur: Wie sieht das Wesen aus? Wie verhält es sich? Wie sind seine Eigenschaften?

Wörtliche Rede: Was sagt der Professor?

Gedankenrede: Was denkt der Professor?

Ereignis: Spannungswörter, bildliche Verben

Letzter Satz: Schlage einen Bogen zum Anfang!

2 Vielleicht möchtest du mit deiner Klasse eure Texte in einer Geschichtenmappe sammeln. Diese kann auch digital angelegt sein.

II

1 Schreibe nun deine eigene Geschichte:
- Lies erneut die Papierschnipsel **D**, **H** und **L** zu **Figuren**, **Orten** und **Ereignissen**.
- Du kannst zur Hilfe den **Wortschatz** und die **Checkliste** nutzen.
- **Tipp**: Du kannst auch am PC schreiben. So klappt das Überarbeiten später leicht.

Wortschatz

Und dann begann die geheimnisvolle Unbekannte zu erzählen: An diesem Tag ...

In der verlassenen Raumstation hing eine beklemmende Stille. ... außer dem Summen der alten Maschinen und ...

Sie war die Anführerin im Team X. Ihr mechanischer Arm hatte unglaubliche Kräfte und mit ihren Augen konnte sie alles sehen. ...

Aber in diesem Moment war es der Code ... Seit viel zu langer Zeit versuchte sie, das System der Raumstation zu entschlüsseln, aber es war ein unlösbares Rätsel. ...

Der letzte Schritt war immer noch wie verflixt. Sie setzte sich vor den Computer ...

Plötzlich ...

Die Maschine surrte und zischte. Und dann erschien auf dem Display eine Nachricht ...

„Was ...?", flüsterte sie verwirrt und sprang auf. Ihr Herz schlug ihr bis zum Hals. Die Nachricht war an sie gerichtet – nur an sie ...

„Das ... das muss ein Fehler sein!", dachte ... panisch. Doch je mehr sie überlegte, desto klarer wurde es ihr. Vielleicht steckt die Lösung ...

Unfassbar, aber wahr. Das war also das große Geheimnis gewesen.

2 Überprüfe deine Geschichte mit der **Checkliste**. Überarbeite deinen Text.

3 Vielleicht möchtest du mit deiner Klasse eure Texte in einer Geschichtenmappe sammeln. Diese kann auch digital angelegt sein.

1 Schreibe nun deine eigene Geschichte:
- Suche dir aus den Papierschnipseln eine **Figur**, einen **Ort**, ein **Ereignis** aus.
- Du kannst zur Hilfe den **Wortschatz** und die **Checkliste** nutzen.
- **Tipp**: Du kannst auch am PC schreiben. So klappt das Überarbeiten später leicht.

2 Überprüfe deine Geschichte mit der **Checkliste**. Überarbeite deinen Text.

3 Vielleicht möchtest du mit deiner Klasse eure Texte in einer Geschichtenmappe sammeln. Diese kann auch digital angelegt sein.

III

Wortschatz

- **Spannungswörter:** auf einmal, endlich, in diesem Augenblick, plötzlich, doch dann
- **Anfänge und Enden:** Macht euch gefasst auf diese Geschichte: … … Mit diesem Ausgang hättet ihr wohl nicht gerechnet.

Checkliste

- Gibt es in deiner Geschichte interessante Figuren, Schauplätze und Ereignisse?
- Kann man sich bei den Figuren Aussehen, Verhalten und Charakter gut vorstellen?
- Hast du die Orte mit Sinneseindrücken und Adjektiven anschaulich gestaltet?
- Gibt es in deiner Geschichte Ereignisse, die mit bildhaften Verben Interesse wecken, und Momente, die Spannung erzeugen?
- Macht dein Anfang neugierig?
- Hast du ein gelungenes Ende für deine Geschichte gefunden?
- Konnten die Figuren durch wörtliche Rede oder Gedankenrede zu Wort kommen?
- Ist deine Geschichte gut verständlich und passen die einzelnen Teile zusammen?

GESCHICHTEN SCHREIBEN

Gute Geschichten drehen sich rund um ihre Figuren, Schauplätze und Ereignisse. Auch mit dem Aufbau und der Sprache kannst du die Leserinnen und Leser neugierig machen. Mit diesen Bausteinen kannst du deine eigene Geschichte zum Leben erwecken:

FIGUREN
» S. 171

Menschen, Tiere, Gegenstände: ihr Aussehen, Verhalten, Eigenschaften…

SCHAUPLÄTZE
» S. 173

- Alltagsorte, Fantasieorte, Vergangenheit, …
- Was kann man sehen, hören, riechen, schmecken, fühlen?

EREIGNISSE
» S. 175

spannende, verrückte, alltägliche Vorfälle

z. B.:
- ein plötzliches Problem,
- eine unerwartete Überraschung,
- …

AUFBAU
» S. 170

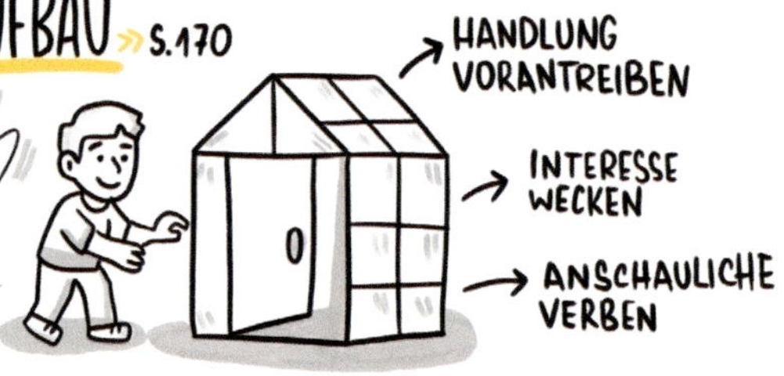

erster Satz: direkter Einstieg, Neugier wecken

letzter Satz: Bogen zum Anfang schlagen, Auflösung von Rätseln

SPRACHE
» S. 177

- Wörtliche Rede: „Tim, Zeit zu gehen!"
- Einblicke in Gedanken: Merkwürdig – irgendwie vertraut!
- Titel: Eine Reise in eine andere Welt
- anschauliche Adjektive: bergige Landschaften, glitzernde Seen
- abwechslungsreiche Verben: sagen, rufen, schnauben, flüstern
- Wörter, die Spannung erzeugen: auf einmal …, plötzlich …

HIER GIBT'S NOCH MEHR
Digital+
WES-127901-184

Geschichten erfinden

Überprüfe dein Wissen und Können

WES-127901-185

1 Ergänze das „Rezept für Geschichten" mit passenden Wörtern: S. 315

Die wichtigen Bausteine sind Figuren, Schauplätze und *1*. Aber auch *2* und *3* spielen eine Rolle, damit der Text interessant wirkt. Beschreibe bei den Figuren das Aussehen, das *4* und den *5*. Orte erwachen zum Leben, wenn du beschreibst, was man sieht, hört, *6*, *7*, *8*. Formuliere dazu mit *9*. Ereignisse sind wichtige *10* in Geschichten: z.B. ein Problem oder eine *11*. Mit *12* werden sie anschaulich.

2 Hier ist eine Geschichte von Kim. Richtig neugierig macht sie leider noch nicht.
a) Lies die Geschichte und die Tipps.
b) Ordne die Tipps den Absätzen A – E zu, damit Kim weiterarbeiten kann.

Im Restaurant

A Liam durfte in den Ferien immer bei seinem Onkel helfen. Einmal ist er dabei mit einem vollen Tablett über einen Rucksack gestolpert.
B Das Tablett fiel ihm aus den Händen und das Geschirr fiel krachend zu Boden. Ein Regen aus warmer Suppe fiel auf die Gäste, die schreiend auswichen.
C Einige Teller fielen zu Boden und zersprangen in tausend Scherben. Einer Schüssel und einem Glas blieb dieses Schicksal aber erspart. Einem Mädchen, das hinter Liam saß und sehr ungewöhnlich aussah, gelang es nämlich, beides zu retten.
D In einer *?* Bewegung hatte es das Glas mit der Hand gegriffen und die Schüssel mit ihrer *?* Fußspitze aufgefangen. Als Liam das *?* Mädchen sah, stand es auf einem Bein balancierend neben ihm. Das Besteck hielt sie in der anderen Hand.
E Das Mädchen lächelte Liam ruhig an und stellte das Geschirr auf den Tisch neben sich. Applaus und Geschrei der anderen Gäste schwappten zu den beiden hinüber. Das Mädchen verbeugte sich schnell und lief flink wie eine Katze davon. ...

1. Du schreibst nichts über das Aussehen des Mädchens. Was heißt „ungewöhnlich"?

2. Was sagen oder denken denn die Figuren hier?

3. Man erfährt nichts vom Ort! Wo arbeitet er? Was sieht, hört, riecht man da?

4. Du wiederholst oft das Wort „fiel". Setze passendere Verben ein.

5. Hier fehlen noch passende Adjektive, oder?

3 Schreibe die Geschichte weiter. Denke dir einen Schluss aus, bei dem ...
a Liam mit seiner Arbeit weitermacht. S. 315
b Liam sich noch bei dem unbekannten Mädchen bedanken kann. S. 315
c Liam dem Mädchen selbst als Retter in einer weiteren Situation zur Seite steht.

Wörter richtig schreiben

1 Lest die Sprechblasen oder hört sie euch an:
Vor welchen Problemen stehen Ayla, Matteo und Ella?

2 Eine Frage konnten die Kinder bereits selbst beantworten.
- Ordnet die Antwort der richtigen Frage zu.
- Besprecht, bei welchen Stellen in den Wörtern sie jeweils unsicher sind.
- Welche Tipps könnt ihr ihnen für die Schreibung geben?
- Schreibt die drei Wörter richtig auf und unterstreicht die schwierigen Stellen.

3 Tauscht euch über eure Erfahrungen mit der Wortschreibung aus:
Kennt ihr auch Situationen, in denen ihr euch bei der Schreibung unsicher seid?
Berichtet davon.

In diesem Kapitel lernst du, ...
- wie du dir die richtige Schreibung von Wörtern erklären kannst.
- wie dir Rechtschreibstrategien helfen können.
- wie du die Schreibung von Wörtern üben kannst.

Wörter richtig schreiben

Schreibsilben kennenlernen

WES-127901-187

1 Hier lernt ihr, den Aufbau von Wörtern zu verstehen. Das hilft, sie richtig zu schreiben. Schaut euch die Wörter zunächst an.

A	die Tü | ren	ha | ben	hal | ten	der Len | ker	der Kas | ten
B	der Re | gen	tram | peln	grü | ner	der Ku | chen	die Stu | fe
C	schö | ne	die In | sel	die Am | sel	ru | hen	su | chen

2 a) Warum haben die Buchstaben wohl verschiedene Farben? Stellt Vermutungen an. S. 315

b) Vergleicht eure Vermutungen mit der **Infobox**.

3 In jedem der Wörter steht ein Trennstrich. Er markiert die Grenze zwischen den Schreibsilben. Lest euch die Wörter vor und macht am Trennstrich eine Pause.

4 Wie viele Vokalbuchstaben zählt ihr in jedem Wort aus Aufgabe 1? Das sind die roten Buchstaben.

a Zeile A   b Zeilen A und B   c alle Zeilen

5 Vergleicht für jedes Wort die Anzahl der Silben mit der Anzahl der Vokalbuchstaben. Was könnt ihr feststellen? Die **Infobox** hilft euch.

6 Findet ihr zu jedem Bild ein Wort? Ihr müsst immer nur die Vokalbuchstaben in der ersten Schreibsilbe verändern. S. 315

Schreibsilben, Vokalbuchstaben und Konsonantenbuchstaben

Infobox

Wörter bestehen aus **Silben**. In geschriebenen Wörtern hat **jede Schreibsilbe** einen **Vokalbuchstaben** oder eine Verbindung aus zwei Vokalbuchstaben.
Diese **Vokalbuchstaben** und **-verbindungen** kommen im Deutschen vor:
a, e, i/ie, o, u | ä, ö, ü | ai, au, äu, ei, eu, aa, ee, oo.
Diese **Konsonantenbuchstaben** kommen im Deutschen vor:
b, c, d, f, g, h, j, k, l, m, n, p, qu, r, s, t, v, w, x, y, z, ß.

WES-127901-188

Wörter richtig schreiben

Schreibsilben untersuchen

1 Hier findet ihr zweisilbige Wörter. Diese helfen uns am besten, Wörter richtig zu schreiben und zu sprechen.

a) Lest euch die vier Wörter deutlich vor:

ha* | *ben ***hal* | *ten*** die ***Hu* | *pe*** die ***Tul* | *pe***

b) Bei welchen Wörtern endet die erste Silbe mit einem Vokalbuchstaben, bei welchen mit einem Konsonantenbuchstaben?

c) Benennt mithilfe der **Infobox** (**A**), welche Wörter eine offene Silbe und welche eine geschlossene Silbe haben.

2 Lest euch diese Wörter gegenseitig vor und achtet darauf, wie ihr die Vokalbuchstaben in der ersten Silbe aussprecht: lang oder kurz?

a Zeile A *S. 315* b Zeilen A und B *S. 315* c alle Zeilen

A	le | ben	len | ken	der La | den	der Ku | chen	den | ken
B	die Res | te	mö | gen	bin | den	käl | ter	he | ben
C	die Kin | der	die En | te	die Ro | sen	der Ra | sen	wel | ken

3 a) Ordnet eure Wörter nach offener und geschlossener Silbe in die Übersicht ein. *S. 316*

b) Ergänzt Silbenbögen. Die Beispiele helfen euch.

offene Silbe	**geschlossene Silbe**
le | ben	*len | ken*

4 Hier sind viele Silben durcheinandergeraten.
Verbindet jeweils zwei Silben zu sinnvollen Wörtern und schreibt sie auf.
Du kannst Silben mehrfach nutzen.

grü *peln* *ten* *chen* *brau* *hen*

den *hum* *se* *tre* *kau* *fen*

mel *ßen* *hel* *sen* *lö*

5 a) Zeichnet Silbenbögen unter die Wörter aus Aufgabe 4 und lest sie euch vor.

b) Entscheidet bei jedem Wort, ob die erste Silbe offen oder geschlossen ist. Prüft dazu das Ende und die Aussprache des Vokals in der ersten Silbe. *S. 316*

6 Was könnt ihr noch in den Schreibsilben entdecken? Macht euch das an diesen Wörtern klar. Schreibt sie dafür untereinander auf und setzt Silbenbögen. Diese Fragen helfen euch:
- Wie beginnen, wie enden die Schreibsilben?
- Wie viele Konsontantenbuchstaben findest du wo in den Schreibsilben?
- Gibt es Vokalbuchstaben, die immer in einer bestimmten Silbe auftauchen?

der ***E*** | ***sel*** die ***En*** | te der ***Pin*** | sel ***spa*** | ***ren***

7 a) Welche Wörter aus Aufgabe 6 haben ein offene, welche eine geschlossene Silbe? Woran habt ihr das erkannt? Die **Infobox** hilft euch.
b) Wo können Konsonantenbuchstaben stehen? *S. 316*
c) Gibt es eine Stelle in den Wörtern, an denen immer ein bestimmter Vokalbuchstabe zu finden ist? Die **Infobox** hilft euch. *S. 316*

8 Es gibt viele Wörter, die aus weniger oder mehr als zwei Schreibsilben bestehen. Findet über die Anzahl der Vokale heraus, wie viele Silben die Wörter haben.
a Arbeite mit Zeile A
b Arbeite mit Zeile A und B
c Arbeite mit allen Zeilen.

A	die ***Tür***	der ***Regenschirm***	***groß***	***haben***
B	der Lenker	der Kasten	trampeln	der Fußboden
C	berechnen	üben	grüner	die Stufe

9 Kennst du ein Wort mit besonders vielen Silben? Schreibe es wie im Beispiel auf:
Luftschlossnachtgespensterjäger …

Schreibsilben untersuchen

i Infobox

A An zweisilbigen Wörtern kann man die **Schreibung** und die **Aussprache** von Wörtern gut erklären. Sie sind deshalb **Schlüsselwörter**. In den zweisilbigen Schlüsselwörtern ist die **erste** Silbe die **betonte Silbe**. Die **zweite** Silbe enthält immer den Vokalbuchstaben ***e*** und beginnt fast immer mit einem **Konsonantenbuchstaben**.
Wir unterscheiden:
- Wörter mit **offener** Silbe: Die erste Silbe endet mit einem Vokalbuchstaben: ***le*** | ***ben*** Der Vokal der ersten Silbe klingt **lang**.
- Wörter mit **geschlossener** Silbe: Die erste Silbe endet mit einem Konsontantenbuchstaben: ***len*** | ***ken*** . Der Vokal der ersten Silbe klingt kurz.

B **Silbenbögen** helfen beim **Überprüfen**. So sieht man besser, wie die erste Silbe endet und wie der Vokal ausgesprochen wird.

WES-127901-190

Wörter richtig schreiben

Wörter mit *i* und *ie*

Fliegen lieben Pilze.
Ziegen springen Stiegen hoch.
Kinder singen Lieder.
Tiere frieren im Winter.

1 Hier könnt ihr eine Schreibbesonderheit entdecken.
a) Lest euch die Sätze gegenseitig vor.
b) Schreibt die markierten Wörter in den Sätzen ab und setzt Silbenbögen.
c) Überprüft: Wie endet die erste Silbe jeweils? Handelt es sich um eine offene oder geschlossene Silbe? *S. 316*
d) Achtet auf die markierten Stellen: Wie sprecht ihr diese aus: kurz oder lang?
e) Vergleicht euer Ergebnis mit der **Infobox**.

2 Auch diese Wörter enthalten ein *i*. Setze Silbenbögen und finde heraus, ob es sich um offene oder geschlossene Silben handelt.

I
II
III

ⓐ Arbeite mit Zeile A.
ⓑ Arbeite mit Zeile A und B.
ⓒ Arbeite mit allen Zeilen.

A der Kiefer, der Winter, finden, der Gipfel, die Lieder, niesen, der Trichter
B der Mieter, der Filter, hinken, die Insel, der Stiefel, impfen, klingen
C der Spiegel, knirschen, die Stifte, die Kinder, winken, frieren, der Zirkel

3 Lies den Text. In einigen Wörtern fehlt ein *i* oder *ie*. Setze Silbenbögen, um herauszufinden, ob es sich um offene oder geschlossene Silben handelt, und fülle die Lücken.

Unsere Wälder b ? ten v ? len Pflanzen und T ? ren einen Lebensraum. Unter Eichen, Buchen, K ? fern, F ? chten und B ? rken f ? ndet man P ? lze, Moose und Flechten. In den t ? fen Sch ? chten des Bodens leben v ? le Insekten. Hoch oben in den Baumw ? pfeln n ? sten Vögel. Von hier aus fl ? gen sie auf Nahrungssuche.

4 a) Hier siehst du drei Bilder. Kannst du erraten, worum es sich handelt?
b) Klärt mithilfe der **Infobox** (**B**), welche Besonderheit die Wörter aufweisen.

i Infobox

Wörter mit i und ie

A Wörter mit **offener Silbe** werden fast immer mit ***ie*** geschrieben: *biegen, liegen, die Wiege*. Bei **geschlossenen Silben** schreibst du stets ein ***i***: *finden, sinken*.
B Es gibt wenige **Ausnahmen**. Das sind **Merkwörter** M: *der Tiger, die Mine, die Bibel, der Liter, der Titel, der Igel, die Brise.*

Wörter richtig schreiben

Wörter mit doppelten Konsonantenbuchstaben

WES-127901-191

1 Ihr wisst schon: Wenn die betonte Silbe offen ist, wird der Vokal lang ausgesprochen. Ist die betonte Silbe geschlossen, sprechen wir den Vokal kurz aus.

a) Lest euch die Wörter vor oder hört sie euch an.

die Hüte, die Qualen, beten, raten, die Hasen, die Schalen
die Hütte, die Quallen, die Betten, die Ratten, hassen, schallen

b) Kennst du alle Wörter aus Aufgabe 1? Schlage unbekannte Wörter nach.

» *Wörterbucharbeit, S. 304*

2 a) Schreibe alle Wortpaare auf, z. B *beten – die Betten*.

b) Lest euch die Wortpaare vor und tauscht euch aus: Wie unterscheiden sich die Paare in der Schreibung und in der Aussprache? *S. 316*

c) Vergleicht eure Überlegungen mit der **Infobox**.

3 Ella hat etwas in ihrem Tagebuch aufgeschrieben. Vervollständige die Wörter und schreibe die Sätze ab. Achte auf die doppelten Konsonantenbuchstaben.

Liebes Tagebuch, heute ha?e ich länger Schule. Da es fürchterlich regnete, mu?te ich nach Hause re?en und kam mit na?en Sachen an. Das mit dem We?er hä?e ich wi?en kö?en.

4 Einer raus: Findet ihr das Wort, das nicht zu den anderen in der Reihe passt?

a zwei Reihen b drei Reihen c vier Reihen

senden, summen, kennen, schwimmen, knurren
die Hütte, die Ratte, wetten, raten, rütteln
hoffen, treffen, die Schiffe, der Ofen, der Löffel
die Halle, holen, der Teller, wollen, das Essen

5 a) Schreibt eure Wörter aus Aufgabe 4 ab und setzt Silbenbögen.

b) Wie endet die erste Silbe, wie beginnt die zweite?

c) Überprüft eure Entscheidung aus Aufgabe 4 mithilfe der Silbenbögen.

Doppelte Konsonantenbuchstaben: Silbengelenkschreibungen

Infobox

In vielen Wörtern mit geschlossener Silbe endet die erste Silbe mit demselben Konsonantenbuchstaben, mit der die zweite Silbe beginnt:
die Hütte, die Wolle, die Tanne, fallen.
Wir **lesen** und **hören** aber nur **einen Konsonanten**. Er **gehört** zu **beiden Silben**. Das ist ein **Silbengelenk**.

Wörter richtig schreiben

Wörter mit *ck* und *tz* als Silbengelenk

Im Deutschen werden die Buchstaben *z* und *k* nicht verdoppelt. Wir schreiben stattdessen *tz* und *ck*. Diese besonderen Silbengelenke bestehen also aus zwei unterschiedlichen Buchstaben.

die Glocke – die Socke – die Flo ... – die Lo ...
die Blitze – die Si ... – die Hi ... – die Spi ...

1 Kannst du alle Reimwörter finden? Vervollständige dazu die Wörter.

2 a) Ergänze unter den Wörtern aus Aufgabe 1 Silbenbögen. *S. 316*
b) Vergleiche dein Ergebnis mit der **Infobox**.
c) Wie wird der Vokal in der ersten Silbe gesprochen? Überprüfe das beim Lesen.

3 Schreibt nur die Wörter mit *ck* und *tz* ab und setzt Silbenbögen.
a eine Reihe **b** zwei Reihen **c** drei Reihen

der Bäcker – spuken – der Dackel – die Spritze – sitzen – die Schnauze – tanzen
die Jacke – quaken – der Zucker – die Schürze – kratzen – die Brezel – stützen
die Schnauze – flitzen – drucken – dunkel – die Hacke – die Grenze – die Tatze

4 *k* oder *ck*? Schreibe alle Wörter richtig auf und setze Silbenbögen.

das Be ? en – die Bän ? e – dun ? el – der Len ? er – le ? er – der Rü ? en –schme ? en – der Mus ? el – der En ? el – pi ? en – schmin ? en – tro ? en

5 *z* oder *tz*? Schreibe alle Wörter richtig auf und setze Silbenbögen.

die Spi ? e – die Her ? en – glän ? en – die Schmer ? en – schluch ? en – si ? en – kür ? en – schwi ? en – ri ? en – die Hi ? e – kra ? en – die Wi ? e

6 Suche zu je zwei Wörtern mit *ck* und *tz* von dieser Seite Wörter aus der Wortfamilie und schreibe sie auf, z. B. *backen: der Bäcker, die Bäckerei, gebacken*.

Infobox

Wörter mit ck und tz

Silbengelenke mit *k* und *z* verdoppelt man in deutschen Wörtern nicht.
Man schreibt nicht *kk*, sondern **ck**: *backen, spucken, stecken, die Röcke, die Socke*.
Man schreibt nicht *zz*, sondern **tz**: *die Katze, kitzeln, die Mütze, schwitzen, die Witze*.
Nur **Fremdwörter** können *kk* oder *zz* enthalten, z. B. *der Akku, die Pizza, die Skizze*.
Diese Wörter sind Merkwörter.

Wörter richtig schreiben

Wörter mit *ch*, *sch* und *x* als Silbengelenk

WES-127901-193

lachen waschen die Muschel die Hexe der Mixer

1 Lest euch die Wörter vor oder hört sie euch an.
a) Prüft, ob der Vokal in der ersten Silbe lang oder kurz gesprochen wird.
b) Tauscht euch aus, warum die Silbenbögen sich bei diesen Wörtern kreuzen. S. 316
c) Vergleicht eure Überlegung mit der **Infobox**.

2 Schreibe die Wörter ab und setze die Kreuzbögen wie in Aufgabe 1.
a sieben Wörter b neun Wörter S. 316 c alle Wörter

die Wache die Rache die Masche fischen die Tasche
mixen die Faxen pochen frische die Lasche der Becher

3 Aufgepasst: *ch* und *sch* können auch in Wörtern ohne Silbengelenk stehen.
Das könnt ihr hier prüfen.
Schreibt die Wortreihen ab und streicht jeweils das Wort, das nicht in die Reihe passt. Lest euch die Wörter dafür vor und setzt Silbenbögen. S. 317

täuschen kreischen rauschen waschen lauschen
die Lichter lachen die Früchte flechten schlichten

4 Vergleicht eure Ergebnisse aus Aufgabe 3.

5 Bist du nun Profi für *ch* und *sch*?
Schreibe die Wörter ab und bestimme, ob sie ein Silbengelenk haben.
a eine Zeile S. 317 b zwei Zeilen S. 317 c drei Zeilen

die Bücher die Büsche die Muschel züchten tuscheln
die Früchte die Rache wischen flechten die Nichte
tauschen die Rüschen die Wäsche suchen duschen

Manche Silbengelenke werden nicht verdoppelt: ch, sch und x

Infobox

In manchen Wörtern mit kurzem Vokal kommt zwar ein **Silbengelenk** vor, aber die Buchstaben werden **nicht verdoppelt**, denn das Silbengelenk **besteht** schon aus **zwei oder drei Buchstaben**: *machen*, *mischen*.
Die **Kreuzbögen** zeigen, dass *ch* und *sch* zu beiden Silben gehören.
Auch der Buchstabe *x* wird nicht verdoppelt: *hexen, mixen, boxen, die Faxen …*

WES-127901-194

Wörter richtig schreiben

Rechtschreibstrategie: Schlüsselwörter bilden

1 Lest die Sprechblasen: Vor welchen Schwierigkeiten stehen die Kinder? Habt ihr eine Idee, wie sie die richtigen Schreibungen finden können?

2 Die Kinder haben zweisilbige Schlüsselwörter gebildet.
a) Schaut euch ihren Lösungsweg genau an. Wie sind sie vorgegangen?

die Burg → viele Burgen:

In *Burgen* hört und spricht man das *g* deutlich, deshalb wird *Burg* mit *g* geschrieben.

er rennt → wir rennen:

In *rennen* ist die erste Silbe geschlossen, weil der Vokal kurz ist. Deshalb muss das *n* verdoppelt werden. In *rennt* bleiben die Konsonantenbuchstaben verdoppelt.

b) Vergleicht eure Erklärung mit der **Infobox** (**A** und **B**).

3 Welche Schreibweise ist jeweils richtig? Bildet dazu zweisilbige Schlüsselwörter und schreibt die Wörter richtig auf. *S. 317*

I II III

(a) drei Wörter (b) vier Wörter (c) fünf Wörter

der Walt / der Wald — er rollt / er rolt — sie schläft / sie schläfft
kallt / kalt — gelp / gelb

4 a) Schreibe die einsilbigen Wörter ab oder nutze die Vorlage.
b) Bilde daraus zweisilbige Schlüsselwörter und setze Silbenbögen wie im Beispiel.

der Berg → viele Berge — sie schreibt → wir schreiben — kalt → kälter
der Kamm → ... — es kommt → ... — hell → ...
der Pilz → ... — er bleibt → ... — rund → ...

5 Gut aufpassen muss man bei Wörtern *b, d* oder *g* am Ende.
Lest euch zu zweit die Sätze vor. Sprecht die Wörter dafür vollständig aus, also:
Aus Rad mache ich Räder, aus Bad mache ich …

a vier Sätze b fünf Sätze c alle Sätze

Aus Rad mache ich Räder, aus Ba ? mache ich Bäder.
Aus trä ? t mache ich tragen, aus fra ? t mache ich fragen.
Aus ja ? t mache ich jagen, aus schlä ? t mache ich schlagen.
Aus wil ? mache ich wilder, aus Bil ? mache ich Bilder.
Aus blin ? mache ich Blinde, aus Win ? mache ich Winde.
Aus Lo ? mache ich loben, aus to ? t mache ich toben.

6 Schreibt eure Sätze aus Aufgabe 5 richtig auf.

7 Findet auch bei diesen Wörtern die richtige Schreibung. Die Hinweise in der **Infobox** helfen euch. Schreibt sie wie im Beispiel auf:
er ja ? t: wir jagen, also: er jagt.

a sechs Wörter b acht Wörter c alle Wörter

es kle ? t	das Ban ?	der Zwer ?	er häl ?	sie gi ? t
das Klei ?	der We ?	kal ?	der Wal ?	schrä ?

Rechtschreibstrategie: Schlüsselwörter bilden

Infobox

A Manchmal weiß man nicht, ob man *b* oder *p, d* oder *t, g* oder *k* schreiben soll.
Im **zweisilbigen Schlüsselwort** spricht und hört man entweder ***b, d, g*** oder ***p, t, k***:

das Sieb mit *b*, weil *Siebe* — *er hupt* mit *p*, weil *hupen*

die Hand mit *d*, weil *Hände* — *bunt* mit *t*, weil *bunter*

der Weg mit *g*, weil *Wege* — *der Schrank* mit *k*, weil *Schränke*

B Mit dem **zweisilbigen Schlüsselwort** findet man heraus, ob ein Wort mit einem **doppelten Konsonantenbuchstaben** geschrieben wird:
der Kamm – viele Kämme, kommt – kommen, hell – heller.

C So findet man die Schlüsselwörter:
Bei **Nomen** bildet man den **Plural**: *der Zwerg – viele Zwerge*
Bei **Verben** nimmt man die **wir-Form**: ich *ging – wir gingen*
Bei **Adjektiven** hilft eine mit *e* **verlängerte Form**: *gelb – gelber*

Wörter richtig schreiben

Rechtschreibstrategie: Wörter zerlegen und Schlüsselwörter bilden

» *Wortbildung, S. 259–262*

Viele Wörter bestehen aus mehr als einem Wortstamm. Man muss sie zuerst zerlegen, bevor man Schlüsselwörter bilden kann.

das Rollfeld   die Backschürze   das Rennpferd   die Nussschale

1. a) Schreibe die Wörter untereinander ab.
   b) Markiere schwierige Stellen in den Wörtern. Warum sind sie schwierig?

2. Zerlege die Wörter aus Aufgabe 1 mithilfe der **Infobox** wie im Beispiel.
   der Feldweg: das Feld + der Weg → die Felder + die Wege

3. Lies den Text, in dem Matteo von seinem Urlaub berichtet. Darin sind sechs Fehler.

   Im Sommer waren wir an der Ostsee. Ich habe blitzschnell einen Freund gefunden, mit dem ich am Wasser spielen konte. Wir haben jeden Tag eine neue Burk mit einem Burkgraben gebaut. Unsere Eltern haben im Strantkorp gesessen und gelesen. Aber ins Wasser sind alle mitgekomen und haben mit uns getopt.

4. Schreibt die unterstrichenen Wörter auf und findet die richtige Schreibung. **Achtung**: Manchmal müsst ihr die Wörter nur verlängern und nicht zerlegen. Nutzt die **Infobox**.
   ⓐ vier Wörter   ⓑ fünf Wörter   ⓒ alle Wörter

Infobox

Rechtschreibstrategie: Wörter zerlegen und Schlüsselwörter bilden

Beim Schreiben mehrteiliger Wörter hilft dir das zweisilbige Schlüsselwort ebenfalls.

Schritt 1: Zerlegen
Zuerst zerlegst du das Wort in seine Bestandteile:
der Glasrand: das Glas + der Rand   *das Schwimmbad: schwimm + das Bad*

Schritt 2: Schlüsselwort bilden (wenn nötig)
Wenn die Bausteine einsilbig sind, kannst du das zweisilbige Schlüsselwort dazu bilden:
das Glas → viele Glä | ser   *schwimm → wir schwim | men*
der Rand → viele Rän | der   *das Bad → viele Bä | der*

Schritt 3: Eine Schreibentscheidung treffen
Gläser mit *s*, also auch das Glas mit *s*. Ränder mit *d*, also auch *der Rand* mit *d*
→ der Glasrand

Wörter richtig schreiben

Rechtschreibstrategie: Wörtern mit *ä* und *äu* ableiten

Wenn du nicht weißt, ob ein Wort mit *äu*/eu oder *ä*/*e* geschrieben wird, kann dir eine andere Form des Wortes helfen, also ein Wort aus der gleichen Wortfamilie.

1 Ergänze in den Wörtern *ä* oder *äu* und schreibe sie auf.

die R?ber l?nger r?chen ?lter
z?hlen die Str?cher tr?men k?lter

2 a) Lies die **Infobox**, um mehr über die Schreibung von *ä/äu* zu erfahren.
b) Erkläre für die Wörter aus Aufgabe 1, warum sie mit *ä/äu* geschrieben werden.

3 Erprobe das Ableiten nun selbst und finde heraus, ob du diese Wörter mit *ä/äu* oder *e/eu* schreibst.
a zwei Zeilen b drei Zeilen c vier Zeilen

die B?der – die Z?hen – die ?le – die Kr?ter – die B?nke – die K?sten
die Sch?den – die L?te – die M?schen – w?hlen – ?ngstlich
die K?mme – bl?lich – die Tr?ppe – die Z?ne – str?ng – die Tr?e
die ?pfel – gl?nzen – der Z?ge – h?te – der L?fer – f?rben – ?ndern

4 Manchmal ist es nicht einfach zu erkennen, zu welcher Wortfamilie ein Wort gehört:

verräterisch – das Gewächs – verdächtig – häufig – vorläufig – das Geländer

a) Lest euch die Wörter mit *ä* und *äu* vor und sucht ein Wort aus der Wortfamilie.
b) Schreibt sie so auf: *verräterisch (von raten)*.

Rechtschreibstrategie: Ableiten bei Wörtern mit ä/äu

Infobox

A Ob Wörter mit *ä/äu* oder *e/eu* geschrieben werden, findest du heraus, indem du ein **anderes Wort** aus der **Wortfamilie** suchst. Besonders **einsilbige Wörter** helfen dir.
Wenn das Wort ein *a/au* enthält, schreibst du immer *ä/äu*:
länger mit *a*, weil *lang* — *das Häschen* mit *ä*, weil *der Hase*
die Bänke mit *ä*, weil *die Bank* — *räuchern* mit *äu*, weil *der Rauch*
das Gebäude mit *äu*, weil *der Bau*
Diese Strategie nennt man **Ableiten**.
Für Wörter wie *Kerze, Beule* oder *heute* gibt es kein Wort mit *ä/äu*. Sie schreibt man mit *e/eu*.
B Für einige Wörter mit *ä/äu* gibt es keine einsilbigen Wörter mit *a/au*. Diese musst du dir als **Merkwörter** einprägen: *der Bär, das Knäuel, krähen, der Käfer, der Käse, die Säge, die Säule, die Träne.*

WES-127901-198

Wörter richtig schreiben

Wörter mit *s*, *ß* und *ss*

Bei Wörtern mit *s* und *ß* hilft es euch ebenfalls, die Silben genau zu untersuchen, wenn ihr euch beim Schreiben nicht sicher seid. Das lernt ihr hier.

die Sträuße – der Besen – die Reise – große – der Esel – stoßen – die Grüße – gruseln – spaßen – die Spieße – die Wiese – rasen – lose – heißen – reißen – leise – lesen – die Füße

1 a) Lest die Wörter. Achtet dabei besonders auf die *s*-Laute.
b) Könnt ihr Unterschiede zwischen den Wörtern mit *s* und den Wörtern mit *ß* feststellen? Die **Infobox** hilft euch. *S. 317*

2 a) Ordnet die Wörter aus Aufgabe 1 in die Übersicht ein. Legt euch dazu eine eigene Übersicht an oder nutzt die Vorlage.

Wörter mit offener Silbe und ...

s **am Anfang der zweiten Silbe**	*ß* **am Anfang der zweiten Silbe**
der Besen	*die Sträuße*

b) Ergänzt unter den eingeordneten Wörtern auch Silbenbögen wie im Beispiel.

3 *s* oder *ß*? Lest euch auch diese Wörter vor und sortiert sie mit dem richtigen *s*-Laut und Silbenbögen in die Übersicht aus Aufgabe 2 ein.
a Zeile A   b Zeilen A und B
c alle Zeilen. In Zeile C passen *s* und *ß*. Erkläre die unterschiedliche Bedeutung.

A die Flö ? e – die Ho ? e – der Rie ? e – das Wie ? el – schie ? en
B schlie ? en – lo ? en – nie ? en – hei ? en – die Mei ? e
C rei ? en – wei ? e – die Flie ? en – flie ? en

4 Verbindet die Silben entweder mit *-se* oder *-ße*, sodass sinnvolle Wörter entstehen. Schreibt die Wörter auf und vergleicht sie.

die Bla ? – die Blu ? – die Flie ? – der Kä ? – der Rie ? – die Grü ? – die Klö ? – die Fü ? – die Ro ? – die Wie ? – die Sträu ? – die Spä ? – die Dü ?

Infobox

Wann schreibt man s und wann ß?

Für Wörter mit offener Silbe gilt: Wird der ***s*-Laut** der zweiten Silbe **stimmhaft gesprochen** (wie in *Nase, reisen*), beginnt die Silbe mit einem ***s***.
Wird der s-Laut der zweiten Silbe **stimmlos gesprochen** (wie *Füße, gießen*), beginnt die Silbe mit einem ***ß***.

WES-127901-199

5 Lies den Text. Was erfahrt ihr über den Rüssel der Elefanten?

Mehr als eine Nase

Elefanten benutzen ihren Rüssel wie ein Werkzeug. Er hilft ihnen beim Fressen, denn mit ihm können sie Gräser aus dem Boden reißen und bis zu zehn Liter Wasser aufsaugen. Mit seiner Hilfe können die grauen Riesen Staub als Schutzschicht auf ihren Rücken befördern. Bei Gefahr stoßen sie mit ihrem Rüssel Warntöne aus. Junge Elefanten müssen das alles noch lernen.

6 a) Lest die markierten Wörter vor. Welche Besonderheit könnt ihr hier entdecken?
b) Vergleicht eure Lösung mit der **Infobox** (**A**).

7 Markiert im Text alle zweisilbigen Wörter, die in der zweiten Silbe einen *s*-Laut haben. Nutzt dafür die Vorlage.

8 a) Legt euch eine Übersicht an oder nutzt die Vorlage.

Wörter mit s	Wörter mit ß	Wörter mit ss
die Gräser	*reißen*	*der Rüssel*

b) Tragt alle nun markierten Wörter in die Übersicht ein und setzt Silbenbögen.
c) Lest die Wörter vor. Achtet auf die Aussprache des *s*-Lautes und die Länge des Vokals in der ersten Silbe.

9 Bist du *s*-Laut-Profi? Bei diesen Wörtern fehlen die Buchstaben *s, ss* oder *ß*. Bilde zweisilbige Schlüsselwörter und setze den richtigen Buchstaben ein. Die **Infobox** (**B**) hilft dir.

die Mau ?	*er stie ?*	*hei ?*	*der Spie ?*	*das Hau ?*
der Schu ?	*das Ma?*	*der Bi ?*	*der Spie ?*	*na ?*

Wörter mit ss

Infobox

A Wenn das ***s*** in Wörtern mit **Silbengelenk** vorkommt, muss es **verdoppelt** werden, damit die erste Silbe geschlossen ist. Die zweite Silbe beginnt dann mit dem Konsonantenbuchstaben *s*. Das *s* wird **stimmlos gesprochen**:
die Risse – die Flüsse – müssen – wissen – das Wasser.

B Bei der richtigen Schreibung hilft uns wieder das **zweisilbige Schlüsselwort**:
das Haus → *die Häuser*, also *das Haus* mit *s*, *der Gruß* → *die Grüße*, also *der Gruß* mit *ß*, *der Kuss* → *die Küsse*, also *der Kuss* mit *ss*.

WES-127901-200

Wörter richtig schreiben

Wörter mit silbentrennendem *h*

stehen – gehen – fliehen – sehen – die Reihe – ziehen – die Ruhe
blühen – drehen – die Höhe – die Zehen – drohen – die Truhe

1 a) Lest euch die Wörter vor.
b) Prüft, wie die erste Silbe der Wörter endet und wie die zweite beginnt. *S. 317*
c) Vergleicht eure Überlegungen mit der **Infobox** (**A**).

2 a) Wähle aus Aufgabe 1 drei Verben aus und bilde zu ihnen die 3. Person Singular. Schreibe wie im Beispiel: *stehen → sie steht*.
b) Bilde Wörter aus der gleichen Wortfamilie, zum Beispiel: *stehen → der Stehtisch, anstehen*. Markiere dann das silbentrennende *h*. Was fällt dir auf?
c) Vergleicht eure Überlegungen mit der **Infobox** (**B**).

3 Ein Wort passt nicht in die Reihen. Kannst du es finden?
a) Schreibe die Reihen ab und setze Silbenbögen.
b) Streiche das Wort durch, das nicht in die Reihe passt. *S. 317*
c) Erklärt mit der **Infobox** (**C**) gemeinsam, warum ihr das Wort gestrichen habt.

die Schuhe – die Truhe – die Treue – die Rehe – die Mühe
früher – näher – krähen – fliehen – bauen

4 Hier fehlt doch was? Schreibe den Text ab und ergänze die Lücken in den Wörtern.
(a) Abschnitt A (b) Abschnitt A und B (c) alle Abschnitte

A Am Meer we?t eine frische Brise. Oft kommt man nur mit Mü?e beim Ge?en voran. Die Möwen ste?en in der Luft und die Wolken zie?en schnell vorbei.
B Bei ho?en Wellen ist es besser, schnell die Schu?e auszuzie?en, e?e sie nass werden. Dann kann man nä?er ans Wasser ge?en, wenn man keine Angst vor nassen Ze?en hat.
C Aber aufpassen! Wenn ihr eine sehr ho?e Welle se?t, müsst ihr schnell an den Strand flie?en. Sonst werdet ihr nass!

i Infobox

Wörter mit silbentrennendem h

A Es gibt **Wörter mit offener Silbe**, in denen die **zweite Silbe** mit dem **Buchstaben *h* beginnt**. So kann man die Silben **beim Lesen gut unterscheiden**, auch wenn man das ***h* nicht spricht** oder **hört**, z. B. *stehen, gehen, sehen, ziehen, die Ruhe, die Reihe.*
B Das *h* bleibt in allen Wörtern der Wortfamilie erhalten: *drehen → das Drehkreuz ...*
Bei einsilbigen Wörtern kann dir das **zweisilbige Schlüsselwort** helfen.
C Wörter mit *äu, au* oder *eu* haben nie ein silbentrennendes *h: bauen, das Knäuel, teuer.*

Wörter richtig schreiben

Rechtschreibstrategie: Wörter mit Dehnungs-*h* M

Wörter mit Dehnungs-*h* sind Merkwörter. Warum das so ist, lernt ihr hier.

wählen – fühlen – mahlen – die Strahlen – die Mühle – zahlen – fehlen – zähmen – der Rahmen – nehmen – lahme – wohnen – sehnen – fahren – bohren

1 Findet zuerst mehr über das Dehnungs-*h* heraus.
   a) Lest euch dazu die Wörter vor. Achtet besonders auf den Vokal in der ersten Silbe.
   b) Schreibt die Wörter nun ab und setzt Silbenbögen. *S. 317*
   c) Prüft, mit welchem Konsonantenbuchstaben die zweite Silbe beginnt.
   d) Vergleicht eure Ergebnisse mit der **Infobox**.

2 Bilde zu Wörtern aus Aufgabe 1 Wörter aus den Wortfamilien und schreibe sie wie im Beispiel auf: *wählen → die Wahl, wählerisch, abwählen …* *S. 317*
   a drei Wörter   b vier Wörter   c fünf Wörter

3 Mila sucht Reimpaare. Kannst du ihr helfen? Vervollständige die Paare und schreibe sie auf.

die Kähne – die Z ?, stehlen – f ?,
zählen – w ?, das Fohlen – die S ?,
rühren – f ?, die Ohren – b ?,
die Wahlen – die Z ?

4 Lies den Text. Füge dann die folgenden Wörter beim Abschreiben in den Text ein:
   a mindestens sechs Wörter   b mindestens acht Wörter   c alle Wörter
   berühmtesten – wohnhaft – Jahr – Befehl – ohne – Ohr – ihm – sehr – Ohren – belohnt – wohl – Ruhm

Grimassen-Künstler

Einer der [1] Grimassen-Künstler, [2] in London, ist Mike Plumm. Er hat es dadurch zu [3] großem [4] gebracht, dass er mit seinen [5] wackeln kann wie [6] kein anderer. Im letzten [7] wurde er für sein Training auf der Grimassen-Olympiade [8]. Dort gelang [9], was noch kein anderer geschafft hatte. Er wackelte abwechselnd auf [10] mit dem rechten oder dem linken [11] einzeln, [12] dabei sein Gesicht zu verziehen.

Rechtschreibstrategie: Wörter mit Dehnungs-*h* merken M

Infobox

In manchen Wörtern folgt nach dem Vokalbuchstaben der ersten Silbe ein **Dehnungs-*h***. Es zeigt, dass der **Vokal lang gesprochen** wird. Die **zweite Silbe beginnt** mit ***l, m, n*** oder ***r***: *zählen, nehmen, wohnen, fahren*.
Das Dehnungs-*h* steht aber nicht in allen Wörtern vor *l, m, n* oder *r*. Deshalb muss man sich die Wörter mit *h* gut merken. Hier findest du einige Wörter, die **ohne *h*** auskommen: *malen, die Schale, der Name, sie kamen, die Krone, die Kräne, hören, spüren.*

WES-127901-202

Wörter richtig schreiben

Rechtschreibstrategie: Wörter mit aa, *ee* und *oo* merken M

die Aale – die Seele – die Moose – die Paare – die Speere – die Meere – die Moore – die Haare – die Boote – die Saaten – die Beere – die Waage – die Staaten – der Zoo – der Tee – der Schnee – der Teer – der See – die Fee

1 Hier gibt es eine Besonderheit bei der Schreibung zu entdecken.
a) Untersuche die Wörter genauer. Welche Besonderheit könnte gemeint sein?
b) Vergleiche deine Vermutung mit der **infobox**.

2 a) Lege dir eine Übersicht wie im Beispiel an oder nutze die Vorlage.
b) Notiere darin die Wörter aus Aufgabe 1 an passender Stelle.

Wörter mit aa	Wörter mit ee	Wörter mit oo
die Aale …	*die Seele …*	*die Moose …*

3 Finde zu fünf der Wörter mindestens drei weitere aus der Wortfamilie und schreibe sie wie im Beispiel auf: *die Moose → moosgrün, moosig, die Moosflechte.* *S. 318*

4 Wörter mit *aa, ee* und *oo* muss man sich merken. Arbeitet zu zweit.
a) Ein Kind diktiert einen der folgenden Texte, das andere Kind schreibt ihn auf.
b) Vergleicht dann gemeinsam, ob ihr alle Wörter mit *aa, ee* und *oo* richtig geschrieben habt. Korrigiert falsche Schreibungen, wenn nötig.

I: Bei der Beerenpflück-WM in Finnland hat man als Team aus drei Personen eine Stunde Zeit, um möglichst viele Beeren zu sammeln. Der Rekord brachte fast 28 Kilogamm auf die Waage. Daraus wurden viele Beerenkuchen und Tees gezaubert.

II: Zur Weltmeisterschaft im Moorschnorcheln versammeln sich jährlich viele, um mit Taucherbrille und Schnorchel durch einen 55 Meter langen Graben im Hochmoor zu schwimmen. Auch in Paaren tritt man an. Der Rekordhalter schaffte die Schlammstrecke in einer Minute und 35 Sekunden – fast eine Minute langsamer als im Meer.

III: In Büsum an der Nordsee gibt es jedes Jahr ein Rennen mit Booten aus Papier, Karton und Pappe. Einen Preis gewinnt nicht nur das schnellste Boot, sondern auch das kreativste. Gepaddelt wird aber nur im Hafenbecken und nicht im Meer. Wer ins Wasser fällt, wärmt sich mit nassen Haaren bei einem Tee oder Kaffee auf.

i Infobox

Rechtschreibstrategie: Sich Wörter mit aa, ee und oo merken M

Wörter **mit doppelten Vokalbuchstaben** kommen im Deutschen nur **sehr selten** vor. Du musst dir ihre **Schreibung merken**.

Wörter richtig schreiben

Worttrennung am Zeilenende

1 So etwas sieht nicht gerade gut aus! Wenn die Zeile zu Ende ist, solltest du besser die Wörter mit einem Trennstrich abtrennen und auf der nächsten Zeile weiterschreiben.

Dort schwamm im Krokodilbecken
ein riesiges Krokodil herum.
In der großen Unterwasseranlage
konnten wir Fische beobachten,
die wir noch nie gesehen haben.

a) Schreibe den Text so ab, dass du die Zeilen gut ausnutzt, aber der Rand frei bleibt.
b) Tauscht euch aus, wie ihr die Wörter am Zeilenende trennen würdet, und vergleicht eure Lösung mit der **Infobox**.

2 Schreibt die Wörter mit Trennstrichen richtig auf, z. B. *der Re-gen-wurm*.
ⓐ mindestens sechs Wörter ⓑ mindestens acht Wörter ⓒ alle Wörter

der Regenwurm – verraten – die Nachttischlampe – merkwürdig – der Sonnenschirmständer – der Gehwegpflasterstein – die Fröhlichkeit – umbauen – das Geheimversteck– die Würfelzuckerstücke – hügelig

I II III

3 Wer findet ein Wort mit den meisten Trennstrichen? Spielt zu zweit.
a) Sucht in einem Wörterbuch nach langen Wörtern und notiert sie euch.
b) Diktiert euch eure langen Wörter und schreibt sie dann mit Trennstrichen auf.
c) Überprüft eure Lösungen: Wer hat das Wort mit den meisten Trennstrichen aufgeschrieben?

4 Textverarbeitungsprogramme trennen automatisch, oft passieren dabei aber Fehler.
a) Prüft, ob die Trennungen rechts richtig sind. Schlagt dazu in einem Wörterbuch nach.
b) Korrigiert anschließend die falschen Trennungen.

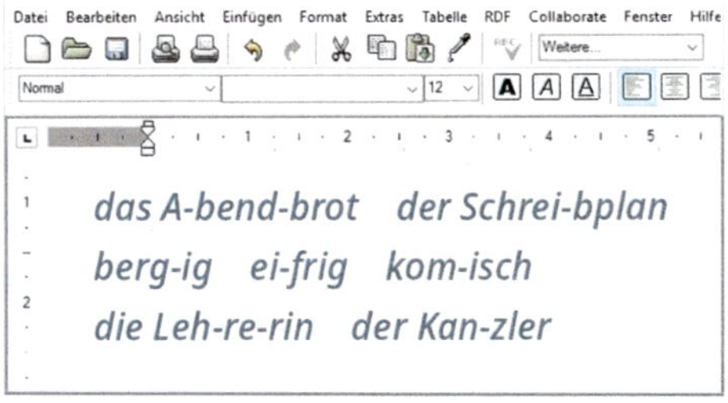

Die Worttrennung am Zeilenende

Infobox

Wörter aus **mehreren Silben** kann man am Ende einer Zeile **trennen**:

- Steht nur ein Konsonantenbuchstabe zwischen Vokalbuchstaben, dann kommt er bei der Trennung auf die neue Zeile, z. B. *glau-ben*.
- Stehen mehrere Konsonantenbuchstaben zwischen Vokalbuchstaben, dann kommt nur der letzte auf die neue Zeile, z. B. *rech-nen, dunk-le*.
- Konsonantenverbindungen wie *ch, sch* oder *ck* trennt man nicht. Sie kommen gemeinsam auf die neue Zeile, z. B. *la-chen, mi-schen, ba-cken*.
- Einzelne Vokalbuchstaben am Wortanfang oder Wortende werden nicht abgetrennt, z. B. nicht *der E-sel, die Treu-e*.

Wörter richtig schreiben

Rechtschreibgespräche führen

Ihr habt gelernt, dass man sich die Schreibung vieler Wörter gut erklären kann und man so sicherer beim richtigen Schreiben wird.

Kinder in Deutschland sitzen zu viel

In der Woche kommen sie auf mehr als zehn Stunden täglich.
Sie sitzen im Bus, in der Schule, beim Essen.
Aber unser Körper ist für so viel Ruhe nicht gemacht.
Um gesund zu bleiben, müssen wir uns öfter und regelmäßiger bewegen.

1 Lest den Text. Arbeitet dann zu zweit.
   a) Ein Kind diktiert den ersten Satz, das andere Kind schreibt ihn auf.
   b) Habt ihr alles richtig geschrieben? Überprüft das zu zweit und korrigiert eure Fehler.
   c) Tauscht nun die Rollen und diktiert den nächsten Satz.

» , S. 194
» , S. 196
» M, S. 201–202
» , S. 197

2 Welche Wörter fandet ihr im Text schwierig? Notiert diese und erklärt, mit welcher Rechtschreibstrategie (*Schlüsselwörter bilden, Wörter zerlegen, Ableiten, Merkwörter*) ihr sie fehlerfrei schreiben könnt.

3 Sicherlich stoßt ihr im Alltag oft auf Wörter, bei denen ihr euch bei der Schreibung unsicher seid.
   a) Sammelt in Gruppen schwierige Wörter und schreibt sie auf Karteikarten.
   b) Kennzeichnet in den Wörtern die schwierigen Stellen mit einem Punkt wie im Beispiel: *die Kämme*.
   c) Kommt über diese Stellen ins Gespräch: Was könnt ihr tun, um die richtige Schreibung zu finden? Hilft euch eine Rechtschreibstrategie aus diesem Kapitel?

4 Stellt euch in der Klasse einige schwierige Wörter vor und besprecht, warum sie schwierig sind. Ihr könnt die Karteikarten in einer Rechtschreibkartei sammeln und so regelmäßig die Schreibung schwieriger Wörter üben.

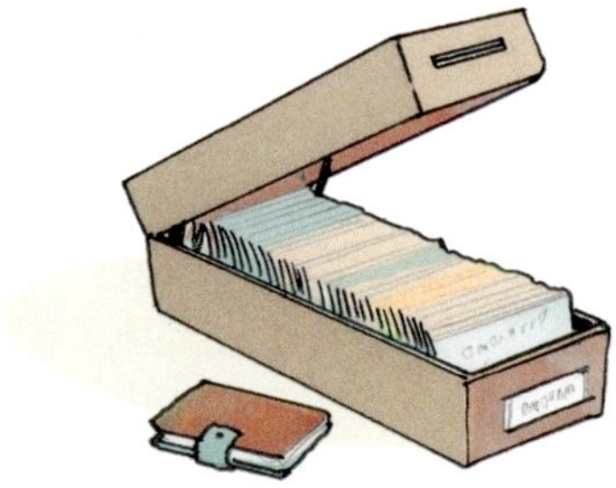

5 Bist du nun fit im Umgang mit den Rechtschreibstrategien?
In diesen Wörtern haben sich bei Ayla Fehler eingeschlichen. Finde die Fehler mit einer geeigneten Rechtschreibstrategie und schreibe sie korrigiert auf.
ⓐ mindestens vier Wörter S. 318 ⓑ mindestens fünf Wörter ⓒ alle Wörter

der Klepstoff	*der Baumstam*	*hizefrei*
der Piltz	*schreklich*	*merckwürdig*

I
II
III

Wörter richtig schreiben

Wörter berichtigen und Fehler vermeiden

A In der letzten Woche waren wir auf Klasenfahrt.
B Fünf Tage wohnten wir in einem alten Walthaus.
C Nachts hat es manchmal geknakt und geknarrt.
D Einige Kinder waren sehr engstlich.

1 Hier findest du vier Sätze. In jeden Satz hat sich ein Fehler eingeschlichen.
a) Überlegt, wie die unterstrichenen Wörter richtig geschrieben werden.
b) Wie könnt ihr die richtige Schreibung erklären? Die Rechtschreibstrategien in diesem Kapitel helfen euch dabei. *S. 318*

2 Lies den Text, in dem Matteo von einem Spiel berichtet.
Um welche Sportart könnte es sich wohl handeln?

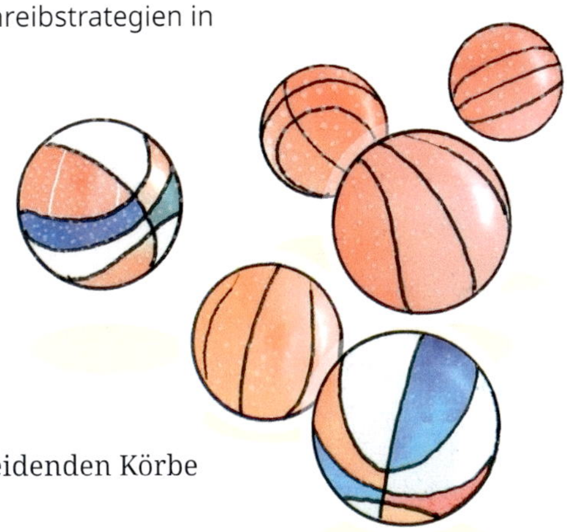

A Die Manschaft der 5b hat mit 19:17 gesiekt.
B So etwas gelinkt den Kindern nicht immer.
C Die Gegner waren in diesem Jar sehr geferlich.
D Doch in der Entrunde konten sie nicht mehr mithalten.
E Amira und Max haben in den lezten Minuten die entscheidenden Körbe geworfen.
F Damit hat die 5b entlich die Schulmeisterschaft gewonen.

3 Berichtige die Fehler in Matteos Text. Erkläre die richtige Schreibung mithilfe der Rechtschreibstrategien.
ⓐ Sätze A bis D ⓑ Sätze A bis E ⓒ alle Sätze

I II III

4 Wenn du viel liest und schreibst, machst du immer weniger Fehler. Das liegt daran, dass du ein gutes Gefühl für die Schreibung bekommst. Diese Wörter sind zwar alle richtig geschrieben, aber einige schwierige Stellen sind unterstrichen.
Schau sie dir aufmerksam an.

das Katzenfell	das Raubtier	der Streckverband
die Reißleine	gefräßig	das Rollfeld

5 Schreibe die Wörter zunächst ab und begründe die Schreibung der schwierigen Stellen. Das Beispiel hilft dir.
ⓐ mindestens drei Wörter ⓑ mindestens vier Wörter ⓒ alle Wörter

das Katzenfell → Katze mit tz: das ist ein besonderes Silbengelenk, Fell mit ll: die Felle (→ zweisilbiges Schlüsselwort bilden)

I II III

WÖRTER RICHTIG SCHREIBEN

SCHREIBSILBEN » S. 187

- offene oder geschlossene Silben
- lange und kurze Vokale

die Hü te   die Hüt te

TIPP:
Silbenbögen helfen dabei!

WÖRTER ZERLEGEN

Zerlege Wörter, um Schlüsselwörter zu erhalten:

der Glasrand

das Glas + der Rand

» S. 196

SCHLÜSSELWÖRTER UNTERSUCHEN

offene und geschlossene Silben mit i-Laut: » S. 190
bie gen, lie gen, Win ter, sin gen
Achtung: Ausnahmen sind Merkwörter!

geschlossene Silben mit Silbengelenk: » S. 191
Konsonantenverdopplung: die Hütte, fallen

Silbengelenke mit k und z: » S. 192
keine Verdopplung, stattdessen ck und tz:
die Hecke, sitzen

Silbengelenke mit ch, sch und x: » S. 193
keine Verdopplung: machen, mischen, mixen

silbentrennendes h: » S. 200
In manchen Wörtern folgt auf eine offene Silbe ein silbentrennendes h für die bessere Lesbarkeit:
se hen, die Ru he

SCHLÜSSELWÖRTER BILDEN » S. 189

Aus Einsilblern zweisilbige Schlüsselwörter machen:

- Adjektive → Form mit e verlängern:
  gelb → gelber
- Nomen → Plural bilden:
  der Zwerg → viele Zwerge
- Verben → wir-Form bilden:
  ich ging → wir gingen

ABLEITEN BEI WÖRTERN MIT Ä UND ÄU » S. 197

andere Wörter aus der Wortfamilie finden, um zu klären, ob ä/äu oder e/eu geschrieben wird:

länger → lang   räuchern → der Rauch

MERKWÖRTER » S. 201–202

Dehnungs-h:
In einigen Wörtern folgt auf eine offene Silbe ein Dehnungs-h, das die Vokallänge unterstreicht. Aber nur, wenn die zweite Silbe mit l, m, n oder r beginnt:
zäh len, neh men, woh nen.

Wörter mit aa, ee und oo:
manchmal werden Vokalbuchstaben verdoppelt. Das passiert sehr selten. Diese Wörter sind Merkwörter, z. B. das Moos, die Meere, der See, die Waage.

HIER GIBT'S NOCH MEHR
Digital+
WES-127901-206

Wörter richtig schreiben

Überprüfe dein Wissen und Können

WES-127901-207

A	sin | gen	sie | gen	blin | ken	der Ku | chen	he | ben
B	bau | en	den | ken	lie | ben	die Rei | se	die Res | te
C	der Lenker	finden	bleiben	die Ente	die Eule

1 Hier findest du einige Wörter. Ordne die Wörter nach offener und geschlossener Silbe in das Schema ein und ergänze Silbenbögen.

a Reihe A   b Reihe A bis B   c Reihe A bis C

offene Silbe	geschlossene Silbe
sie | gen	…

I II III

2 Diese Silben sind durcheinandergeraten! Verbinde jeweils zwei Silben zu sinnvollen Wörtern und schreibe sie mit Silbenbögen auf.

a vier Wörter   b fünf Wörter   c sechs Wörter

hen	mei	han	se	den	kau
fen	denk	ßen	grü	deln	ken

I II III

3 Lies den Text. Die Kinder sind sich bei der Schreibung einiger Wörter unsicher. Finde die richtige Schreibung der unterstrichenen Wörter.

A Es war einmal ein Rise. Er lebte in einer großen Hale, umgeben von großen Hunden, die nachts an den Türen krazten. Sie knurten immer, wenn sie nicht schon früh morgens gefütert wurden.

B Sobald die Hunde morgens die Stifel ihres Herchens hörten, belten sie hungrig und knurten laut.

C Wenn es Futer gab, sah man die Hunde um die Knochen kempfen. Nur an den Farben ihres gläntzenden Fels konnte man sie noch unterscheiden.

- Schreibe die unterstrichenen Wörter auf.
  a Abschnitt A   b Abschnitt A bis B   c Abschnitt A bis C
- Bilde Schlüsselwörter und finde die richtige Schreibung.
- Korrigiere die falsch geschriebenen Wörter. Schreibe wie im Beispiel:
  Rise: Das i ist in einer offenen Silbe und wird deshalb als ie geschrieben.
  → der Riese

I II III

4 Ayla, Matteo und Ella haben sich einige Rechtschreibprobleme auf Karten notiert.

die Hant oder die Hand?	*belen oder bellen?*	*die Burk oder die Burg?*

a) Findet für diese Wörter die richtige Schreibung. Zweimal müsst ihr ein zweisilbiges Schlüsselwort bilden.

b) Schreibt die Wörter richtig auf und begründet eure Schreibung wie im Beispiel in Aufgabe 3 auf Seite 207.

5 Auch bei *e/eu* und *ä/äu* kann es zu Unsicherheiten bei der Schreibung kommen. Schaut euch die Wörter genau an, schreibt sie ab und füllt die Lücken.

ⓐ Arbeitet mit sechs Wörtern.

ⓑ Arbeitet mit neun Wörtern.

ⓒ Arbeitet mit allen Wörtern.

die Z ? hen　　die ? le　　f ? rben　　? ndern

ausw ? hlen　　die K ? mme　　n ? lich　　die Kr ? ter

die ? pfel　　die B ? me　　h ? ngen　　bed ? ten

6 Begründet eure Schreibungen aus Aufgabe 5. Schreibt wie im Beispiel:
hängen mit ä, weil der Hang.

7 Lies den Text. Darin haben sich einige Fehler eingeschlichen.

ⓐ Korrigiere die unterstrichenen Wörter in Abschnitt [A].

ⓑ Korrigiere die unterstrichenen Wörter in Abschnitt [A] und [B].

ⓒ Korrigiere den ganzen Text. In Abschnitt [C] findest du drei falsch geschriebene Wörter.

Heute schon gelächelt?

[A] Plötzlich bliep Paul stehen. Ein kleiner Hund tapte durch den Park. Mit seinem dicken Fel und dem frechen Blick brachte er ale zum Lachen.

[B] „Schneler!", rief Lisa, als der Hunt einen Ball schnapte und wegrante. Die Kinder klatschten, sprangen und lachten laut. „Ich hab dich liep!", flüsterte sie und drückte ihren Hund fest.

[C] Was für ein Glück! So ein Moment bleipt im Kopf – bund, lebendig und echt. Wer heute noch nicht gelächelt hat, der solte es jetzt tun!

8 Lies diesen Text zum „ganz normalen Wahnsinn". Darin fehlen jedoch die Buchstaben *s, ss* und *ß*. Schreibe die Wörter mit ergänzten Lücken auf.

a sieben Lücken b neun Lücken c alle Lücken

I II III

Der ganz normale Wahnsinn!

Morgens verga ? Lisa ihren Rucksack. Sie mu ? te zurück – ganz schön stre ? ig! Im Bus stie ? sie mit einem mürrischen Mann zusammen, der ständig nie ? en musste. In der Kla ? e flüsterte Jonas: „Hast du das Arbeitsblatt?" Lisa wu ? te es be ? er – sie hatte es zu Hause gela ? en. Beim Pau ? enspiel ri ? sie sich das Kleid am Zaun auf. Trotzdem lachte sie. „Was für ein Chaos!", rief sie. Doch am Ende war alles halb so wild. Manchmal sind es gerade diese Mi ? geschicke, die den Tag besonders machen.

9 Ein Wort passt nicht in die Reihen. Kannst du es finden?

a) Schreibe die Reihen ab und setze Silbenbögen.

b) Streiche das Wort durch, das nicht in die Reihe passt.

A die Truhe – die Schule – die Schuhe – die Rehe – die Mühe

B früher – näher – krähen – fliehen – bauen

C das Gebäude – die Häuser – das Gemäuer – die Leute

D freuen – teurer – scheuern – heute – säuerlich

WES-127901-210

Großschreibung

Lieber Paul,

hier kommt mein Tassenkuchenrezept. Viel damit!
Fette zuerst eine saubere mit ein.
Verrühre fünf Esslöffel , vier Zucker und
ein frisches in der Tasse.
Füge ¼ Teelöffel hinzu, damit der Teig fluffig
wird, und gieße einen Schuss nach.
Für einen schokoladigen kannst du deinen
mit verfeinern.
Schiebe die Tasse für zwei in eure .
Ich wünsche dir einen guten Appetit!

Deine Oma

Backpulver
Ei
Geschmack
Kakaopulver
Margarine
Mehl
Mikrowelle
Minuten
Öl
Spaß
Tasse
Teelöffel
Teig

1 Paul möchte den Tassenkuchen seiner Oma nachbacken.
Doch leider sind Teigkleckse auf das Rezept gekommen. *S. 318*
a) Überlege für dich, welche der Wörter unter den Klecksen stecken könnten.
b) Lest das Rezept nun mit den passend eingesetzten Wörtern vor.

2 Sprecht genauer über die bekleckssten Stellen:
Was ist besonders an der Schreibung dieser Wörter?

3 Tauscht euch aus: Kennt ihr schon Tricks, mit denen ihr erkennen könnt, ob ein Wort im Satz großgeschrieben wird?

4 Schreibe den Brief vollständig und richtig auf.
So klappt das Backen für Paul gleich viel leichter …
… und vielleicht möchtest du das Rezept selbst einmal ausprobieren.

In diesem Kapitel lernst du, …
- dass Nomen großgeschrieben werden.
- wie du Nomen durch Adjektive sicher erkennst.
- wie weitere Signalwörter dich auf Großschreibung hinweisen.

Großschreibung

Nomen an Adjektiven erkennen

WES-127901-211

1 Lest den folgenden Text erst leise und dann laut.

Als Verteidiger, …
als schneller Verteidiger,
als schneller, leichtfüßiger Verteidiger,
als schneller, leichtfüßiger, aufmerksamer Verteidiger
kontrolliere ich den Stürmer.

2 Warum ist das Wort „Verteidiger" großgeschrieben?

3 Untersucht die Adjektive und das Nomen „Verteidiger".
Was fällt an der Reihenfolge auf?

» *Adjektive, S. 277*
» *Nomen, S. 272*

4 Entscheide dich für einen dieser beiden Texte.

Als Stürmer,
als … Stürmer,
als …, … Stürmer
umspiele ich jeden Verteidiger.

Ein Erfolg,
ein … Erfolg,
ein …, … Erfolg
freut mich jeden Tag.

a) Wähle zwei Adjektive für das Nomen „Stürmer" oder „Erfolg".
begeisterter, sportlicher, beweglicher, großer, überraschender, toller
b) Notiere den Text. Schiebe das Nomen dabei immer weiter nach rechts.

5 Habt ihr eine Idee, wie euch so eine Erweiterung beim Erkennen von Nomen hilft?
Lest nun die **Infobox** (**A** | S. 212). Erklärt anschließend die „Erweiterungsprobe".

6 Hier findet ihr weitere Fußball-Sätze:

Stürmerin Sara verwandelt einen fantastischen Freistoß. Verteidiger Ali schafft eine atemberaubende Flanke. Die Teams freuen sich über ein schönes Spiel.

Seht die Adjektive vor den Nomen an: Was fällt euch an ihrer Form auf? *S. 318*

7 Lest gemeinsam die **Infobox** (**B** | S. 212). Vergleicht eure Entdeckungen damit.

8 Beweise die Großschreibung dieser Nomen: Ergänze dafür Adjektive mit Endung.
a Nomen 1–3: *das eckige Tor, …* **b** Nomen 1–4 **c** Nomen 1–6

1. das Tor, 2. der Treffer, 3. die Zeit, 4. das Spiel, 5. der Mut, 6. die Freude
eckig… knapp… erholsam… aufreibend… groß… geteilt… *S. 318*

9 Ergänzt die Sätze mündlich mit den Adjektiven vom Rand.
Vergesst nicht, ihre Endungen an das jeweilige Nomen anzupassen. S. 318

Tarjas Tischtennis-Abenteuer

Sie hat ein ? geschenk bekommen,	*großartig*
und zwar einen ? tischtennisschläger.	*neu*
Das ist eine ? freude für sie.	*groß*
In einer ? vereinshalle übt sie viel.	*schön*
Durch ? üben wird sie immer besser.	*regelmäßig*
Von ihrer ? schwester bekommt sie ? unterstützung.	*älter, hilfreich*
Noch nimmt sie aber nicht an ? wettkämpfen teil.	*richtig*

10 Lest die Wörter vor, die nun Großschreibung brauchen. Begründet.

11 Schreibe den Text vollständig und mit der richtigen Großschreibung auf.
Sie hat ein großartiges Geschenk bekommen, …

12 Vermutet, welche der Wörter im folgenden Text großgeschrieben werden müssen.

Tarja N/nimmt an einem W/wettkampf teil. Sie fährt D/dort mit ihrem T/team hin. Alle haben T/tischtennisschläger, S/sportkleidung und W/wasserflaschen dabei. Tarja hat S/sorge vor dem S/spiel. Doch D/dann wird A/alles ganz anders…

13 a) Überprüft mündlich, ob ihr sie mit Adjektiven erweitern könnt. S. 318
b) Schreibe den Text mit Adjektiven und in richtiger Großschreibung auf.
Tarja nimmt an einem aufregenden Wettkampf teil …

14 Wie der Wettkampf doch noch zu einem tollen Erlebnis wird, bleibt offen.
Beende den Text: Ergänze passende Adjektive, schreibe die Nomen groß.

I **a** „Sie macht den ? punkt.“ S. 318
II **b** „Nach dem ? spiel feiert das ? team eine ? party.“ S. 319
III **c** Schreibe einen eigenen Satz:
Verwende ein Nomen. Ergänze vor diesem Nomen ein Adjektiv. S. 319

i Infobox

Erweiterungsprobe (Adjektive)

A Nomen werden **großgeschrieben**. Du erkennst sie mit der Erweiterungsprobe:
Kannst du vor das Wort ein **Adjektiv** (mit einer Endung) setzen, dann ist es ein **Nomen**.
Lisa macht einen Ausflug. *Lisa macht einen schönen* ***Ausflug***.

B Wenn ein Adjektiv vor einem Nomen steht, passt es seine Form an das Nomen an.
Es erhält dabei eine **Endung**.
gut: *ein guter Ausblick* *eine gute Freundin* *ein gutes Buch*
sauber: *ein sauberer Raum* *eine saubere Tasche* *ein sauberes Zimmer*

Großschreibung

Nomen an weiteren Signalwörtern erkennen

WES-127901-213

1 Lest gemeinsam den folgenden Text laut.

Heftiger Muskelkater

Ein Hobby von mir ist das Laufen.
Die Wettläufe sind auf einer Stadionbahn.
Der Start klappte heute ziemlich gut …

2 Die markierten Wörter müssen im Text großgeschrieben werden.
a) Woran könnt ihr das erkennen? Seht dazu die unterstrichenen Wörter an.
b) Lest gemeinsam die **Infobox** (**A** | S. 214). Stimmt eure Vermutung?

3 Lest ebenfalls laut, wie es weitergeht:

… Zum Ende hin wurde es doch noch knapp. Als ich im Ziel ankam, war ich begeistert und erschöpft. Am Abend hatte ich dann aber Muskelkater.

4 a) Beachtet auch die Signalwörter vor diesen Nomen. Was für Wörter sind das?
b) Lest nun die **Infobox** (**B** | S. 214). Waren eure Vermutungen richtig?

5 Schreibe mit den Bausteinen Sätze zum Thema „Leichtathletik" und markiere die Signalwörter, die auf Nomen hinweisen. *S. 319*
a zwei Sätze b drei Sätze c vier Sätze

Beim	Belohnung	habe ich schmerzende Beine.
Zur	Entspannen	trinke ich eine Limonade.
Im	Wettkampf	vergesse ich die Zeit.
Vom	Muskelkater	bin ich die schnellste Teilnehmerin.

6 Erforsche den Text: Finde mündlich alle Signalwörter, die Großschreibung anzeigen.
a Satz 1–2: 5 Wörter b Satz 1–3: 7 Wörter c Satz 1–5: 14 Wörter

Wattolympiade

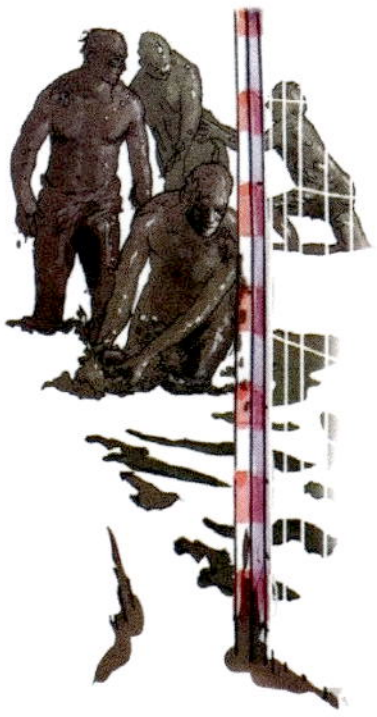

1 Die W/wattolympiade an der N/nordsee F/fasziniert die B/besucher.
2 Die S/sportler R/rutschen und S/schlittern durch den S/schlick.
3 Zur A/abkühlung ins M/meer zu springen, scheint V/verlockend.
4 Man V/versucht im H/handball und beim V/volleyball auf dem R/rutschigen S/schlamm die G/gegner zu B/besiegen.
5 Beim S/schlickschlittenrennen geht es zwar wild zu, aber im S/spiel ist zum G/glück fast A/alles erlaubt.

7 Notiere deine Sätze mit der richtigen Großschreibung. Markiere die Signalwörter.

8 Lest nun diesen Text Satz für Satz vor.

Pechsträhne

Wir haben an unserer Schule so manche Wettkämpfe zwischen allen Klassen. Gestern war unser jährliches Sportfest mit vielen Leichtathletik-Turnieren. Diese Sporttage finden jedes Schuljahr statt und bringen solchen Spaß. Aber mein Mitschüler Tom hatte leider keine Glückssträhne. Sein Schuh ging auf, sodass er stolperte, bevor er einige Schülerinnen und Schüler überholen konnte. Mina war verletzt und konnte wegen ihres Sprunggelenkes nicht teilnehmen. Wir haben trotzdem unser Bestes gegeben.

9 a) Seht die Markierungen an. Auch das sind Signalwörter für die Großschreibung.
b) Informiert euch dazu mit der **Infobox** (**C**).
c) Notiere den Text. Markiere dort nun alle weiteren Artikelwörter. *S. 319*

10 Schreibe diesen Lückentext ab. Überlege, welche Wörter du großschreiben musst: Setze dafür passende Artikelwörter ein. Zwei Lücken bleiben frei.
alle, einige, keine, mein ~~(2x)~~, meiner, ~~seinen~~, solche, unser

Tom erzählt *seinen E*ltern:
„*Mein T*ag startete toll. ? K/klassen ? S/schule haben am Staffellauf teilgenommen. ? L/läufe sind besonders ? S/spannend. Ich konnte ? K/kinder überholen, aber dann ging ? S/schnürsenkel auf und ich stolperte vorm Ziel. Ich hatte ? Chance. Wir haben aber ? B/bestes gegeben. Der Tag ? H/hat uns gefallen."

11 Beweise die Großschreibung nun zusätzlich mit der Erweiterungsprobe:
Schreibe einen der drei Texte ab und füge (weitere) Adjektive vor den Nomen ein:
- **a** Text „Heftiger Muskelkater" (beide Teile) *S. 319*
- **b** Text „Wattolympiade" *S. 319*
- **c** Text „Pechsträhne" *S. 319*

i Infobox

Weitere Signalwörter

Artikel und ähnliche Wörter helfen dir, Nomen zu erkennen. Der sicherste Weg, Nomen im Satz zu erkennen, ist jedoch die Erweiterungsprobe. Nutze sie immer zusätzlich.

A Artikel: Vor vielen Nomen steht ein Artikel. Dieser ist ein Signal für die Großschreibung: *das* ***W**ettrennen, ein* ***F**ußball.*
Achtung: Nicht immer steht der Artikel direkt vor dem Nomen (z. B.: *ein toller Ball*)
B Versteckte Artikel: Der Artikel kann sich in Präpositionen verstecken: *am = an dem, beim = bei dem, im = in dem, ins = in das, vom = von dem, zum = zu dem, zur = zu der*
C Weitere Artikelwörter: Vor Nomen können weitere Artikelwörter in verschiedenen Formen stehen: *mein, dein, ihr, sein, unser, euer (z. B. meine Tasche), alle, diese, einige, jede, manche, kein, solche, viele (z. B. viele Menschen).*

Großschreibung

Großschreibung von Nomen üben

WES-127901-215

1 Öffne den Text in der Vorlage oder schreibe ihn zunächst vollständig ab.

Überraschender Besuch

Am W/wochenende habe I/ich die T/tiere in unserem G/garten beobachtet. Dabei habe ich kleine Z/zaunkönige entdeckt. Sie K/kamen aus einem B/busch herausgeflogen, der ganz hinten im G/garten wächst. Manche V/vögel verstecken sich G/gern dort. Mit großer G/geduld kann man spannende E/entdeckungen machen. Aber E/eine solche B/beobachtung hatte ich bisher N/nie gemacht…

2 Sorge nun dafür, dass die Großschreibung stimmt:
Kreise in der Vorlage / in deinem Text die richtigen Wortanfänge (W/w, T/t …) ein.

Am W/wochenende habe I/ich die T/tiere in unserem G/garten beobachtet. Dabei habe ich kleine Z/zaunkönige entdeckt. Sie K/kamen aus einem B/busch herausgeflogen, der ganz hinten im G/garten wächst. …

3 Markiere auch die Hinweiswörter, an denen du die Großschreibung erkannt hast.
Achtung: **Hinweiswörter** sind Adjektive mit Endungen oder weitere Signalwörter wie Artikel, versteckte Artikel und weitere Artikelwörter, die vor den Nomen stehen.

» *Weitere Signalwörter, S. 214*

Am W/wochenende habe I/ich die T/tiere in unserem G/garten beobachtet. Dabei habe ich kleine Z/zaunkönige entdeckt. Sie K/kamen aus einem B/busch herausgeflogen, der ganz hinten im G/garten wächst. …

4 Untersuche das Ende des Textes:
- Zeige mit der **Erweiterungsprobe**, dass „Lust" und „Vögel" Nomen sind.
- Diese Adjektive kannst du einsetzen: ***groß, klein***.
  Denke daran, passende Endungen zu ergänzen.

» *Erweiterungsprobe, S. 212*

„Ich habe ? Lust, bald wieder ? Vögel zu sehen."

II

1 Öffne den Text in der Vorlage oder schreibe den Text zunächst vollständig ab.

Konzert im Garten

Kürzlich hat ein Z/zaunkönig mit seiner S/stimme laute L/lieder gesungen. Am A/anfang ließ er sich V/von meiner A/anwesenheit überhaupt nicht S/stören. Erst als ich einige T/töne seiner S/stimme nachahmen wollte, flog E/er weg. Er dachte W/wohl, dass W/wir ernsthafte K/konkurrenten sind. Zum G/glück habe ich nicht alle V/vögel verschreckt, sodass ich S/sie noch eine W/weile weiter beobachten konnte. Da ich von nun an G/ganz leise war, kam zu meiner großen F/freude auch mein kleiner F/freund bald zurück. So S/saß ich noch einige Z/zeit still, bis es dringende Z/zeit zum A/abendessen wurde ...

2 Ergänze die Großschreibung: Umkreise die richtigen Wortanfänge.

3 Markiere nun die **Hinweiswörter**, an denen du die Großschreibung erkannt hast.

4 Untersuche das Textende:
- Prüfe mit der **Erweiterungsprobe**, welche unterstrichenen Wörter Nomen sind.
- Aus diesen Adjektiven kannst du wählen: ***schön, groß, eindrucksvoll, unerwartet***. Denke daran, die Endungen zu ergänzen.

„Das war ? V/vielleicht ? U/unterhaltung.
Hoffentlich gibt es ? B/bald wieder ? K/konzerte wie dieses."

III

1 Notiere den Text richtig: Beachte die Hinweiswörter und schreibe die Nomen groß.

Ein wahrer Alleskönner

Sein königreich ist klein und sein körper ist winzig. Der zaunkönig kann sein revier in einem park oder in eurem garten haben. Er bevorzugt dichtes gebüsch. Obwohl er so klein ist, sind die schönen töne, die aus seiner kehle kommen, beeindruckend. Man hört dann einen melodischen gesang und zartes zwitschern, mit dem ein neuer tag angekündigt wird. Zur paarungszeit tanzt der zaunkönig regelrecht durch die büsche. Mit großer sorgfalt baut er anschließend ein nest für seinen nachwuchs im geäst. Beim brüten passt das weibchen auf fünf bis sieben eier auf. Um ihre jungen kümmern sich die weiblichen und männlichen vögel dann gemeinsam. Auch beim jagen stellt sich der winzling geschickt an. Er versteckt sich in vielen büschen und im unterholz ...

2 Markiere die **Hinweiswörter** in deinem Text in verschiedenen Farben für: Adjektiv und weitere Signalwörter.

3 Prüfe mit der **Erweiterungsprobe**, welche Wörter in dem Textende Nomen sind:

„Schnell und präzise fängt er insekten und larven. Zaunkönige sind immer in bewegung. Sie sind alleskönner und stets mit schwung unterwegs."

Großschreibung

Nomen schreibst du groß.
Aber wie erkennst du, dass ein Wort ein Nomen ist?

Die Erweiterungsprobe

Adjektive zeigen dir sicher, dass das folgende Wort ein Nomen ist.

» S. 212

Kannst du vor das Wort ein Adjektiv einfügen, das eine Endung hat?

- ☐ schön - schöner, schöne, schönes
- ☐ groß - großer, große, großes

JA!

... dann ist es ein Nomen:

→ Heute ist ein schöner Tag.
Ich sehe schöne Vögel.
Was für ein schönes Zwitschern.

→ Was für ein großer Sportsgeist.
Große Gruppen starten.
Man steigt in ein großes Boot.

Vorsicht!

Die weiteren Signalwörter können nur auf Nomen hinweisen. Sie sind aber nicht zuverlässig, manchmal fehlen sie sogar.

Daher solltest du immer die Erweiterungsprobe nutzen, wenn du unsicher bist.

BEISPIEL

Ich mag Tage, die warm sind.

ARTIKEL FEHLT! — WORT SIEHT AUS WIE EIN ARTIKEL, IST ABER KEINER

LÖSUNG

Ich mag sonnige Tage, die ~~sonnige~~ warm sind.

Weitere Signalwörter

Artikel, versteckte Artikel, weitere Artikelwörter weisen dich darauf hin, dass ein Wort ein Nomen ist.

» S. 214

Steht vor dem Wort ein anderes Signalwort?

☐ ARTIKEL
der, die, das, einer, eine, ein

☐ VERSTECKTE ARTIKEL
= der Artikel versteckt sich in Präpositionen

am (an dem)	im (in dem)
beim (bei dem)	ins (in das)
zur (zu der)	...

☐ WEITERE ARTIKELWÖRTER
mein, dein, ihr, sein, unser, euer, alle, diese, einige, jede, manche, kein, solche, viele ...

JA!

... dann ist es vermutlich ein Nomen:

→ Die Großschreibung im Deutschen ist keine Schwierigkeit, wenn man diese Regeln kennt.

HIER GIBT'S NOCH MEHR

Digital+
WES-127901-217

WES-127901-218

Großschreibung

Überprüfe dein Wissen und Können

1 Bei dieser Regel zur Großschreibung ist etwas durcheinandergeraten. Bringe Ordnung in die jeweils letzten Wörter. S. 319

1 Nomen schreibst du ... gßor.
2 Du erkennst sie mit der ... Eweberupirngtroes. S. 319
3 Dabei setzt du vor das Wort ein ... Ajkvetdi.
4 Dieses hat eine ... Eunndg.
5 Du erkennst Nomen auch an Artikeln oder ... Atrökerwirtlen. S. 319
6 Dir helfen auch versteckte Artikel wie „beim" oder „..." isn.
7 Oder Wörter wie „mein" oder „..." aell.
8 Nur der Weg über die Erweiterungsprobe ist wirklich ... sehirc.

2 Welche der Wörter, über denen  fliegen, schreibst du vermutlich groß? Achte auf die Signalwörter und schreibe die Buchstaben der Wörter auf (A ...).

- **a** Satz 1–4
- **b** Satz 1–5
- **c**
  - Satz 1–6
  - Wie könnten die verdeckten Wörter lauten? S. 320

1 Der (A)  ist flüssig und klebrig.
2 Er wird von Bienen (B)  .
3 Süß, blumig und fruchtig ist sein (C)  .
4 Man (D)  ihn in Rezepten.
5 In Büchern und im (E)  sind diese zu finden.
6 Eins ist (F)  : Honig hat viele (G)  .

3 Sieh dir nun die „echten" Sätze an und beweise die Großschreibung:

a Satz 1–4 **b** Satz 1–5 **c** Satz 1–6

- Prüfe, vor welche Wörter Adjektive mit Endung passen. Der **Wortschatz** hilft dir.
- Schreibe die Sätze mit passenden Adjektiven und richtiger Großschreibung auf.

1 Der HONIG ist gold und klebrig.
2 Er wird von Bienen HERGESTELLT.
3 Süß, blumig und fruchtig ist sein GESCHMACK.
4 Man FINDET ihn in Rezepten.
5 In Büchern und im INTERNET sind diese zu entdecken.
6 Eins ist KLAR: Honig hat viele LIEBHABER.

Wortschatz

- lecker...
- kräftig...
- weit...
- begeistert...
- einzigartig...
- blumig...

5 In dem Text verstecken sich 15 Fehler in der Großschreibung.

Hungrige Flugobjekte

Kaum steht leckerer kuchen auf dem tisch, (2)
summen hungrige gäste über unseren balkon. (2)
Zwar handelt es sich eher um ungebetenen besuch, (1)
doch das stört diese tierchen nicht. (1)
Der obstkuchen hat viele wespen angelockt. (2)
Schnell noch eine runde drehen (1)
und nun zum sturzflug ansetzen. (1)
Mit leisem gesumm tasten sich manche insekten (2)
immer näher an die köstlichkeit heran. (1)
Wenig später verschwinden sie mit einigen brocken. (1)
Ab ins nest. (1)

- Schreibe den Text richtig auf.
- Neben den Zeilen steht, wie viele Wörter du korrigieren musst.

6 Untersuche deinen Text „Hungrige Flugobjekte“:

a Markiere die Wörter, die geholfen haben, die Großschreibung zu erkennen.

b
- Markiere die Wörter, die geholfen haben, die Großschreibung zu erkennen. Nutze verschiedene Farben für: Adjektiv und weitere Signalwörter.
- Zeige an zwei Stellen, wo weitere Signalwörter stehen, die Großschreibung auch mit der Erweiterungsprobe. *S. 320*

c
- Markiere die Wörter, die geholfen haben, die Großschreibung zu erkennen. Nutze verschiedene Farben für: Adjektiv und weitere Signalwörter.
- Zeige an vier Stellen, wo weitere Signalwörter stehen, die Großschreibung auch mit der Erweiterungsprobe.

7 Sieh nur, was diesem hungrigen Gast durch den Kopf geht.
Prüfe mit der Erweiterungsprobe, welche Wörter Nomen sind. *S. 320*
Schreibe die Denkblase ab und ergänze die passende Großschreibung.

Zeichensetzung

1 Am Montag gibt es aufregende Neuigkeiten für die Klasse 5a.
a) Sprecht die Sätze der Reihe nach betont vor.
b) Ordnet sie nun den passenden Situationen zu.

2 Erklärt eure Zuordnung gemeinsam:
- Woher wusstet ihr, welcher Satz zu welchem Bild gehört?
- Was ist der kleine, aber feine Unterschied in den drei Sätzen?

3 Zu früh gefreut! Klein in einer Ecke des Whiteboards steht:
April, April! Eure Ana Lena Jean Luc

a) Wie viele Kinder haben sich da einen Scherz erlaubt? S. 320
b) Warum sind für eure Antwort die (noch fehlenden) Kommas entscheidend?

4 In der Sprechblase im Bild findet ihr noch weitere Zeichen.
Welche sind es? Und wisst ihr bereits, wann man sie nutzt? S. 320

In diesem Kapitel lernst du, ...
- wann du Punkte, Fragezeichen und Ausrufezeichen verwendest.
- wie du bei Aufzählungen von Wörtern und Wortgruppen Kommas setzt.
- wie du erkennst, dass du in einem Satz Kommas setzt.
- welche Zeichen du bei wörtlicher Rede verwendest.

Zeichensetzung

WES-127901-xxx

Punkte setzen

1 Ist das Unsinn? Lest den Text vor. Macht nach jeder Zeile eine kurze Pause.

Meine Tiere

Ich habe viele Tiere in meinem Zimmer
schwimmt vor dem Schrank mein Fisch hinter einer Spielekiste
versteckt sich mein gewaltiger Dino auf dem Tisch
zeigt ein mächtiger Löwe seine Tatzen unter der Decke
fliegt ein prächtiger Drache mit scharfen Zähnen
wartet ein kuscheliger Puma auf mich in meinem Bett.

2 Probiert es erneut: Lest den Text so, dass die Tiere an ihrem Platz sind. *S. 320*

3 Schreibe den Text „Meine Tiere" richtig ab.
- Setze nach jedem sinnvollen Satz einen Punkt.
- Schreibe die Satzanfänge groß.

4 Was ist überhaupt ein Satz? Untersucht eure Texte etwas genauer:
- Markiert zunächst die Verben.
- Wie viele Verben findet ihr in jedem Satz, der nun mit einem Punkt endet?
- Lest die **Infobox** und vergleicht eure Entdeckung damit.

5 Lies dir die folgenden Aussagen leise vor. Schreibe sie dann richtig auf.
a Aussage 1–2 **b** Aussage 1–3 **c** Aussage 1–4
- Setze Punkte am Satzende und schreibe jeden Satzanfang groß.
- Prüfe, ob du alle Sätze gefunden hast: Markiere jeweils das finite **Verb**. *S. 320*

Verb, S. 267

1 Viele meiner Tiere sind rot braun sind keine davon

2 Im Unterricht lese ich Geschichten am liebsten mag ich die über Hunde

3 Ich heiße Nina bei meinen Mitschülern habe ich den Spitznamen Kaninchen gern esse ich in der Pause Möhren die bringe ich jeden Tag mit

4 Bald ist schulfrei bestimmt besuchen wir Tante Afife und Onkel Levin in den Ferien würde ich aber auch gern zu Oma Hilde fahren mit den Hühnern auf dem Bauernhof ist es immer so gemütlich

Der Punkt am Satzende

Infobox

Jeder Satz braucht ein ***finites Verb***. Das heißt, das Verb ist an das Subjekt angepasst (verstecken → *er versteckt*). Das erste Wort im Satz schreibst du **groß**, am Ende steht ein **Punkt** – so wie in diesen **Aussagen**:

Ich *renne über das Feld.* ***Du*** *springst über die Mauer.* ***Der*** *Hase hüpft an uns vorbei.*
Wir *werfen den Ball. Ihr fangt eine Frisbee.* ***Die*** *Hunde schnappen sich beides.*

Zeichensetzung

Ausrufezeichen setzen

Da ist ein Kater.
Er hat die Limonade getrunken.

Da ist ein Kater!
Er hat die Limonade getrunken!

1 a) Tragt die Sätze betont vor. Ihr könnt auch passende Szenen dazu spielen.
b) Wie verändern Punkt und Ausrufezeichen die Aussage? Sprecht darüber.
c) Lest die **Infobox** und vergleicht eure Erkenntnisse damit.

2 *Sei still! Komm schnell! Iss auf! [Bleiben] stehen! [Stehen] auf! [Helfen] mir!*
Auch diese Sätze sind mit einem Ausrufezeichen versehen.
a) Worum handelt es sich bei den markierten Wörtern?
b) Ergänze nun die drei fehlenden Imperative! Schreibe sie auf! *S. 320*

3 Lies die folgenden Sätze vor und notiere sie mit einem Punkt oder Ausrufezeichen.
(a) Bild 1 (b) Bild 1–2 (c) Bild 1–3

„Geben Sie auf_“

„Ihr müsst bremsen_“

„Es wird kurz ziehen_“

4 a) Lest den Text „Was für ein Wahnsinn!“ vor. Übt dabei mit eurer Stimme deutlich ein, welche Sätze als Ausrufe und welche als Aussagen gemeint sein könnten.
b) Schreibe den Text nun ab. Setze fünf Punkte und fünf Ausrufezeichen.

Was für ein Wahnsinn!

1 Beim Familienfest war etwas los_ Passt auf_ Ein Kater schlich zu einer Hecke_
2 Plötzlich schoss eine Amsel heraus_ Die flog direkt zum dicken Kater_ Sie flatterte vor seiner Nase und bremste ihn mutig aus_ Was für ein Wahnsinn_
3 Sicher meinte sie: Stopp_ Lass mein Zuhause in Frieden_ Und der Kater drehte um_

Infobox

Ausrufezeichen

Je nach Situation können wir **Feststellungen** treffen (*Da kommt Gewitter.*) oder **Warnungen, Angst, Verwunderung, Freude, Bitten** ausdrücken (*Da kommt Gewitter!*).
Sätze mit **besonderem Nachdruck** versehen wir mit einem Ausrufezeichen:
Ich möchte in Ruhe gelassen werden! Wir sollten die Feuerwehr rufen!
Oft stehen **Imperative** (Befehlsformen) am Satzanfang: *Sag etwas! Ruf die Feuerwehr!*
Und auch Ausrufe **ohne Verben** können ein Ausrufezeichen bekommen: *Hilfe! Feuer!*

Zeichensetzung

Fragezeichen setzen

1 a) Lest und spielt das Gespräch im Bus szenisch nach.
b) Wie verändert das Fragezeichen den Satz im Vergleich zum Punkt?

2 Seht euch die Fragen 1–3 nun etwas genauer an:
a) Was könnte Özlem auf jede der Fragen antworten? Probiert es aus.
b) Worum geht es den Kindern hier? Ordnet die Gründe den Sprechblasen zu.
A *Jemand möchte wissen, ob die Back-AG Muffins verkauft.*
B *Jemand möchte mehr über den Grund des Verkaufs wissen.*
C *Jemand wundert sich, dass die Back-AG Muffins verkauft.*

3 Lest die **Infobox** und vergleicht mit dem, was ihr schon herausgefunden habt.

4 a) Lest das Gespräch „Morgens im Bus" laut und mit passenden Betonungen vor.
b) In welchen Sätzen will man etwas wissen? Wo wird Unverständnis gezeigt?

Morgens im Bus

1 Magda: „Wie spät ist es_"
2 Richi: „Es ist 8:02 Uhr_"
3 „Wir sind schon zwei Minuten zu spät_"
4 „Wir schreiben doch nur Mathe_"
5 „Wir schreiben doch nur Mathe_"
6 „Du musst dich nicht so aufregen_"
7 „Du musst dich nicht so aufregen_"
8 „Es ist doch nur die Probearbeit_"

5 Schreibe das Gespräch „Morgens im Bus" richtig auf.
Setze einen Punkt, ein Fragezeichen oder ein Ausrufezeichen am Satzende.
a Satz 1–4 b Satz 1–8 c Satz 1–8. Ergänze noch einen Satz 9–10.

Fragezeichen

Infobox

Wenn wir eine **Frage** stellen, möchten wir etwas **wissen** (*Kommst du noch?*), **verstehen** (*Wie entsteht Regen?*) oder **Verwunderung** zeigen (*Das ist doch wohl ein Scherz?*).
Auch das **Satzbaumuster** kann sich unterscheiden:
- Es gibt Fragesätze, bei denen man mit **ja oder nein** antworten kann.
  *Du bist in der Back-AG? / **Bist** du in der Back-AG? – Ja / Nein.*
- Andere Fragesätze werden mit **Fragewort** (**W**ie, **W**o?) eingeleitet:
  ***Warum** bist du in der Back-AG? – Ich bin dabei, weil wir leckere Rezepte lernen.*

Zeichensetzung

Kommas bei Aufzählungen setzen

Emily isst sehr gern Pudding und Lebkuchen oder Kekse sowie Milchreis mit Apfelmus.
Emily isst sehr gern Pudding, Lebkuchen, Kekse, Milchreis mit Apfelmus.

1 a) Seht euch die beiden Sätze an und vergleicht sie miteinander.
- Was unterscheidet die beiden Sätze?
- Findet ihr sie gut formuliert? Begründet.

b) Lest die **Infobox** und vergleicht mit dem, was ihr entdeckt habt.

2 Hier findet ihr einen Text: Lest ihn leise und nennt die Aufzählungen.
a) Überprüft nun, an welchen Stellen ein Komma sinnvoller wäre.
b) Probiert auch, wo ein *und* besser im Satz passt.

Freunde

1 Jördis und Sanjay und Sofija und Ronny spielen in einer Band miteinander.
2 Lizzy zeichnet auf der Parkbank und auf dem Spielplatz und auf der Wiese.
3 Gegenüber beobachtet Cem eine Taube und einige Familien und viele Fahrräder.
4 Mit ihrem Team klettert Lara am Gerüst, schwimmt im Becken, sprintet 50 Meter.

3 Stelle dir vor, Emily möchte ihren Geburtstag feiern. *S. 320*
Sie schreibt ihren Eltern eine Nachricht, wen sie einladen möchte, was die beiden bitte einkaufen sollen oder welche Spiele sie vorbereiten könnten.
- Schreibe in ganzen Sätzen.
- Überlege, wo du Kommas oder und einsetzt.

a Material 1	b Material 2	c Material 3
Jördis	*Chips*	*Mit Luftballons tanzen*
Lizzy	*Zwei Schokotafeln*	*Masken basteln*
Lennox	*Gummibärchen*	*Auf Schnitzeljagd gehen*
Lara	*Gemüsesticks*	*Karaoke singen*
Cem	*Sechs lila Partyhüte*	*Wer bin ich? raten*
	…	…

Hallo Mama, hallo Papa, …

i **Infobox**

Kommas bei Aufzählungen

Ein **Komma** wird zwischen **Wörtern** oder **Wortgruppen** gesetzt, die man nacheinander aufzählt, also aneinanderreiht: *Zaid sieht Autos, Menschen in Eile, blinkende Lichter.*

Man setzt bei Aufzählungen kein Komma, wenn ein **und** steht:
Emily hat blaue, rote und grüne Stifte. In ihrem Zimmer kümmert sich Emily um bunte Tischkarten, eine coole Playlist und ihr Lieblingsoutfit.

Zeichensetzung

Teilsätze durch Kommas trennen

(Un)glücklicher Zufall

1 Lizzy wartet vor dem Kino auf ihre Freundin Sofija.
2 Sofija schreibt Lizzy, dass ihr Fahrrad einen Platten hat.
3 Wegen Sofjas Absage geht Lizzy alleine in die Vorstellung.
4 Weil der Platz neben ihr frei ist, setzt sich Karlo aus der 5c neben sie.

1 Erkundet die Sätze 1 und 3 im Vergleich zu 2 und 4 genauer: Welche Auffälligkeit stellt ihr in der Zeichensetzung fest?

2 a) Schreibe den Text „(Un)glücklicher Zufall" ab und markiere die finiten **Verben**. » Verb, S. 267
b) Zähle die finiten Verben. Wie viele sind es in Satz 1 und 3? Wie viele in 2 und 4?
c) Lest die **Infobox** gemeinsam und sprecht darüber.

3 Füge im Folgenden immer die beiden Teilsätze zusammen. S. 321
- Markiere das finite Verb in jedem Teilsatz.
- Unterstreiche das Einleitewort, wenn es eins gibt.
- Lies die Sätze leise. Setze ein Komma zwischen die Teilsätze.

a Satz 1–4 b Satz 1–5 c Satz 1–7.

1	Sofija versetzt Lizzy,	obwohl sie sich verabredet haben.
2	Kein Platz scheint frei	als Karlo den Kinosaal betritt.
3	Er setzt sich zu Lizzy	nachdem es dunkel geworden ist.
4	Beide halten sich die Bäuche	denn der Film bringt sie zum Lachen.
5	Lizzy freut sich ein bisschen	dass sie mit Karlo Zeit verbringen kann.
6	Weil sie sich nun besser kennen	gehen die beiden häufiger ins Kino.
7	Karlo sagt	er wird sich bei Sofija dafür bedanken.

4 Lest den Satz vor. Wo fehlen Kommas und warum? Schreibe ihn nun richtig auf.

Lizzy glaubt bis heute dass es Pech war als Sofija unterwegs den Platten hatte.

Teilsätze durch Kommas trennen

i Infobox

Ein einfacher Satz hat ein **finites Verb** und endet mit „.", „?", „!" (z. B. *Sie sprintet schnell.*). Ein Satz kann aber auch aus **Teilsätzen** bestehen. Dabei hat dann **jeder Teilsatz ein finites Verb**. Zwischen den Teilsätzen markiert ein **Komma** die Grenze. Oft steht am Anfang einer der Teilsätze ein **Einleitewort** (*weil, dass, nachdem, obwohl, denn …*):

Sie sprintet so schnell, *__dass__ ich staune.*
***Dass** Sofija so schnell sprintet,* *wusste ich nicht.*
Sofija sagt, *sie sprintet schneller als ich.*

WES-127901-226

Zeichensetzung

Wörtliche Rede markieren

» *Vorlesen, S. 30*

1 Bereitet den Witz zum **Vorlesen** vor. Lest ihn mit verteilten Rollen (Angler, Stimme).

Hier gibt es keine Fische

Ein Angler geht aufs Eis, um zu angeln. Mit einer Spitzhacke will er ein Loch in das Eis schlagen. Eine Stimme sagt: „Hier gibt es keinen Fisch." Er hält inne, schlägt dann wieder zu. Die Stimme wiederholt: „Hier ist kein Fisch." Der Angler dreht sich um und kann niemanden entdecken. Er flüstert: „Komisch …" Zum dritten Mal legt er los und die Stimme dröhnt laut: „Hier gibt es keine Fische!" Der Angler ist verzweifelt und fragt: „Bin ich etwa verrückt?" Die Stimme erwidert: „Keine Ahnung! Aber hier ist der Sprecher des Eishockeystadions. Hören Sie auf, das Spielfeld zu beschädigen."

2 a) An welchen Zeichen im Witz erkennt ihr, dass jemand spricht?
b) Lest die **Infobox** (**A**). Hattet ihr die Zeichen entdeckt?
c) Schreibe nun den Text ab. Umkreise alle Doppelpunkte und Anführungszeichen.

3 Untersucht den Witz nun etwas genauer:
a) Vergleicht den markierten und den unterstrichenen Satz.
b) Lest in der **Infobox** (**B**) nach, warum beide notwendig sind.
c) Ergänze weitere Markierungen und Unterstreichungen in deinem Text.

4 Schreibe die Sätze ab. Noch fehlen die Zeichen der wörtlichen Rede: *S. 321*
a Satz 1–2 b Satz 1–3 c Satz 1–4. Ergänze noch eine Antwort (5).
- Markiere die Begleitsätze und umkreise ihre Verben.
- Unterstreiche die Redesätze. Ergänze die Zeichen der wörtlichen Rede.

I II III

[1] Ein Vater sagt zu seinem Sohn Wenn du in der Schule eine Eins schreibst, bekommst du fünf Euro. [2] Sein Sohn erwidert Können wir nicht klein anfangen, Papa? [3] Der Vater fragt etwas irritiert Wie meinst du das jetzt wieder? [4] Daraufhin entgegnet ihm sein Sohn Wenn ich eine Fünf schreibe, bekomme ich einen Euro.

i Infobox

Zeichen der wörtlichen Rede I

A Ich sagte: „…" – Mit diesen Zeichen gibt man im Text **wörtliche Rede** wieder.
B Wer spricht, steht meist im **Begleitsatz**. Oft gibt es **Verben des Sagens, Meinens, Denkens**. Danach steht ein **Doppelpunkt**. Was gesagt wird, steht im **Redesatz** und wird mit **Anführungszeichen** markiert. Im Redesatz stehen „.", „!", „?".

Begleitsatz	**Redesatz**
Fragt ein Verkäufer einen Frosch:	*„Was hätten Sie gern?"*
Der Frosch grinst:	*„Quaaark!"*

5 *Der Fuchs beginnt: „Hier ist ein Witz." / „Hier ist ein Witz", beginnt der Fuchs.*
a) Wie unterscheiden sich die beiden Sätze?
b) Lest die **Infobox** und vergleicht eure Erkenntnisse damit.

6 Schreibt nun den Witz mit nachgestellten Begleitsätzen auf. Achtet darauf, die Zeichen der wörtlichen Rede und Satzzeichen einzufügen.

„Hier ist ein Witz", beginnt der Fuchs

Was passiert, wenn zwei Schafe streiten?	fragt der Fuchs
Mir glüht der Kopf, aber ich finde keine Antwort.	stammelt die Eule
Na, sie kriegen sich mächtig in die Wolle!	meint der Fuchs

7 Notiere die Sätze. Ergänze fehlende Satzzeichen und Zeichen der wörtlichen Rede.
ⓐ Satz 1–3 ⓑ Satz 1–4 ⓒ Satz 1–5

1 Eine Schnecke kriecht auf einen Kirschbaum hoch
2 Ein Vogel fragt Was willst du denn auf dem Kirschbaum
3 Na, Kirschen essen antwortet die Schnecke
4 Aber die sind doch noch gar nicht reif ruft der Vogel
5 Da schnauft die Schnecke Ich bin ja auch noch nicht oben

8 Schreibe den Dialog zwischen Vater und Sohn auf. Ergänze die Satzzeichen, die Zeichen der wörtlichen Rede und passende Begleitsätze. Der **Wortschatz** hilft dir.

Vater
1 Was wünscht du dir zum Geburtstag
3 Bei dem Krach kann ich nicht arbeiten

Sohn
2 Ich wünsche mir eine Trompete
4 Dann spiele ich eben nur nachts

Wortschatz
- auffordern
- bitten
- brummen
- ergänzen
- erwidern
- fragen
- nachhaken
- prusten
- rufen
- sagen
- vorschlagen
- zögern

Zeichen der wörtlichen Rede II

Infobox

Der Begleitsatz kann auch **nach** dem Redesatz folgen. Dazwischen setzt du ein **Komma**. Im Redesatz bleiben „?" und „!" bestehen. Aber der **letzte Punkt fällt weg**.

Redesatz	Begleitsatz
„In Ordnung, so machen wir das_",	*sagte Louis.*
„Du wirst mich dann wieder hier abholen, oder?",	*hakte Tarek nach.*
„Natürlich werde ich das. Irgendwann komme ich wieder!",	*erwiderte Louis.*

Zeichensetzung

Zeichen richtig setzen

I

1 Achtung! Hier sind einige **Satzzeichen** verschwunden. Füge sie wieder ein.

Schau nur_ Die Sonne schimmert durch die bunten Zelte_ Wenn der Wind pfeift, wackeln Lichterketten in den Bäumen_ Auf dem Schulhof sind Verkaufsstände aufgestellt und Luftballons aufgehängt_ Wird das Fest allen gefallen_

2 Klasse 5b hilft beim Schulfest. Schreibe mit dem *Material* eine Nachricht an das Planungsteam, was sie mitbringen wird. Setze die **Kommas** und nutze ein *und*.

Törtchen – Schokokuss – Pfannkuchen – Waffel

Liebes Planungs-Team, für das Schulfest organisiert die 5b …

3 Setze das **Komma**: Das Schulfest war ein Erfolg weil alle etwas vorbereitet hatten.

4 Notiere den Text mit **Zeichen der wörtlichen Rede** (: „“).

Gülcan und Celin bestellen Saft. Da ruft Gülcan Ich habe mein Geld vergessen! Celin erwidert Keine Sorge! Du hast es bestimmt nur zu Hause gelassen.

›› *Satzzeichen, S. 221-223*

›› *Kommas bei Aufzählungen und Teilsätzen, S. 224, 225*

›› *Wörtliche Rede, S. 226*

II

1 Achtung! Hier sind einige **Satzzeichen** verschwunden. Füge sie wieder ein.

Was macht Raja beim Schulfest_ Sie tritt mit ihrem Einrad auf_ Als die anderen sie draußen üben sehen, staunen sie nicht schlecht_ Das Einrad hat einen dicken grünen Reifen, zwei Pedale aus Metall und einen gepunkteten Sattel_ Der Sattel ist perfekt auf Rajas Körpergröße eingestellt_ Das wird ein Auftritt_

2 Klasse 5c hilft beim Schulfest. Schreibe mit dem *Material* eine Nachricht an das Planungsteam, was sie mitbringen wird. Setze **Kommas** und nutze, wo passend, *und*.

Bratwurst – Steak – Fisch – Gurke – Tomate – Radieschen – Apfel – Birne – Pflaume

Liebes Planungs-Team, für das Schulfest organisiert die 5c …

3 Danach muss der Bericht zum Fest noch zusammengefügt werden:
Setze **Kommas** zwischen den Teilsätzen und füge die **Einleitewörter** ein: ***weil, dass***

1	Das Schulfest war ein Erfolg	__ alle Klassen etwas vorbereitet hatten.
2	Die Schulleiterin sagte	der Gemüsestand war immer gut besucht.
3	Der Hausmeister meinte	__ das Gegrillte auch gut ankam.
4	So ganz stimmt das aber nicht	der Getränkestand war die Nummer 1.

4 Notiere den Text mit **Zeichen der wörtlichen Rede**.
Achte darauf, zwischen Rede- und Begleitsatz ein Komma zu setzen.

Wir müssen uns beeilen! ruft Leja ihren Mitschülern zu. Warum rennst du so? fragt Timo. Ist doch klar, wenn wir zu spät kommen, sind alle Reste vom Schulfest weg, die die 6er auf dem Schulhof verteilen! entgegnet Leja. Weil er schon die Achtklässler sieht, nimmt Timo rasch Tempo auf. Stimmt ja – die haben mir beim letzten Mal alles vor der Nase weggeschnappt! Heute aber nicht sagt er.

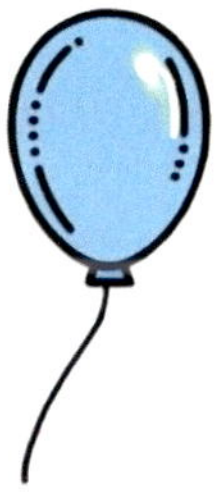

III

1 Achtung! Hier sind einige **Satzzeichen** verschwunden. Füge sie wieder ein.

Wie heißt das_ Ach richtig – Überraschungsauftritt_ Das Training dauert schon neunzig Minuten_ Langsam schmerzen allen die Knochen_ Das zeigt sich daran, dass manche schon sitzen_ Was soll an dem Tanz noch besser werden_ Alle sind in Gedanken schon beim morgigen Schulfest_ Endlich beendet die Schulleiterin das Lehrer-Training, weil das Wetter kippt_ Was für ein Nachmittag_

2 Klasse 5d hilft beim Schulfest. Schreibe mit dem *Material* eine Nachricht an das Planungsteam, was sie mitbringen wird. Setze **Kommas** und nutze, wo es passt, *und*.

Apfelsaft – Orangensaft – Möhrensaft – Wasser – Zitronen-Limonade – Himbeer-Limonade – Ingwer-Tee – schwarzer Tee – Kaffee – Kakao – heiße Milch

3 Danach muss der Bericht zum Fest noch zusammengefügt werden.
- Kombiniere die **Teilsätze** und notiere sie. Es gibt mehrere Möglichkeiten.
- Setze die **Kommas** und füge die **Einleitewörter** ein: ***weil, obwohl, dass***

1	Das Schulfest war ein Erfolg	A	der Gemüsestand war immer gut besucht.
2	__ viele Besucher da waren	B	der Getränkestand war die Nummer 1.
3	Die Schulleiterin sagte	C	__ alle Klassen etwas vorbereitet hatten.
4	Der Hausmeister meinte	D	__ das Gegrillte auch gut ankam.
5	So ganz stimmt das aber nicht	E	reichten alle Leckereien aus.

Wortschatz
- beginnen
- einwenden
- fragen
- sagen

4 Notiere das Gespräch mit Begleit- und Redesätzen und **Zeichen wörtlicher Rede**.
Der **Wortschatz** kann dir bei den Begleitsätzen helfen.

Kurt
1 Da will ich die Spendendose öffnen und stelle fest, der Schlüssel ist weg.
3 Das dachte ich auch schon, doch ich kramte dann in meiner Hosentasche.
5 Der Schlüssel.

Ümran
2 Das hat bestimmt Ärger gegeben, oder?
4 Was kam da zum Vorschein?

ZEICHENSETZUNG

SATZSCHLUSSZEICHEN

Punkt, Ausrufezeichen oder Fragezeichen wählst du passend zur Situation.

Es ist spät. → Du stellst etwas fest. » S. 221

Es ist spät! → Du betonst etwas. » S. 222

Es ist spät? → Du fragst etwas. » S. 223

KOMMAS

BEI AUFZÄHLUNGEN » S. 224

(von Wörtern & Wortgruppen)

Heute macht ihr das Abendbrot.

1. Zuerst deckt ihr den Tisch.
2. Dann wascht ihr Salat, Gurken und Mais.
3. Ihr toastet das Brot, schneidet den Käse und stellt die Butter raus.
4. Guten Appetit.

ZWISCHEN TEILSÄTZEN

» S. 225

Wie gehe ich vor?

1. finite Verben erkennen
↓
2. dazwischen Satzgrenzen ermitteln (manchmal mit Einleitewort: „weil", „dass" ...)
↓
3. Komma zwischen den Teilsätzen setzen:

Du **kochst** Gemüse-Curry, weil es mir **schmeckt**.

SIE SAGT: „ ... "

WÖRTLICHE REDE

» S. 226 + 227

- Anführungszeichen,
- Doppelpunkt,
- Komma zwischen Rede- und Begleitsatz,
- Fragezeichen
- und Ausrufezeichen bleiben stehen.

Der Wolf zeigte auf die Blumenwiese und sagte:

„Sieh mal da."

„Willst du vielleicht deiner Oma eine Freude machen?", fragte er.

„Pflücke doch für sie einen bunten Strauß!", forderte er das Rotkäppchen auf.

HIER GIBT'S NOCH MEHR
Digital+
WES-127901-230

Zeichensetzung

Überprüfe dein Wissen und Können

1 Kleine Rätsel rund um Zeichensetzung: Wer bin ich? S. 321

a 1–3 b 1–4 c 1–6

1 Mich verwendest du bei einer Feststellung.
2 Bei Warnungen und anderen Sätzen mit Nachdruck darf ich nicht fehlen.
3 Mich gibt es, wenn jemand etwas wissen will.
4 Ich bin die Grenze zwischen zwei Teilsätzen.
5 Mich benutzt du bei Aufzählungen als Verbindungswort statt eines Kommas.
6 Mich gibt's im Doppelpack bei wörtlicher Rede.

2 Schreibe den Satz mit passenden Kommas auf. Ergänze zwei Mal „*und*":

Nach der Fahrt sollen die vier Geschwister Karl Matteo Lea Tom Lukas Leonie die Gemüsekisten die Einkaufstüten aus dem Auto in die Wohnung tragen.

3 Dieser Text stimmt noch nicht ganz. Ergänze die Kommas (,), die Satzschlusszeichen (. ! ?) und die Zeichen der wörtlichen Rede („").

a Die Zeitschriften (8 Zeichen) S. 321

Piet und Joa blättern durch die Zeitschriften _ Da sagt der eine zum anderen_ _Komm_ vielleicht lässt uns Papa die mitnehmen_ _ Aber Papa hat den Einkauf schon bezahlt und wartet draußen_ weil Piet und Joa die Zeit vergessen haben_

b An der Kasse (15 Zeichen) S. 321

Im Supermarkt hört Carlo ein Gespräch Dass wir uns gerade hier wiedersehen würden hätte ich nicht erwartet sagte eine Frau lächelnd Daraufhin entgegnet ihr ein Mann mit einem Zwinkern Wenn ich das gewusst hätte wäre ich zuerst tanken gefahren Carlo dreht sich zu seinen Eltern um Die haben sich aber gern

c Ein öffentlicher Auftritt (24 Zeichen) S. 321

Nora tritt gleich auf ihre Freundin Mira sieht sie besorgt an und fragt Ist alles in Ordnung Ich weiß nicht ob ich mich traue gibt Nora zu In der Schule war das noch so leicht Gerade will Mira ihr Mut zureden da kommen die ersten Kunden in den Supermarkt Los ruft Mira ihr zu Da überwindet Nora sich holt Luft singt die ersten Töne und ist schon am Ende des Liedes angekommen Begeistert applaudieren alle Besucherinnen und Besucher

Ein Land – viele Sprachen

1 Betrachtet das Bild, hört euch die Sprechblasen an und tauscht euch aus:
- Welche Sprachen erkennt ihr?
- Welche Aussagen könnt ihr verstehen? S. 321
- Welche klingen ähnlich wie das Deutsche? Welche ganz anders?

2 Eines der Kinder spricht eine Sprache, die im Norden Deutschlands verbreitet ist:
- Findet dieses Kind.
- Überlegt, wie die Sprache heißt. Ihr Anfang reimt sich auf „Watt". S. 321

3 Einige Sprachen habt ihr bereits in diesem Bild entdecken können.
- Sicher werden auch in eurer Umgebung verschiedene Sprachen gesprochen. Vielleicht sprecht ihr selbst sogar mehr als eine Sprache. Erzählt davon.
- Welche Sprachen kennt ihr noch? Zählt einige auf.

In diesem Kapitel lernst du(,) ...
- Gemeinsamkeiten und Unterschiede zwischen der deutschen Sprache und anderen Sprachen kennen.
- welche Regionalsprachen und Dialekte in Deutschland wo gesprochen werden und was ihre Besonderheiten sind.

Ein Land – viele Sprachen

Sprachen erkunden und vergleichen

WES-127901-233

1 Hier findet ihr einige Bezeichnungen für den „Sonntag“ in verschiedenen Sprachen.

sunday – domenica – søndag – niedziela –
domingo – Sonntag – söndag –
zondag – pazar – dimanche

Sonntag
söndag
...

a) Sortiert die Wörter, indem ihr ähnliche Bezeichnungen untereinanderschreibt.
b) Markiert die Gemeinsamkeiten in den Bezeichnungen farbig.
c) Welche Wörter konntet ihr nicht einsortieren und warum?

2 Ordnet den Wörtern (Aufgabe 1) die Sprache zu. **Recherchiert**, wo nötig. S. 322

» *Im Internet recherchieren, S. 262*

Schwedisch – Englisch – Spanisch – Dänisch – Italienisch – Polnisch – Französisch – Niederländisch – Deutsch – Türkisch

3 In der folgenden Tabelle findet ihr die Bezeichnungen der Wochentage im Deutschen, Englischen und Niederländischen.
a) Seht euch die Wörter in der Tabelle zunächst in Ruhe an.
b) Vergleicht, was bei den Bezeichnungen ähnlich / unterschiedlich ist. S. 322

Deutsch	Montag	Dienstag	Mittwoch	Donnerstag	Freitag	Samstag	Sonntag
Englisch	Monday	Tuesday	Wednesday	Thursday	Friday	Saturday	Sunday
Niederländisch	maandag	dinsdag	woensdag	donderdag	vrijdag	zaterdag	zondag

4 Lest den Lexikonartikel zur Herkunft der Monatsnamen.

Monatsnamen stammen in vielen Sprachen aus der lateinischen Sprache. Manche Monate sind nach römischen Göttern wie Mars und Maia benannt, andere nach Kaisern wie Julius und Augustus. Weitere Monate bekamen einfach eine Zahl zugeordnet. Im Römischen Reich begann das Jahr mit dem Monat März, deshalb war der September der siebte Monat und der Oktober der achte. Erst später wurde der erste Januar als Beginn des neuen Jahres festgelegt. In manchen Sprachen gibt es auch andere Benennungen: Der Januar wird zum Beispiel im Türkischen als der Monat bezeichnet, in dem viel geheizt wird: *ocak* = *Ofen, Herd*. Der Februar heißt im Polnischen *luty* wie das Adjektiv für *streng* oder *hart*. Damit erinnert der Monatsname an den strengen Frost im Winter.

septem, octo
lat. für: sieben, acht

a) Benennt, auf welche Sprache viele Monatsnamen zurückgehen. (I)
b) Erklärt, warum der September, Oktober und November früher der siebte, achte und neunte Monat des Jahres waren. (II)
c) Fasst zusammen, wonach viele Sprachen die Wochentage und Monate benennen. (III)

5 a) Macht euch zu zweit mit der folgenden Übersicht vertraut.
b) Sortiert in der Vorlage den Monatsnamen zu, wonach sie benannt wurden.

Monatsname	benannt nach …
1 Januar	A dem römischen Gott Mars
2 Februar	B dem römischen Kaiser Julius Cäsar
3 März	C dem römischen Gott Janus
4 April	D der Zahl *novem* „neun“ = neunter Monat
5 Mai	E dem römischen Kaiser Augustus
6 Juni	F der Zahl *decem* „zehn“ = zehnter Monat
7 Juli	G dem lateinischen Wort *aperire* „öffnen“
8 August	H der Zahl *octo* „acht“ = achter Monat
9 September	I der römischen Göttin Maia
10 Oktober	J dem römischen Fest Februa
11 November	K der römischen Göttin Juno
12 Dezember	L der Zahl *septem* „sieben“ = siebter Monat

6 Hier findet ihr ein Gespräch zwischen Felix und seinen Freunden.
a) Habt ihr erkannt, was sie im jeweiligen Monat gerne machen? *S. 322*
b) Vergleicht die markierten Monatsnamen. Besprecht, was euch am Deutschen (Felix), Englischen (Jim), Spanischen (Lola) und Arabischen (Fatima) auffällt.

Felix: Fährst du im Januar gern Schlitten?
Jim: Yes, in January I go sledding. But I love Carnival in February.
Felix: Karneval im Februar ist nicht schlecht. Aber im März ist endlich Frühling.
Fatima: Mārīs jamīl. Lākin Abrīl rāʾiʿ – maʿa al-maṭar.
Felix: Echt, du magst den Regen im April? Lieber picknicke ich im Mai.
Lola: Un picnic en mayo es genial. Pero me encanta nadar en junio.
Felix: Schwimmen im Juni mag ich auch und im Juli das Fahrradfahren.
Jim: Yes, biking in July is great. August is perfect for evenings in the park!
Felix: Lieber als im August mag ich den Park im September – da sammle ich Blätter.
Fatima: Jamʿ al-awrāq fī Sibtambar laṭīf. Uktūbar huwa waqt al-qaraʿ.
Felix: Kürbisse aushöhlen im Oktober macht Spaß! Im November lese ich gern.
Lola: Sí. Da gusto leer en noviembre. ¡En diciembre es Navidad!
Felix: Ja! Weihnachten im Dezember ist meine liebste Zeit im Jahr!

7 Seht euch diese Wortwolke an, in der ihr Jahreszeiten in einigen Sprachen findet:

a) Welche Wörter machen euch neugierig? Welche gefallen euch besonders?
b) Findet eine passende Überschrift für die Wortwolke.
c) Tauscht euch darüber aus, welche Sprachen ihr erkennt.
d) Recherchiert die Wörter, deren Sprache ihr nicht erkennt. *S. 322*
e) Schreibt ähnliche Wörter untereinander und markiert die Gemeinsamkeiten.

8 a) Lest zu zweit je eine Erklärung zu den Bezeichnungen für Jahreszeiten durch.
b) Erklärt euch gegenseitig, woher die jeweilige Bezeichnung kommt.
c) Sortiert beiden Jahreszeiten die passenden Bezeichnungen aus Aufgabe 7 zu.

Frühling: Die Bezeichnung „Frühling" stammt von dem althochdeutschen Wort „früheln" ab, was „sich regen" oder „in Bewegung kommen" bedeutet. Nach dem Winter erwacht die Natur zum Leben. Der Frühling ist die Jahreszeit des Ursprungs und der Erneuerung. In einigen Sprachen findet sich das lateinische Wort „ver" wieder.

ver
lat. für: Frühling

Herbst: Das Wort „Herbst" stammt aus dem Althochdeutschen und hat seinen Ursprung im Wort „herbist" oder „herbistmanot", was Erntezeit bedeutet. In dieser Jahreszeit wachsen viele Früchte, die dann geerntet werden können. Einige Sprachen beziehen sich auch auf das lateinische Wort „autumnus".

autumnus
lat. für: Herbst

9 a) Versucht nun einmal, in eure Worte zu fassen: Was habt ihr darüber erfahren, welche Sprachen dem Deutschen ähneln und welche ganz anders sind?
b) Überprüft eure Überlegungen abschließend mit der **Infobox**.

Sprachen

i Infobox

Einige Sprachen sind sehr **ähnlich** (z. B. Deutsch, Niederländisch). Das liegt daran, dass sich Sprachen durch Kontakte von Menschen verbreitet haben (durch Handel, Kriege ...) und dass so **neue Sprachen** entstanden sind. Das **Lateinische**, die Sprache der Römer, findet sich daher noch heute in anderen Sprachen (z. B. Französisch, Spanisch). Wenn man ein **unbekanntes Wort** sieht, ist es also sinnvoll, zu überlegen, ob man ein ähnliches Wort in einer anderen Sprache kennt. Manche Sprachen sind aber auch sehr **unterschiedlich**. Viele Wörter haben in unterschiedlichen Sprachen eine spannende Vergangenheit: So wurden **Monatsnamen und Jahreszeiten** nach **Personen oder Sachen** benannt.

WES-127901-236

Ein Land – viele Sprachen

Dialekte erkunden

1 Hört euch die Sprechblasen an oder lasst sie euch vorlesen.

Hallo Severin, hast du schon Hunger?

Servus Ana! Ja freili, i wart scho seit a Stund. Gemma endlich los?

a) Was antwortet Severin hier? Gebt es in eigenen Worten wieder.
b) Wie leicht ist es euch gefallen, ihn zu verstehen?

2 In Deutschland gibt es nicht nur unterschiedliche Sprachen, sondern auch Dialekte.
a) Sprecht darüber. Die folgenden Fragen helfen euch:
- Was wisst ihr schon über Dialekte?
- Kennt ihr Dialekte, die in Deutschland gesprochen werden?
- Wird in eurer Region ein Dialekt gesprochen?
- Wenn ja: Was ist besonders an ihm?

b) Lest nun die **Infobox** auf S. 237 und erklärt euch gegenseitig, was ein Dialekt ist.

3 Lest euch zu zweit die Begrüßungsformeln vor.
a) Welche Wörter könnt ihr besonders gut vorlesen, bei welchen fällt es euch schwer?
b) Wieviele Begrüßungen könnt ihr ihren Regionen zuordnen? *S. 322*

Guadmoang – Morje – Juuten
Tach – Morschn – Guada
Morga – Gemorje –
Guten Morgen – Gudd Morje

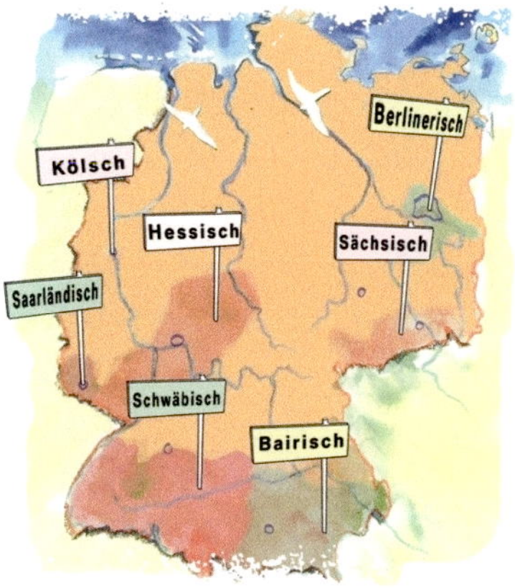

4 Arbeite mit den folgenden Redewendungen und Übersetzungen.
a zwei Redewendungen **b** vier Redewendungen **c** alle Redewendungen
- Welche Dialekte können das sein? Schreibe deine Vermutungen auf.
- Finde zu den Redewendungen jeweils die passende Übersetzung. *S. 322*

I II III

Redewendung	Übersetzung
S’ Läba isch kei Schlotzer.	Der Käse ist gegessen. (= Die Sache ist erledigt.)
Dit find ick knorke.	Leck mich an der Tasche. (= Das kann doch nicht wahr sein.)
Da Kas s bissn.	Wir geben nicht an, wir haben.
Mer strunze net, mer hunn.	Na sowas, die Hitze ist nicht zu ertragen.
Leck mich an de Täsch.	Das finde ich super.
Eiforbibbsch, die Dämmse is nüsch zu ertraggn.	Das Leben ist kein Zuckerschlecken.

5 Hört euch das berlinerische Klopslied an.

a) Findet sprachliche Besonderheiten des Berlinerischen und schreibt sie auf.

b) Übertragt den Text in die Standardsprache. *S. 322*

Klopslied

Ick sitze da un' esse Klops / uff eemal klopp's
Ick kieke, staune, wundre mir / uff eemal jeht se uff de Tür.
Nanu denk ick, ick denk nanu / jetzt isse uff, erscht war se zu!
Ick jeh raus und blicke / un wer steht draußen? Icke!

6 Gerade in der Alltagssprache gibt es viele Wörter, die sich von Dialektregion zu Dialektregion in Deutschland unterscheiden.

a) Betrachtet die Karte aus dem „Atlas zur deutschen Alltagssprache".

b) Beantwortet folgende Fragen:

- Welche der Wörter für „Brötchen" kennt ihr? Wie sagt ihr dazu?
- In welchen Gebieten Deutschlands wird euer Wort noch gebraucht?
- Welche Wörter sind weit verbreitet?
- Welche Wörter findet ihr ungewöhnlich? Wo werden sie benutzt?

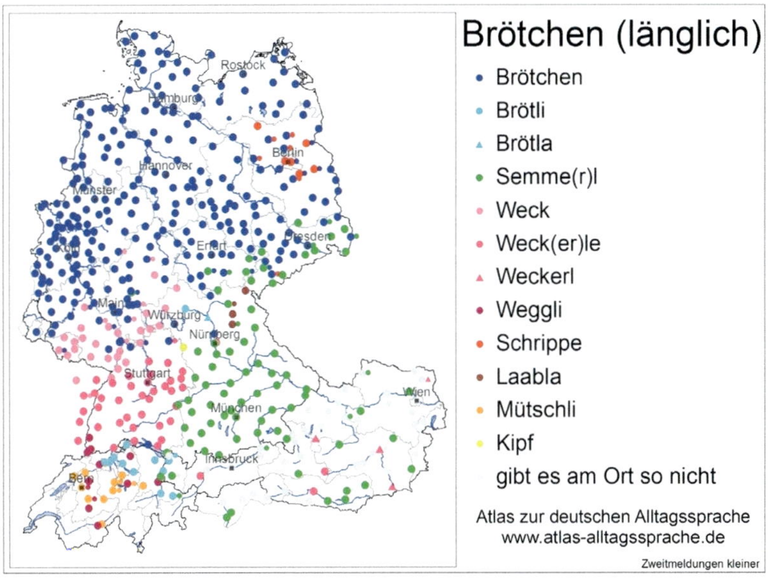

Dialekte

Infobox

Innerhalb der deutschen Sprache gibt es verschiedene Sprachformen.

- Die **Standardsprache** ist die Sprache, die **alle** Menschen der deutschen Sprachgemeinschaft gut verstehen und die **schriftlich im ganzen Land** verwendet wird.
- **Dialekte**, auch Mundart genannt, sind in **kleineren Regionen** in Deutschland verbreitet und werden meist **nur gesprochen** und nicht geschrieben.
  Einige bekannte Dialekte in Deutschland sind der *sächsische*, der *Berliner* oder der *Kölner* Dialekt, das *Schwäbische* sowie das *Bairische*.

WES-127901-238

Ein Land – viele Sprachen

Regionalsprachen erkunden

1 Lest euch Severins Frage durch:

Meine Tante spricht Niederdeutsch. Ist das auch ein Dialekt?

a) Was vermutet ihr? Wisst ihr schon etwas über das Niederdeutsche?
b) Lest zunächst die **Infobox**.
c) Gebt Markus eine Antwort. Beantwortet auch folgende Fragen:
- Warum werden Regionalsprachen als Minderheitensprachen bezeichnet?
- Kennt ihr Menschen, die eine Minderheitensprache sprechen?

Niederdeutsch *wird auch als Plattdeutsch bezeichnet*

2 Hier findest du drei Märchenanfänge der Brüder Grimm, aber auf Niederdeutsch. Höre sie dir zunächst an.

A Do weer mal en söte lütte Deern, de elkeen geern harr, wenn he ehr blots ankeek, sünnerlich ehr Grootmudder. De wüss gor nich, wat se de Deern allens geven schull. Malins schenk se ehr en lütte Kapp ut roden Samt. De stünn ehr so goot, dat se nix anners dregen wull un all ehr blots noch Rootkäppken nömen.

B In ole Tieden weern en König un en Königin, de sään elkeen Dag: »Ach, wenn wi doch en Kind harrn!« und kregen jümmer keen. As nu de Königin malins baden dee, krööp en Pogg ut't Water an Land un sä to ehr: »Du schallst kriegen, wat du di wünschst; ehrder dat en Johr rüm is, warrst du en Dochter to Welt bringen.«

C En Wittfro harr twee Döchter, dorvun weer de een schöön un flietig, de anner suurmuulsch un fuul. Se harr aver de suurmuulsche un fule veel lever, denn de weer ehr rechte Dochter, un de anner müss all Arbeit doon un tohuus dat Aschenputtel ween.

3 Wähle einen der Texte aus. Welcher dieser Titel passt dazu? Begründe. S. 323

„Fro Holl“ | „Rootkäppken“ | „Doornröösken“

4 Gibt es niederdeutsche Wörter in den Texten, die ihr gut verstanden habt? Und gibt es Wörter, die ihr nicht versteht? Woran liegt das? Sprecht darüber.

Infobox

Regionalsprachen

Es gibt nicht nur Dialekte in Deutschland, sondern auch Regionalsprachen. Diese werden nur in **bestimmten Regionen** gesprochen. Dazu gehören das *Niederdeutsche* im Norden und das *Sorbische* im Osten Deutschlands. Im Gegensatz zum Dialekt werden Regionalsprachen als **eigenständige Sprachen** angesehen. Weil diese Sprachen nur noch von wenigen Menschen verwendet werden, heißen sie auch **Minderheitensprachen**. Sie werden besonders geschützt. Das heißt, dass viel unternommen wird, damit es weiterhin Menschen gibt, die sie sprechen, schreiben, lesen und verstehen können. Deshalb kann man in vielen Schulen in Norddeutschland Niederdeutsch lernen.

Ein Land – viele Sprachen

Sprachen selbst untersuchen

WES-127901-239

Lies dir die Spielanleitungen leise durch.

A

Der Spielspaß für die ganze Familie!
Spieler: 2–6
Alter: ab 6 Jahren
Inhalt: 56 Karten, 1 Glocke, 1 Spielanleitung
Kurze Spielbeschreibung:
Reihum deckt jeder Spieler eine Karte auf. Auf den Karten können folgende Früchte abgebildet sein: Banane, Pflaume, Limone und Erdbeere. Sobald auf allen Karten genau fünf Früchte einer Sorte liegen, gewinnt der Spieler, der zuerst klingelt, alle Karten der Ablagestapel. Ziel des Spiels ist es, die meisten Karten zu gewinnen.

B

Il gioco per tutta la famiglia!
Giocatori: 2–6
Età: a partire da 6 anni
Contenuto: 56 carte, 1 campanello, 1 istruzioni del gioco
Breve descrizione del gioco:
Uno dopo l' altro ogni giocatore scopre una carta. Sulle carte possono essere raffigurati i seguenti frutti: banana, prugna, limone e fragola. Non appena tra tutte le carte scoperte ci sono esattamente cinque frutti dello stesso tipo, il giocatore che per primo suona il campanello vince tutte le carte.

C

Speelspass för de ganze Famili!
Speeler: 2–6
Äller: vun 6 Johren an
Inholt: 56 Kaarten, 1 Klock, 1 Speelanwie-sung
Koorte Speelbeschrieven:
Op Ardeens deckt jeede Speeler een Kaart op. Up de Kaarten künnt de volgende Fruit so zijn: Banane, Ploom, Limett un Eerdbeere. Wenn op all Kaarten genau fief Fruit van en Sort liggt, wint de Speeler, de to eerst klinkt, all Kaarten van den Ableegstapel. Ziel vun dat Spel is, de meesten Kaarten to winnen.

D

Des Gaudispui fia de ganz Bagasch!
Spiela: 2–6
Oida: ab 6 Joahr
Inhoit: 56 Koatn, 1 Glockn, 1 Spuianleitung
Kurze Spuiobrieb:
Reihum deckt jeda Spiela a Koatn af. Af dene Koatn kinnand de Frücht obbidelt sei: Banane, Zwetschke, Limone und Erdbirl. Sowir af olle Koatn aggrat fünf Frücht vo oana Sortn lign, gwinnt dea Spiela, dea zerst leit, olle Koatn vo dea Oblegstapel. S'Zui des Spuis is, de meistn Koatn zum gwinna.

I

» Sprachen, Dialekte, Regionalsprachen, S. 235, 237, 238

1 Ordne die Anleitungen nach den **Sprachen**, **Dialekten** und **Regionalsprachen**:
Italienisch, Deutsch, Niederdeutsch, Bairisch

2 Finde für die folgenden deutschen Wörter die passenden Übersetzungen in den Spielanleitungen:
Alter, Familie, Inhalt, Spieler
a) Notiere sie in einer Tabelle.
b) Markiere die Wörter oder Wortteile, die ähnlich aussehen, jeweils in einer Farbe.

Deutsch	Bairisch	Italienisch	Niederdeutsch
Alter	…	…	…
…	…	…	…

» Standardsprache, S. 237

3 a) Lies die bairische Spielanleitung noch einmal genau.
b) Welche Wörter kannst du gut verstehen? Schreibe drei davon auf.
c) Schreibe das entsprechende Wort in deutscher **Standardsprache** dazu auf.

II

1 a) Ordne die Anleitungen nach den **Sprachen**, **Dialekten** und **Regionalsprachen**:
Italienisch, Deutsch, Niederdeutsch, Bairisch
b) Was ist jeweils eine Sprache, ein Dialekt oder eine Regionalsprache?

2 Finde für die folgenden deutschen Wörter die passenden Übersetzungen in den Spielanleitungen:
Alter, Banane, Familie, Frucht, Inhalt, Karte, Spielanleitung, Spieler
a) Notiere sie in einer Tabelle.
b) Markiere die Wörter oder Wortteile, die ähnlich aussehen, jeweils in einer Farbe.

3 Lies die niederdeutsche Spielanleitung noch einmal genau.
a) Welche Wörter kannst du gut verstehen? Schreibe vier davon auf.
b) Schreibe das entsprechende Wort in deutscher **Standardsprache** dazu auf.

III

1 a) Ordne die Anleitungen nach den **Sprachen**, **Dialekten** und **Regionalsprachen**:
Italienisch, Deutsch, Niederdeutsch, Bairisch
b) Was ist jeweils eine Sprache, ein Dialekt oder eine Regionalsprache?
c) Welche Spielanleitungen sind sich besonders ähnlich? Nenne und begründe.

Ihr möchtet das Spiel ausprobieren? Die 56 Spielkarten könnt ihr gestalten. Dabei müssen sich Früchte und abgebildete Anzahl unterscheiden.

2 Finde für die folgenden deutschen Wörter die passenden Übersetzungen in den Spielanleitungen: *Alter, Banane, Erdbeere, Familie, Frucht, Glocke, Inhalt, Limone, Karte, Pflaume, Spielanleitung, Spieler*
a) Notiere sie in einer Tabelle.
b) Markiere die Wörter oder Wortteile, die ähnlich aussehen, jeweils in einer Farbe.

3 Vergleicht die bairische und niederdeutsche Spielanleitung einmal genau.
a) Einige Wörter sind sich ähnlich. Notiere fünf Beispiele und markiere die Stellen.
b) Schreibe je das entsprechende Wort in deutscher **Standardsprache** dazu auf.

EIN LAND – VIELE SPRACHEN

SPRACHEN AUF DER GANZEN WELT

» S. 235

Es gibt viele Sprachen auf der Welt.
Einige sind sich sehr ähnlich
(z. B. Deutsch und Niederländisch)

TIPP
Du kennst ein Wort nicht?
Überlege: Kenne ich ein ähnliches Wort in meiner Sprache?

Huis (Niederländisch) → Haus (Deutsch)

SPRACHFORMEN INNERHALB DER DEUTSCHEN SPRACHE

STANDARDSPRACHE » S. 237

Alle Menschen der deutschen Sprachgemeinschaft verstehen sie.

- allgemein verbindlich, vor allem im Schriftlichen

DIALEKTE » S. 237

- sind in kleineren Regionen in Deutschland verbreitet und werden meist nur gesprochen, z. B. Sächsisch, Berlinerisch, Kölsch, Schwäbisch oder Bairisch

„I han heut a Haufa neie Wörtle g'lernt."
Ich habe heute viele neue Wörter gelernt.

REGIONALSPRACHEN » S. 238

- werden nur in ganz bestimmten Regionen gesprochen, z. B. Niederdeutsch im Norden und Sorbisch im Osten Deutschlands
- werden, anders als Dialekte, als eigenständige Sprachen angesehen.
- heißen auch Minderheitensprachen, weil sie nur noch von wenigen Menschen verwendet werden.

„Ik will all Spraakens vun de Welt leren."
(Niederdeutsch)
Ich möchte alle Sprachen der Welt lernen.

HIER GIBT'S NOCH MEHR
Digital+
WES-127901-241

WES-127901-242

Ein Land – viele Sprachen

Überprüfe dein Wissen und Können

1 In dem Kreuzworträtsel haben sich Begriffe rund um Sprachen versteckt. Nutze die Vorlage und erzeuge das Lösungswort. **Tipp:** Suche im Kapitel nach.

1 Wie heißt „Montag“ auf Niederländisch?
2 An welcher Sprache orientieren sich Monatsnamen?
3 Welche Jahreszeit stammt vom Althochdeutschen „früheln“ ab?
4 Was wird als „Mundart“ bezeichnet?
5 Welchen Dialekt spricht man in Köln?
6 Welche Regionalsprache im Norden wird besonders geschützt?

2 Höre dir die Liedtexte zunächst in Ruhe an.

Ganz goot

Norma (Auszug); Text: Schulz, Norma

Mit Sünnschien opwaken
Mit mien Leevsten wat Feines kaken
En gode Leed in’t Radio
Op’e Bühne stahn un Lüüd höörn to
En Land wo ik frie leven kann
Segg wat ik denk un mi warrt nich bang
Noorddüütschland to Huus nöm’n
Un mit mien Naver op Plattdüütsch klön’n

Ganz goot, ganz goot, ganz goot
Wenn ik dat so bedenk, mi geiht’t doch ganz goot
Ganz goot, ganz goot, ganz goot

Un wenn ik wedder an’t nöl’n bün
Mien Welt geiht ünner un allens is slimm
Denn kiek ik mi mien List an un wat ik dor sehn kann
Mi geiht’t doch ganz goot
Mi geiht’t doch ganz goot

Cool Kids

Echosmith (Auszug); Text: Dzwonek, Jesiah; Sierota, Jefery/Graham/Jamie/Noah/Sydney

She sees them walking in a straight line
That's not really her style
And they all got the same heartbeat
But hers is falling behind

Nothing in this world could ever bring them down
Yeah, they're invincible
And she's just in the background
And she says

I wish that I could be like the cool kids
'Cause all the cool kids, they seem to fit in
I wish that I could be like the cool kids [...]

Schloof, Jung, schloof joot

BAP (Auszug); Text: Niedecken, Wolfgang

Schloof, Jung, schloof joot,
Du, wenn de wills, sing ich wigger für dich noch die janze Naach
Jed Woot, jed Stroph, die ich kenn,
Janz ejal, och wenn't usssüht, als ob du mich leis usslaachs.
Du, dä noch nix versteht,
Woher och? Kriss noch fröh jenooch russ, wo't dröm jeht,
Wat Freud ess, wat Leid.

Schloof, Jung, kein Angs,
Dräum vun jet Schönem, ich pass op dich op, dir deit keiner jet.
Fleech, wenn de kanns,
Huh övver Birje un Meere, ich helf dir, ich fleeje met. [...]

3 Erarbeitet jeden der Liedtexte in Stichpunkten.
- Stelle Vermutungen an: Der Text ist auf ... *Englisch, Spanisch, Kölsch, Niederdeutsch*.
- Handelt es sich dabei je um eine Sprache, Regionalsprache oder einen Dialekt?
- Welcher Liedtext ist am ähnlichsten zu deutschen Standardsprache? Warum?

Im Lied "Ganz goot" wird die Sprache sogar genannt.

4 Übersetze einige unterstrichene Wörter in die Standardsprache (z. B. *ick = ich*). Markiere dabei die Gemeinsamkeiten zwischen den Wörtern oder Wortteilen.
a Wähle zwei Wörter b Wähle drei Wörter c Wähle vier Wörter

5 Wähle den ersten oder dritten Text aus. Übersetze ganze Verse in die Standardsprache.
a zwei komplette Verse b drei komplette Verse c vier komplette Verse

Wörter bilden

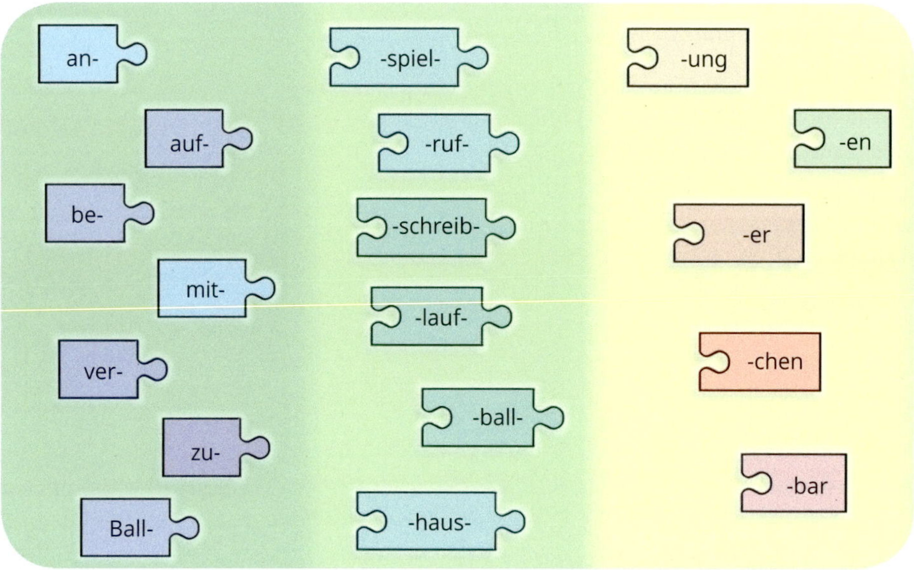

1 a) Was hier wohl zusammengesetzt wurde? Schau dir die Bilder an: Welche Wörter kannst du dort entdecken?
b) Überlege, welche Puzzleteile du für diese Wörter zusammensetzen musst.

2 Setze weitere dieser Teile so zusammen, dass sinnvolle Wörter entstehen, und schreibe sie auf. Beachte: S. 323
- Du darfst Puzzleteile mehrfach verwenden.
- Deine Wörter dürfen aus zwei oder mehr Puzzleteilen bestehen.
- Manchmal musst du einzelne Buchstaben ergänzen oder verändern.
- Achte auf die Groß- und Kleinschreibung. Schreibe Nomen mit Artikeln auf.

3 Tauscht euch zu euren gebildeten Wörtern aus:
a) Gibt es Wörter, die alle gefunden haben? Nennt sie.
b) Habt ihr sehr ungewöhnliche Wörter gefunden? Sammelt einige.
c) Gibt es Wortbausteine, die ihr öfter verwendet habt? Welche sind das?

4 Ihr habt sicherlich sehr verschiedene Wörter aus den Puzzleteilen gebildet. Wann kann es sinnvoll sein, neue Wörter zu bilden? Sprecht darüber. S. 323

In diesem Kapitel lernst du, ...
- wie man Wörter aus Wortbausteinen bilden kann.
- was Wortfamilien, Wortstämme, Präfixe und Suffixe sind.
- wie man Wortstämme, Präfixe und Suffixe für die Wortbildung nutzt.
- was man bei der Schreibung gebildeter Wörter beachten muss.

Wörter bilden

Wörter zusammensetzen

WES-127901-245

1 Celine und Theo spielen miteinander. Schau dir das Bild an: Kannst du erraten, welches Wort Theo sucht?

2 Spielt zu zweit das Ratespiel: Welche zusammengesetzten Nomen werden gesucht?
- **a** Beispiele A bis D: *ein Glas zum Trinken → ein Trinkglas.*
- **b** Beispiele A bis F
- **c** Beispiele A bis H.

A eine Brille zum Lesen
B ein Glas zum Trinken
C ein Seil zum Springen
D ein Topf zum Kochen
E ein Ball zum Spielen
F ein Spiel mit dem Ball
G eine Gurke für den Salat
H ein Salat aus Gurken

3 Erforscht die zusammengesetzten Nomen nun genauer.
a) Findet heraus, welcher Wortbestandteil den Artikel bestimmt. Schreibt wie im Beispiel: *der Spielball: das Spiel + der Ball*
b) Wie verändert sich das Wort im Plural (in der Mehrzahl)? Welcher Wortbestandteil verändert sich dabei? Untersuche die Wörter wie im Beispiel: *das Spiel + die Bälle: die Spielbälle:*
c) Vergleicht eure Ergebnisse mit der **Infobox** (**A** | S. 246).

4 Findet zu den Grundwörtern weitere Wörter, die zur gleichen Wortfamilie gehören. Schreibt wie im Beispiel: *das Spiel: spielen, das Ballspiel, vorspielen ...*

Karte + Spiel
Gift + Schlange
Eis + Waffel
Pfand + Flasche
Nase + Bär
Tür + Schloss
Farbe + Stift
Ecke + Haus
Tier + Haus

5 Benennt nun die Bestandteile der zusammengesetzten Wörter aus Aufgabe 2: *Grundwort, Bestimmungswort*.

6 Bildet zusammengesetzte Nomen und schreibt sie mit Artikel auf. Manchmal müsst ihr einzelne Buchstaben streichen oder ergänzen.
a Nutzt vier Paare. *S. 323* **b** Nutzt sechs Paare. **c** Nutzt acht Paare.

7 Vertauscht nun die Wörter aus Aufgabe 4. Welches neue Wort entsteht? Schreibt es wie im Beispiel auf: *das Kartenspiel, die Spielkarte*
Wie verändert sich die Bedeutung der beiden Nomen? Schreibt eine kurze Erklärung zu drei Wörtern auf: *das Kartenspiel: ein Spiel, das aus Karten besteht*

8 Aus Nomen lassen sich auch Fantasiewörter bilden. Schaut euch das Bild an: Welche beiden Nomen wurden hier wohl zusammengeführt?

9 Setzt nun selbst ungewöhnliche Wörter aus den Nomen unten zusammen. Ihr könnt die Wörter mehrfach verwenden.

I II III

a Bildet vier Wörter. **b** Bildet sechs Wörter. **c** Bildet acht Wörter.

Haus, Kind, Hand, Miete, Vogel, Baum, Karte, Buch, Lied, Feder, Wetter, Tasche, Dose, Stiefel, Fächer, Gemüse

10 Spielt ein Ratespiel, um die Bedeutung eurer Wörter aus Aufgabe 9 herauszufinden:

a) Schreibt eure Fantasiewörter mit Artikeln auf eine Karte und legt sie verdeckt in der Klasse aus.

b) Zieht nacheinander eine der Karten, lest das Fantasiewort vor und erklärt der Klasse das Wort. Stellt euch die Wörter wie im Beispiel vor:
Der Federbaum ist ein Baum, der aus Federn besteht.

c) Bildet zu den Fantasiewörtern den Plural. Benennt Veränderungen in den Wörtern.

11 Hier siehst du zusammengesetzte Nomen.

A das Liebeslied B das Schneckenhaus C das Hundefell

a) Lies die Nomen vor. Achte auf die zusätzlichen Buchstaben zwischen den Nomen: Wie werden die zuammengesetzten Nomen verbunden?

b) Lies die **Infobox** (**B**) und überprüfe damit deine Vermutungen.

12 Ergänze auch bei den zusammengesetzten Nomen D bis I die Buchstaben.

D der Geschicht ? lehrer E die Rabe ? feder F der Arbeit ? platz
G das Reihe ? haus H das Bad ? tuch I das Hund ? futter

13 Auch mehr als zwei Nomen können miteinander verbunden werden. Gestalte eine Wortschlange zu einem Hobby. Das Beispiel links hilft dir.

i Infobox

Zusammengesetzte Wörter (Komposita)

A Man kann zwei oder mehrere Wortstämme zu einem neuen Wort zusammensetzen. Das letzte Wort der **Zusammensetzung** nennt man Grundwort. Es bestimmt die Grundbedeutung: *eine Topf**pflanze** ist eine **Pflanze***. Das Grundwort bestimmt auch die Wortart und bei Nomen den Artikel und die Pluralbildung:
der** Topf + **die** Pflanze → **die** Topfpflanze, die Topfpflanze**n. Der erste Baustein in der Zusammensetzung heißt **Bestimmungswort**. Es bestimmt das Grundwort genauer: *Eine **Topf**pflanze ist eine Pflanze, die in einem **Topf** wächst.*
Wörter mit dem gleichen Stamm gehören zu einer Wortfamilie, z. B. *spielen: das Spiel, das Kartenspiel, die Spielanleitung, spielend, abspielen, gespielt ...*

B In manche Wörter muss man einen oder mehrere Buchstaben einfügen, wenn man sie zusammensetzt, z. B. *s* in *der Geburt**s**tag*, *es* in *das Tag**es**licht*, *e* in *die Maus**e**falle*, *n* in *der Blume**n**topf* usw.

Wörter bilden

WES-127901-247

Wörter mit Präfixen bilden

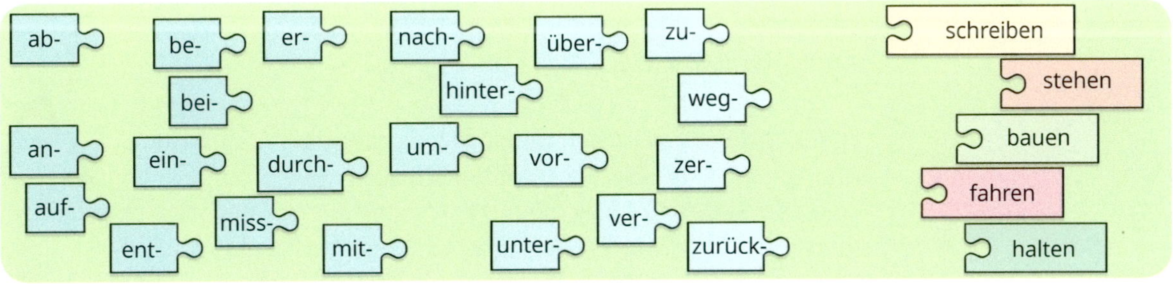

1 Rechts findet ihr auf Puzzleteilen Verben. Erklärt, was sie bedeuten.
a zwei Verben b drei Verben c vier Verben

2 a) Erklärt, wie sich die Bedeutung der Verben verändert, wenn ihr sie um Präfixe erweitert: *schreiben → …, aufschreiben → …* *S. 323*
b) Überprüft eure Antworten mithilfe der **Infobox** (**A**).

3 a) Bilde mit den Verben aus Aufgabe 2 je einen Satz und markiere das Präfix. Schreibe so: *Ich beschreibe ein Bild. Ich schreibe einen Satz ab.*
b) Lest euch eure Sätze vor. Was fällt euch im Vergleich auf?
c) Lest Teil **B** der **Infobox**.

4 a) Lies die Sätze. Findest du die Präfixe in den Nomen? Markiere sie.
b) Schreibe die Nomen auf und bilde zu ihnen ein Verb mit Präfix. *S. 323*
Schreibe so: *die Anreise → anreisen*

A Die Anreise dauerte sehr lange.
B Der Versuch ist gelungen.
C Der Umzug war schnell vorbei.
D Das ist eine leichte Aufgabe.

Wörter mit Präfixen

Infobox

A **Präfixe** sind Wortbausteine, die **vor dem Wortstamm** stehen. Sie verändern die Bedeutung von Wörtern und kommen oft bei Verben vor, z.B.:
schreiben → z. B. Text auf Papier notieren,
beschreiben → z. B. etwas mündlich oder schriftlich erklären,
abschreiben → einen Text noch einmal schreiben.

B Präfixe können vom Verb trennbar oder nicht trennbar sein.
Das kann man prüfen, indem man die Verben mit Präfixen in einem Satz benutzt:
*Ich **beschreibe** das Bild* (untrennbar). *Ich **schreibe** den Text **ab*** (trennbar).

WES-127901-248

Wörter bilden

Wörter mit Suffixen bilden

der Freund → freundlich
der Ärger
das Eis
das Gift
die List
das Kind
der Berg

1 Hier findest du einige Wörter. Bilde aus ihnen neue Wörter mit *-lich* und *-ig*.

2 Erforsche die neu gebildeten Wörter genauer: Erkläre, worin sie sich unterscheiden. Die **Infobox** hilft dir dabei.

3 Es gibt weitere Suffixe, mit denen man Adjektive bilden kann.
a) Lest die Adjektive im **Wortschatz** und prüft, ob ihr alle kennt. Welche könnt ihr euch erschließen, indem ihr sie zum Beispiel ohne Suffix betrachtet?
b) Schlagt unbekannte Adjektive nach.
c) Schreibt zu einigen Adjektiven mit Suffix einen Satz auf.
ⓐ vier Adjektive ⓑ sechs Adjektive ⓒ acht Adjektive

» *Wörterbucharbeit, S. 304*

I II III

Wortschatz

-sam	-bar	-ig	-lich
• arbeitsam	• bezahlbar	• anständig	• absichtlich
• aufmerksam	• essbar	• neb(e)lig	• empfindlich
• behutsam	• zumutbar	• ungeduldig	• wahrscheinlich
• gehorsam	• kostbar	• zeitig	• ziemlich

4 Lies den Text. Wovon handelt er?

End*lich* Ferien!
Tim ist ziem ? ungeduld ? und kann es kaum erwarten: Nur noch zwei Tage bis zum Ferienbeginn. Selt ? und unglaub ?, wie schnell das Schuljahr zu Ende geht! Ab Donnerstag gilt dann: anständ ? ausschlafen, absicht ? länger im Bett liegen bleiben und sorg ? darauf achten, bloß nicht an die Schule zu denken. Er freut sich, denn wahrschein ? geht es ein paar Tage zu den Großeltern. Dort kann er aufmerk ? Großmutters Geschichten lauschen und mit Großvater end ? wieder im See baden gehen.

5 Schreibe die ergänzten Wörter mit den richtigen Suffixen ab.

i Infobox

Wörter mit Suffixen

Suffixe sind Wortbausteine, die **nach dem Wortstamm** stehen. Sie verändern oft die Wortart des Ausgangswortes. Nomen können so zu Adjektiven und Verben werden, z. B. *der Freund* (Nomen) → *freundlich* (Adjektiv), *essen* (Verb) → *essbar* (Adjektiv).
Manchmal verändern sich zusätzlich einzelne Buchstaben, z. B.
der Bruder → brüderlich, die Gefahr → gefährlich.
Viele Wörter haben **Präfixe** und **Suffixe**, z. B. *ungeduldig*, *verständlich*.

Wörter bilden

Den Aufbau von Wörtern untersuchen

WES-127901-249

I

1 Lies den Text. Um welche Sportart könnte es sich handeln?
Ursprünglich kommt sie aus England. Sie ist eine beliebte Sportart, weshalb sie in fast jedem Sportverein angeboten wird. Es handelt sich um einen Teamsport. Das Spielziel ist es, einen Ball in das gegnerische Tor zu schießen. Das Spiel ist spannend, weil es oft plötzliche Wendungen nimmt und die Fans ihr Team anfeuern.

2 Untersuche den Text genauer: *S. 323*
a) Finde drei **zusammengesetzte Nomen** und schreibe sie heraus.
b) Schreibe drei Wörter mit **Präfixen** und drei Wörter mit **Suffixen** heraus.

» *Wörter zusammensetzen, S. 246*
» *Präfixe, S. 247*
» *Suffixe, S. 248*

3 Lege eine Wortschlange mit mindestens vier Wörtern zu dieser Sportart an.

II

1 Lies den Text. Um welche Sportart könnte es sich handeln?
Sie ist eine wunderbare Wassersportart. Die Sportlerinnen und Sportler legen mit Schwimmbrille und Badehaube große Strecken zurück. Die Schwimmbahnen, auf denen sie sich bewegen, sind dabei meist abgetrennt. Beim Training im Hallenbad werden Muskeln wirksam aufgebaut. Wenn das Wetter sonnig ist, kann man auch im Außenbecken trainieren. Während die Sportart früher ausschließlich auf dem Bauch ausgeführt wurde, kamen allmählich weitere Stile dazu.

2 Untersuche den Text genauer: *S. 323*
a) Finde vier **zusammengesetzte Nomen** und schreibe sie auf.
b) Schreibe vier Wörter mit **Präfixen** heraus und markiere die Präfixe.
c) Notiere die vier Wörter mit **Suffixen** und markiere die Suffixe.

3 Lege eine Wortschlange mit mindestens fünf Wörtern zu dieser Sportart an.

III

1 Lies den Text. Um welche Sportart könnte es sich handeln?
Bei dieser wunderbaren Sportart handelt es sich um Ballsport. Die Spielerinnen und Spieler zielen mit einem Ball auf einen Korb auf der gegnerischen Feldhälfte. Manches muss aber beachtet werden: Wer zum Beispiel einen Schrittfehler macht oder ein Foul begeht, verstößt gegen die Spielregeln. Da das Spiel ziemlich schnell ist, hat es herrliche Wendungen und Wechsel zwischen Angreifen und Verteidigen: Ballwürfe werden vorgetäuscht und Spielgegner wirksam aus der eigenen Spielhälfte vertrieben.

2 Untersuche den Text genauer:
a) Schreibe fünf **zusammengesetzte Nomen** heraus und markiere das Grundwort.
b) Schreibe fünf Wörter mit **Präfixen** heraus und markiere die Präfixe.
c) Notiere fünf Wörter mit **Suffixen** und markiere die Suffixe.

3 Lege eine Wortschlange mit mindestens sechs Wörtern zu dieser Sportart an.

WÖRTER BILDEN

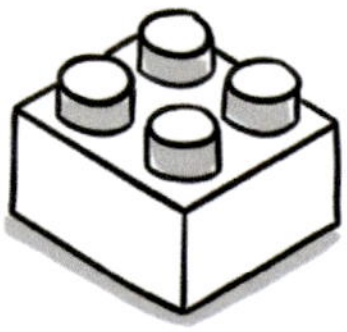

Im Deutschen gibt es verschiedene Möglichkeiten, um Wörter zu bilden. Hier sind drei Optionen:

WORTSTÄMME ZUSAMMENSETZEN » S. 246

Du kannst Wortstämme miteinander verbinden:

die Wette + der Kampf = der Wettkampf

das Eis + kalt = eiskalt

PRÄFIXE » S. 247

Präfixe sind Vorsilben, die vor Wörter gesetzt werden können:

ab + kühlen = abkühlen

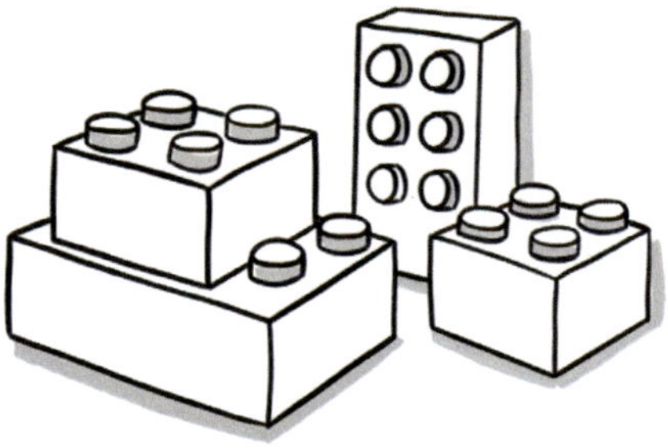

SUFFIXE » S. 248

Suffixe (Nachsilben) können an Wörter angehängt werden:

un + die Geduld + ig = ungeduldig

WORTSTÄMME

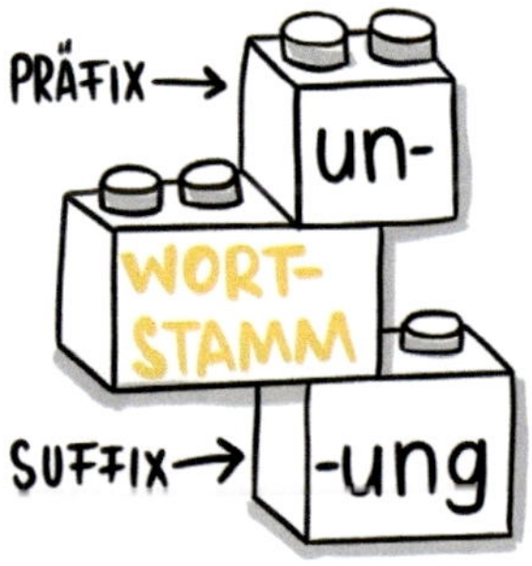

Jedes Nomen, Verb oder Adjektiv hat einen Wortstamm. Er gibt die Grundbedeutung an.

Mit Präfixen und Suffixen oder weiteren Stämmen können neue Wörter gebildet werden.

Manchmal verändert sich dabei die Schreibung: aus Tag wird täglich, aus Wut wird wütend usw.

HIER GIBT'S NOCH MEHR
Digital+
WES-127901-250

Wörter bilden

Überprüfe dein Wissen und Können

WES-127901-251

1 Hier findest du Wortstämme, mit denen du Wörter bilden kannst. Setze dazu verschiedene Wortstämme zusammen oder ergänze sie um ein Präfix oder Suffix.

a) Bilde zu vier Wortstämmen je zwei Wörter. *S. 323*

b) Bilde zu fünf Wortstämmen je zwei Wörter. *S. 323*

c) Bilde zu sechs Wortstämmen je zwei Wörter.

-leb-	-fahr-	-trag-	-stell-	-geh-	-bind-
-halt-	-les-	-lauf-	-spiel-	-denk-	-schreib-

2 Lies den Text.

Mit dem Fahrrad zur Schule

Täglich fahren viele Kinder und Jugendliche mit dem Fahrrad zur Schule. Radfahren ist gesund und recht ungefährlich. Aber besonders an Einfahrten, Ausfahrten und an Kreuzungen muss man als Fahrradfahrer/-in aufmerksam sein. Außerdem sollte man Gefahrenstellen vermeiden. Am sichersten ist es, wenn man einen Fahrradweg befahren kann. Hier muss man aber gut aufpassen, wenn man an parkenden Autos vorbeifahren will. Eine Autotür, die plötzlich geöffnet wird, kann nämlich eine Gefahr beim Radfahren sein. Ein guter Fahrradhelm und ein sicheres Fahrrad sind deshalb wichtig.

3 Schreibe aus dem Text mindestens sechs Wörter mit dem Wortstamm *-fahr-* heraus. Trenne die Wörter in ihre Bestandteile auf, z. B. *Fahr-rad*.

4 Spielt das „Nomen-Verb-Adjektiv-Spiel" allein oder in Gruppen.

- Schreibt die Wortstämme aus Aufgabe 1 auf Karten, mischt sie und legt sie verdeckt vor euch ab.
- Zeichnet eine Tabelle mit drei Spalten. Notiert in der ersten Zeile Nomen – Verb – Adjektiv.
- Zieht ein Wortstammkarte. Schreibt nun ein Nomen, ein Verb und ein Adjektiv zu diesem Wortstamm in die Tabelle. Je länger und unbekannter das Wort ist, desto besser!
- Wenn ihr gemeinsam spielt, vergebt ihr Punkte, wenn ihr fertig seid oder jemand Stopp ruft: 5 Punkte, wenn ihr das gleiche Wort aufgeschrieben habt, 10 Punkte für ein Wort, das nur eine Person hat, und 20 Punkte, wenn nur eine Person ein Nomen, Verb oder Adjektiv aufgeschrieben hat.
- Zieht eine neue Karte und spielt eine weitere Runde.

Wortarten

1 Oh nein! Was ist hier bloß passiert?
Helft dem Zauberer, die fehlenden Wörter in seiner Zauberformel zu ergänzen.
- Spielt euch die Zauberformel gegenseitig vor. Die Bilder helfen euch.
- Welche Wörter könnt ihr in die Lücken einsetzen? Schreibt die vollständige Zauberformel auf.

2 a) Vergleicht: Habt ihr die gleichen oder unterschiedliche Wörter ergänzt?
b) Was hat euch geholfen, die Wörter zu ergänzen?
c) Welche Wörter waren nicht so einfach zu ergänzen? Woran lag das?

3 a) Versucht, die Wortarten für die ergänzten Wörter zu bestimmen. *S. 324*
b) Gibt es in den Sätzen Wörter aus bestimmten Wortarten, die besonders wichtig sind, um alles zu verstehen?

4 Gestaltet selbst einen bewegten Zauberspruch mit Lücken und kleinen Bildern. Lasst ein anderes Kind raten, welche Wörter sich hinter den Lücken verstecken. Ihr könnt die Zauberformel auch vorspielen.

In diesem Kapitel lernst du, …
- welche Wortarten es gibt und welche Aufgaben sie übernehmen.
- woran man Wörter einzelner Wortarten erkennen kann.
- wie sich Verben, Nomen, Adjektive, Artikelwörter und Pronomen verändern können.
- welche Aufgaben Präpositionen im Satz übernehmen.

Wortarten

Verben erkennen und verändern

WES-127901-253

A Magie ? bei Zaubertricks keine Rolle.
B Aber es ? um Übung und Ablenkung.
C Gute Zauberinnen und Zauberer ? Kostüme und einen Zauberkoffer.
D Du ? am besten vor dem Spiegel.
E Du ? deine Tricks zunächst vor deiner Familie.
F Am besten ? du beim Zaubern immerzu.
G Niemand ? dann so genau auf den Trick.

1 Hier fehlt doch etwas! Schau dir den Text genau an. Kannst du zunächst erraten, welche Wörter in den Sätzen fehlen?

2 Hier findest du die fehlenden Wörter. Vervollständige damit die Sätze. Achtung: Manchmal musst du die Wörter etwas anpassen.

achten | brauchen | gehen | spielen | reden | testen | üben

3 a) Was haben die Wörter gemeinsam, die du eingesetzt hast?
b) Vergleicht mit der **Infobox**, ob ihr die Wörter richtig angepasst habt.

4 Die Verben auf den Zetteln stehen alle im Infinitiv. Du hast sie verändert, damit sie in den Text passen. Beschäftige dich nun mit einigen der Verben genauer und schreibe für sie alle Formen wie im Beispiel in der **Infobox** auf.
a Arbeite mit zwei Verben. b Arbeite mit drei Verben. c Arbeite mit vier Verben.

5 a) Unterstreicht in euren Verben aus Aufgabe 4 alle Endungen wie im Beispiel:
1. Person Singular: ich achte | 2. Person Singular: du achtest …
b) Vergleicht eure Lösungen: Findet ihr Endungen, die immer gleich sind? *S. 324*

Verben

Infobox

Im Wörterbuch stehen die Verben im Infinitiv (= Grundform), z. B. *leben*. In **Sätzen** muss man ihre **Form anpassen**. Das nennt man **konjugieren**.
Das konjugierte Verb nenn man **finites Verb** (= Personalform).
Verben können sich in der Person (*ich lebe, du lebst …*) und im Numerus (= Anzahl, *ich lebe, wir leben …*) verändern. Bei manchen Verben tritt in einzelnen Formen ein *-e-* zur Endung hinzu: *du achtest, ihr achtet …*
Zum Infinitiv *leben* gibt es im Präsens diese Formen:

1. Person Singular: *ich lebe*	1. Person Plural: *wir leben*
2. Person Singular: *du lebst*	2. Person Plural: *ihr lebt*
3. Person Singular: *er/sie/es lebt*	3. Person Plural: *sie leben*

Wortarten

Tempusformen des Verbs bilden

Heute Morgen ist vielleicht etwas passiert! Ich habe einen Zauberer gesehen, der seinen Zauberstab auf den Tisch gelegt hat. Danach ist er vor das Publikum getreten …

Hier passiert vielleicht was! Ich sehe einen Zauberer, der legt gerade seinen Zauberstab auf den Tisch. Nun tritt er vor das Publikum …

Heute passierte etwas Aufregendes. Ich sah einen Zauberer, der seinen Zauberstab auf einen Tisch legte. Dann trat er vor das Publikum …

1 Lest die drei kleinen Texte.
- Was haben die drei Texte gemeinsam, welche Unterschiede kannst du entdecken? *S. 324*
- Habt ihr eine Idee, warum zwei der Texte in Sprechblasen und einer auf einem Zettel stehen? Die **Infobox** hilft euch dabei.

I II III

2 Wie geht die Geschichte wohl weiter? Setze jeden der drei Texte fort. Die Bilder und Verben helfen dir. Achte dabei auf die jeweils passende Tempusform.
a zwei Sätze pro Text *S. 324* b drei Sätze pro Text c vier Sätze pro Text

3 Tauscht euch darüber aus, welche der Tempusformen in den drei kleinen Texten ihr schon gut verwenden könnt und welche ihr noch etwas üben wollt.

i Infobox

Die Tempusformen des Verbs unterscheiden und bilden

Verben können verschiedene **Tempusformen** (= Zeitformen) bilden.
Das **Präsens** verwenden wir vor allem, wenn wir über etwas sprechen oder schreiben, das **gerade geschieht**, oder um **Tatsachen** auszudrücken: *Der Zauberer zieht ein Kaninchen aus dem Hut. Jeder Zaubertrick ist nur ein Trick.*
Das **Perfekt** verwenden wir, wenn wir über Vergangenes sprechen oder schreiben: *Der Zauberer hat ein Kaninchen aus dem Hut gezaubert.*
Das **Präteritum** nutzen wir fast nur beim **schriftlichen Erzählen**: *Der Zauberer zog ein Kaninchen aus dem Hut, während er eine Geschichte erzählte.*

Wortarten

Starke, schwache und unregelmäßige Verben erkennen

WES-127901-255

Der Hahnenbalken

Ein Zauberer stand einmal in einer großen Menschenmenge und vollbrachte Wunderdinge. Er ließ einen Hahn auftreten, der hob einen schweren Balken und hielt ihn, als wäre er federleicht. Das sah ein kluges Mädchen. Es rief: „Ihr Leute, seht ihr nicht, das ist ein Strohhalm und kein Balken, was der Hahn dort trägt." Da verschwand der Zauber. Die Leute sahen, dass er ein Betrüger war, und jagten ihn fort.

1 Lest den Anfang des Märchens „Der Hahnenbalken". Was ist hier passiert?

2 Untersucht die unterstrichenen Verben nun genauer und besprecht, wie sie jeweils gebildet werden. Die **Infobox** hilft euch dabei. *S. 324*

3 Übertrage die Tabelle oder nutze die Tabelle in der Vorlage.
Füge die unterstrichenen Verben aus dem Märchen in die Tabelle ein und vervollständige sie. Die Beispiele helfen dir.
a vier Verben b fünf Verben c alle Verben

Infinitiv	2. Person Singular Präsens	3. Person Singular Perfekt	3. Person Plural Präteritum
stehen	*du stehst*	*wir haben gestanden*	*sie standen*
vollbringen	*du vollbringst*	*wir haben vollbracht*	*sie vollbrachten*

4 Markiere in der Tabelle die Stammvokale und unterstreiche die Endungen im Perfekt. *S. 324*

Starke, schwache und unregelmäßige Verben

Infobox

Wenn Verben ihre Form verändern, welchseln sie das **Tempus**. Wie sie sich verändern, hängt davon ab, ob es sich um ein **schwaches**, **starkes** oder **unregelmäßiges Verb** handelt. Diese werden unterschiedlich gebildet:

Bei **schwachen Verben** bleibt der Stamm des Verbs immer gleich. Im Präteritum findet sich die Endung *-t-*. Das Perfekt wird mit der Vorsilbe *ge-* und der Endung *-t* gebildet: ***frag**en: ich **frag**-e, ich **frag**-te, ich habe ge-**frag**-t.*

Bei **starken Verben** wechselt der **Stammvokal** (= der Vokal in der Stammsilbe). Das Perfekt wird mit der Vorsilbe *ge-* und der Endung *-en* gebildet: *finden: ich finde, ich fand, ich habe gefunden.*

Unregelmäßige Verben verändern den Stammvokal, aber bilden das Präteritum und Perfekt oft wie schwache Verben: bringen: *ich bring-e, ich brach-te, ich habe ge-brach-t.* Einige unregelmäßige Verben verändern den ganzen Stamm: *sein: ich bin, ich war, ich bin gewesen.*

WES-127901-256

Wortarten

Hilfsverben und Vollverben unterscheiden

A Wir haben einen Ausflug in die Zauberschule gemacht.
B Wir sind mit dem Fahrrad hingefahren.
C Morgens haben wir uns an der Schule getroffen.
D Da haben wir alle Fahrräder überprüft.
E Dabei hat uns der Hausmeister geholfen.
F Aber dann ist es endlich losgegangen.

1 Lies die Sätze. Was erleben die Kinder vor der Fahrt in die Zauberschule?

2 In Satz A und B sind bereits einige Wörter markiert.
a) Tauscht euch darüber aus, welche Funktion diese Wörter dort haben. S. 324
b) Vermutet, warum sie in zwei verschiedenen Farben markiert sind. S. 324
c) Vergleicht eure Vermutungen mit der **Infobox**.
d) Schreibt die Sätze C bis F ab und markiert die Verben wie in Satz A und B.

3 Setze die Geschichte fort. Achte darauf, dass du im Perfekt schreibst. Wähle aus diesen Verben drei aus: ***ankommen, gehen, sehen, zeigen, üben.***

4 Bist du nun Verb-Profi? Schreibe die Sätze ab und markiere die Verbformen in den dir bekannten Farben. S. 324
a Sätze A bis E b Sätze A bis F c alle Sätze

I II III

A Berat hat am Wandertag eine Zauberschule besucht.
B Am Abend fragte ihn seine Mutter:
C „Was habt ihr denn so alles gelernt?“
D Berat erzählte von seinen Erlebnissen:
E „Wir haben uns Zaubersprüche ausgedacht.
F Dann haben wir Kartentricks ausprobiert.
G Bei dem Zauberer sah alles so leicht aus.
H Ich habe es nicht hinbekommen!“

Infobox

Vollverben und Hilfsverben

Man unterscheidet zwischen verschiedenen Arten von Verben.
Mit **Vollverben** kann man Sätze bilden: *Der Zauberer lächelt. Ich lache.*
Mit den **Hilfsverben** *haben* und *sein* und mit einem Vollverb kann man die Zeitform Perfekt bilden. Die meisten Vollverben verbinden wir im **Perfekt** mit dem Hilfsverb *haben*, einige mit *sein*: *Der Zauberer hat gelächelt. Ich bin gelaufen.* Zu den Vollverben mit *sein* gehören Verben, die eine Bewegung oder eine Zustandsveränderung bezeichnen: *laufen, gehen, fahren, fliegen, rennen, aufwachen, aufstehen, verblühen …*

Wortarten

Modalverben untersuchen

Alina hat einen zwei Jahre alten Bruder, der manchmal ganz schön nervt. Sie will gerade Zaubertricks üben und hat aufgeschrieben, was sie an ihrem Bruder Raphael nervt.

Raphael will immer in mein Zauberbuch schauen, aber kann die Seiten nicht umblättern. Er mag gern mit meinem Zauberstab spielen, aber er kann ihn noch nicht festhalten. Er darf manchmal mit meinem Zauberkasten spielen, aber er soll dann auf mich hören. Er wollte immer mit mir Kartentricks üben, aber er kann die Karten noch nicht halten. Raphael muss noch etwas älter werden für die Zaubertricks.

1 Lest den Text. Darin findet ihr einige gelb markierte Wörter.
- Findet mehr über sie mithilfe der **Infobox** heraus.
- Was könnte Raphael wohl in zehn Jahren berichten? Schreibt den Text um. Beginnt so: *Ich wollte immer in Alinas Zauberbuch schauen, aber ich konnte …*
- Markiert in euren Texten die Modalverben wie im Beispiel.
- Sprecht darüber, was man mit Modalverben ausdrücken kann und wie man sie verwendet. Achtet auch auf die Form des Vollverbs. *S. 325*

2 Formuliert eigene Sätze dazu, was kleine Kinder vielleicht gern machen wollen, aber noch nicht können.

3 Welche Zaubertricks interessieren dich? Schreibe einige Sätze auf. Die Bilder rechts und diese Satzanfänge helfen dir:
Ich möchte … Gern will ich … Auf keinen Fall darf … fehlen.
a drei Sätze b vier Sätze c fünf Sätze

4 Spielt zu viert ein Ratespiel.
- Schreibt auf, was jemand in eurer Gruppe gern mag, gut kann oder unbedingt will. Verwendet dabei Modalverben, z.B.: *Die Person mag in der Pause gern Tischtennis spielen.*
- Lest eure Sätze den anderen Spielerinnen und Spielern vor.
- Die anderen Kinder raten, wer aus der Gruppe gemeint ist.

Modalverben

Infobox

Modalverben sind die Verben *dürfen, können, möchten, mögen, müssen, sollen, wollen*.
Sie kommen oft in Sätzen mit dem Infinitiv von Vollverben vor:
ich will lesen, er soll schlafen, sie müssen mitkommen
Mit Modalverben drücken wir aus, **was möglich ist:** *ich kann, ich darf*, **was notwendig ist:** *ich muss* und **was gewünscht oder gewollt ist:** *ich möchte, ich will*.

Wortarten

Nomen erkennen

Die leckersten [1] der [2]!

Um diese saftigen [3] zu backen, braucht ihr nur wenige [4], die in fast jeder [5] vorhanden sind und für zwei bis drei [6] reichen: drei frische [7], 150g fein gemahlenes [8], 250ml kalte [9], 50g feinkörnigen [10] und ein wenig [11].
Habt ihr alles beisammen, schlagt ihr drei [12] auf und verrührt sie mit einem [13] oder einer elektrischen [14] miteinander in einer großen [15], bis eine glatte [16] entsteht.
Nun erhitzt ihr flüssiges [17] oder etwas weiche [18] in einer [19] und backt euch die leckersten [20] der [21]! Was für ein [22]!

1 a) Lest euch den Text vor und hört aufmerksam zu.
b) Besprecht, worum es in dem Text geht.

2 a) Überlegt, was euch aufgefallen ist: Woran merkt man, dass etwas fehlt?
b) Benennt mithilfe der **Infobox**, zu welcher Wortart die fehlenden Wörter gehören.

3 Versucht gemeinsam, die Nomen an den richtigen Stellen im Text einzusetzen. Einige müsst ihr mehrfach verwenden: *Pfannkuchen (3x), Masse, Butter, Pfanne, Welt (2x), Quirl, Gaumenschmaus, Zutaten, Küche, Schüssel, Personen, Eier (2x), Mehl, Milch, Zucker, Salz, Küchenmaschine, Öl, Genuss*

4 Hier findest du den Anfang eines Rezepts für Muffins.
- Lies das Rezept zuerst durch und schreibe es richtig ab.
- Unterstreiche die Nomen im Text und erkläre, wie du sie erkannt hast.

Schreibe wie im Beispiel: *die leckersten Muffins → Artikel und Adjektiv*

I a mindestens acht Nomen
II b mindestens zwölf Nomen
III c alle Nomen

DIE LECKERSTEN MUFFINS DER WELT
VERMISCHE IN EINER RÜHRSCHÜSSEL DREI EIER, 100 GRAMM WEICHE BUTTER, VIER ESSLÖFFEL FEINEN ZUCKER UND 200ML FRISCHE MILCH. GIB 200 GRAMM GESIEBTES MEHL UND ETWAS BACKPULVER DAZU. HEIZE DEN BACKOFEN AUF 200 GRAD VOR ...

i Infobox

Nomen

Nomen sind wichtige Wörter unserer Sprache. Sie helfen uns beim Verstehen von Sätzen und Texten. Im Deutschen werden sie **großgeschrieben**. Man kann sie auch daran erkennen, dass vor ihnen **Artikelwörter** und/oder **Adjektive** stehen können, z. B. *ein großes Glück*. Nomen bezeichnen oft Gegenstände (z. B. *das Buch*), Lebewesen (z. B. *die Maus*) sowie abstrakte Dinge (z.B. *die Freiheit, das Recht*) und Gefühle (z. B. *die Liebe, die Freude*).

Wortarten

Das Genus von Nomen erkennen

WES-127901-259

Auto	Kind	Bein	Baum	Berg	Himmel
Steckdose	Rose	Zauber	Nase	Fenster	Luft

1 Hier findest du verschiedene Nomen.
a) Wähle von diesen Nomen fünf aus und schreibe sie untereinander ab.
b) Lest sie euch nacheinander vor und ergänzt jeweils den passenden Artikel.
c) Überlegt, welche Informationen die Artikel über die Nomen geben. Vergleicht eure Überlegungen dann mit der **Infobox** (**A**).

2 Finde auch zu den Nomen in den Kästen den passenden Artikel.

? Handy | ? Luft | ? Arm | ? Pumpe | ? Tasche | ? Band

3 a) Setzt Wörter aus je einem blauen und gelben Kasten zu einem sinnvollen Nomen zusammen und schreibt sie mit richtigem Artikel auf. *S. 325*
b) Besprecht, welches Nomen den Artikel der zusammengesetzten Nomen bestimmt. Die **Infobox** (**B**) hilft euch.

» *Wortbildung, S. 244–251*

4 Manche Nomen sind gleich, haben aber unterschiedliche Artikel und Bedeutungen. Besprecht, welche Bedeutung die Nomen jeweils haben. *S. 325*
a Reihe A b Reihe B c beide Reihen

A die See – der See   die Leiter – der Leiter   der Kiefer – die Kiefer
B der Schild – das Schild   die Steuer – das Steuer   der Band – das Band

5 Einige Nomen kannst du mit verschiedenen Artikeln verwenden, ohne dass sie ihre Bedeutung verändern.
a) Überlegt, welche Artikel die Nomen rechts haben.
b) Stimmt zu jedem Nomen in der Klasse ab, welchen Artikel ihr eher benutzen würdet: das oder der?
c) Recherchiert, welche Artikel möglich sind.

Bonbon
Gulasch
Gelee
Kaugummi
Ketchup

» *Wörterbuch, S. 304*

Das Genus von Nomen

Infobox

A Nomen haben ein Genus. Man erkennt es am Artikel. Wir unterscheiden:
- **Maskulinum** (männlich): *der Ball, der Rabe, ein Baum, ein Hund*
- **Femininum** (weiblich): *die Uhr, die Katze, eine Tasse, eine Nachricht*
- **Neutrum** (sächlich): *das Unglück, das Gemüse, ein Haus, ein Mädchen.*

B Wenn man **Nomen zusammensetzt**, bestimmt das Nomen am Wortende das Genus:
der Ball (Bestimmungswort) + *das Spiel* (Grundwort) → *das Ballspiel*

WES-127901-260

Wortarten

Singular und Plural von Nomen erkennen und bilden

1 Was gibt es hier zu entdecken? Beschreibt euch die drei Bilder gegenseitig.

2 Besprecht, wie ihr beim Beschreiben verdeutlicht habt, dass mal ein Gegenstand und mal mehrere Gegenstände gemeint sind. Die **Infobox** (**A**) hilft euch.

3 Hier findest du einige Nomen im Plural.
Übernimm die Tabelle und trage einige Nomen in die rechte Spalte ein.
a) vier weitere Nomen b) sechs weitere Nomen c) alle weiteren Nomen

die Kastanien – die Töpfe – die Raupen – die Mütter – die Autos – die Kiefern – die Bänder – die Ohren – die Väter – die Spiele

Singular	Plural
die Kastanie	*die Kastanien*
der Topf	*die Töpfe*
...	...

4 a) Ergänze die Singular-Formen der Nomen in der linken Spalte.
b) Markiere in den Pluralformen die Stellen, die sich vom Singular unterscheiden.
S. 325
c) Besprecht, welche Unterschiede ihr entdecken konntet, und vergleicht sie mit der **Infobox** (**B**).

Wörterbuch, S. 304

5 Es gibt auch Nomen, die nur im Singular oder im Plural vorkommen.
a) Übernimm die Tabelle oder nutze die Vorlage. Sortiere darin die Nomen ein. Überprüfe das mit einem **Wörterbuch**.
b) Habt ihr alles richtig zugeordnet? Vergleicht eure Lösungen zu zweit.
der Quatsch – die Freundschaft – das Getreide – die Masern – der Bruder – die Polizei – die Alpen – die Ferien – die Eltern – die Geschwister – die Idee

nur Singular	Singular und Plural	nur Plural
der Quatsch	*die Freundschaft*	*die Masern*
...	...	...

Alles nur geträumt!

A Emil schläft und hat einen Traum: Ein böser Zauberer hat sich auf einer finsteren Burg versteckt und mithilfe seiner Magie ein magisches Zimmer gezaubert. Dort hat er ein goldenes Ei versteckt, das er einem schlafenden Drachen gestohlen hat.
B Am nächsten Tag sucht die Drachenmutter ihren Nachwuchs. Zum Glück hat Ritter Emil alles beobachtet und kann ihr zur Seite stehen. Gemeinsam fliegen sie los, kommen an einem großen Feld vorbei und bleiben bis zur Nacht am Fuß eines magischen Berges.
C Im Schutz der Dunkelheit erreichen sie die Burg. Vor dem Angriff gibt der Drache ein lautes Quietschen von sich. Dann geht die Tür des Autos auf und Emil wacht auf ...

6 Lest den Text. Warum quietscht der Drache wohl am Ende der Geschichte?

7 Bildet zu den unterstrichenen Singular-Formen im Text den Plural.
a Abschnitt A   b Abschnitt A und B   c alle Abschnitte
- Übernimm die Tabelle oder nutze die Vorlage.

Singular	-e	-(e)n	-s	-er	-er/-e + Umlaut	nur Umlaut	Singular = Plural
der Traum					*die Träume*		
...							

- Notiere deine Wörter aus dem Text in der Tabelle. Nomen im Singular setzt du in die linke Spalte ein, Wörter im Plural ordnest du nach ihrer Pluralbildung ein.
- Ergänze für die unterstrichenen Nomen die fehlende Singular- oder Pluralform. Markiere die Veränderungen im Plural wie im Beispiel. *S. 325*
- Vergleicht eure Ergebnisse.

Singular und Plural bei Nomen

Infobox

A Der Singular (= Einzahl) zeigt an, dass **nur ein Gegenstand**, **Lebewesen** usw. **bezeichnet** wird, z. B. *ein Drache, der Drache*.
Der Plural (= Mehrzahl) zeigt an, dass **mehrere Gegenstände**, **Lebewesen** usw. **bezeichnet** sind, z. B. *die Drachen*.
Einige Nomen haben **keinen Plural** (z. B. *der Schnee, die Furcht, der Regen, die Nässe*), **andere** haben **keinen Singular** (*die Eltern, die Ferien*).

B Den Plural erkennt man meist an dem **Artikel *die***, der **Endung** und manchmal am **Umlaut**:

• Endung *-e*:	*das Spiel – die Spiele*	
• Endung *-(e)n*:	*die Gabel – die Gabeln*	*die Uhr – die Uhren*
• Endung *-s*:	*das Auto – die Autos*	*der Opa – die Opas*
• Endung *-er*:	*das Kind – die Kinder*	
• Endung *-er/e* + Umlaut:	*der Rand – die Ränder*	*der Stuhl – die Stühle*
• nur Umlaut:	*der Vater – die Väter*	*die Mutter – die Mütter*
• Plural und Singular gleich:	*der Fehler – die Fehler*	*der Lehrer – die Lehrer*

Wortarten

Die Kasus der Nomen unterscheiden und bilden

A ? Ball liegt schon auf dem Volleyballfeld bereit.
B Mats und Karl spielen sich ? Ball zu.
C Milla macht mit ? Ball einen harten Aufschlag.
D Die Annahme ? Balls misslingt.

1 Lest die Sätze. Achtet dabei besonders auf das Nomen *Ball* und seinen Artikel.

2 Was fällt euch auf, wenn ihr die Artikel zu Ball vergleicht? Beschreibt die Veränderungen mithilfe der **Infobox**.

3 Schreibe diese Sätze ab und ergänze den richtigen Artikel.

A ? Zauberlehrling wollte ? Meister beeindrucken.
B Er nahm ? Buch ? Meisters und verzauberte Katzen und Hunde.
C ? Tiere sollten nun ihrem Meister ? Geburtstagslied singen.
D ? Katzen miauten gruselig zum Gebell ? Hunde ...

» *Sätze untersuchen, S. 280–281*

4 Setze die Wörter in den Klammern im richtigen Kasus und Numerus ein. Ergänze passende Artikel. Schreibe wie im Beispiel:
Der Zauberer gibt dem Jungen einen Zauberstab. (Junge)
a zwei Sätze b drei Sätze c alle Sätze

I II III

Der Zauberlehrling lernt ?. (Zauberspruch)
Ein Kobold schenkt ? einen Zauberkristall. (Zauberer)
Der Zauberer verwandelt ? in eine Katze. (Besen)
Eine Hexe zeigt ? einen Zaubertrick. (Zauberlehrling)

i Infobox

Die vier Kasus im Deutschen

Wenn sich der **Kasus** (= der Fall) des Nomens ändert, **passt** sich der **Artikel** entsprechend **an**. In einigen Formen verändert sich auch die **Endung des Nomens**:

	Maskulinum		Femininum		Neutrum	
	Singular	**Plural**	**Singular**	**Plural**	**Singular**	**Plural**
Nominativ	der/ein Tisch	die Tische	die/eine Blume	die Blumen	das/ein Auto	die Autos
Akkusativ	den/einen Tisch	die Tische	die/eine Blume	die Blumen	das/ein Auto	die Autos
Dativ	dem/einem Tisch	den Tischen	der/einer Blume	den Blumen	dem/einem Auto	den Autos
Genitiv	des/eines Tisches	der Tische	der/einer Blume	der Blumen	des/eines Autos	der Autos

Wortarten

Adjektive verwenden und untersuchen

Mein Hund

Mein Hund hat einen ? Körperbau. Er hat einen ? Kopf. Er besitzt eine ? Schnauze, ? Ohren und einen ? Schwanz. Er steht auf ? Beinen. Sein Fell ist ? mit ? Haaren. Er ist ein ? Tier und spielt ? .

1 a) Lies den Text. Kannst du herausfinden, welcher Hund beschrieben wird?
b) Suche dir nun selbst einen Hund aus. Was fehlt im Text, damit man den Hund gut beschreiben kann? Die **Infobox** (**A**) hilft euch.

2 Beschreibe nun deinen Hund. Setze in den Text oben Adjektive ein, die zum Tier passen. Du kannst den **Wortschatz** nutzen.

Wortschatz

der Körperbau:	schlank, gedrungen, groß, klein, schmal ...
der Kopf:	schmal, rund, groß, klein ...
die Schnauze:	rundlich, spitz, breit, schmal, lang ...
die Ohren:	spitz, aufrecht, herabhängend, lang, kurz, dreieckig ...
die Haare und das Fell:	lang, wuschelig, glatt, lockig, rau, zottelig, drahtig ...
der Schwanz:	lang, kurz, herabhängend, wuschelig, geringelt, wollig ...
die Beine:	kurz, lang, krumm, gerade, dünn, kräftig ...
die Farben:	braun, schwarz, weiß, gefleckt, gesprenkelt, hell, dunkel ...
Wie der Hund ist:	sanft, freundlich, lieb, ruhig, anhänglich, temperamentvoll ...

3 Lest eure Hundebeschreibungen vor. Ratet, welches der Tiere gemeint ist.

4 Untersucht eure Beschreibungen nun genauer:
a) Wo stehen die Adjektive im Satz? *S. 325*
b) Vergleicht eure Überlegungen mit der **Infobox** (**B**).

Adjektive

Infobox

A Mit **Adjektiven** kann man **Lebewesen, Dinge** und **Sachverhalte genauer beschreiben**: *winzig, spitz, weiß ...*

B Adjektive stehen meist vor einem Nomen (***weißes*** *Fell*) oder zwischen einem Artikelwort und einem Nomen (*mein* ***winziger*** *Hund, die* ***spitzen*** *Ohren*).
Auch andere Stellungen sind möglich: *Seine Ohren sind* ***spitz****. Sein Fell leuchtet* ***weiß****.*

5 Hier findet ihr eine Reihe von Wörtern. Schreibt die Wörter auf, von denen ihr denkt, dass sie Adjektive sind.

rot – oft – neu – immer – dort – leer – genug – lieb – toll – witzig – eckig – hier manchmal – rund – nett – jetzt – kaputt – klein – glücklich – rostig

6 Überprüft, ob eure Vermutung aus Aufgabe 5 stimmt. Dazu gibt es eine Methode, mit deren Hilfe ihr Adjektive immer erkennen könnt. Das ist die Ergänzungsprobe. Jedes Wort, das ihr in den folgenden Satz sinnvoll einführen könnt, ist ein Adjektiv. Wendet die Probe bei den Wörtern aus Aufgabe 5 an:

I II III

a sechs Wörter b acht Wörter c alle Wörter

Die ? Plingplongs liegen auf dem Tisch.

*Die **roten** Plingplongs liegen auf dem Tisch* → das Wort passt: ein Adjektiv

*Die **often** Plingplongs liegen auf dem Tisch* → das Wort passt nicht: kein Adjektiv

7 Schreibe den Text ab und ergänze die Endungen der Adjektive.

I II III

a Abschnitt A b Abschnitt A und B c Abschnitte A bis C

Wissenswertes über Katzen

A Katzen haben fast immer einen schlank ? Körper, ein weich ? Fell, kurz ? Gesichter und klein ? Köpfe mit groß ? Augen. Ihre Fellfarben und Fellzeichnungen unterscheiden sich sehr. Es gibt einfarbig ? Tiere, aber auch gefleckt ? und gestreift ? Arten. Und manche haben lustig ? Flecken am Hals oder an den Beinen.

B Die klein ? spitz ? oder rundlich ? Ohren der Katzen stehen aufrecht und können in verschieden ? Richtungen gedreht werden. Sie verfügen über ein ausgezeichnet ? Gehör.

C Katzen sind gut ? Jäger, weil sie eine beweglich ? Wirbelsäule haben und eine groß ? Sprungkraft. Mit ihren scharf ? Krallen können sie gut auf hoh ? Bäume klettern. Manchmal schaffen es jung ? Katzen nicht, wieder herunterzuklettern, dann brauchen sie schnell ? Hilfe.

i Infobox

Adjektive in Wortgruppen

Adjektive passen ihre **Endungen an** die **Begleiter** und das **Nomen** in der Wortgruppe **an**. Bei Nomen im Maskulinum und Neutrum (*der Hund, das Huhn*) sieht man das auch im Nominativ: ***ein*** *kluger Hund* – ***der*** *kluge Hund,* ***ein*** *kleines Huhn* – ***das*** *kleine Huhn.*

Wortarten

Adjektive steigern und mit Adjektiven vergleichen

WES-127901-265

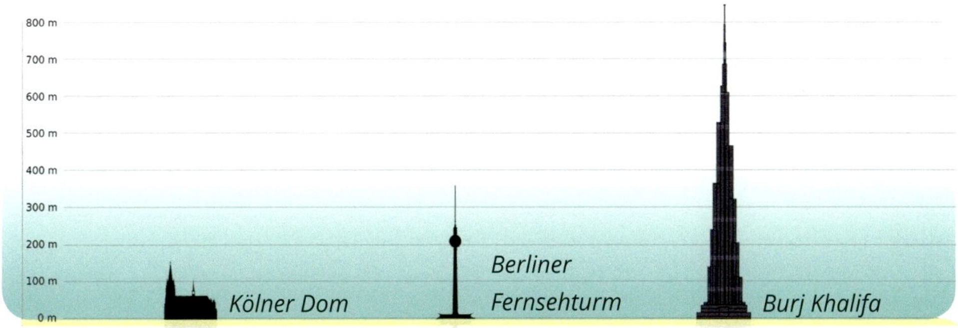

1 a) Vergleiche die Höhe dieser drei Gebäude miteinander. Vervollständige den Satz mit *hoch, höher, am höchsten*.
Der Kölner Dom ist …, der Berliner Fernsehturm ist …, der Burj Khalifa ist …
b) Finde mithilfe der **Infobox** heraus, was hier mit dem Adjektiv *hoch* passiert ist.

2 Vergleiche die folgenden Flüsse, Berge und Tiere miteinander. Schreibe wie im Beispiel: *Die Elbe ist lang, der Rhein ist länger und die Donau ist am längsten.*
a Satz A   b Satz A und B   c alle Sätze

A hoch: der Fichtelberg 1215 m, der Kleine Burgberg 426 m, die Zugspitze 2962 m
B schwer: der Blauwal 160.000 kg, der Strauß 160 kg, der Polarbär 1000 kg
C schnell: der Wanderfalke beim Jagen 322 km/h, der Fächerfisch beim Schwimmen 109,7 km/h, die Kakerlake beim Laufen 5 km/h

3 a) Übernimm die Tabelle oder nutze die Vorlage.
b) Trage die Adjektive und ihre Steigerungen in die Tabelle wie im Beispiel ein:

wichtig – reich – alt – schön – lieb – jung – neu – glücklich

Positiv	Komparativ	Superlativ
wichtig	*wichtiger*	*am wichtigsten*
…	…	…

Die Steigerung von Adjektiven

Infobox

Die meisten **Adjektive** lassen sich **steigern**. Dabei unterscheidet man **drei Stufen**:
- **Grundstufe** (Positiv): *groß, hoch*
- **Steigerungsstufe** (Komparativ): *größer, höher*
- **Höchststufe** (Superlativ): *am größten, am höchsten.*

Bei einem **Vergleich** verwendet man die **Vergleichswörter *wie*** und ***als***:
Er ist genauso groß wie ich. Er ist größer als ich.

WES-127901-266

Wortarten

Artikelwörter

Eis mit Wespe

Ich schleckte gerade ? Eis. ? Eis war sehr lecker. Plötzlich hörte ich ? Gesumm. ? Gesumm wurde immer lauter. Es kam von ? Wespe. ? Wespe setzte sich direkt auf ? Eis. Ich kriegte ? Schreck. Und ? Schreck war so groß, dass ich ? Eis fallen ließ.

1 Lest den Text. Welche Wörter fehlen hier wohl? Die **Infobox** (**A**) hilft euch.

2 a) Schreibe den Text ab und setze jeweils ein passendes Artikelwort ein.
b) Die **Infobox** (**A**) hilft dir dabei.
c) Vergleicht eure Ergebnisse: Wo habt ihr unterschiedliche Artikelwörter eingesetzt? Begründet.

3 Bildet nun zwei Gruppen. Eine Gruppe zählt, wie viele verschiedene Menschen Elias in Text A beobachtet. Die andere Gruppe zählt, wie viele Menschen es in Text B sind.

A Im Schulbus

Elias beobachtet im Schulbus die Leute: Er sieht eine Frau mit einem Kind. Am Fenster hockt ein alter Mann. Eine Schülerin sitzt vor ihm. Ein Mann liest die Zeitung. Eine Frau hat eine große Tasche auf ihrem Schoß. Eine Schülerin kaut Kaugummi. Ein Kind fängt plötzlich an zu schreien. Es ist wirklich viel los!

B Im Schulbus

Elias beobachtet im Schulbus die Leute: Er sieht eine Frau mit einem Kind. Am Fenster hockt ein alter Mann. Eine Schülerin sitzt vor ihm. Der Mann liest die Zeitung. Die Frau hat eine große Tasche auf ihrem Schoß. Die Schülerin kaut Kaugummi. Das Kind fängt plötzlich an zu schreien. Es ist wirklich viel los!

4 a) Wie viele Menschen habt ihr gezählt? Vergleicht eure Zahlen.
b) Besprecht, warum ihr vielleicht unterschiedliche Zahlen ermittelt habt. **Teil B** der **Infobox** hilft dir.

5 Schreibe die Sätze ab und ergänze einen passenden bestimmten oder unbestimmten Artikel. **Teil B** der **Infobox** hilft dir.
a Satz A und B   **b** Satz A bis C   **c** alle Sätze

A Adan hat Nisa ? Buch geliehen. Nisa hat ? Buch sehr gern gelesen.
B Mein Vater hat ? Pizza bestellt. Nach zehn Minuten war ? Pizza da!
C Wir haben gestern ? Ausflug gemacht. Auf ? Ausflug haben wir allerlei erlebt.
D Heute Morgen habe ich ? Greifvogel beobachtet. Wie schön ? Greifvogel am Himmel kreisen kann!

6 Das Artikelwort verändert sich, wenn sich der Kasus des Nomens verändert.
a) Übernimm die Tabelle oder nutze die Vorlage.
b) Ergänze in der Tabelle die fehlenden Formen.
c) Markiere die Endungen bei Artikelwort und Nomen, wenn vorhanden. *S. 325*

Nominativ	Da liegt **der** Füller.	Da liegt **mein** Füller.	Da liegt **unser** Füller.	Da liegt **dieser** Füller.
Akkusativ	Ich nehme ? Füller.	Ich nehme ? Füller.	Ich nehme ? Füller.	Ich nehme ? Füller.
Dativ	Ich schreibe mit ? Füller.	Ich schreibe mit ? Füller.	Ich schreibe mit ? Füller.	Ich schreibe mit ? Füller.
Genitiv	Das ist die Patrone ? Füllers.	Das ist die Patrone ? Füllers.	Das ist die Patrone ? Füllers.	Das ist die Patrone ? Füllers.

7 Vergleicht die folgenden Sätze. Tauscht euch aus, worin der „feine Unterschied" jeweils besteht. Das Beispiel hilft euch.

a Satz B   b Satz B und C   c Satz B bis D

A Konfetti fällt auf die Menschen in der ersten Reihe.
Konfetti fällt auf einige Menschen in der ersten Reihe.
→ *Im ersten Satz fällt auf alle Menschen Konfetti, im zweiten nicht.*

B Den kleinen Kindern wird zuerst ein Zaubertrick gezeigt.
Diesen kleinen Kindern wird zuerst ein Zaubertrick gezeigt.

C In dem Ort gibt es eine Zauberschule.
In vielen Orten gibt es eine Zauberschule.

D Der Zauberer hat Kaninchen verzaubert.
Der Zauberer hat alle Kaninchen verzaubert.

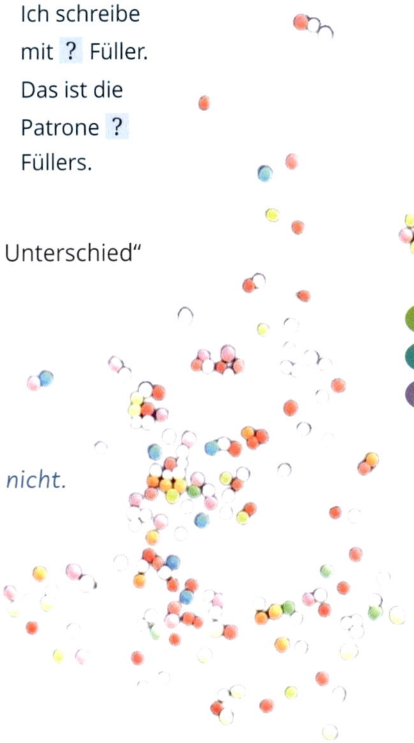

Artikelwörter

Infobox

A Artikelwörter sind **Begleiter von Nomen**. Zu den Artikelwörtern zählt man:

- **bestimmte Artikel**: *der, die das*
- **unbestimmte Artikel**: *einer, eine*
- **andere Wörter**: *dieser, diese, dieses, mein, unser, einige, alle: meine Eltern, diese Tasche, unser Hund, einige Münzen.*

Artikelwörter stimmen in Genus, Kasus und Numerus mit dem Nomen überein, z. B.

Nominativ	Akkusativ
Der grüne Vogel singt ein Lied.	*Den grünen Vogel füttere ich.*

B In einem Text steht der **unbestimmte Artikel** in der Regel dann, wenn ein **Nomen** zum **ersten Mal genannt** und noch **nicht bekannt** ist. Der **bestimmte Artikel** wird dann verwendet, wenn das **Nomen erneut vorkommt** und **schon bekannt** ist:
Ein Mann mit einer roten Jacke ging eine Straße entlang. Der Mann zog die Jacke aus.

Wortarten

Personalpronomen

„Luca, was hast ? denn gestern gemacht? Hast ? auch das Länderspiel geguckt? Was?! Das interessiert ? nicht? Naja, ? interessiert das schon. Und ? fand ? auch sehr spannend. Vielleicht gucken ? einmal zusammen ein Spiel? Dann wirst ? schon sehen, das wird ? sicher gefallen!"

1 Ganz verständlich ist der Text nicht. Lest ihn und besprecht, worum es hier gehen könnte.

2 a) Fülle die Lücken. Finde mithilfe der **Infobox** (**A**) heraus, welche Wortart hier in den Lücken fehlt.
b) Setze in die Lücken ein passendes Personalpronomen ein. Schreibe den Text ab.

3 Personalpronomen können Texte abwechslungsreicher machen. Lest den Text.

Luca verreist mit seiner Klasse für eine Woche. Aber was macht Luca mit seinen Meerschweinchen? Seine Meerschweinchen brauchen jeden Tag frisches Wasser und Futter. Luca bittet seine Eltern, die Pflege zu übernehmen. Seine Eltern lassen sich von Luca erklären, was die Meerschweinchen brauchen. Nun kann sich Luca auf seine Klassenreise freuen.

4 a) Besprecht, was ihr am Text aus Aufgabe 3 verbessern würdet. *S. 325*
b) Schreibt den Text mit euren Verbesserungen auf.

i Infobox

Personalpronomen

A Die Wörter *er, sie, es* (im Singular) und *sie* (im Plural) sind **Stellvertreter für Nomen oder Nominalgruppen**, die in einem Text bereits genannt wurden. So müssen diese nicht ständig wiederholt werden. Diese Wörter nennt man **Personalpronomen**.
Die Personalpronomen können sich nach Kasus, Numerus und Genus verändern.

B Personalpronomen haben unterschiedliche Funktionen:

- in der 1. Person zeigen sie, wer spricht: ***Ich** habe einen Ball. **Wir** haben neue Stifte.*
- in der 2. Person zeigen sie, wer angesprochen wird: ***Du** willst den Ball ausleihen? **Ihr** leiht euch Stifte aus.*
- in der 3. Person zeigen sie, von wem oder wovon die Rede ist: ***Er** ist aus Leder. **Sie** haben schöne Farben.*

	Singular			Plural		
	1. Person	**2. Person**	**3. Person**	**1. Person**	**2. Person**	**3. Person**
Nominativ	ich	du	er, sie, es	wir	ihr	sie
Akkusativ	mich	dich	ihn, sie, es	uns	euch	sie
Dativ	mir	dir	ihm, ihr	uns	euch	ihnen
Genitiv	meiner	deiner	seiner, ihrer	unser	euer	ihrer

Wortarten

Präpositionen

1 a) Schaut euch das Bild an.
b) Schreibt auf, wo sich die Kinder verstecken. Das Beispiel und der Wortschatz helfen euch: *Yasmin steht hinter der Burg. Linus sitzt auf einem Baum.*

Wortschatz

ab – an – aus – bei – hinter – in – mit – nach – neben – über – unter – vor – zwischen

2 Unterstreicht in euren Sätzen die Präpositionen. Nutzt dazu die **Infobox** (**A** | S. 270).

3 Lest euch die Satzpaare gegenseitig vor und ergänzt die fehlenden Wörter. Sprecht dabei die ergänzten Wörter deutlich aus.

A Ich bringe die Tasche in ? Zimmer. Jetzt ist die Tasche in ? Zimmer.
B Ich stelle die Schuhe in ? Schrank. Die Schuhe stehen nun in ? Schrank.
C Ich räume die Bücher in ? Regal. Die Bücher befinden sich in ? Regal.
D Ich lege die Hefte auf ? Schreibtisch. Jetzt liegen die Hefte auf ? Schreibtisch.

4 a) Erforscht, wie sich die eingesetzten Wörter unterscheiden. Stellt dazu Fragen zu den Sätzen wie im Beispiel:
*Ich packe die Stifte in **die** Tasche. → **Wohin** packst du die Stifte?*
*Jetzt stecken die Stifte in **der** Tasche. → **Wo** stecken die Stifte jetzt?*
b) Überprüft eure Antworten mit **Teil B** der **Infobox** (S. 270).

5 Schreibe die Sätze ab und ergänze sie mit dem Artikel im richtigen Kasus. Die Fragen helfen dir.

I

A Viola schreibt etwas an ? Tafel. (wohin?)
B Das Modellflugzeug kreist über ? Sportplatz. (wo?)
C Die Spielerinnen laufen auf ? Spielfeld. (wohin?)
D Die Gruppe wartet auf ? Bahnhof. (wo?)
E Die Kinder toben auf ? Hüpfburg herum. (wo?)

II

5 Schreibe die Sätze ab und ergänze sie mit dem passenden Artikel.
Notiere auch die Frage wie im Beispiel.

A Viola malt etwas auf ? Heftrand. (*wohin*?)
B Das Vogelnest befindet sich auf ? Schornstein. (?)
C Die Kinder laufen in ? Klassenraum. (?)
D Auf ? Schulhof stehen neue Bänke. (?)
E Aisha hat sich hinter ? Mauer versteckt. (?)

III

5 Schreibe die Sätze ab und ergänze sie um passende Wörter aus dem **Wortschatz**.
Diese kannst du mehrfach verwenden.
Bestimme auch den Kasus, den die Präposition fordert.

A Viola kritzelt etwas in ? Sand. (*wohin? → Akkusativ*)
B Der Ball liegt zwischen ? Matten. (?)
C Maya schießt den Ball an ? Pfosten. (?)
D Auf ? Schulhof warten die Kinder. (?)
E Die Kinder springen auf ? Trampolin. (?)

Wortschatz

- von
- in
- auf
- für
- über
- ohne

I II III

6 Bist du nun Präpositions-Profi? Schreibe den Text ab und ergänze Präpositionen.
a Abschnitt A b Abschnitt A und B c Abschnitt A bis C

Gefahren für Eisbären

A Eisbären ernähren sich vor allem ? (von/für) Ringelrobben. Die können sie nur fangen, wenn die Beutetiere ? (in/über) einem Eisloch auftauchen. ? (In/Im) offenen Wasser sind die Robben ? (durch/für) die Eisbären viel zu schnell. Deshalb müssen die Bären ? (über/für) die Sommermonate hungern, weil das Eis nicht zugefroren ist.
B Notfalls kommen die Tiere acht Monate ? Nahrung aus. Dafür kann sich ihr Gewicht ? der Winterzeit verfünffachen. Allerdings wird die Fastenzeit ? die Eisbären von Jahr zu Jahr länger.
C Die Eisbären gehen zu früh ? zu dünne Eisschollen. Sie brechen ein und sind dann zu weit entfernt ? dem Festland, um noch zurückschwimmen zu können. Viele ? ihnen sind dabei schon verhungert.

i Infobox

Präpositionen

A Präpositionen sind Wörter, die Zusammenhänge zwischen Wörtern herstellen:
*Das Buch liegt **auf** dem Tisch. Der Ball rollt **unter** den Tisch.*
Präpositionen fordern von den folgenden Wörtern einen bestimmten Kasus, meistens:

- **Akkusativ**: *Ich trete **gegen** den Ball. Ich schreibe **an** meinen Freund.*
- **Dativ**: *Ich schieße **mit** dem linken Fuß. Der Spruch steht **an** einer Hauswand.*

B Nach einigen Präpositionen stehen die folgenden Wörter im Akkusativ **oder** im Dativ.
Diese heißen Wechselpräpositionen:

- **Akkusativ**: *Ich lege das Buch **auf** den Tisch.*
- **Dativ**: *Ich finde das Buch **auf** dem Schulhof.*

WORTARTEN

VERBEN

» S. 253-257

- passen ihre Form im Satz dem Subjekt an → finite Form des Verbs / Personalform
- Wörterbuch: im Infinitiv
- Veränderung in Person (ich, du, er/sie/es, wir, ihr, sie) und Numerus (Singular, Plural)
- Bildung von Tempusformen: Präsens, Perfekt, Präteritum

  zaubern: ich zaubere, ich habe gezaubert, ich zauberte

  essen: ich esse, ich habe gegessen, ich aß

NOMEN

» S. 258-262

- haben ein Genus:

  der Koffer – MASKULINUM; die Zauberei – FEMININUM; das Tuch – NEUTRUM

- Veränderung im Numerus:

  der Koffer → die Koffer
  SINGULAR → PLURAL

- Veränderung im Kasus:

  der Koffer – NOMINATIV; den Koffer – AKKUSATIV
  dem Koffer – DATIV; des Koffers – GENITIV

ARTIKELWÖRTER & PRONOMEN

» S. 266-268

- Artikelwort ist Begleiter → steht vor einem Nomen:

  „Dieser Zauberkoffer gehört mir.
  Mein Koffer ist alt.
  Der Koffer gefällt mir."

- Pronomen stehen für Nomen:

  „Den Koffer habe ich zum Geburtstag bekommen. Er gefällt mir."

PRÄPOSITIONEN

» S. 270

- Stellen Zusammenhänge zwischen Wörtern her:

- Präpositionen fordern meist Akkusativ (WEN/WAS?) und Dativ (WEM?) ein.

HIER GIBT'S NOCH MEHR
Digital+
WES-127901-271

Wortarten

Überprüfe dein Wissen und Können

Ein magisches Abenteuer erwartet dich! Begleite Merlin und seinen Zauberschüler.

A Im tiefen Zauberwald ? (leben) ein alter Zauberer mit einem sprechenden Raben. Jeden Morgen ? (mischen) er funkelnde Getränke in seinem silbernen Kessel. Die Bäume ? (flüstern) leise Geschichten aus längst vergangenen Zeiten. Mit einem goldenen Zauberstab ? (verwandeln) der Zauberer Steine in bunte Schmetterlinge.
B Plötzlich ? (erscheinen) ein mutiger Junge, der nach einem verschwundenen Zauberbuch ? (suchen). Der Rabe ? (krächzen) laut und ? (flattern) aufgeregt durch die Luft. „Was ? (wollen) du hier?“, ? (fragen) der Zauberer. „Ich ? (wissen) von einem geheimnisvollen Ort“, ? (antworten) der Junge. Gemeinsam ? (begeben) sich der Junge und der Magier auf ein magisches Abenteuer ...

1 Lies die Geschichte. Schreibe den Text ab und setze die Verben in der richtigen Form ein. Achte auf die richtige Person und ein passendes Tempus.

I a Arbeite mit Abschnitt A. Nutze das Präteritum.

II b Arbeite mit dem ganzen Text. Nutze das Präteritum und zweimal das Präsens.

III c Arbeite mit dem ganzen Text.

2 Damit sie auf ihrer Reise genug zu essen haben, möchte der Zauberer noch sein Zauberbrot backen. Doch die Zutatenliste ist nicht im besten Zustand. Schreibe die Liste ab und setze die richtigen Nomen ein: *Mehl, Zutaten, Salz, Backpulver, Sonnenblume, Waldbeeren, Honig, Geschmack, Quellwasser, Öl.*

Merlins Zauberbrot

? : 300g fein gemahlenes ?, 1 Teelöffel verzaubertes ?, 1 Prise ?, 200ml reinstes ?, 2 Esslöffel ? von der magischen ?, 1 Handvoll getrockneter ?, etwas ? für den süßen ?

3 Auch bei der Zubereitung fehlt so einiges ...

I a Schreibe den Text ab. Setze die Nomen mit richtigem Artikel in die Lücken ein.

II b Schreibe den Text ab und setze die Nomen mit dem richtigen Artikel in die Lücken ein. Bestimme, ob die Nomen im Akkusativ oder Dativ stehen.

III c Schreibe den Text ab und setze die Nomen mit dem richtigen Artikel in die Lücken ein. Markiere ihre Endungen und bestimme ihren Kasus.

Zubereitung

A Vermische *das Mehl* mit ? und dem Salz in ? . *(Mehl, Backpulver, Schüssel)*
B Gib zu ? das Wasser, ?, ? und die Beeren. *(trockene Zutaten, Öl, Honig)*
C Knete alles mit ? oder ? . *(Hände, Knetzauber)*
D Forme ? und backe es in ? . *(Brot, Ofen)*

4 a) Lies, wem der Zauberer und der Junge auf ihrem Abenteuer begegnen.
b) Schreibe den Text ab und ergänze die Endungen der Adjektive.

Der alt ? Zauberer und der Junge folgten einem eng ? Pfad, der sich durch den dicht ? Wald schlängelte. Plötzlich tauchte ein rätselhaft ? Wesen mit nachtschwarz ? Augen auf und versperrte ihnen den schmal ? Weg. Es sprach mit schaurig ? Stimme: „Nur wer dieses schwierig ? Rätsel löst, darf passieren!“ Der Junge überlegte und gab die richtig ? Antworten ...

5 Kannst du das Rätsel lösen? Schreibe wie im Beispiel.
Die Eule ist schwer, die Katze ist schwerer und der Hund ist am schwersten.
a Satz B   b Satz B und C.   c) Satz B bis D.

Hund: 5 kg schwer
Katze: 3 kg schwer
Eule: 2,5 kg schwer

Baum: 800 cm hoch
Grashalm: 10cm hoch
Buch: 30cm hoch

Kind: 8 Jahre alt
Großmutter: 70 Jahre alt
Baby: 6 Monate alt

Fluss: 4 Meter tief
Bach: 1 Meter tief
See: 10 Meter tief

6 Setze in die Lücken die richtigen Pronomen ein.
a Verwende: er, es, wir, dir, du, ich.
b Benenne auch den Kasus der Personalpronomen. Schreibe so: *du → Nominativ*.
c Bestimme auch Kasus, Numerus und zwei Mal das Genus der Personalpronomen.

„Woher wusstest ? die Lösung für das Rätsel?“, fragte der Zauberer den Jungen. „Dem Wesen bin ? schon einmal begegnet, da hat ? das gleiche Rätsel gestellt“, antwortete ? . „Also hatten ? Glück, dass ? die Lösung des Rätsels schon bekannt war!“, lachte der Zauberer.

7 Am Ende ihrer Reise stoßen der Zauberer und der Junge auf eine Höhle. Lies das Ende der Geschichte und ergänze passende Präpositionen.
a Abschnitt A   b Abschnitt A und B   c Abschnitt A bis C

A Der Zauberer und der Junge traten ? (zwischen/durch) ein Tor ? (in/unter) eine schimmernde Höhle, die ? (von/nach) leuchtenden Kristallen erhellt wurde. ? (Zwischen/über) den Felsen wuchsen Pflanzen, die ? (nach/aus) Licht zu bestehen schienen. ? (Hinter/auf) einem Podest ? (in/außerhalb) der Höhle lag ein altes Buch, eingebettet ? (unter/in) ein Nest ? (bei/aus) silbernen Federn.
B ? dem Buch stand eine Statue ? Marmor, die den Jungen ? offenen Armen empfing. ? ihren Füßen leuchteten Zeichen, die sich langsam ? den Boden ausbreiteten. ? zitternden Fingern griff der Junge ? dem Buch, während der Zauberer schützend ? ihm stand.
C ? das Öffnen des Buches füllte sich der Raum ? einem Licht, das ? jeden Winkel fuhr. Der Junge öffnete das Buch und wusste nun alles ? Zauberei.

Sätze untersuchen

1 Die Schülerinnen und Schüler haben ein kleines Sprach-Experiment vorbereitet. Führt nun selbst solch ein Sprach-Experiment durch.

- Fertigt euch in Gruppen Blätter an, auf denen jeweils ein Wort aus dem Bild oben und der Punkt stehen.
- Stellt euch mit den Blättern so auf, dass ein sinnvoller Satz entsteht. Macht von diesem Satz ein Foto oder schreibt ihn auf. *S. 326*
- Probiert nun aus, ob auch andere Wörter am Satzanfang stehen können. Fotografiert auch diese Sätze oder schreibt sie auf.

2 Sprecht gemeinsam über eure gebildeten Sätze aus Aufgabe 1.

a) Welche Unterschiede könnt ihr zwischen den Sätzen feststellen?
b) Welche Wörter und Wortgruppen bleiben immer zusammen, wenn ihr sie im Satz verschiebt? *S. 326*
c) Findet ihr Wörter, die immer am gleichen Platz bleiben? Welche sind das?

3 Was könnte Linus mit seiner Aussage rechts meinen? Besprecht, was ihr bereits über Satzglieder wisst. *S. 326*

In diesem Kapitel lernst du(,) ...

- die Aufgaben von Prädikaten im Satz kennen.
- Sätze mit dem Feldermodell zu untersuchen.
- die Satzglieder Subjekt, Objekt und Adverbial zu erkennen.
- Sätze abwechslungsreicher zu gestalten.

Sätze untersuchen

Sätze vom Prädikat aus bauen

1 Auf dem Abenteuerspielplatz ist viel los.
Tauscht euch darüber aus, was die Kinder erleben, und schreibt die Sätze auf.
Nutzt diese Verben: *bauen, stehen, trinken, tragen, betrachten, balancieren, klettern*.
Schreibt so: *Der Junge klettert auf dem Klettergerüst.*

ⓐ drei Sätze S. 326 ⓑ vier Sätze S. 326 ⓒ fünf Sätze

2 Ihr wisst sicher schon, dass man Satzglieder erfragen und umstellen kann.
Das kann man bei Prädikaten aber nicht. Sie sind deshalb keine Satzglieder.
Untersucht eure Sätze aus Aufgabe 1, um mehr über Prädikate zu erfahren:

a) Unterstreicht in euren Sätzen die Prädikate. Die **Infobox** hilft euch dabei.
b) Findet heraus, welche Teile der Sätze ihr immer benötigt, damit der Satz sinnvoll bleibt, und welche ihr weglassen könnt. S. 326
c) Vergleicht eure Ergebnisse mit der **Infobox**.

3 Das Prädikat besteht in einigen Sätzen aus zwei Teilen. Findest du sie? S. 326

ⓐ Sätze A und B ⓑ Sätze A bis C ⓒ Sätze A bis D

A Tim baute auf dem Abenteuerspielplatz ein Versteck.
B Özlem hat mit Can den Wald erkundet.
C Ricardo hat eine Schatzkarte entdeckt.
D Nisa erzählt ihren Freundinnen am Montag vom Stockbrotbacken.

Sätze vom Prädikat aus bauen

Infobox

Prädikate werden durch Verben gebildet.
Prädikate sind genau genommen **keine Satzglieder**.
Aber Prädikate bestimmen, welche **Satzglieder** im Satz **nötig** sind, z. B. *klettern: Wer klettert? → Der Junge klettert. / essen: Wer isst was? → Das Mädchen isst ein Stockbrot.*
Oft besteht das Prädikat aus zwei Teilen, z.B. *Özlem hat den Wald erkundet.*

WES-127901-276

Sätze untersuchen

Mit der Vorfeldprobe Satzglieder ermitteln

SPIELEN / RITTER / UND / RÄUBER / MEIN / FREUND / UND / ICH / HEUTE / NACHMITTAG

MIT / DREI / FREUNDEN / WIR / ENTDECKEN / EINE / NEUE / STADT / AM / WOCHENENDE

» *Feldermodell, S. 282–283*

1 Die Aussagen der Schülerinnen und Schüler sind durcheinandergeraten.
- Schreibt die Wörter aus den Sätzen auf Kärtchen und probiert, daraus sinnvolle Sätze zu legen.
- Findet heraus, welche Wörter zusammen ein Satzglied bilden. Stellt dazu passende Wörter gemeinsam vor das Prädikat in das Vorfeld des Satzes. Wenn dabei ein sinnvoller Satz entsteht, bilden die Wörter im Vorfeld gemeinsam ein Satzglied. Die **Infobox** und das Beispiel helfen euch dabei.

MEIN | FREUND | UND | ICH | SPIELEN | ...

HEUTE | NACHMITTAG | SPIELEN | ...

... | ... | ... | SPIELEN | ...

2 Führe auch bei deinen Sätzen aus Aufgabe 1 von Seite 275 die Vorfeldprobe durch. Finde heraus, welche Wörter gemeinsam ein Satzglied bilden.

3 Bilde nun eigene Sätze, die mindestens drei Satzglieder enthalten.
a zwei Sätze *S. 326* b drei Sätze c vier Sätze

4 Überprüfe mit der Vorfeldprobe, ob deine Sätze mindestens drei Satzglieder enthalten. Denke daran, dass im Vorfeld immer nur ein Satzglied stehen kann.

i Infobox

Mit der Vorfeldprobe Satzglieder ermitteln

Mit der **Vorfeldprobe** kann man ermitteln, welche **Wörter zusammengehören** und ein **Satzglied bilden**. Dafür stellst du Wörter gemeinsam in das Vorfeld. Wenn ein sinnvoller Satz entsteht, handelt es sich bei den gemeinsam verschobenen Wörtern um ein Satzglied.

| Der Abenteurer | <u>reitet</u> | auf einem Pferd | zur Burg |.
| Zur Burg | <u>reitet</u> | der Abenteurer | auf einem Pferd |.
| Auf einem Pferd | <u>reitet</u> | der Abenteurer | zur Burg |.

Das Subjekt untersuchen

Im Klettergarten

A Jonas ist aufgeregt.
B Sein Freund Paul schaut von unten zu.
C Jonas und Paul tragen Klettergurte.
D Sie haben Helme auf.
E Das bisschen Höhenangst wird vergehen.

1. In den Sätzen sind bereits einige Wörter unterstrichen. Tauscht euch aus. *S. 326*
   - Was haben diese Wörter gemeinsam?
   - Welche Funktion haben sie?
   - Wie hängen die Wörter mit dem Prädikat in jedem der Sätze zusammen?

2. Vergleicht eure Überlegungen mit der **Infobox**.

3. Setzt die Geschichte fort. Die Bilder liefern euch Ideen.
   a) drei Sätze b) vier Sätze c) fünf Sätze

4. Lest euch eure Sätze gegenseitig vor.

5. Bildet aus den folgenden Satzgliedern und Prädikaten drei Sätze und schreibt sie unter euren Text.
   zu Hause | berichten | von ihrem Tag | Jonas und Paul
   viele spannende Dinge | haben ... erlebt | sie
   nächstes Jahr | wollen ... ausprobieren | sie | schwierigere Routen

Das Subjekt

Infobox

Das **Subjekt** ist ein **Satzglied**, das im **Nominativ** steht. Subjekte bestimmen die Form des Prädikats: Sie stimmen mit dem Prädikat in **Person** (du, ihr ...) und **Anzahl** (Singular oder Plural) überein.
Oft ist das Subjekt ein **Nomen**, manchmal ein **Pronomen** oder eine **Wortgruppe**.
Man fragt nach dem Subjekt mit dem Prädikat und den Fragepronomen *Wer oder was?*

Jonas und Paul klettern hoch hinaus. Wer klettert hoch hinaus? → *Jonas und Paul*
Die Höhenangst wird vergehen. Was wird vergehen? → *die Höhenangst*

WES-127901-278

Sätze untersuchen

Objekte im Akkusativ und Dativ untersuchen

1 Die Klasse macht einen Ausflug auf eine Polizeiwache. Welche Personen oder Gegenstände der Polizei würdet ihr gern näher kennenlernen und was möchtet ihr erleben? Sammelt das in den Mindmaps. *S. 327*

erleben: einen Notruf, eine Befragung, … …, … …

kennenlernen: ein Polizeiauto, die Ausrüstung, … …, … …

2 Das Satzglied, um das es hier geht, heißt Objekt.
a) Was wisst ihr schon über Objekte? Tauscht euch aus.
b) Lest die **Infobox** (**A**), um mehr über Objekte zu erfahren.

3 Bildet in Dreiergruppen mit den Objekten aus Aufgabe 1 und den Prädikaten Sätze. Diese Fragen helfen euch für den Satzbau:
Wer lernt wen oder was kennen? Was erleben die Kinder?

I – a) Bildet vier Sätze.
II – b) Bildet fünf Sätze.
III – c) Bildet sechs Sätze.

4 Unterstreicht in euren Sätzen aus Aufgabe 3 das Prädikat, markiert wo möglich den Kasus (Fall) und ergänzt den Pfeil. Das Beispiel hilft euch:

Die Schülerinnen und Schüler lernen einen Polizisten kennen.

5 Arbeite mit diesen Verben und Objekten wie in den Aufgaben 1 bis 4:
Verben: kontrollieren, zeigen
Objekte: das Auto, die Kinder, die Pistole, der Fahrradfahrer, der Pausenraum
- Notiere vollständige Sätze.
- Schreibe die Objekte mit Prädikat auf, unterstreiche das Prädikat, markiere wo möglich den Kasus und ergänze den Pfeil. *S. 327*

6 Die Polizistin zeigt der Klasse einen Zeugenaufruf. Lest ihn.
   a) Tauscht euch darüber aus, was die Polizei mit dem Aufruf erreichen möchte.
   b) Im Text sind noch einige Lücken. Fragt nach den Objekten und vervollständigt die Lücken mit einem Artikel im richtigen Kasus (Fall). S. 327

Zeugen gesucht!

Wen?

Die Polizeiwache Nord sucht ? Mann, der am Montagabend auf der Hauptstraße ? Unfall beobachtet hat. ? Autofahrer wird vorgeworfen, ? Radfahrerin angefahren zu haben. Da nicht eindeutig geklärt werden konnte, wer ? Unfall ausgelöst hat, wird ? Zeugen eine Belohnung gezahlt, wenn er ? hilfreichen Tipp geben kann. Der Zeuge wird gebeten, ? Aussage bei der Polizeidienststelle Nord abzugeben.

7 In den Sätzen sind mehrere Objekte enthalten.
   A Der Zeuge schickt der Kommissarin seine Aussage.
   B Er sendet ihr ein Foto mit.
   C Die Polizistin zeigt den Unfallbeteiligten das Beweisfoto.
   a) Finde die Objekte mit der dir bekannten Vorfeldprobe. Bestimme mit den Fragen, ob es sich bei ihnen um ein Akkusativ- oder Dativobjekt handelt.
   b) Kontrolliere deine Ergebnisse mit dem Hinweis **B** in der **Infobox**.

8 Wie geht es wohl weiter, nachdem die Radfahrerin und der Autofahrer das Foto gesehen haben? Ergänze Sätze, die je ein Akkusativ- und ein Dativobjekt enthalten.
   a Ergänze zwei Sätze. Bringe dafür die Satzglieder und das Prädikat in eine richtige Reihenfolge.
   [der Autofahrer] gesteht [seine Schuld] [der Polizistin].
   [der Fahrradfahrerin] [eine gute Besserung] [er] wünscht.
   b Ergänze zwei Sätze mit diesen Verben: *gestehen, schreiben.*
   c Ergänze drei Sätze mit diesen Verben: *gestehen, wünschen, bereuen.*

Infobox

Die Objekte im Akkusativ und Dativ

A **Objekte** sind **Satzglieder**, die **vom Prädikat bestimmt** werden. Das Prädikat legt fest, ob es ein Akkusativ- oder ein Dativobjekt ist. Nach dem Akkusativobjekt fragt man mit *Wen* oder *was?*, nach dem Dativobjekt fragt man mit *Wem?*

Akkusativ: Ich lernte [eine Polizistin] kennen.
Wen lernte ich kennen? → eine Polizistin

Dativ: Ich begegnete [einer Polizistin]
Wem begegnete ich? → einer Polizistin

B Das Prädikat legt fest, welche und wie viele Ergänzungen im Satz möglich sind.

Wir stellten [der Polizistin] (Dativ) [unsere Fragen] (Akkusativ).

Sätze untersuchen

Adverbiale ermitteln

Wir waren am Wochenende auf einem Jahrmarkt.

1 a) Aus wie vielen Satzgliedern besteht dieser Satz? Ermittelt sie mit der Vorfeldprobe.
b) Wie kann man die beiden unterstrichenen Satzglieder erfragen?
c) Vergleicht eure Lösung mit der **Infobox** (**A**).

2 Lies den Text. Erfragt die unterstrichenen Satzglieder im nächsten Text.
a Sätze A bis D   b Sätze A bis E   c Sätze A bis F

A Auf dem Jahrmarkt waren sehr viele Menschen. → *Wo ...?*
B Gleich am Anfang standen wir am Autoscooter an.
C Nach einer Stunde waren wir endlich an der Reihe.
D Wir setzten uns in unseren Autoscooter.
E Auf der Fläche fuhren wir lange im Kreis.
F Von Weitem sahen wir plötzlich den Zusammenstoß zweier Scooter.

3 Lukas und Rahel planen das nächste Wochenend-Abenteuer. Lies ihr Gespräch.

Lukas: Was machen wir eigentlich am Samstag?
Rahel: Es wird Zeit, dass wir mal ins Freibad gehen.
Lukas: Wir könnten auf dem Sprungturm neue Sprünge ausprobieren.
Rahel: Oder wir fahren morgens in die Stadt, da findet der Mittelaltermarkt statt.

a) Wie könnt ihr die unterstrichenen Adverbiale erfragen? Tauscht euch aus.
b) Bestimmt mit der **Infobox** (**B**) auch den Kasus (Fall) der Adverbiale.
Welchen Unterschied könnt ihr feststellen? *S. 327*

Infobox

Frageprobe: Adverbiale erfragen

A Adverbiale sind Satzglieder, die z. B. etwas über die Zeit und den Ort aussagen. Mit der **Frageprobe** erkennst du die Art des Adverbials. **Adverbiale der Zeit** kann man durch Fragewörter wie *wann*, *seit wann* oder *wie lange* erfragen: *Wir waren* (wann?) *letztes Jahr auf dem Riesenrad. Das gibt es* (seit wann?) *seit diesem Jahr aber nicht mehr.*
Adverbiale des Ortes kann man mit Fragewörtern wie *wo*, *wohin* oder *woher* erfragen: *Wir kommen* (woher?) *aus Wiedorf*. *Wir waren* (wo?) *auf dem Jahrmarkt*. *Wir gingen* (wohin?) *zu den Autoscootern*.

B Manche Adverbiale des Ortes kannst du mit *wo*? erfragen. Diese stehen im Dativ: *Ich war* (wo?) *auf **dem** Jahrmarkt*. Andere kannst du mit *wohin*? erfragen. Diese stehen im Akkusativ: *Ich setze mich* (wohin?) *in **den** Autoscooter*.

Adverbiale untersuchen

WES-127901-281

1 Lies dir den Text durch. Was erleben Lukas und Rahel auf dem Mittelaltermarkt?

Ein Tag wie im Mittelalter

A Lukas und seine Schwester Rahel fahren mit ihren Eltern ? .
B Nachdem sie ? unterwegs waren, kommen sie ? an.
C Lukas möchte mit seinem Vater ? die Ritterburg erklimmen.
D Rahel läuft lieber mit ihrer Mutter ? .
E Sie möchte gern sehen, wie ? Waffen und Schmuck geschmiedet wurden.
F Alle treffen sich ? wieder, um ? eine Mittelalter-Band beim Musizieren zu bestaunen.

2 In dem Text sind Wörter verloren gegangen.
Schreibe ihn ab und ergänze die Adverbiale an passender Stelle.
ungefähr fünfzehn Minuten – zur Schmiede – auf der Mitmach-Wiese – auf den Mittelaltermarkt – im Mittelalter – vor einer Bühne – nach zwei Stunden – auf dem Marktplatz

3 Schau dir die Adverbiale im Text genau an.
Welche sind Adverbiale der Zeit, welche des Ortes?

4 a) Lege dir eine Tabelle an oder nutze die Tabelle in der Vorlage.

Adverbiale der Zeit	Adverbiale des Ortes
• …	• *auf den Mittelaltermarkt (wohin?) → Akkusativ*

b) Trage die Adverbiale mit dem Fragewort in die richtige Spalte ein. *S. 327*
c) Notiere bei den Adverbialen des Ortes, ob sie im Akkusativ oder Dativ stehen.

5 Um Texte abwechsungsreicher zu gestalten, kannst du die Satzglieder umstellen.
Finde mit der Vorfeldprobe heraus, welche der Wörter ein Satzglied bilden, und probiere andere Satzbau-Muster aus.
a Sätze B und C   b Sätze B bis D   c Sätze B bis E

6 Was könnten Lukas und Rahel noch auf dem Mittelaltermarkt erleben?
Bilde nun selbst Sätze mit Adverbialen. Im Wortschatz findest du Ideen.
a drei Sätze   b vier Sätze   c fünf Sätze

Wortschatz

- der Feuerschlucker
- die Töpferware
- nach der Mittagspause
- das Wurfspiel
- der Sänger
- seit dem Aufstehen
- das Kostüm
- das Haareflechten
- zwischen den Ständen

WES-127901-282

Sätze untersuchen

Das Feldermodell nutzen

Ihr habt mit der Vorfeldprobe herausgefunden, dass einige Wörter im Satz immer zusammengehören. In einem Feldermodell kann man diese Probe besonders gut durchführen. Es hilft euch auch, den Aufbau von Sätzen zu untersuchen. So sieht es aus:

Vorfeld	linke Klammer	Mittelfeld	rechte Klammer
DER RITTER	FINDET	EINEN SCHATZ .	---
ICH	ZEIGE	MEINEM BRUDER EIN GEHEIMVERSTECK .	---
WIR	SCHLAFEN	HEUTE DRAUßEN IM ZELT .	---

1 Beschäftigt euch mit diesem Feldermodell.
a) Legt euch ein Feldermodell wie oben an oder nutzt die Vorlage.
Schreibt die Karten mit den Satzgliedern, Prädikaten und Punkten ab.
b) Stellt die Satzglieder nun so um, dass immer ein anderes im Vorfeld steht.
c) Überprüft dann, ob ihr aus den Satzgliedern einen sinnvollen Satz gelegt habt.

2 a) Besprecht, was ihr mit dem Feldermodell über den Satzbau herausfinden könnt:
- Wo steht das Prädikat?
- Wie viele Satzglieder können gleichzeitig im Vorfeld stellen?

b) Vergleicht euer Ergebnis mit der **Infobox**.

3 Lies den Text. Finde in den Sätzen alle Prädikatteile und notiere sie. *S. 327*
a Sätze A bis C
b Sätze A bis D
c Sätze A bis E

A | Der Ritter | stieg | auf sein Pferd | . |
B | Auf seinem Weg | begegnete | er | einem Zauberer | . |
C Der Ritter hat den Zauberer gegrüßt.
D Der Zauber sprach den Ritter an:
E Du musst dem Weg bis zum Wald folgen.

4 a) Trage nun alle Prädikatteile deiner Sätze in das Feldermodell ein. Achtung:
Bei den Sätzen C bis E steht das Prädikat nicht nur in der linken Klammer.

Vorfeld	linke Klammer	Mittelfeld	rechte Klammer
Der Ritter	*stieg*	*auf sein Pferd.*	---

b) Manchmal besteht das Prädikat aus zwei Teilen. Tauscht euch dazu aus, wie ihr zweiteilige Prädikate im Feldermodell platzieren könnt.

c) Vergleicht eure Überlegungen mit der **Infobox**.

d) Ergänzt nun die weiteren Satzglieder im Feldermodell. *S. 327*

5 Das Feldermodell zeigt dir den festen Platz des Prädikats. Die Satzglieder kannst du unterschiedlich anordnen. Das, was zusammen im Vorfeld stehen kann, ist ein Satzglied. Finde für die Sätze aus Aufgabe 4 Möglichkeiten, die Satzglieder anders anzuordnen, und schreibe sie auf.

- a) Arbeite mit Satz C. *S. 327*
- b) Arbeite mit Satz C und D. *S. 327*
- c) Arbeite mit Satz C bis E.

6 Wie geht die Geschichte wohl weiter? Im Feldermodell sind bereits einige Prädikate eingetragen. Ergänze sie um passende Satzglieder. Die Bilder können dir helfen.

a) zwei Sätze b) zwei Sätze und ein eigener c) vier Sätze

Vorfeld	linke Klammer	Mittelfeld	rechte Klammer
...	*kämpfte*	...	---
...	*wollte*	...	*finden.*
...	*gräbt*	...	*aus.*
...	*hat*	...	*entdeckt.*

Den Satzbau mit dem Feldermodell untersuchen

Infobox

A Mit dem Feldermodell kann man den **Aufbau von Sätzen untersuchen**, um sie zum Beispiel sprachlich zu verbessern. Was zusammen in das Vorfeld passt, ist ein **Satzglied** (» Vorfeldprobe, S. 276).

In jedem Satz steht das **Prädikat** in der **linken Klammer**. Bei **mehrteiligen Prädikaten teilt** es sich auf die **linke** und **rechte Klammer** auf:

Vorfeld	linke Klammer	Mittelfeld	rechte Klammer
Der Ritter	**findet**	einen Schatz.	---
Der Ritter	**wollte**	einen Schatz	**finden**.

B Im Vorfeld steht nur ein Satzglied. Das Mittelfeld kann frei bleiben oder mehrere Satzglieder enthalten.

Vorfeld	linke Klammer	Mittelfeld	rechte Klammer
Der Ritter	überlegt.	---	---
Einen Schatz	will	der Ritter	finden.
Am Abend	hat	der Ritter | den Schatz	gefunden.

WES-127901-284

Sätze untersuchen

Sätze untersuchen und überarbeiten

I

1 Was erleben Özlem und Can? Lies die Sätze.

A Özlem und Can erkundeten den Wald.
B Sie haben sich ein Versteck gebaut.
C Das hat ihnen viel Spaß gemacht.
D Am nächsten Wochenende werden sie an ihrem Versteck weiterbauen.

›› *Feldermodell, S. 283*

›› *Subjekt, Objekte S. 277, 279*

2 Übernimm das **Feldermodell** oder nutze die Vorlage.
Trage die Sätze in das Feldermodell ein.

Vorfeld	linke Klammer	Mittelfeld	rechte Klammer
Özlem und Can	*erkundeten*	...	---
...	...	...	...

3 Schreibe den Text zuerst ab.

Auf einer Lichtung haben wir unser Versteck gebaut. Äste und Blätter lagen dort genug. Mein Großvater hat mir letzte Woche ein Seil geliehen. Damit binden wir die Äste zusammen.

4 Findest du die **Prädikate** und **Satzglieder**? Setze dazu die Markierungen fort.
a) Unterstreiche in den Sätzen die Prädikate. Achtung! Zwei sind zweiteilig.
b) Erfrage die **Subjekte** der Sätze und markiere sie blau.
c) Finde die **Akkusativ**- (*Wen oder was?*) und **Dativobjekte** (*Wem?*).
Markiere Akkusativobjekte grün und Dativobjekte rot.

II

1 Was erleben Nisa und ihr Bruder? Lies die Sätze.

A Nisa hat am Wochenende Stockbrot gebacken.
B Mit ihrem Bruder bereitete sie den Teig zu.
C Das Feuer hat ihr Vater angezündet.
D Sie wickelten den Teig um Stöcke.
E Das Stockbrot hat köstlich geschmeckt!

2 Übernimm das **Feldermodell** oder nutze die Vorlage.
Trage die Sätze in das Feldermodell ein.

Vorfeld	linke Klammer	Mittelfeld	rechte Klammer
Nisa	*hat*	...	...
...	...	...	...

3 Schreibe das Rezept zuerst ab.

Zuerst vermischst du alle Zutaten in einer Schüssel. Auf einer Arbeitsplatte knetest du die Masse. Diese lässt du danach an einem warmen Ort ruhen. Nach einer Stunde kann der Teig verarbeitet werden. Du formst dann daumendicke Schnüre in deinen Händen. Du wickelst den Teig um die Stöcke. Zehn Minuten lang backst du das Stockbrot über dem Feuer.

4 Findest du alle **Prädikate** und **Satzglieder**?

a) Unterstreiche in den Sätzen die Prädikate. Achtung! Einige sind zweiteilig.
b) Bestimme das **Subjekt** der Sätze mit der Frageprobe (*Wer oder was?*) und markiere sie blau.
c) Finde die **Akkusativ**- (*Wen oder was?*) und **Dativobjekte** (*Wem?*) mit der Frageprobe. Markiere Akkusativobjekte grün und Dativobjekte rot.
d) Markiere die **Adverbiale** gelb und **bestimme** sie näher (*Ort* oder *Zeit*).

III

1 Auf welchem Abenteuer könnte sich Hannes befinden? Lies die Sätze.

A Im Dunkeln sah Hannes ein Paar leuchtende Augen.
B Da hat sich wohl ein Tier im Gebüsch versteckt.
C Unter seinem Fuß hörte er einen Ast zerbrechen.
D Mit der Taschenlampe leuchtete er in die Ferne.
E Dort konnte er schon das Waldende erkennen.

2 Übernimm das **Feldermodell** oder nutze die Vorlage.
Trage die Sätze in das Feldermodell ein.

Vorfeld	linke Klammer	Mittelfeld	rechte Klammer
...	...	...	...
...	...	...	...

3 Schreibe den Text zuerst ab.

Hannes und seine Freunde gingen auf eine Nachtwanderung. Eine alte Eiche stand auf einer Lichtung. Im Schein der Taschenlampe warfen ihre Äste lange Schatten. Nach fünf Minuten begegneten sie im Wald einer Katze. Sie versteckte sich im Gebüsch. Hannes erzählte seinen Freunden sofort eine gruselige Geschichte.

4 Findest du alle **Prädikate** und **Satzglieder**?

a) Unterstreiche in den Sätzen die Prädikate. Achtung, sie können mehrteilig sein!
b) Erfrage die **Subjekte** der Sätze mit der Frageprobe und markiere sie blau.
c) Finde die **Akkusativ**- und **Dativobjekte** mit der Frageprobe. Markiere Akkusativobjekte grün und Dativobjekte rot.
d) Markiere die **Adverbiale** gelb und **bestimme** sie näher.

SÄTZE UNTERSUCHEN

PRÄDIKATE

» S. 275

- Sätze baut man vom Prädikat aus.
- Prädikate werden durch Verben gebildet.
- Prädikate sind keine Satzglieder!

WICHTIGE SATZGLIEDER

» S. 277–281

SUBJEKT

- Wer oder was?

OBJEKT

- Akkusativobjekt: Wen oder was?
- Dativobjekt: Wem?

ADVERBIALE

- des Ortes: Wo? Wohin?
- der Zeit: Wann? Wie lange?

DAS FELDERMODELL

» S. 283

- Mit dem Feldermodell kann man Sätze untersuchen und Satzglieder bestimmen.
- Mit der Vorfeldprobe findet man heraus, was ein Satzglied ist.

DAS PRÄDIKAT STEHT IN DER KLAMMER!

DIE WÖRTER EINES SATZGLIEDS BLEIBEN IMMER ZUSAMMEN!

VORFELD SATZGLIED	LINKE KLAMMER PRÄDIKAT	MITTELFELD (SATZGLIED)	RECHTE KLAMMER PRÄDIKAT
Die Familie	macht	ein Lagerfeuer	
Der Junge	möchte	mit dem Kanu	fahren.

HIER GIBT'S NOCH MEHR

Digital+
WES-127901-286

Überprüfe dein Wissen und Können

1 Hier ist etwas durcheinandergeraten.
Ordne den Satzgliedern die richtigen Fragewörter zu.

Subjekt | Akkusativobjekt | Dativobjekt | Adverbial der Zeit | Adverbial des Ortes

Wem? | Wo? Wohin? | Wer oder was? | Wann? Wie lange? | Wen oder was?

2 Was erleben die Kinder bei ihrem Abenteuer? Lies die Sätze.

A Gestern sind wir mit dem Paddelboot gefahren.
B Das Wetter war traumhaft.
C Bei herrlichem Sonnenschein haben wir eine Flusserkundung gemacht.
D Wir haben eine Entenfamilie am Ufer gesehen.
E Vom Fluss aus konnten wir alte Bäume und große Gärten bestaunen.
F Bald wollen wir wieder paddeln.

3 Lege dir ein Feldermodell an und trage die Sätze ein.
a Sätze A bis D b Sätze A bis E c Sätze A bis F

I II III

4 Finde mit der Vorfeldprobe heraus, wie viele Satzglieder deine Sätze haben.

5 Kannst du in diesen Sätzen alle Satzglieder entdecken? Schreibe sie zunächst ab.

A Nach dem Paddeln haben wir im Fluss gebadet.
B Auf dem Boden konnten wir bunte Kieselsteine entdecken.
C Am Abend haben wir unseren Freunden ein Foto geschickt.

a
- Unterstreiche die Prädikate in den Sätzen.
- Erfrage die Subjekte (*Wer oder was?*) und markiere sie blau.
- Finde die Akkusativ- (*Wen oder was?*) und Dativobjekte (*Wem?*). Markiere die Akkusativobjekte grün und die Dativobjekte rot.

I

b
- Unterstreiche die Prädikate in den Sätzen.
- Erfrage die Subjekte und markiere sie blau.
- Finde die Akkusativ- und Dativobjekte. Markiere die Akkusativobjekte grün und die Dativobjekte rot.
- Markiere die Adverbiale gelb.

II

c
- Unterstreiche die Prädikate in den Sätzen.
- Erfrage die Subjekte und markiere sie blau.
- Finde die Akkusativ- und Dativobjekte. Markiere die Akkusativobjekte grün und die Dativobjekte rot.
- Markiere die Adverbiale gelb und bestimme sie (*Ort* oder *Zeit?*)

III

Abschreiben

Manchmal musst oder möchtest du etwas abschreiben, zum Beispiel von der Tafel, vom Board oder aus einem Buch.
Abschreiben geht auf verschiedene Weisen: Mit der Hand auf Papier, mit den Fingern oder einem speziellen Stift auf einem digitalen Gerät.
Egal wie, es ist immer wichtig, sehr genau und ordentlich abzuschreiben.

1 Lies den Text, den du abschreiben sollst, einmal durch.
2 Lies dann nur den ersten Satz.
3 Teile den Satz in kürzere Einheiten ein, die du dir gut merken kannst.
Tipps:
- Je kürzer die Einheit, umso leichter kannst du sie dir merken.
- Kommas im Satz können dir bei der Einteilung von Einheiten helfen.
- Sprich dir leise die Einheit vor, um sie dir besser zu merken.
- Es kann für die richtige Schreibung helfen, dir die Wörter so vorzusprechen, wie man sie schreibt.

4 Schreibe die Einheit, die du dir gemerkt hast, auswendig auf.
5 Vergleiche mit dem Text, ob du die Einheit richtig abgeschrieben hast. Berichtige Fehler sofort.
6 Gehe so auch für die restlichen Einheiten und Sätze vor.

Auswendiglernen

Manchmal musst oder möchtest du etwas auswendig lernen, zum Beispiel ein Gedicht, einen Witz, ein Zitat oder einen anderen Text.

1. Lies dir den Text, den du auswendig lernen möchtest, mehrmals durch. Überlege, worum es darin geht.
2. Lies den Text laut vor.
3. Teile den Text in kürzere Abschnitte ein, die du dir gut merken kannst. Das können zum Beispiel Absätze, Sätze, Strophen oder Verse sein. Tipp: Je kürzer der Abschnitt, umso leichter kannst du ihn dir merken.
4. Lies nur den Abschnitt (leise oder laut) und wiederhole ihn so gut, wie du es schaffst, auswendig.
   - Wenn du nicht weiterkommst, sieh in den Text.
   - Wenn du es geschafft hast, prüfe mit dem Text, ob alles richtig war.
5. Wiederhole jeden Abschnitt so oft, bis du ihn mehrmals hintereinander richtig aufsagen konntest.
6. Gehe dann zum nächsten Abschnitt weiter. Sobald du diesen geschafft hast, sage den ersten und zweiten Abschnitt hintereinander auf.
7. So fährst du mit jedem Abschnitt fort und verbindest ihn mit dem vorherigen.
8. Mache eine Pause von ungefähr einer Stunde und sage den Text dann erneut auswendig auf. Wiederhole ihn mehrmals, wenn du noch unsicher bist.
9. Verlängere die Pausen und wiederhole den Text regelmäßig, zum Beispiel am Abend und dann am nächsten Morgen.

Alle Menschen sind unterschiedlich und lernen auch unterschiedlich. Deshalb sind hier noch ein paar Tipps und Tricks, die beim Auswendiglernen helfen können. Was dir am besten hilft, bekommst du nur auf eine Weise heraus: ausprobieren!

Tipp-und-Trickkiste:

- Stelle dir das, was im Text steht oder passiert, bildlich vor.
- Male jeden Abschnitt in unterschiedlichen Farben an.
- Male zu jedem Abschnitt passende Bilder oder Skizzen.
- Nimm dich auf, wenn du den Text vorliest. Höre dir die Aufnahme regelmäßig an.
- Hänge den Text zu Hause an einer Stelle deiner Wahl auf. Immer, wenn du daran vorbeigehst, liest du den Text oder sagst ihn auswendig auf.
- Bewege dich, während du den Text liest oder aufsagst.
- Schreibe den Text mehrmals ab.

Brainstorming

Brainstorming (deutsch: Gedankensturm) ist eine Methode zur Ideenfindung.

1 Zu Beginn müssen zwei Punkte geklärt werden:
- Was ist das Thema?
  Damit man es immer vor Augen hat, kann es aufgeschrieben werden.
- Wer übernimmt die Moderation?

2 Jetzt werden für eine festgelegte Zeit (z. B. fünf Minuten) alle Gedanken zu diesem Thema gesammelt und von der Moderation festgehalten (z. B. auf Karten oder auf einem Board).
Beim Sammeln der Gedanken sollte Folgendes beachtet werden:
- Alle Gedanken sind erlaubt.
- Die Gedanken werden nicht bewertet oder kritisiert.

3 Sobald die vereinbarte Zeit abgelaufen ist, werden die festgehaltenen Gedanken geordnet: Was ist ähnlich oder gehört zusammen?

4 Anschließend werden die Gedanken bewertet: Was sind besonders gute, hilfreiche oder treffende Gedanken?
Hebt diese hervor oder notiert sie in einer eigenen Liste.

Buchvorstellung

Bei einer Buchvorstellung präsentierst du ein Buch vor Publikum. Das kann zum Beispiel dein Lieblingsbuch sein oder vielleicht ein Buch, das du vor Kurzem gelesen hast. Zu Beginn musst du entscheiden, ob du alles vom Buch erzählen möchtest. Du kannst das Ende aber auch offenlassen, falls du zum Lesen des Buches anregen und deshalb nicht zu viel verraten möchtest.

1 Notiere die Eckdaten des Buches (Autor/-in, Titel, Verlag, Erscheinungsjahr, Genre, Seitenzahl, ggf. Preis).
2 Notiere, falls vorhanden, interessante Zusatzinformationen über das Buch. Zum Beispiel: Wurde das Buch verfilmt? Hat es einen Preis erhalten? Beruht es auf einer wahren Begebenheit?
3 Erarbeite Inhalt und Aufbau des Buches. Orientiere dich dabei beispielsweise an folgenden Leitfragen:
- Was ist die zentrale Handlung?
- Welche Themen werden im Buch angesprochen?
- Wer sind die wichtigsten Figuren und was passiert mit ihnen?
- Aus welcher Sicht wird erzählt und welche erzählerischen Besonderheiten gibt es?
- Welche gestalterischen Besonderheiten gibt es?

4 Wähle eine geeignete Textstelle zum Vorlesen aus, die einen guten Einblick in das Buch gibt. Achte dabei darauf, wie viel du verraten möchtest.
5 Überlege, für wen du das Buch empfehlen würdest und warum.
6 Finde geeignetes Anschauungsmaterial wie das Cover, Bilder von der Autorin oder dem Autor, Filmszenen oder Bilder aus dem Buch selbst.
7 Bündele die gesammelten Informationen, um deine Buchvorstellung vorzubereiten. Am besten notierst du dir knappe Stichpunkte auf Karteikarten.
8 Überlege dir eine gute Reihenfolge für deine Buchvorstellung, damit es für dein Publikum interessant ist. Fange beispielsweise gleich mit dem Vorlesen der Textstelle oder einer interessanten Zusatzinformation zum Buch an.
9 Übe deine Vorstellung vor dem Spiegel, vor Freund/-innen oder der Familie. So bekommst du Sicherheit und vielleicht noch Feedback, das du beachten kannst.

Genre
die „Art“ eines Buches, z. B. Krimi, Fantasyroman, Jugendbuch, Sachbuch ...

Cluster

Der englische Begriff „Cluster“ bezeichnet einen Ideenschwarm. Darin werden Ideen zu einem bestimmten Thema gesammelt und in Beziehung zueinander gesetzt. Du kannst diese Methode für verschiedene Zwecke nutzen, zum Beispiel wenn du Ideen für eine Geschichte sammeln möchtest.

1 Lege einen Oberbegriff fest und notiere ihn mittig in einem Kreis.
2 Lass deinen Gedanken zu dem Oberbegriff freien Lauf und notiere alle Begriffe drumherum, die dir dazu einfallen.
3 Betrachte deine notierten Begriffe.
Ergänze weitere, wenn dir welche einfallen.
4 Als Nächstes räumst du dein Cluster ein wenig auf:
- Verbinde Begriffe, die zueinander gehören, mit einer Linie.
- Streiche die Begriffe durch, die du doch nicht mehr passend findest.

Erzählkette

Für eine Erzählkette braucht man mehrere Personen, zum Beispiel eine ganze Klasse. Eine Erzählkette kann immer dann genutzt werden, wenn etwas Längeres erzählt werden soll. Dabei kann es sich um etwas handeln, was ihr erlebt habt, um etwas Ausgedachtes oder um eine Nacherzählung.
Das Tolle an einer Erzählkette: Alle Schülerinnen und Schüler kommen mindestens einmal an die Reihe!

1 Entscheidet erst einmal folgende Punkte:
- Wer macht den Anfang?
- In welcher Reihenfolge soll die Erzählkette gehen?
- Wie lang sollen die Redebeiträge ungefähr sein?

2 Jetzt kann es losgehen:
Die oder der Erste startet mit ihrem/seinem Beitrag und dann geht es in der vereinbarten Reihenfolge weiter.
Wenn alle Schülerinnen und Schüler einmal an der Reihe waren, aber die Erzählung noch nicht beendet ist, geht es wieder von vorne los.

Feedback

Um etwas zu verbessern (einen eigenen Text, einen Vortrag ...), ist eine Rückmeldung von anderen hilfreich. So eine Rückmeldung nennt man auch Feedback.

1. Überlegt euch zu Beginn gemeinsam Kriterien, die ihr in euer Feedback einbeziehen wollt.
2. Legt einen Feedbackbogen mit den Kriterien an. Ergänzt neben den Kriterien vier Spalten mit Smileys (☺☺/☺/☹/☹☹) und eine Spalte für Notizen.
Tipp: In den Kapiteln gibt es häufig Checklisten, die ihr als Grundlage für einen Feedbackbogen nutzen könnt.
3. Wer das Feedback gibt, füllt den Feedbackbogen aus. Dafür wird ein Kreuz beim passenden Smiley gesetzt: Wie gut wurde das Kriterium erfüllt? Und bei den Notizen können Gründe und Verbesserungsvorschläge notiert werden.
4. Mithilfe des Feedbackbogens wird dann das Feedback gegeben.

Kriterium
Merkmal, an dem etwas gemessen oder bewertet wird

Damit Feedback aber wirklich hilfreich ist, muss auf einige Punkte geachtet werden. Gutes Feedback ...

- **beginnt mit etwas Positivem.**
- **richtet sich nach den vereinbarten Kriterien.**
- **ist freundlich und höflich.**
- **ist konkret und mit Beispielen unterlegt, zum Beispiel:**
Die Bilder sind meiner Meinung nach groß genug, weil ich sie von hinten gut erkennen kann. Im letzten Absatz würden mir abwechslungsreiche Satzanfänge gut gefallen, denn dort starten drei aufeinanderfolgende Sätze mit „Dann".
- **gibt genaue Verbesserungsvorschläge, zum Beispiel:**
Ich fände den Text anschaulicher, wenn mehr passende Adjektive vorkommen würden.
- **ist als Ich-Botschaft formuliert, zum Beispiel: *Ich hätte es hilfreich gefunden, wenn du dieses Wort erklärt hättest. Für mich hast du teilweise zu schnell gesprochen.***
- **endet mit einer Ermutigung, zum Beispiel: *Wenn du deine Stimme öfter veränderst, wird das eine richtig spannende Erlebniserzählung!***

Fünf-Schritt-Lesemethode

Wenn du dir einen Sachtext genau erschließen möchtest, kann dir dabei die Fünf-Schritt-Lesemethode helfen.

1 **Überfliegend lesen**
Verschaffe dir zuerst einen Überblick.
Lies dafür die Überschriften und sieh dir die Abbildungen an.
Überfliege auch den Text. Beachte dabei vor allem die Nomen, denn sie enthalten oft die wichtigsten Informationen.

2 **Gründlich lesen**
Lies jetzt Absatz für Absatz, Zeile für Zeile genau. Lass dich nicht von Wörtern verwirren, die du nicht verstehst. Oft erklären sie sich aus dem Zusammenhang. Und wenn du dir ein Wort doch nicht erschließen kannst, frage jemanden oder recherchiere.

3 **Wichtiges kennzeichnen**
Markiere wichtige Schlüsselwörter im Text oder schreibe sie heraus.
Achte dabei darauf, nicht so viel zu markieren oder herauszuschreiben, dass es unübersichtlich wird.

4 **Zwischenüberschriften formulieren**
Formuliere für jeden Absatz eine passende Zwischenüberschrift (z. B. am Textrand).
Fasse darin knapp zusammen, worum es im jeweiligen Absatz geht (zwei bis drei Wörter, ein kurzer Satz oder eine Frage).

5 **Inhalt wiedergeben**
Gib in eigenen Worten jemand anderem aus deiner Klasse wieder, worum es in dem Text geht.
Benutze dafür die Schlüsselwörter und deine Zwischenüberschriften.
Ergänzt euch gegenseitig, wenn ihr etwas Wichtiges vergessen habt.

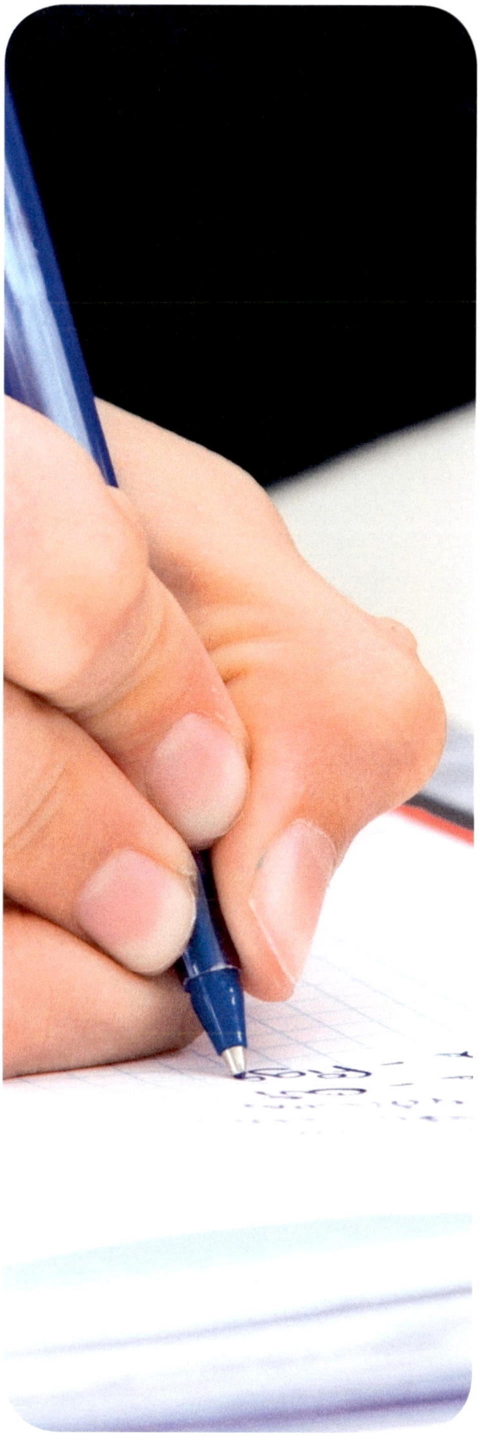

Lesetandem

Ein Lesetandem kann dir dabei helfen, flüssiger vorzulesen. Dafür arbeitet ihr zu zweit – also in einem Tandem.
Verteilt dann die Rollen: Vorleser/-in und Lesebuddy.
Dabei gibt es zwei Möglichkeiten:

A. Ihr wechselt euch mit den Rollen ab.
B. Derjenige/Diejenige, der/die schon etwas sicherer beim Vorlesen ist, wird der Lesebuddy.

1 Setzt euch im Tandem zusammen und schaut in den gleichen Text, der vorgelesen werden soll.
2 Der/Die Vorleser/-in liest den Text halblaut vor.
Der Lesebuddy liest leise mit und führt dabei während des Vorlesens den Finger im Text passend mit.
3 Bei einem Vorlesefehler, den der/die Vorleser/-in selbst bemerkt, korrigiert er/sie sich und liest dann weiter.
Bei einem Vorlesefehler, den der/die Vorleser/-in nicht selbst bemerkt, tippt der Lesebuddy ihm/ihr auf die Schulter. Der/Die Vorleser/-in liest den Satz dann noch einmal von vorne.
4 Der Text wird insgesamt drei Mal auf diese Weise vorgelesen.
5 Wenn ihr die Möglichkeit A gewählt habt, dann tauscht jetzt die Rollen.

Mindmap

Eine „Mindmap“ bezeichnet eine Gedankenkarte. Darin werden Begriffe gesammelt, geordnet und in Ober- und Unterbegriffe unterteilt.
Einem Oberbegriff lassen sich andere Wörter unterordnen (Unterbegriffe):
Fahrzeug = Auto, Fahrrad, Bus ...
Eine Mindmap hilft dir vor allem, wenn du etwas gliedern möchtest (z. B. für eine Schreibaufgabe oder um Informationen aus einem Text zu ordnen).

1 Schreibe das Thema mittig auf.
2 Zeichne vom Thema aus dicke Äste (= Linien) auf, an denen du die Oberbegriffe notierst.
3 Zeichne von diesen Ästen weitere, kleinere Äste für die Unterbegriffe.
4 Notiere alles in Stichpunkten, was dir zum Thema einfällt. Ordne sie dabei den passenden Ober- und Unterbegriffen zu.
Tipp: Mit Symbolen oder anderen kleinen Zeichnungen kannst du deine Mindmap anschaulicher gestalten.

Plakatgestaltung

Ein Plakat kann für Verschiedenes sinnvoll sein. Beispielsweise wenn du Informationen anschaulich abbilden oder einen Vortrag mit einem Plakat unterstützen willst.

1 Überlege dir eine geeignete Überschrift für dein Plakat.

2 Notiere alle wichtigen Informationen, die später auf das Plakat sollen.
Tipps:
- Achte darauf, dass es nicht zu viele Informationen werden.
- Notiere Stichpunkte, keine Fließtexte.

3 Suche geeignete Bilder (Fotos, Illustrationen, Grafiken ...) heraus und drucke sie in passender Größe aus.

4 Plane die Gestaltung deines Plakats. Erstelle dafür entweder eine Skizze oder platziere die Bilder auf dem Plakat und plane Platz für den Text ein.
Beachte dabei folgende Leitfragen:
- Nutzt du die gesamte Plakatfläche?
- Passt die Menge an Text zur Größe des Plakats?
- Ist die Schrift groß genug, damit sie auch aus einigen Metern Entfernung gelesen werden kann?
- Welche Farben passen zueinander und zur Plakatfarbe und sind gut lesbar?
- Sind ausreichend Bilder im Verhältnis zum Text vorhanden?

5 Gestalte dein Plakat.
- Beginne mit der Überschrift.
- Ordne die Bilder an und klebe sie auf.
- Zeichne mit Bleistift und Lineal Schreiblinien auf und notiere deinen Text darauf mit Bleistift.
- Male den Text mit Filzstift nach und radiere die Bleistiftlinien weg.

6 Verschönere dein Plakat noch etwas. Zeichne zum Beispiel passende Symbole.

Rechtschreibgespräch

Ein Rechtschreibgespräch kann dir dabei helfen, die Schreibung von Wörtern zu klären, bei denen du dir unsicher bist.

1 Kennzeichne alle Wörter in deinem geschriebenen Text, bei deren Schreibung du dir unsicher bist, mit einem Punkt darunter.
2 Notiere zu jedem Wort, welche Schreibung(en) du noch für möglich hältst.
3 Setzt euch zu zweit oder zu dritt zusammen.
4 Überlegt, welche Strategien helfen können, die richtige Schreibung herauszufinden. Wendet sie an.
Mögliche Strategien wären:
- zweisilbiges Schlüsselwort untersuchen
- Schlüsselwörter bilden
- Zerlegen
- Ableiten
- Merkwort

5 Entscheidet euch für eine Schreibung und begründet eure Wahl mithilfe der eingesetzten Strategien.

» *Schlüsselwörter, S. 195*
» *Zerlegen, S. 196*
» *Ableiten, S. 197*
» *Merkwort, S. 201*

Schreibkonferenz

Kein Text ist sofort perfekt. Auch professionelle Autorinnen und Autoren überarbeiten ihre Texte mehrmals. Dabei holen sie sich gern Unterstützung. Denn vieles übersieht man, wenn man einen Text selbst geschrieben hat.

Was man in einem Text überprüfen und überarbeiten möchte, ist ganz unterschiedlich. Deshalb müsst ihr anfangs Schwerpunkte festlegen, die euch für den jeweiligen Text wichtig sind. In vielen Kapiteln dieses Buches sind Checklisten, die passende Schwerpunkte enthalten können. Hier nur ein paar allgemeine Vorschläge:

- Rechtschreibung: Sind die Wörter richtig geschrieben?
- Reihenfolge: Hat der Text eine nachvollziehbare Reihenfolge?
- Satzanfänge: Fangen die Sätze abwechslungsreich an?
- Sprachstil: Passt der Sprachstil zum Text?
- Sprachliche Gestaltung: Ist der Text sprachlich passend gestaltet?
- Zeichensetzung: Sind die Zeichen richtig gesetzt?

Runde 1

1 Alle wählen einen selbst verfassten Text aus, den sie überarbeiten möchten.
2 Legt fest, auf welche Schwerpunkte ihr achten wollt (Empfehlung: drei bis vier).
3 Bildet Gruppen mit so vielen Mitgliedern, wie ihr Schwerpunkte habt.
4 Verteilt die Schwerpunkte auf die Gruppenmitglieder.
5 Verteilt die Texte so, dass alle Gruppenmitglieder einen fremden Text haben.
6 Konzentriert euch bei dem Text, der euch vorliegt, auf euren Schwerpunkt und überprüft ihn daraufhin. Notiert Anmerkungen und Verbesserungsvorschläge (z. B. mit Bleistift).
7 Gebt nach einer vereinbarten Zeit die Texte im Uhrzeigersinn weiter. Überprüft den neuen Text wieder mit eurem Schwerpunkt.
8 Wiederholt das Ganze solange, bis ihr zuletzt euren eigenen Text überprüft.

Runde 2

1 Lies jetzt die gesammelten Anmerkungen für deinen Text. Wenn du etwas nicht verstehst, frage nach.
2 Entscheide, welche Anmerkungen du für deinen Text annehmen willst.
3 Überarbeite deinen Text anhand dieser Anmerkungen.

Standbild

Ein Standbild ist eine lebende Statue, die gebaut wird. Sie kann dabei helfen, einen literarischen Text (Roman, Kurzgeschichte, Gedicht, Fabel ...) besser zu verstehen. Gleichzeitig zeigt das Standbild auch immer, wie der Text verstanden (interpretiert) wurde. Standbilder werden oft zur Darstellung von Figurenbeziehungen genutzt.

1 Wählt einen Textausschnitt aus, für den ihr das Standbild bauen möchtet.

2 Bildet Gruppen und verteilt die Rollen:
- Es gibt eine Baumeisterin oder einen Baumeister.
- Die anderen sind die Darsteller/-innen. Es sollte am besten so viele Darsteller/-innen geben, wie Figuren im Textausschnitt.

3 Lest den Ausschnitt und überlegt gemeinsam, wie ihr das Standbild gestalten wollt, damit es zum Text passt und die Beziehungen anschaulich vermittelt. Beachtet dabei folgende Leitfragen:
- Wie sollten die Darsteller/-innen zueinander stehen (nah, fern, zugewandt, abgewandt, höher, niedriger ...), damit die Beziehungen deutlich werden?
- Welche Eigenschaften haben die Figuren und wie können sie vermittelt werden?
- Welche Gestik und Mimik sollte wer einnehmen?
- Braucht ihr Requisiten? Wenn ja, welche und wie baut ihr sie ein?

Requisite etwas, das die Aufführung unterstützt, wie Gegenstände, Kostüme ...

4 Probt das Standbild. Dafür positioniert der/die Baumeister/-in die Darsteller/-innen in den vereinbarten Positionen.

5 Nun geht der/die Baumeister/-in einige Schritte zurück und betrachtet das Standbild, um zu prüfen, wie es wirkt und ob etwas verbessert werden kann. Wenn alle einverstanden sind, kann ein Foto vom Standbild gemacht werden.

6 Besprecht mögliche Verbesserungen und probt noch einmal, wenn nötig.

7 Präsentiert das Standbild eurer Klasse. Dafür positioniert der/die Baumeister/-in die Darsteller/-innen wieder in den vereinbarten Positionen.

8 Das Standbild wird für mindestens 30 Sekunden gehalten. Die Klasse betrachtet es ausgiebig und lässt es auf sich wirken.

9 Anschließend äußert sich die Klasse zum Standbild:
- Wie hat es auf sie gewirkt?
- Wie haben sie es verstanden?

10 Zum Schluss stellt der/die Baumeister/-in vor, was die Absichten der Gruppe beim Standbild gewesen sind.

Stolperstein-Übung

Die Stolperstein-Übung kann dir als Vorbereitung zum flüssigen Vorlesen eines Textes helfen, der viele schwierige Wörter enthält.

1 Lege eine Stolperstein-Liste wie hier abgebildet an.
2 Trage alle Wörter oder Wortgruppen aus dem vorzulesenden Text in die Stolperstein-Liste (linke Spalte) ein, die du schwierig findest (= Stolpersteine).

Stolperstein-Liste

Stolperstein	Versuch 1	Versuch 2	Versuch 3	Versuch 4
zwitschern und trällern	...	...	...	...
über hundertfünfzig Millionen von Kilometern	...	...	...	...
kleine Kollision	...	...	...	...
stolperfrei vorgelesen:	...	...	...	...

3 Lies jemandem deine Stolpersteine nacheinander vor.
Achte darauf, sie möglichst flüssig und richtig (= stolperfrei) vorzulesen.
Währenddessen setzt dein Partner oder deine Partnerin Häkchen in deiner Stolperstein-Liste bei allen Stolpersteinen, die du stolperfrei vorgelesen hast.
4 Wiederholt das Ganze – du hast insgesamt vier Versuche.
5 Dein Partner oder deine Partnerin zählt am Ende für jeden Versuch zusammen, wie viele Stolpersteine du stolperfrei vorgelesen hast.
Das Ziel: Mit jedem Versuch besser zu werden!
6 Tauscht jetzt die Rollen.

Szenisches Spiel

Ein szenisches Spiel kann helfen, einen literarischen Text (Roman, Kurzgeschichte, Gedicht, Fabel …) besser zu verstehen. Gleichzeitig zeigt das szenische Spiel auch immer, wie der Text verstanden (interpretiert) wurde.

1 Wählt einen Textausschnitt aus, den ihr spielen möchtet.
2 Bildet Gruppen – am besten in der Größe, wie viele Figuren im Ausschnitt vorkommen.
3 Verteilt die Figurenrollen untereinander.
4 Lest den Ausschnitt und überlegt gemeinsam, wie ihr ihn vorspielen wollt. Beachtet dafür folgende Leitfragen:
- Wie verläuft die Handlung?
- Welche Eigenschaften haben die Figuren und wie könnten sie dargestellt werden?
- Wie stehen die Figuren in Beziehung zueinander und wie kann das vermittelt werden?
- Braucht ihr Requisiten? Wenn ja, welche und wie baut ihr sie ein?

5 Verfasst ein Drehbuch zum Textausschnitt. Das Drehbuch sollte enthalten, was die Figuren sagen und was sie wie tun sollen (= Regieanweisungen). Beachtet dafür folgende Leitfragen:
- Was muss wer in welcher Reihenfolge sagen? Tipp: Manchmal erkennt ihr das an der wörtlichen Rede. Manchmal müsst ihr genauer im Text danach suchen (indirekte Rede).
- Wie soll etwas gesagt werden (Lautstärke, Betonung, Stimmung)?
- Welche Gestik und Mimik muss wer wann einnehmen?
- Was muss wer tun?

6 Prüft, ob das Drehbuch zum Text passt.
7 Probt euer szenisches Spiel so lange, bis ihr zufrieden seid und euch sicher fühlt. Ihr könnt euer Drehbuch benutzen oder eure Textstellen auswendig lernen. Achtet auch auf euer Sprechtempo und die Lautstärke.
8 Führt euer szenisches Spiel vor der Klasse auf.
9 Lasst euch von eurer Klasse Feedback geben. Wie fanden sie euer szenisches Spiel? Wie hat es ihnen geholfen, den Text besser zu verstehen?

Requisite
etwas, das die Aufführung unterstützt, wie Gegenstände, Kostüme …

Wörterbucharbeit

Wenn du Informationen zu einem Wort (Rechtschreibung, Bedeutung, grammatische Formen ...) herausbekommen möchtest, hilft dir ein Wörterbuch. Hier lernst du, wie du ein Wort schnell findest und was du darüber erfahren kannst.

1 Blättere durch das Wörterbuch und finde dich zurecht. Manche Wörter sind fett gedruckt. Das sind die wichtigsten Stichwörter. Die dünn gedruckten Texte sind die dazugehörigen Erklärungen.

Bröschen

B

Brös

Brös|chen, Brie|s|chen (Gericht aus Briesen des Kalbs)
bro|schie|ren ‹franz.› (Druckbogen in einen Papierumschlag heften od. leimen); **bro|schiert** (*Abk.* brosch.)
[1]**Bro|schur,** die; - (das Heften od. Leimen)

2 Wörterbücher sind alphabetisch sortiert. So stehen die Stichwörter mit A ganz vorn und die mit Z ganz hinten. Am Seitenrand steht meist der Anfangsbuchstabe der aufgeführten Stichwörter. Finde den Anfangsbuchstaben deines gesuchten Stichworts, zum Beispiel „offline“.

3 Weil es sehr viele Stichwörter mit dem gleichen Anfangsbuchstaben gibt, sind auch die nachfolgenden Buchstaben alphabetisch sortiert: Mit O zum Beispiel gibt es viele Stichwörter. Sie alle sind auch noch einmal nach dem Alphabet geordnet: vorne die mit Oa und ganz hinten die mit Oz. Die Stichwörter unter O sind also nach dem zweiten und sogar nach dem dritten Buchstaben in eine Reihenfolge gebracht. Und auch die Stichwörter auf den einzelnen Seiten sind nach der Reihenfolge des zweiten und dritten Buchstabens geordnet.
Oben auf jeder Seite steht, was das erste alphabetisch sortierte Stichwort auf der Seite ist und was das letzte der Seite ist (= Kopfwörter). Finde den Bereich, in den dein gesuchtes Stichwort passt.

4 Sobald du die richtige Seite gefunden hast, musst du nur noch den Eintrag für dein gesuchtes Stichwort finden.

5 Jetzt kannst du nach der Information zu deinem Stichwort suchen, die du brauchst.

Brow|ser [ˈbrau̯zɐ], der; -s, - ‹engl.› (Software zum Verwalten, Finden u. Ansehen von Dateien); **Brow|ser|game** [...ɡeɪ̯m] ‹engl.› (im Browser gespieltes Computerspiel); **Brow|ser-Plug-in,**

Es gibt auch digitale Wörterbücher, bei denen du nur das gesuchte Stichwort eingeben musst. Dort sind die Informationen anders angeordnet. Manchmal musst du auf einen Link klicken, um weitere Informationen zu deinem Stichwort zu bekommen.

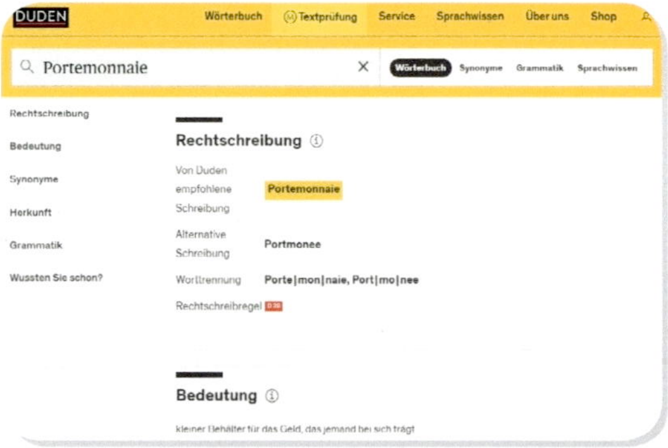

Zehnfingerschreiben

Wenn du etwas (ab)schreiben möchtest, geht es meist ordentlicher, wenn du es digital in einem Textverarbeitungsprogramm tippst. Außerdem lassen sich dann Texte leichter überarbeiten. Und noch ein Vorteil: Wenn du das Zehnfingerschreiben beherrscht, geht es auch sehr viel schneller!

1 Öffne eine Datei in einem Textverarbeitungsprogramm, in die du hineinschreiben möchtest.

2 Positioniere deine Finger auf der Tastatur in der Grundposition:
- Lege den rechten Zeigefinger auf das „J" und die nächsten drei Finger werden von selbst auf die Tasten „K", „L" und „Ö" fallen.
- Lege dann den linken Zeigefinger auf das „F" und lasse die anderen Finger auf die Tasten „D", „S" und „A" fallen.
- Die Daumen liegen auf der Leertaste.

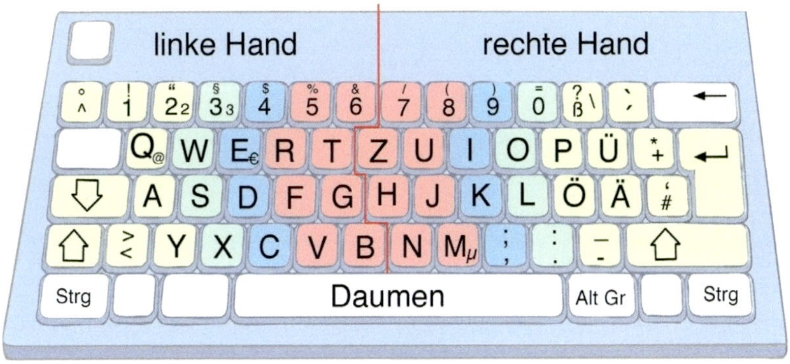

3 Jeder Finger ist neben den Buchstaben der Grundposition auch für weitere angrenzende Buchstaben zuständig. Auf dem Bild kannst du sehen, welche Finger für welche Buchstaben zuständig sind. Merke dir die Zuständigkeiten.

4 Jetzt heißt es üben!
Du wirst am Anfang sehr langsam sein und dir immer wieder ins Gedächtnis rufen müssen, welche Finger für welche Buchstaben zuständig sind.
Aber mit der Zeit werden sich das deine Finger „merken" und du wirst immer schneller und sicherer werden.
Übe erst mit einzelnen Buchstaben, dann mit Sätzen und später mit Texten.

Seite 13, Aufgabe 3

Benutzt diesen Wortschatz:
Könntest du bitte ...? – Ich würde gerne ... – Ich finde, dass ... – Mich stört, dass ... – Warum ...? – Entschuldigung, ich wollte nicht, dass ... – Hier ist ein Vorschlag: ...

Seite 14, Aufgabe 4 b)

Fangt die Antworten zu den Sätzen 1 – 8 so an:

1 Warte, ich helfe dir ...
2 Nicht verstanden? Kein Problem, ich erkläre dir gern ...
3 Ja, du hast recht mit ... Ich habe etwas ...
4 Wie meinst du das? ...
5 Danke, das finde ich ...
6 Entschuldige, so habe ich das nicht ...
7 Das tut mir leid zu hören, magst du ... Ich bin für dich ...
8 Hilft es dir, wenn ...?

Seite 23, Aufgabe 1 c)

Mit diesen Wörtern kannst du starten:
Käse, Regen, Auto

I

Seite 27, Aufgabe 3 d)

Je öfter du die Stellen übst, desto sicherer wirst du.
Lies erst langsam mit guten Pausen, dann langsam mit guter Betonung und achte beim dritten Lesen auf die Stimmung. Übe dann alles beim vierten Lesen gemeinsam.

II

Seite 28, Aufgabe 2

Lies den Text noch einige Male. Suche bei jedem Lesen nur Antworten auf eine der Fragen. Wenn du mit deiner Antwort zufrieden bist, kannst du beim nächsten Lesen eine weitere Frage beantworten. Achte besonders auf die Zeilen 1, 4, 6, 12.

II

Seite 28, Aufgabe 4 d)

Je öfter du die Stellen übst, desto sicherer wirst du.
Lies erst langsam mit guten Pausen, dann langsam mit guter Betonung und achte beim dritten Lesen auf die Stimmung. Übe dann alles beim vierten Lesen gemeinsam.

III

Seite 29, Aufgabe 2

Lies den Text noch einige Male. Suche bei jedem Lesen nur Antworten auf eine der Fragen. Wenn du mit deiner Antwort zufrieden bist, kannst du beim nächsten Lesen eine weitere Frage beantworten. Achte besonders auf die Zeilen 2–4, 8, 10–12.

Seite 29, Aufgabe 3 a)

Wenn du dir bei der Aussprache unsicher bist, kannst du dir die Wörter in einem digitalen Wörterbuch anhören. Lange Wörter kannst du mit der Wortpyramide üben.

Seite 29, Aufgabe 4 d)

Je öfter du die Stellen übst, desto sicherer wirst du.
Lies erst langsam mit guten Pausen, dann langsam mit guter Betonung und achte beim dritten Lesen auf die Stimmung. Übe dann alles beim vierten Lesen gemeinsam.

Seite 31, Aufgabe 3

Eine kleine Starthilfe: Stellt euch gegenseitig Fragen zu euren Lieblingsbüchern. Fragt eure Eltern, Großeltern, kleinen oder großen Geschwister, um herauszufinden, was sie gerne lesen. Fragt sie auch, was ihnen an den Texten wichtig ist. Dort findet ihr sicher tolle Ideen, mit denen ihr weiterarbeiten könnt.

Seite 31, Aufgabe 4

Gebt euch gegenseitig ein kurzes Feedback. Diese Formulierungen helfen euch dabei: *Du könntest „…" noch besser betonen. – Du solltest noch eine Pause einbauen, und zwar … – Schon gut vorgetragen hast du „…". – Du könntest noch stärker auf deine Zuhörerinnen und Zuhörer achten. Dafür könntest du „…" machen.*

Seite 33, Aufgabe 2

B Wo ist Tiffany gerade? Warum sind Oma und Opa bei ihr?
C Plötzlich hat keiner aus ihrer Familie mehr Zeit zum Spielen. Wie fühlt sie sich wohl?
D Denke an die Lieblingstiere von Opa.
E Ein altes Gerät, über das man Nachrichten empfangen kann.
F Dieselbe Farbe wie Bäume und Blätter im Frühling/Sommer …
G Luisa ist in einer polit... Phase.
I Für Max klingt die Lieblingsband von Luisa wie quengelnde B...
M Setzt den vierten Buchstaben an die erste Stelle.

Seite 35, Aufgabe 3

Es sind drei Aussagen richtig, das Lösungswort hat somit auch drei Buchstaben.

Seite 36, Aufgabe 2

Es sind fünf Aussagen richtig, das Lösungswort hat somit auch fünf Buchstaben.

II

Seite 36, Aufgabe 4

Wer hat welchen Unsinn gemacht? Ordnet zu!
Würstchen im Wasserkocher erhitzt – Zaun eingedrückt – Milch im Wasserkocher gekocht – den Wasserkocher in die Spülmaschine gepackt – Knete in die Nase gesteckt – Puzzle auf den Boden geklebt – Tiffany aufgefordert, sich Knete in die Nase zu stecken – Ostereier in der Mikrowelle erhitzt, sodass sie platzen – Tapete aufgeschnitten

Seite 51, Aufgabe 8

Nutzt die folgenden Satzanfänge:
- *In dem Märchen kommen insgesamt vier Figuren vor: …*
- *Ihr Vater hat gegenüber dem König versprochen, dass …*
- *Die Müllerstochter ist verzweifelt, weil …*
- *Nachdem das Kind auf der Welt ist, kommt das Männlein wieder und verlangt …*
- *Ein Bote beobachtet das Männlein, das um ein Feuer hüpft und „…" schreit.*
- *Die Müllerstochter enttarnt das Männlein als Rumpelstilzchen. Daraufhin …*

I

Seite 51, Aufgabe 9

Ihr könnt diese Satzanfänge verwenden:
Die Müllerstochter ist …, da sie gar kein Stroh zu Gold spinnen kann.
Sie ist … von der Lüge ihres Vaters.

II

Seite 51, Aufgabe 9

Ihr könnt diese Satzanfänge verwenden:
Ich weiß gar nicht, wie … Darum fühle ich mich … Ich habe große Angst, dass … Ich bin … auf meinen Vater, weil …

III

Seite 51, Aufgabe 9

Ihr könnt diese Satzanfänge verwenden:
Ich habe große Angst, weil … Was mache ich, wenn …? Mein Vater meinte es sicher gut mit mir, als … Aber jetzt … Ich fühle mich …

Seite 51, Aufgabe 10

Denkt über diese Figuren nach: *der Müller, die Müllerstochter, der König, das Rumpelstilzchen.*
Berücksichtigt auch, warum die Figuren so gehandelt haben.

Ihr könnt diese Satzanfänge verwenden:
- *Das Auto und das Fahrrad sind ein Merkmal des modernen Märchens, in klassischen Märchen fahren Könige und Königinnen meist …*
- *Außerdem entspricht Babsi nicht der typischen Prinzessinnenfigur, weil …*
- *Die Prinzen retten in dem modernen Märchen nicht die Prinzessin, sondern …*
- *Als der König seine Tochter verheiraten will, passiert Folgendes: …*
- *Vor allem die Prinzessin Babsi macht das Märchen modern, denn …*

Seite 58, Aufgabe 8 b)

Es gibt sechs richtige Antworten. Aber welche sind es? …

Seite 65, Aufgabe 1

Achtet besonders auf Vers 4, dann auf Vers 10 und zuletzt auf die Verse 11 und 12.

Seite 69, Aufgabe 4

Welches Bild wirkt lebhaft (Mitte des Gedichtes), welches Bild wirkt verzweifelt (Ende des Gedichtes)? Achtet auf den Schmetterling oder die anderen Tiere.

Seite 70, Aufgabe 6

So fangen die gelben Verse an: „*Hoch lebe jede …*", „*zu jeder Möwe …*"
Und die blauen schließen mit: „*Als der gereimte Löwe.*", „*Zumindest Reimverwandte!*"

Seite 72, Aufgabe 5

Für die Katze gibt es kein passendes Verb.

Seite 74, Aufgabe 2

Summen, *zischen* und *flüstern* sind weitere Beispiele.
Denkt auch an die Sprache in Comics: *Boom!*, *Peng!* …

Seite 74, Aufgabe 3 a)

Es geht um ein Tier, das sich erst verpuppt (einhüllt) und dann in eine besonders schöne Form mit Flügeln verwandelt. Kennst du dieses „Endstadium"?…

Seite 75, Aufgabe 2 b)

Schaut einmal genau in die ersten drei Verse!

Seite 75, Aufgabe 4 a)

Seite 75, Aufgabe 5

Oft müsst ihr „ich“ durch „es“ ersetzen. Achtet in der letzten Strophe auf die Verben.

Seite 76, Aufgabe 1 b)

Achtet besonders auf die Anzahl der Wörter pro Vers, Anfangsbuchstaben oder die Form des Gedichttextes.

Seite 76, Aufgabe 2 a)

Wie sieht euer Gedicht aus? Zählt die Anzahl der Silben und Wörter pro Vers. Achtet auch auf Anfangsbuchstaben.

Seite 79, Aufgabe 4 a)

Was sollte beim Vorlesen beachtet werden, damit die Stimmung deutlich vermittelt wird? Denkt hierbei an die Lautstärke der Stimme, Betonungen, der Sprechgeschwindigkeit, Pausen ...

Seite 79, Aufgabe 5

Schaut euch auch diese Wörter genauer an:
lustig, Untier, Wolf, fürchterlich, brav, lachen.

I

Seite 85, Aufgabe 5

Diese Karten gehören zum Gedicht „Die Vogelscheuche“:
„krah“ – „?“ und „nicht“ – „?“ sind zwei Paarreime.
Der markierte Vers muss „und bleibst bei Wind und Wetter ?.“ heißen.
In „Die Vogelscheuche“ geht es um Raben, die ...
Die Stimmung in „Die Vogelscheuche“ ist lustig/furchtlos/...
„Krah!“ ist eine Lautmal...
In „Die Vogelscheuche“ gibt es kein „Ich“. Aber ... sprechen.

II

Seite 85, Aufgabe 5

Diese Karten gehören zum Gedicht „Drei Finken“:
Das Gedicht von Harranth beginnt mit Finken, ...
„rucken“ ist eine Lautmalerei, weil ...
Das Gedicht „Drei Finken“ wirkt erst verträumt, dann ...
Die markierten Verse sind eigentlich: „geraten die Träume ins Wanken“ und ...
Das „Ich“ beschreibt und hört ... Das wird in Vers 11–12 deutlich: ...
Die Reimform ist: a – a („Ast“ – „verpasst“) und ...

Seite 90, Aufgabe 4

In der Schelmengeschichte „Wie Till Eulenspiegel einem Esel das Lesen beibrachte“ geht es um ... (Was?)
Neben Eulenspiegel spielen ... eine wichtige Rolle. (Wer?)
Die Handlung spielt ... (Wo? Wann?)
Eulenspiegel spielt einen lustigen Streich, indem er ... (Wie?)

Seite 93, Aufgabe 4 a)

Lies noch einmal in den Zeilen 8–11, 15–16 und 24–28 nach.

Seite 98, Aufgabe 4 I

Die folgenden Textstellen helfen dir. Lies sie noch einmal: Zeilen 4–6, Zeilen 11–13 und Zeilen 17–20.

Seite 100, Aufgabe 4 II

Schau, ob Via in allen Situationen ein ähnliches Verhalten zeigt und wie sie ihre Gefühle und ihre Familie schildert. Die folgenden Textstellen helfen dir:
Situationen: Z.10/11, Z.13–15., Z.22/23, Z.28–40
Gefühle: Z. 8–10, 17–21, Z.28/29
Familie: 1–3, 18/19, 42/43

Seite 111, Aufgabe 3 a)

1) *Als Jans Mutter das Poster von Ryan Murphy abhängt, fühlt er sich … Jan springt vom Fünfer, um … Dass er Joschi zusammen mit Lena sieht, löst in Jan … aus. Jans Gefühlslage kann man vergleichen mit …*
2) *Denkt darüber nach, wie sich Flo fühlen könnte. Wird auf ihre Pläne und wünsche Rücksicht genommen? Was denkt sie wohl über die Hühner?*

Seite 111, Aufgabe 5

Kennen sich Florian und Jan? Wie kam es zu dem Streit zwischen Jan und ...? Warum muss ... umziehen? Warum ändern sich Flos Pläne ...?

Seite 112, Aufgabe 2

1) *Den größten Teil der Ferien … Ansonsten verbringe ich die restliche Zeit mit … und …, da … Aus dem Urlaub mit meiner Mutter … Ich hätte mir gewünscht, dass …*
2) *Außerdem …, sodass ich ihnen die ganze Zeit hinterherputzen muss. Auch die Nachbarn sind nicht vor ihnen sicher, … Wenn die Hühner doch …*

Seite 114, Aufgabe 4 b)

Ordnet folgende Textstellen den Figuren und ihren Eigenschaften zu:
- Z. 3–4: „Was soll sein?“ Ich machte einen Schritt zurück. Auf keinen Fall wollte ich an meinem ersten Tag irgendwelchen Stress.
- Z. 5: Er schloss die Lücke zwischen uns wieder.
- Z. 10–11: Linus drehte sich um, marschierte direkt auf Flo zu und riss ihr das Buch aus der Hand.
- Z. 23: Sie presste die Lippen zusammen.
- Z. 26–27: Das sagte sie ganz cool, aber ich konnte sehen, dass ihr Kinn zitterte, als sie sich an Linus vorbeidrängte.
- Z. 28: „Obwohl ... kannst du überhaupt lesen?“, ...

Seite 117, Aufgabe 2 a)

Schaut euch zunächst in Kindersuchmaschinen um. Gebt in die Suchleiste eure Stadt oder euren Kreisnamen und *Bücherei* oder *Bibliothek* ein. Alternativ könnt ihr auch eine digitale Kartenansicht öffnen und nach *Bücherei* oder *Bibliothek* suchen.

Seite 127, Aufgabe 1

1) Achtet bei der Gestaltung auf Illustrationen: Gibt es Bilder oder ist der Umschlag besonders verziert? Und ist der Sprachstil auffällig (zum Beispiel Jugendsprache, sehr kurze oder lange Sätze, erfundene Wörter ...)?
2) Gibt es Grafiken oder Bilder im Buch, die ihr gerne zeigen möchtet? Druckt das Titelbild aus oder zeigt ein Foto der Autorin oder des Autors. Stellt die Figurenbeziehungen in einem Schaubild mit Symbolen dar.

Seite 133, Aufgabe 2 b)

Erschließt euch folgende Wörter aus dem Zusammenhang, schlagt sie nach oder recherchiert online:
Server, Recht am eigenen Bild, Plattform, verantwortungsvoll

Seite 142, Aufgabe 2

Ordnet diese Gründe den passenden Suchanfragen zu:
eine Adresse herausfinden – die richtige Schreibweise eines Wortes finden – ein Rezept nachschlagen – das Ende eines Buches herausfinden – Informationen zur Geschichte des Internets erhalten – eine Übersetzung erhalten – eine Preisinformation bekommen – die Lebensdaten einer Autorin finden

Seite 143, Aufgabe 3 b)

Hier findest du die ersten Buchstaben zu den Lösungen. So kannst du sie besser aus der **Infobox** zuordnen.

A die Suchm******* B die Suchm**** C der Suchb******
D der Le************* E die U** F die T***********
G der L*** H der V*********** I der B******

Seite 144, Aufgabe 5

Nehmt folgende Fragen zur Hilfe:
Sind die Seiten besonders farbenfroh und bunt gestaltet? Gibt es Tiere oder andere Maskottchen, die euch auf den Kinderseiten begleiten? Wie lang sind die Texte? Sind die Sätze eher einfach oder schwierig zu verstehen?

Seite 144, Aufgabe 8

Beendet den Satz richtig und wählt den passenden Schluss aus:
Merksatz: Beim Formulieren von Suchanfragen sollte ich …
a) … möglichst lange Sätze verwenden.
b) … immer nur ein Wort eingeben.
c) … möglichst genaue Suchbegriffe oder kurze Fragen nutzen.

Seite 147, Aufgabe 7 a)

Achtet im Impressum auf folgende Dinge: Findet ihr den Namen und weitere Angaben zu der Betreiberin/dem Betreiber? Wie könnt ihr sie/ihn erreichen? Wirken die Angaben im Impressum vertrauenswürdig? Ist im Impressum ein Ort oder Land angegeben?

Seite 150, Aufgabe 1

Nutzt folgende Sucheingaben:
Aussehen von Dackeln, Was fressen Dackel?, Wie oft müssen Dackel raus?, Wie groß/schwer werden Dackel?, Durchschnittsalter Dackel, Woher stammen Dackel?, Dackel als Haustiere, Was muss ich bei Dackeln beachten?

Seite 150, Aufgabe 4

Hier wurde der Steckbrief teilweise bereits ausgefüllt. Ergänzt die angefangenen Sätze und recherchiert weitere Informationen.
Aussehen von Dackeln: *Dackel haben einen … Körper und … Beine. …*
Größe, Gewicht: *Sie werden etwa … cm groß und … kg schwer.*
Lebenserwartung: *Ihre Lebensdauer beträgt zwischen … und … Jahren.*
Herkunft: *Der Dackel ist eine … Hunderasse.*
Futter, Bewegung: *Dackel brauchen … Futter und haben einen … Bewegungsdrang.*
Besonderheiten: *Ihr Charakter ist …*

Seite 170, Aufgabe 4

Benutzt diese Satzanfänge:
A *Als Tim nach seinem Koffer greift, ...*
B *Im Gewächshaus von ...*
C *Das riesige Wesen hat bunte Federn und ...*
D *Der Dachboden von Tim... / Das Gewächshaus ...*
E *Tim sieht ... weit unter ihm, er hört das Tier ... und riecht ...*
F *Es ist die Stimme von ...*

Seite 171, Aufgabe 4

Achtet dabei besonders auf Adjektive, die meist vor oder nach den Nomen vorkommen.

Seite 171, Aufgabe 5

Körperhaltung, Zustand, Verhalten, Charakter, ...
Fügt noch weitere Themen hinzu: Was beschreiben die markierten Wörter genauer?

I **Seite 172, Aufgabe 9**

Beschreibt zuerst das Aussehen der Figur und geht dann auf das Verhalten und die Eigenschaften ein. Vielleicht spricht die Figur mit Merle? Oder stellt sie sich Merle mit ihrem Namen vor?

I **Seite 174, Aufgabe 8**

Beschreibt zuerst, was Amir sieht. Geht dann auf alle weiteren Sinneseindrücke ein. Sind andere Wesen, Tiere oder Menschen dort? Spricht Amir vielleicht mit jemandem oder etwas?

I **Seite 176, Aufgabe 9**

Kurze, hektisch klingende Sätze machen eure Geschichten noch spannender! Wo landen die Leute aus dem Abteil? Was tun sie? Welches besondere Ereignis folgt nun?

Seite 179, Aufgabe 4 b)

Nutzt auch diesen Wortschatz:
So etwas war Familie ... noch nie passiert. – Er war doch erst 10 Jahre alt ... – Da war ... plötzlich ganz mulmig zu Mute ... – Zunächst brach pure Panik in ihm aus, doch dann ... – Glücklicherweise kam ein junger, netter Zugbegleiter, der ... – Am Ende ...

Seite 185, Aufgabe 1

Ergänzt diese Wörter:
riecht – Sinneseindrücken – wörtliche Rede – Adjektiven – Verhalten – schmeckt – Charakter – Vorfälle – Überraschung – Ereignisse – fühlt – Gedankenrede

Seite 185, Aufgabe 3 I

Nutzt diese Satzanfänge:
- *Kurz war Liam sehr …*
- *Doch dann …*
- *Sein Onkel schüttelte zwar den Kopf, …*
- *Nachdem Liam sich bei den Gästen entschuldigt hatte, …*
- *Beim Weiterarbeiten dachte er immer wieder …*

Seite 185, Aufgabe 3 II

Nutzt diese Satzanfänge:
- *Kurz war Liam sehr …*
- *Doch dann …*
- *Sein Onkel schüttelte zwar den Kopf, …*
- *Kurz darauf sah Liam das Mädchen wieder, es …*
- *Einen Moment zögerte er noch, doch dann ging er auf sie zu und …*
- *Das Mädchen reagierte …*
- *Am Ende des Tages fühlte sich Liam …, weil …*
- *Er dachte sich …*

Seite 187, Aufgabe 2 a)

Habt ihr schon etwas von Vokalen und Konsonanten gehört? Tauscht euch darüber aus!

Seite 187, Aufgabe 6

Hier müsst ihr nur noch passende Vokalbuchstaben einsetzen:
Reihe 1: *R?sen – R?sen – R?sen* **Reihe 2:** *R?be – R?be – R?be*

Seite 188, Aufgabe 2 I

In Zeile [A] werden drei Vokale lang und zwei Vokale kurz ausgesprochen.

Seite 188, Aufgabe 2 II

In Zeile [A] werden drei Vokale lang und zwei Vokale kurz ausgesprochen.
In Zeile [B] werden zwei Vokale lang und drei Vokale kurz ausgesprochen.

Seite 188, Aufgabe 3 a)

Es gibt insgesamt sechs offene Silben und acht geschlossene Silben.

Seite 188, Aufgabe 5 b)

Nutzt den Endrand der Silben. Der Endrand ist der letzte Buchstabe der ersten Silbe. Beim ersten Vokal müsst ihr entscheiden, ob er lang oder kurz ausgesprochen wird. **Beispiel:** *len | ken* hat einen Konsonantenbuchstaben (*n*) als Endrand, der Vokal *e* wird daher kurz ausgesprochen. Es ist eine geschlossene Silbe.

Seite 189, Aufgabe 7 b)

Zur Erinnerung: Konsonantenbuchstaben sind alle Buchstaben außer a, e, i, o, u (= Vokalbuchstaben). In Aufgabe 6 sind sie blau markiert.

Seite 189, Aufgabe 7 c)

Achtet bei den Wörtern in Aufgabe 6 auf die Vokalbuchstaben in der zweiten Silbe.

Seite 190, Aufgabe 1 c)

Zur Erinnerung: Offene Silben enden auf einen Vokalbuchstaben. Der Vokal wird lang ausgesprochen. Geschlossene Silben enden dagegen auf einen Konsonantenbuchstaben, der Vokal der ersten Silbe wird dann kurz ausgesprochen.

Seite 191, Aufgabe 2 b)

Achtet besonders auf die Anzahl der Buchstaben: Gibt es Dopplungen? Und welche Vokale werden lang, welche kurz ausgesprochen?

Seite 192, Aufgabe 2 a)

Wenn ihr die Wörter laut und langsam aussprecht, könnt ihr die Silben besser trennen.

Seite 193, Aufgabe 1 b)

Achtet besonders auf die Buchstaben, unter denen sich die Silbenbögen kreuzen. Könnt ihr sie der ersten oder zweiten Silbe eindeutig zuordnen?

II **Seite 193, Aufgabe 2**

Erkennt ihr das System? Das Silbengelenk über den Kreuzbögen ist immer *ch*, *sch* oder *x*. Vielleicht könnt ihr so auch alle Wörter mit Kreuzbögen aufschreiben?

Beim lauten Vorlesen hilft es, wenn ihr die Silben langsam und rhythmisch sprecht. Setzt an die Stelle, an der ihr eine Pause macht, einen Strich. Etwa so: *täu | schen*.

Seite 193, Aufgabe 3

Achtet besonders darauf, ob der Vokal kurz oder lang ausgesprochen wird. Ein kurzer Vokal deutet auf ein Silbengelenk hin.

Seite 193, Aufgabe 5 (I)

Achtet besonders darauf, ob der Vokal kurz oder lang ausgesprochen wird. Ein kurzer Vokal deutet auf ein Silbengelenk hin.

Seite 193, Aufgabe 5 (II)

Nutzt diese Rechtschreibstrategien: Walt/Wald → Plural bilden; rollt/rolt → wir-Form bilden; schläft/schläfft → wir-Form bilden; kallt/kalt → verlängerte Form bilden; gelp/gelb → verlängerte Form bilden.

Seite 194, Aufgabe 3

Spielt mit der Aussprache! Lest euch die Wörter gegenseitig vor und achtet auf die Stimmhaftigkeit. Was passiert, wenn ihr *s* und *ß* in einigen Wörtern tauscht?

Seite 198, Aufgabe 1 b)

Nutzt dafür die Fachbegriffe *Vokalbuchstaben* und *Konsonantenbuchstaben*.

Seite 200, Aufgabe 1 b)

Prüft, wie die erste Silbe der Wörter endet und wie die zweite beginnt.

Seite 200, Aufgabe 3 b)

Die erste Silbe endet hier immer mit einem Konsonantenbuchstaben und die zweite Silbe beginnt mit einem solchen.

Seite 201, Aufgabe 1 b)

Ändert die Vokale und Umlaute (*ä, ü, ö*). Spielt auch mit dem Wortanfang (*ge-, be-* …) und dem Wortende (*-t, -ung, -lich* …).

Seite 201, Aufgabe 2

Seite 202, Aufgabe 3

Nutzt diese fünf Wörter: *die Meere, die Haare, die Waage, der Schnee, der See*.

I

Seite 204, Aufgabe 5

Nutzt diese Wörter und die dazugehörigen Strategien:
der Klepstoff → wir-Form bilden; der Baumstam → Verlängerung (Plural); hizefrei → Silbenbögen setzen; der Piltz → Schlüsselwort bilden (Plural)

Seite 205, Aufgabe 1 b)

Ordnet diese Rechtschreibstrategien den Sätzen A bis D zu:
Verlängerung, Silbenbögen, Wortfamilie, wir-Form.

Seite 210, Aufgabe 1

Schau dir die Wörter an, die vor den Klecksen stehen. Sie verraten dir schon viel über das Wort, das du einsetzen musst.

Seite 211, Aufgabe 6

Die Adjektive passen ihre Endung an das Nomen an. Könnt ihr erkennen, was sich genau verändert?

Seite 211, Aufgabe 8

Stelle das Adjektiv zwischen Artikel und Nomen, zum Beispiel *das große Tor*.

Seite 212, Aufgabe 9

Wenn ihr euch unsicher seid, klärt zuerst das Genus der Nomen. Die **Infobox** hilft euch dann beim Finden der richtigen Endung.

Seite 212, Aufgabe 13 a)

Beachte: Wenn du ein Adjektiv einsetzen kannst und es eine Endung erhält, handelt es sich um ein Nomen.

I

Seite 212, Aufgabe 14

Mit welchem Adjektiv könntest du gut die Erweiterungsprobe durchführen? Probiere es doch einmal mit *entscheidend*!

Mit welchen Adjektiven könntest du hier gut die Erweiterungsprobe durchführen? Wähle zum Beispiel aus diesen aus: *spannend, siegreich, groß*.

Seite 212, Aufgabe 14 II

Du brauchst eine Starthilfe? Beginne so: Nach dem [?] spiel erhält das [?] team einen ...

Seite 212, Aufgabe 14 III

Du bist dir unsicher? Die **Infobox** auf Seite 214 hilft dir beim Finden der Signalwörter.

Seite 213, Aufgabe 5

Du findest sechs weitere Signalwörter, die du markieren musst.

Seite 214, Aufgabe 9 c)

Lies in der **Infobox** auf Seite 212 noch einmal nach, wie die Erweiterungsprobe durchgeführt wird.
So kannst du im Text beginnen: *Ein tolles Hobby von mir ist das schnelle Laufen.*

Seite 214, Aufgabe 11 I

Lies in der **Infobox** auf Seite 212 noch einmal nach, wie die Erweiterungsprobe durchgeführt wird.
So kannst du im Text beginnen: *Die spannende Wattolympiade …*

Seite 214, Aufgabe 11 II

Lies in der **Infobox** auf Seite 212 noch einmal nach, wie die Erweiterungsprobe durchgeführt wird.

Seite 214, Aufgabe 11 III

Bringe die markierten Buchstaben je in eine sinnvolle Reihenfolge, z. B. *gßor → groß*.

Seite 218, Aufgabe 1

Es handelt sich um eine Probe. Schreibe: *Erw*********probe*.

Seite 218, Aufgabe 1 2

Hier werden bestimmte Wörter gesucht: *Art***********.

Seite 218, Aufgabe 1 5

III **Seite 218, Aufgabe 2**

Hier sind die Wörter, wenn auch durcheinandergeraten: *hergestellt, Internet, Honig, klar, Liebhaber, Geschmack, findet.*

II **Seite 219, Aufgabe 6**

Du kannst nach Artikelwörtern und Adjektiven Ausschau halten.

Seite 219, Aufgabe 7

Du musst an fünf Stellen die Großschreibung nachweisen.

Seite 220, Aufgabe 3 a)

Es gibt mehrere richtige Antworten, versucht es mit Kommas (,) und Bindestrichen (-).

Seite 220, Aufgabe 4

Ordnet den Zeichen diese Namen zu:
Punkt, Fragezeichen, Ausrufezeichen, Anführungszeichen.

Seite 221, Aufgabe 2

Lest dafür immer genau so weit, bis ihr ein Tier und einen Ort im Zimmer benannt habt. Dann macht ihr eine kurze Pause. Das Bild kann euch auch helfen.

Seite 221, Aufgabe 5

Ihr müsst diese finiten Verben finden:
2x sind, 2x ist, heiße, besuchen, würde, lese, habe, esse, mag, bringe.

Seite 222, Aufgabe 2 b)

Hier müsst ihr nur noch die Mitte der Imperative vervollständigen:
Bl?b stehen! St?h auf! H?lf mir!

Seite 224, Aufgabe 3

Nutzt auch diesen Wortschatz:
Von meinen Freunden würde ich gerne … einladen … – Ich brauche sechs lila Partyhüte und viel zum Essen, nämlich … – Ich habe mir diese Spiele überlegt: …

Ihr findet in jedem Satz ein Einleitewort und in jedem Teilsatz ein finites Verb. In Satz 6 steht das Einleitewort am Anfang des ersten Teilsatzes.

Seite 225, Aufgabe 3

Achtet auf die Groß- und Kleinschreibung. Sie hilft euch, die Begleitsätze von den Redesätzen zu trennen.

Seite 226, Aufgabe 4

Diese Begriffe rund um Satzzeichen werden gesucht. Ordnet zu.
Komma, und, Fragezeichen, Anführungszeichen, Punkt, Ausrufezeichen.

Seite 231, Aufgabe 1

Diese Satzzeichen fehlen: *3x Punkt, 1x Doppelpunkt, 2x Anführungszeichen, 2x Komma.*

Seite 231, Aufgabe 3 (I)

Diese Satzzeichen fehlen: *3x Punkt, 6x Anführungszeichen, 3x Komma, 2x Doppelpunkt, 1x Ausrufezeichen.*

Seite 231, Aufgabe 3 (II)

Diese Satzzeichen fehlen: *6x Punkt, 1x Doppelpunkt, 8x Anführungszeichen, 1x Fragezeichen, 1x Ausrufezeichen, 7x Komma.*

Seite 231, Aufgabe 3 (III)

Schaut euch zunächst einzelne Wörter an. Erkennt ihr Ähnlichkeiten zum Deutschen? Sprecht einige Wörter aus, vielleicht findet ihr Gemeinsamkeiten im Klang!
Versucht es mit diesen Wörtern:
Glück, sünd, Spraak, liek, ballon de basket, …

Seite 232, Aufgabe 1

Hier fehlen nur die ersten zwei Buchstaben der Sprache: *??att oder ??attdeutsch*

Seite 232, Aufgabe 2

Seite 233, Aufgabe 2

Hier sind die Bezeichnungen für den „Sonntag“ in verschiedenen Sprachen bereits vorsortiert. Ihr müsst euch immer nur zwischen zwei Sprachen entscheiden:
sunday, domenica – Italienisch, Englisch
søndag, niedziela – Polnisch, Dänisch
domingo, Sonntag – Spanisch, Deutsch
söndag, zondag – Niederländisch, Schwedisch
pazar, dimanche – Türkisch, Französisch

Seite 233, Aufgabe 3 b)

Achtet besonders auf die Anfangsbuchstaben, die Anzahl der Silben, gleichbleibende Wortteile innerhalb der Sprachen, die Wortenden. Leises Aussprechen hilft dabei.

Seite 234, Aufgabe 6 a)

Ordnet diese Aktivitäten den jeweiligen Monaten zu:
Picknicken, Schwimmen, Karneval feiern, Lesen, Weihnachten feiern, Fahrradfahren, Abende im Park verbringen, Schlittenfahren, Blättersammeln, Kürbisse aushöhlen.

Seite 235, Aufgabe 7 d)

Nutzt hierfür Fremdwörterbücher oder Übersetzer im Internet.
Sprecht vorher darüber, welche Programme sicher und verlässlich sind!

Seite 236, Aufgabe 3 b)

Wählt aus diesen Regionen aus: *Bayern, Köln, Hessen, Sachsen, Saarland, Schwaben, Berlin.*

Seite 236, Aufgabe 4

Recherchiere im Internet, wenn du dir unsicher bist.

Seite 237, Aufgabe 5 b)

Diese Tipps helfen euch dabei: Dieses Zeichen ’ (*Apostroph*) zeigt an, dass Buchstaben ausgelassen werden. Ersetzt *ck* durch *ch*. Achtet besonders auf Vokale (*a, e, i, o, u*), manchmal müsst ihr einen Doppelvokal (*au, ei, eu*) ergänzen. Wenn ihr den Text laut lest, könnt ihr gut auf das Standarddeutsche schließen.

Seite 238, Aufgabe 3

Begründet eure Auswahl mit Wörtern oder Namen, die sowohl im Titel als auch im Märchenanfang vorkommen.

Fangt mit diesen Puzzlepaaren an: *an-* + *-spiel, auf-* + *-lauf, be-* + *-ruf, ver-* + *-pflanz-* + *-ung.*
Wichtig: Denkt bei Nomen an die Artikel und die Großschreibung.

Seite 244, Aufgabe 2

Denkt an neue Erfindungen, genauen Ausdruck, Kreativität, Mehrsprachigkeit, Gedichte oder Literatur.

Seite 244, Aufgabe 4

Nutzt diese Paare. Ihr müsst keine Buchstaben streichen oder ergänzen.
Gift + Schlange, Eis + Waffel, Tür + Schloss, Pfand + Flasche.

Seite 245, Aufgabe 6 I

Bildet am besten Sätze mit den erweiterten Verben. Vergleicht dann die Bedeutung.
Schreibt so: *Wir schreiben heute einen Test. → Wir schreiben alle Namen der Klasse auf. → Ich beschreibe mein Haustier.*

Seite 247, Aufgabe 2 a)

Bildet Verben zu den Nomen *Anreise*, *Versuch*, *Umzug* und *Aufgabe*.
Manchmal müsst ihr die Vokale (*a, e, i, o, u*) anpassen.

Seite 247, Aufgabe 4 b)

Achtet zum Beispiel auf Wörter, in denen das Nomen „Sport" vorkommt.
Mögliche Präfixe sind *ur-, an-* und *be-*, mögliche Suffixe sind *-lich, -isch(e)* und *-en(d)*.

Seite 249, Aufgabe 2 I

Mögliche Präfixe sind *aus-, be-* und *auf-*.
Mögliche Suffixe sind *-sam, -bar(e)* und *-ig*.

Seite 249, Aufgabe 2 II

Benutzt diese Präfixe und Suffixe:
er-, an-, be- und *-en, -bar, -lich, -ig*.

Seite 251, Aufgabe 1 I

Benutzt diese Präfixe und Suffixe:
er-, an-, be-, ver-, ein- und *-en, -bar, -lich, -ig, -haft*.

Seite 251, Aufgabe 1 II

Seite 252, Aufgabe 3 a)

Diese Wortarten könnt ihr finden: *Verb, Nomen, Adjektiv, Artikel, Präposition, (Personal-) Pronomen.*

Seite 253, Aufgabe 5 b)

Schaut besonders auf die 1./3. Person Plural und die 3. Person Singular/2. Person Plural.

Seite 254, Aufgabe 1

Achtet auf die unterstrichenen Verben! In welcher Zeitform liegen sie vor?

Seite 254, Aufgabe 2

Hier findet ihr die Verben in den drei Zeitformen.
Ordnet sie den passenden Textanfängen zu und verfasst ganze Sätze!
bedeckt – bedeckte – hat bedeckt; hat berührt – berührt – berührte; zog – hat gezogen – zieht; verbeugt (sich) – hat sich verbeugt – verbeugte (sich)

Seite 255, Aufgabe 2

Ihr findet ein schwaches Verb, sechs starke Verben und ein unregelmäßiges Verb.

Seite 255, Aufgabe 4

Um den Stammvokal und die Stammsilbe zu finden, müsst ihr zunächst das Grundwort ausfindig machen: *vollbringen → bringen → bring-*.

Seite 256, Aufgabe 2 a)

Was passiert, wenn ihr die markierten Wörter weglasst?
So könnt ihr auf die Funktion schließen.

Seite 256, Aufgabe 2 b)

Achtet auf die Position der markierten Wörter und ob sie in der Grundform oder verändert vorliegen.

Seite 256, Aufgabe 4

Ihr müsst insgesamt fünf Verben gelb markieren. Außerdem gibt es in jedem Satz ein Vollverb, das blau markiert werden muss.

Nutzt diesen Satzanfang. *In Sätzen mit Modalverben stehen die Vollverben im … Modalverben drücken aus, was …*

Seite 257, Aufgabe 1

Ihr benötigt diese Artikel: *die, das, die.*

Seite 259, Aufgabe 3 a)

Nutzt diese Erklärungsanfänge:
Die See steht für das Meer, der See …
Die Leiter kann man hinaufklettern, der Leiter …
Der Kiefer ist ein Teil des Kopfs, die Kiefer …
Der Schild wird von Rittern getragen, das Schild …
Die Steuer wird vom Gehalt abgezogen, das Steuer …
Der Band beschreibt zum Beispiel ein Buch in einer Reihe, das Band …

Seite 259, Aufgabe 4

Achtet hierbei auf die Artikel, die Endungen und veränderte Vokale.

Seite 260, Aufgabe 4 b)

In Hinweis **B** der **Infobox** findest du die Übersicht der Veränderungen.
Achte auf Umlaute und Endungen.

Seite 261, Aufgabe 7

Beschreibt ihre Position im Hinblick auf Nomen und ihre Artikel.

Seite 263, Aufgabe 4 a)

Vergleicht die Endungen mit den Formen im Nominativ und unterstreicht die Abweichungen.

Seite 267, Aufgabe 6 c)

Findet ihr nicht auch, dass der Text recht eintönig und langweilig klingt? Einige Wörter kommen sehr häufig vor, findet diese!

Seite 268, Aufgabe 4 a)

Seite 274, Aufgabe 1

Diese Wörter musst du immer gemeinsam verschieben. Du kannst sie nicht trennen:
Der Abenteurer | gegen den starken Ritter | am Waldrand | kämpfte.

Seite 274, Aufgabe 2 b)

Schreibt die Sätze auf. Markiert die Wörter oder Wortgruppen, die immer zusammenbleiben, mit verschiedenen Farben. So behaltet ihr den Überblick.

Seite 274, Aufgabe 3

Denkt an die Umstellprobe, Prädikat, Subjekt, Objekte oder Adverbiale.
Bezieht auch eure Erkenntnisse aus Aufgabe 2 mit ein.

I **Seite 275, Aufgabe 1**

Sucht euch immer jeweils eine Figur im Bild aus und baut dann Sätze mit den Verben.

II **Seite 275, Aufgabe 1**

Sucht euch immer jeweils eine Figur im Bild aus und baut dann Sätze mit den Verben.

Seite 275, Aufgabe 2 b)

Wichtig ist, dass ein Wort oder eine Wortgruppe vor dem Prädikat steht.
Probiert, ob ihr alle anderen Teile weglassen könnt.

Seite 275, Aufgabe 3

Schreibe die Sätze C und D ab und unterstreiche wie in Satz B das Prädikat.

I **Seite 276, Aufgabe 3**

Beginnt mit dem Prädikat (linke Klammer), ergänzt dann ein passendes Satzglied im Vorfeld und ein Satzglied hinter dem Prädikat.

Seite 277, Aufgabe 1

Nutzt diese weiteren Denkanstöße: Wie viele Wörter sind unterstrichen? Warum gehören sie zusammen? Auf welche W-Fragen (*Wer? Was? …*) geben sie eine Antwort? Wo stehen sie im Satz und wo steht das Prädikat?

Denkt an diese Polizeitätigkeiten: *Spurensuche und Beweise sammeln, Fingerabdrücke sichern, Verkehrskontrollen, Suchen und Verfolgen von Personen, Streife ...*

Seite 278, Aufgabe 1

Verbindet die Verben und Objekte so:
kontrollieren + das Auto → …; zeigen + die Kinder → …; zeigen + die Pistole → …; kontrollieren + der Fahrradfahrer → …; zeigen + der Pausenraum → …

Seite 278, Aufgabe 5

Setzt diese Artikel ein: *3x einen, 2x eine, einem, den, dem*. Zeichnet auch die Pfeile ein und ergänzt die passende W-Frage!

Seite 279, Aufgabe 6 b)

Ihr findet einen Dativ und zwei Akkusative.
Achtet auf die Fragewörter und die Präpositionen.

Seite 280, Aufgabe 3 b)

Ihr findet drei Adverbiale der Zeit und fünf Adverbiale des Ortes.

Seite 281, Aufgabe 4 b)

Passt besonders bei den Sätzen C und D auf. Hier gibt es zwei Prädikatteile.

Seite 282, Aufgabe 3

In das Vorfeld kommen alle Wörter, die vor dem Prädikat stehen. Alle Wörter nach dem Prädikat stehen im Mittelfeld. Nur bei den Sätzen C und D steht ein Prädikatteil in der rechten Klammer.

Seite 283, Aufgabe 4 d)

Wichtig ist, dass die Prädikatsteile von Satz C in der linken und rechten Klammer bleiben. Tauscht nur die übrigen Satzglieder.

Seite 283, Aufgabe 5 (I)

Wichtig ist, dass die Prädikatsteile von Satz C und D in der linken und rechten Klammer bleiben. Tauscht nur die übrigen Satzglieder.

Seite 283, Aufgabe 5 (II)

Miteinander arbeiten und lernen
Seite 21
Individuelle Lösungen und Umsetzung einer Diskussion

Vorlesen
Seite 31
Individuelle Lösungen und Umsetzung des Projekts

Hörbuch
Seite 39
Individuelle Lösungen und Umsetzung des Projekts

Von Erlebnissen erzählen
Seite 47
Individuelle Lösungen und Umsetzung einer Erzählrunde

Märchen
Seite 65
Aufgabe 1: Richtig sind A, B, D, E, F, I
Aufgabe 3: Richtig ist C
Aufgabe 4: Anfangsformel, Magie, Lösung des Problems durch Zauberei; Es ist ein typisches Märchen, weil es viele Merkmale enthält.
Aufgabe 5: Individuelle Lösung

Gedichtwerkstatt
Seite 84–85
Aufgabe 1: a) Nur Gedichte erzeugen Bilder und Gefühle in uns. B) Ein Sachtext hat vor allem ein Ziel: Die Leser informieren. C) Ein Gedicht besteht aus Strophen und Versen. D) Gedichte enthalten oft Wörter, die ähnlich klingen.
Aufgabe 2: Lautmalerei, Lyrisches Ich, Strophe, umarmender Reim
Aufgabe 3: Vers, Kreuzreim, Stimmung, Paarreim
Aufgabe 4: **Tier** – vier, Klavier, Stier; **Löwe** – Möwe; **Maus** – Haus, Laus, Schmaus; **Hase** – Vase, Blase
Aufgabe 5: „krah" – „da" und „nicht" – „Brillengesicht" sind zwei Paarreime
Das Gedicht von Harranth beginnt mit Finken, die auf einem Ast sitzen und den Abflug am Herbstanfang verpasst haben.
„rucken" ist eine Lautmalerei, weil es sich wie die Bewegung anhört.
Der markierte Vers muss „und bleibst bei Wind und Wetter stehn." heißen.
In „Die Vogelscheuche" geht es um Raben, die sich über eine Vogelscheuche lustig machen.
In „Die Vogelscheuche" gibt es kein „Ich". Aber die Raben sprechen.
Das „Ich" beschreibt und hört das Weinen von den Finken auf dem Ast. Das wird in Vers 11–12 deutlich: „Und ich höre sie, will es mir scheinen, ganz leise weinen auf Finkenart."
Das Gedicht „Drei Finken" wirkt erst verträumt, dann turbulent und am Ende traurig.
Die Stimmung in „Die Vogelscheuche" ist lustig, furchtlos und entspannt.

Die markierten Verse sind eigentlich „geraten die Träume ins Wanken", „ganz leise auf Finkenart weinen" und „und bleibst bei Wind und Wetter stehn".
Die Reimform ist a – a („Ast" – „verpasst") und b – b („träumen" – „Bäumen").

Textwerkstatt
Seite 106–107
Aufgabe 1:
I: ein Bruder (Wer), an einem See (Wo), am 5. Mai 2025 (Wann), eine Schulgeschichte (Was), Liebe (Warum), mutig (wie)
II: eine Schulklasse (Wer), ein Mädchen (Wer), auf dem Dach (Wo) , im Keller (Wo), nachts (Wann), um zehn Uhr (Wann), eine Reise (Was), Wut (Warum), Freude (Was), Missverständnis (Warum), schnell (Wie), bedächtig (Wie), unaufhaltsam (Wie)
III: eine Großmutter (Wer), ein Hund (Wer), auf dem Turm (Wo), im Klassenzimmer (Wo), beim Abendbrot (Wann), im Frühling (Wann), eine Alltagssituation (Was), eine Familiengeschichte (Was), Langeweile (Warum), traurig (Wie), Sehnsucht (Warum), Hunger (Warum), Neugier (Warum), vorsichtig (Wie), interessiert (Wie), lustig (Wie), wütend (Wie)
Aufgabe 2: **Anrede:** Guten Morgen Marie, ...; **Inhalt:** Ich war gestern im Wald ...; **Grußformel:** Viele Grüße; **Unterschrift:** Torben
Aufgabe 4 (mögliche Lösung):
Was? Ein Junge namens Emilio unternimmt mit seinem Opa eine fantasievolle Reise zum Mond. **Wer?** Emilio (der Enkel) und sein Großvater (Opa). **Wo?** Zuerst vor Opas Haus, dann durch den Wald, später scheinbar auf dem Mond – in einem See unter den Sternen. **Wann?** In einer ruhigen Nacht (sie schlafen schließlich unter dem Sternenhimmel). **Wie?** Zu Fuß durch den Wald, dann durch einen Sprung in die Fantasie – sie „fliegen" zum Mond. **Warum?** Um gemeinsam ein Abenteuer zu erleben, Zeit miteinander zu verbringen und die Magie der Fantasie zu spüren.
Mögliche Zwischenüberschriften: 1. Eine besondere Nacht beginnt; 2. Auf geheimnisvollem Weg durch den Wald; 3. Der Sprung ins Fantasie-Abenteuer; 4. Unterwasserwunder und Lagerfeuer; 5. Zurück in den Morgen
Aufgabe 6 (mögliche Lösung):
a) Er stellt sich vor, dass Opa wirklich einen geheimen Weg zum Mond kennt und sie dort hinlaufen können.
b) In Wirklichkeit erkunden sie die Natur in der Nacht und spazieren durch den Wald, springen vom Felsen in einen See und machen ein Lagerfeuer.
Aufgabe 7 (mögliche Lösung): Sie **sehen** flackernde Lichter, Sternschnuppen, geheimnisvolles Silberlicht vom Mond, schillernde Steine, Schnecken, bunte Fische unter Wasser. Sie **laufen** durch den Wald, **springen** in den See, **schwimmen** im Wasser, **machen** ein Lagerfeuer, **essen** Schokolade und **schlafen** unter freiem Himmel. Sie **hören** das Summen und Murmeln im Wald, das Knistern des Feuers und das Zwitschern der Vögel. Sie **fühlen** sich neugierig, frei, und fröhlich.
Aufgabe 8 (mögliche Lösungen):
I: Lieber Theo,
ich habe letzte Nacht etwas ganz Besonderes erlebt. Du wirst mir nicht glauben! Opa und ich sind nachts zum Mond gereist. Wir sind durch den Wald gelaufen, alles war magisch und super still. Dann sind wir von einem Felsen in den See gesprungen. Es hat sich wie eine

Mondlandung angefühlt. Unter Wasser gab es bunte Fische. Danach haben wir ein Lagerfeuer gemacht, Schokolade gegessen und die Sterne angesehen. Es war so spannend! Viele Grüße
Emilio

II: Liebe Mama, lieber Papa,
ich will euch erzählen, wie toll es gestern mit Opa war. Wir haben eine Nachtwanderung durch den Wald gemacht. Es war ganz leise und der Mond und die Sterne waren über uns. Es war wie eine Reise zum Mond! Es war toll, weil es so ruhig, magisch und geheimnisvoll war. Ich mochte die Reise so sehr! Wir haben gelacht, geträumt und eine tolle Zeit gehabt. Es war ein riesiges Abenteuer!
Bis morgen
Emilio

III: Lieber Opa,
die Nachtwanderung mit dir war ein riesiges Abenteuer! Ich hatte noch nie so viel Spaß. Ich wusste nicht, dass man auf dem Mond Schokolade essen kann. Es war das schönste Abenteuer, das ich je erlebt habe. Ich weiß jetzt, wie man zum Mond reist! Das möchte ich unbedingt Theo zeigen. Können wir gemeinsam mit ihm noch einmal zum Mond reisen?
Danke und bis bald
Emilio

Jugendbuch
Seite 129
Individuelle Lösungen und Einrichtung einer Klassenbücherei

Sachtexte
Seite 140–141
Aufgabe 1:
a) C–a; D–d; B–b; E–c; A–e
b) Schritt 1: Überfliegend lesen – Was steht ungefähr im Text? Schritt 2: Gründlich lesen – Was steht genau im Text? Schritt 3: Wichtiges kennzeichnen – Welche Informationen sind wichtig? Schritt 4: Zwischenüberschriften formulieren – Worum geht es in den Absätzen? Schritt 5: Inhalt wiedergeben – Wie kann ich den Inhalt zusammenfassen?
Aufgabe 3 (mögliche Lösung):
a) Das Internet verbindet Computer auf der ganzen Welt durch einen Zusammenschluss aus vielen Netzwerken miteinander. So können Computer untereinander Daten austauschen. Durch das Internet können wir auf das World Wide Web zu jeder Zeit zugreifen. Dadurch können Daten sehr schnell von einem Ort zum anderen transportiert werden.
b) Computer kommunizieren über Netzwerke miteinander und tauschen Daten aus. Um sich ins Internet einzuloggen, braucht man einen Provider. Wenn man einen Provider nutzt und sich einloggt, bekommt man eine IP-Adresse. Jedes Gerät erhält eine eigene IP-Adresse. Durch einen Router wird der Datenaustausch organisiert. Sie leiten die Informationen an die richtige Stelle. Wenn viele Daten versendet werden, werden sie in kleinere Pakete zerteilt und am Ende wieder zusammengefasst.
c) Durch verbundene Netzwerke tauschen Computer auf der ganzen Welt Daten aus. Auf diese kann man über das World Wide Web jederzeit zugreifen. Dafür braucht man einen

Provider, der jedes Gerät mit dem Internet verbindet. Dabei erhält jedes Gerät eine eigene IP-Adresse. Dadurch kann jedes Gerät gefunden werden und mit anderen Geräten Daten austauschen. Dieser Austausch wird über Router organisiert. Glasfaserkabel helfen bei einer störungsfreien Kommunikation auf der ganzen Welt. So können viele Daten auf einmal sicher übertragen werden.
Aufgabe 4 (mögliche Lösung):
Der Text ist informierend, weil er Informationen und Wissen über das Internet vermittelt, ohne sie zu bewerten.

Informationen im Internet recherchieren
Seite 153
Individuelle Lösungen und Umsetzung des Projekts

Beschreiben
Seite 166–167
Aufgabe 1: Richtig sind A, E
Verbesserung: B – Form, Größe, Material und Farbe sollte man am Anfang beschreiben; C – Fachwörter machen die Beschreibung genauer; D: Angaben zum Zweck des Gegenstandes können bei der Beschreibung helfen.
Aufgabe 2 (mögliche Lösung): ein **rot getupftes** Kleid; eine **schwarz-weiß karierte** Hose; ein **gelb gepunkteter** Rock; eine **geblümte rosa** Bluse; ein **grasgrünes** Tuch; ein **orange geringeltes** T-Shirt
Aufgabe 3: Falsch sind B, D
Aufgabe 4 (mögliche Lösung):
I: In meinem Zimmer **befindet** sich ein großer Wandspiegel. Er **besteht** aus einem kreisrunden Spiegelglas. Das Spiegelglas **hängt** in einem breiten Rahmen aus Metall. Zur Verzierung **klebt** auf der linken oberen Ecke eine Blüte aus Glassteinchen. Die Blüte **leuchtet** sonnengelb. Auf der Rückseite **hängt** ein Drahtseil, damit man ihn an der Wand **aufhängen** kann.
II: Meine neue Sporttasche hat leicht **abgerundete** Formen. Sie **misst** etwa 35 cm in der Höhe und in der Tiefe und ist 73 cm **breit**. Das Material besteht aus **grünem** und **grauem** Kunststoffgewebe. Die Tasche **besitzt** vier Reißverschlussfächer. Das große Hauptfach wird durch eine Abdeckung mit einem Klettverschluss **geschützt**. In den Seitentaschen lassen sich gut Turnschuhe oder schmutzige Wäsche **verstauen**. In der **flachen** Reißverschlusstasche auf der Vorderseite kann man das Handy oder andere **kleine** Dinge aufbewahren. Der Boden aus **dunkelgrauem** Kunststoffgewebe **wirkt** sehr stabil. Er ist bis zu den beiden Tragegriffen aus **hellgrauem** Textilband hochgezogen. Darüber hinaus **gibt** es noch einen abnehmbaren Schulterriemen.
III: Der Füller hat die Form einer Röhre und ist insgesamt etwa 13 cm **lang**. Er besteht größtenteils aus **schwarzem** Kunststoff. In seinem etwa 10 cm langen **Schaft** gibt es ein **ovales Kontrollfenster**, damit man den **Tintenstand** ablesen kann. Vorne am Schaft **befindet sich** die **Stützmulde mit dem Griffprofil**. Die Vertiefung aus weichem Kunststoff soll beim Schreiben den Fingern Halt geben. Das Abrutschen und lästige Tintenflecke an den Fingern verhindert die **Rutschbremse**, die aus einer ringförmigen Wölbung besteht.

Ganz vorne am Füller ist die **breite Schreibfeder** aus Metall **befestigt**, die besonders für Schreibanfänger geeignet ist. Verschließen lässt sich der Füller mit der **Verschlusskappe**.

Geschichten schreiben

Seite 185

Aufgabe 1: 1. Sprache; 2. Adjektive; 3. Verben; 4. Verhalten; 5. Charakter; 6. riecht; 7. fühlt; 8. schmeckt; 9. Sinneseindrücken; 10. Vorfälle; 11. Überraschung; 12. Verben
Aufgabe 2: b) A: 3; B: 4; C: 1; D: 5; E: 2
Aufgabe 3: a – c) Individuelle Lösungen
Aufgabe 2: b) A: 3; B: 4; C: 1; D: 5; E: 2

Wörter richtig schreiben

Seite 207–209

Aufgabe 1:

offene Silbe	geschlossene Silbe
sie-gen, der Ku-chen, he-ben, bau-en, lie-ben, die Rei-se, blei-ben, die Eu-le	sin-gen, blin-ken, den-ken, die Res-te, der Len-ker, fin-den, die En-te

Aufgabe 2: han-deln, kau-fen, den-ken, grü-ßen, mei-den, die Mei-se
Aufgabe 3: (A) Halle: kurzer Vokal, Silbengelenk → die Hal-le; kratzen: Silbengelenk → krat-zen; knurrten: kurzer Vokal, Silbengelenk → knur-ren; gefüttert: kurzer Vokal → ge-füt-tert
(B) Stiefel: offene Silbe → Stie-fel; Herrchen: kurzer Vokal → Her-ren; bellten: kurzer Vokal → bel-len; knurrten: kurzer Vokal → knur-ren
(C) Futter: kurzer Vokal, Silbengelenk → Fut-ter; kämpfen: der Kampf → kämp-fen; glänzen-den: der Glanz → glän-zen; Fell: kurzer Vokal → Silbengelenk Fel-le
Aufgabe 4: a) und b) die Hand: die Hän-de; bellen: kurzer Vokal, Silbengelenk: bel-len, die Burg: die Bur-gen
Aufgabe 5 und 6: die Zehen mit e, weil kein verwandtes Wort mit a; auswählen mit a, weil die Auswahl; die Äpfel mit ä, weil der Apfel; die Eule ist ein Merkwort; die Bäume mit äu, weil der Baum; färben mit ä, weil die Farbe; neulich mit eu, weil neu; hängen mit ä, weil der Hang; ändern mit ä, weil anders; die Kräuter mit äu, weil das Kraut; bedeuten mit eu, weil deuten
Aufgabe 7: (A) blieb, tappte, Fell, alle (B) Schneller, Hund, schnappte, wegrannte, lieb (C) bleibt, bunt, sollte

Großschreibung

Seite 214–215

Aufgabe 1: groß, Erweiterungsprobe, Adjektiv, Endung, Artikelwörter, ins, alle, sicher
Aufgabe 2 und 3 I – III: A, C, E, G
Aufgabe 4: Nomen: Honig (Artikel), Geschmack (Signalwort), Internet (versteckter Artikel), Liebhaber (Signalwort)
Aufgabe 5 I – III (mögliche Lösung): Der leckere Honig ist gold und klebrig. Er wird von kräftigen Bienen hergestellt. Süß, blumig und fruchtig ist sein einzigartiger Geschmack. Man findet ihn in vielen Rezepten. In zahlreichen Büchern und im Internet sind diese zu entdecken. Eins ist klar: Leckerer Honig hat viele begeisterte Liebhaber!

Aufgabe 6 und 7 I – III (mögliche Lösung): **Hungrige Flugobjekte**
Kaum steht leckerer **Kuchen** auf *dem* **Tisch**, summen hungrige **Gäste** über *unserem* **Balkon**. Zwar handelt es sich eher um ungebetenen **Besuch**, doch das stört *diese* **Tierchen** nicht. *Der* **Obstkuchen** hat *viele* **Wespen** angelockt. Schnell noch *eine* **Runde** drehen und nun *zum* **Sturzflug** ansetzen. Mit leisem **Gesumm** tasten sich *manche* **Insekten** immer näher an *die* **Köstlichkeit** heran. Wenig später verschwinden sie mit *einigen* **Brocken**. Ab *ins* **Nest**.
Adjektive, *weitere Signalwörter*
Erweiterungsprobe: dem großen Tisch, unserem schönen Balkon, die kleinen Tierchen, der leckere Obstkuchen
Aufgabe 8: Kleine Leckereien, große Verlockungen, leckeres Futter, viel Schwung, große Eile

Zeichensetzung
Seite 231
Aufgabe 1 I – III: 1. Punkt; 2. Ausrufezeichen; 3. Fragezeichen; 4. Komma; 5. und; 6. Anführungszeichen
Aufgabe 2: Nach der Fahrt sollen die vier Geschwister Karl Mattheo, Lea, Tom Lukas und Leonie die Gemüsekisten und die Einkaufstüten aus dem Auto in die Wohnung tragen.
Aufgabe 3 (mögliche Lösung):
I: Die Zeitschriften
Piet und Joa blättern durch die Zeitschriften. Da sagt der eine zum anderen: „Komm, vielleicht lässt uns Papa die mitnehmen.“ Aber Papa hat den Einkauf schon bezahlt und wartet draußen, weil Piet und Joa die Zeit vergessen haben.
II: An der Kasse
Im Supermarkt hört Carlo ein Gespräch: „Dass wir uns gerade hier wiedersehen würden, hätte ich nicht erwartet“, sagte eine Frau lächelnd. Daraufhin entgegnet ihr ein Mann mit einem Zwinkern: „Wenn ich das gewusst hätte, wäre ich zuerst tanken gefahren. “ Carlo dreht sich zu seinen Eltern um: „Die haben sich aber gern.“
III: Ein öffentlicher Auftritt
Nora tritt gleich auf. Ihre Freundin Mira sieht sie besorgt an und fragt: „Ist alles in Ordnung?“ „Ich weiß nicht, ob ich mich traue“, gibt Nora zu. „In der Schule war das noch so leicht.“ Gerade will Mira ihr Mut zureden, da kommen die ersten Kunden in den Supermarkt. „Los!“, ruft Mira ihr zu. Da überwindet Nora sich, holt Luft, singt die ersten Töne und ist schon am Ende des Liedes angekommen. Begeistert applaudieren alle Besucherinnen und Besucher.

Ein Land, viele Sprachen
Seite 242–243
Aufgabe 1: 1. maandag, 2. Latein, 3. Frühling, 4. Dialekt, 5. Kölsch, 6. Niederdeutsch → Lösungswort: Sprache
Aufgabe 3: Ganz goot: Der Liedtext ist auf Niederdeutsch. Dies ist eine Regionalsprache.
Cool Kids: Der Liedtext ist auf Englisch. Dies ist eine Sprache.
Schloof, Jung, schloof joot: Der Liedtext ist auf Kölsch. Dies ist ein Dialekt. Dieses Lied ist am ähnlichsten zum Deutschen, weil es keine eigenständige (Regional-)Sprache, sondern ein Dialekt ist.

Aufgabe 4: Ganz goot: Sünnschien = Sonnenschein, Leevsten = Liebsten, Leed = Lied, Lüüd = Leute, frie leven = frei leben, Noorddüütschland = Norddeutschland, Plattdüütsch = Plattdeutsch, goot = gut, ik = ich, mien = meine, geiht ünner = geht unter, slimm = schlimm
Cool Kids: line = Linie, style = Stil, heartbeat = Herzklopfen, falling = fallen, world = Welt, background = Hintergrund, wish = Wunsch, kids = Kinder
Schloof Jung, schloof joot: Schloof = Schlaf, wigger = wieder, janze Naach = ganze Nacht, usssüht = aussieht, usslaachs = auslachst, och = auch, ess = ist, Angs = Angst, Dräum = Träum, op = auf, Fleech = Flieg, Birje = Berge
Aufgabe 5: Ganz goot:
Mit Sonnenschein aufwachen
Mit meinen Liebsten was Feines kochen
Ein gutes Lied im Radio
Auf der Bühne stehen und Leute hören zu
Ein Land wo ich frei leben kann
Sage was ich denke und ich bekomme keine Angst
Norddeutschland zu Hause nennen
Und mit meinem Nachbarn auf Plattdeutsch sprechen
Ganz gut, ganz gut, ganz gut,
Wenn ich darüber nachdenke, dann geht's mir doch ganz gut
Ganz gut, ganz gut, ganz gut
Und wenn ich mich wieder beschwere
Meine Welt geht unter und alles ist schlimm
Dann gucke ich meine Liste an und was ich dort sehen kann
Mir geht's doch ganz gut
Mir geht's doch ganz gut

Schloof Jung, schloof joot:
Schlaf, Junge, schlaf gut, Du, wenn du willst, singe ich wieder für dich die ganze Nacht
Jedes Wort, jede Strophe, die ich kenn, ganz egal, auch wenn's aussieht, als ob du mich leise auslachst. Du, der noch nichts versteht, woher auch? Kriegst noch früh genug raus, wo es drum geht, was Freude ist, was Leid.
Schlaf, Junge, keine Angst, träum von was Schönem, ich pass auf dich auf, dir tut keiner was.
Flieg, wenn du kannst, hoch über Berge und Meere, ich helfe dir, ich fliege mit.

Wörter bilden

Seite 251

Aufgabe 1: erleben, Lebensfreude / halten, Inhalt / erfahren, mitfahren / vorlesen, ablesen / tragbar, ertragen / verlaufen, Ablauf / Bestellung, abstellen / Ballspiel, abspielen / weggehen, vergehen / Andenken, denkbar / Verbindung, anbinden / abschreiben, Schreibtisch
Aufgabe 3: fahr-en, Fahr-rad, Rad-fahr-en, unge-fähr-lich, Fahr-rad-fahr-er, Ein-fahr-ten, Aus-fahr-ten, Ge-fahr-enstelle, Fahr-radweg, vorbei-fahr-en, Ge-fahr, Fahr-radhelm
Aufgabe 4: individuelle Lösungen

Wortarten
Seite 272–273

Aufgabe 1 I – III: (A) Im tiefen Zauberwald **lebte** ein alter Zauberer mit einem sprechenden Raben. Jeden Morgen **mischte** er funkelnde Getränke in seinen silbernen Kessel. Die Bäume **flüsterten** leise Geschichten aus längst vergangenen Zeiten. Mit einem goldenen Zauberstab **verwandelte** der Zauberer Steine in bunte Schmetterlinge. (B) Plötzlich **erschien** ein mutiger Junge, der nach einem verschwundenen Zauberbuch **suchte**. Der Rabe **krächzte** laut und **flatterte** aufgeregt durch die Luft. „Was **willst** du hier?“, **fragte** der Zauberer. „Ich **weiß** von einem geheimnisvollen Ort“, **antwortete** der Junge. Gemeinsam **begaben** sich der Junge und der Magier auf ein magisches Abenteuer ...

Aufgabe 2: Merlins Zauberbro

Zutaten: 300g fein gemahlenes **Mehl**, 1 Teelöffel verzaubertes **Backpulver**, 1 Prise **Salz**, 200 ml reinstes **Quellwasser**, 2 Esslöffel Öl von der magischen **Sonnenblume**, 1 Handvoll getrockneter **Waldbeeren**, etwas **Honig** für den süßen **Geschmack**.

Aufgabe 3 I – III: Zubereitung

(A) Vermische **das** Mehl (Akkusativ) mit **dem** Backpulver (Dativ) und **dem** Salz (Dativ) in **der** Schüssel (Dativ). (B) Gib zu **den** trockenen Zutaten (Dativ) **das** Wasser (Akkusativ), **das** Öl (Akkusativ) und **die** Beere**n** (Akkusativ). (C) Knete alles mit **den** Händ**en** (Dativ) oder **dem** Knetzauber (Dativ). (D) Forme **das** Brot (Akkusativ) und backe es in **dem** Ofen (Dativ).

Aufgabe 4: Der alt**e** Zauberer und der Junge folgten einem eng**en** Pfad, der sich durch den dicht**en** Wald schlängelte. Plötzlich tauchte ein rätselhaft**es** Wesen mit nachtschwarz**en** Augen auf und versperrte ihnen den schmal**en** Weg. Es sprach mit traurig**er** Stimme: „Nur wer dieses schwierig**e** Rätsel löst, darf passieren!“ Der Junge überlegte und gab die richtig**en** Antworten ...

Aufgabe 5: (B) Das Buch ist hoch, der Grashalm ist höher, der Baum ist am höchsten. (C) Das Baby ist alt, das Kind ist älter, die Großmutter ist am ältesten. (D) Der Bach ist tief, der Fluss ist tiefer, der See ist am tiefsten.

Aufgabe 6: „Woher wusstest du die Lösung für das Rätsel?“, fragte der Zauberer den Jungen. „Dem Wesen bin ich schon einmal begegnet, da hat es das gleiche Rätsel gestellt“, antwortete er. „Also hatten wir Glück, dass dir die Lösung des Rätsels schon bekannt war!“, lachte der Zauberer.

du: Nominativ Singular, ich: Nominativ Singular, es: Nominativ Singular Neutrum, er: Nominativ Singular Maskulinum, wir: Nominativ Plural, dir: Dativ Singular

Aufgabe 7 (mögliche Lösungen): (A) Der Zauberer und der Junge traten **durch** ein Tor **in** eine schimmernde Höhle, die **von** leuchtenden Kristallen erhellt wurde. **Zwischen** den Felsen wuchsen Pflanzen, die **aus** Licht zu bestehen schienen. **Auf** einem Podest **in** der Höhle lag ein altes Buch, eingebettet **in** ein Nest aus silbernen Federn. (B) **Vor** dem Buch stand eine Statue **aus** Marmor, die den Jungen **mit** offenen Armen empfing. **Vor** ihren Füßen leuchteten Zeichen, die sich langsam **über** den Boden ausbreiteten. **Mit** zitternden Fingern griff der Junge **nach** dem Buch, während der Zauberer schützend **vor** ihm stand. (C) **Durch** das Öffnen des Buches füllte sich der Raum **mit** einem Licht, das **in** jeden Winkel fuhr. Der Junge öffnete das Buch und wusste nun alles **über** Zauberei.

Sätze untersuchen

Seite 287

Aufgabe 1: Subjekt – Wer oder was?; Akkusativobjekt – Wen oder Was?; Dativobjekt – Wem?; Adverbiale der Zeit – Wann? Wie lange?; Adverbiale des Ortes – Wo? Wohin?

Aufgabe 2 und 3:

Vorfeld	linke Klammer	Mittelfeld	rechte Klammer
Gestern	sind	wir | mit dem Paddelboot	gefahren.
Das Wetter	war	traumhaft.	
Bei herrlichem Sonnenschein	haben	wir | eine Flusser-kundung	gemacht.
Wir	haben	eine Entenfamilie | am Ufer	gesehen.
Vom Fluss aus	konnten	wir | alte Bäume und große Gärten	bestaunen.
Bald	wollen	wir | wieder	paddeln.

Aufgabe 4: Hinweis: Das Prädikat wird nicht als Satzglied gezählt.
(A): drei Satzglieder; (B): zwei Satzglieder; (C): drei Satzglieder; (D): drei Satzglieder; (E): drei Satzglieder; (F): drei Satzglieder

Aufgabe 5 I – III:

(A) Nach dem Paddeln (Adverbiale der Zeit) | haben | wir (Subjekt) | im Fluss (Adverbiale des Ortes) | gebadet.

(B) Auf dem Boden (Adverbiale des Ortes) | konnten | wir (Subjekt) | bunte Kieselsteine (Akkusativobjekt) | entdecken.

(C) Am Abend (Adverbiale der Zeit) | haben | wir (Subjekt) | unseren Freunden (Dativobjekt) | ein Foto (Akkusativobjekt) | geschickt.

A

Abbildung: zeichnerische, künstlerische Darstellung zusätzlich zu dem Inhalt eines Textes. Abbildungen veranschaulichen den Textinhalt oder heben besondere Abschnitte hervor.

Abschreiben: Methode. Richtig und ordentlich etwas Aufgeschriebenes selbst übernehmen, z. B von Tafel, Board oder aus Schulbuch und -heft.

Adjektiv: → Wortart. Beschreibt die Eigenschaften von Lebewesen, Dingen und Sachverhalten genauer (*winzig, spitz, weiß …*). Adjektive stehen vor einem → Nomen (*weißes Fell*), zwischen Nomen und → Artikelwort (*mein winziger Hund*) oder auch an anderen Stellen (*Seine Ohren sind spitz.*). → 263

Adverbial: → Satzglied. Gibt genauere Angaben über z. B Zeit oder Ort eines Sachverhaltes. Durch die Frageprobe können Adverbiale bestimmt werden. Adverbiale der Zeit können durch Fragewörter wie *wann, seit wann, wie lange* erfragt werden: *Wir waren (wann?) letztes Jahr auf dem Riesenrad.* Adverbiale des Ortes können durch Fragewörter wie *wo, wohin* oder *woher* erfragt werden: *Wir waren (wo?) auf dem Jahrmarkt.* → 280

Akkusativ: → Kasus des → Nomens. Nomen und zugehörige → Artikel im Akkusativ werden durch die Fragewörter wen? oder was? erfragt: *(wen?) den Tisch.* → 262

Akkusativobjekt: → Satzglied. Akkusativobjekte können mit den Fragewörtern wen? oder was? erfragt werden: *Ich lerne (wen?) kennen? Eine Polizistin.* → 279

Akrostichon (Gedichtform): Ein Akrostichon ist nach bestimmten Regeln aufgebaut: Von oben nach unten gelesen entsteht in jedem → Vers ein neues Wort. Inhaltlich passen die Wörter zu den Versen. → 77

Alltagssprache: Sprache, die sich zwischen der → Standardsprache und der Umgangssprache einordnen lässt und im täglichen Gebrauch genutzt wird.

Anführungszeichen: Anführungszeichen kennzeichnen den Anfang und das Ende der → wörtlichen Rede eines → Redesatzes (*„Du wirst mich dann wieder hier abholen, oder?", hakte Tarek nach.*) → 227

Artikel: Begleiter von → Nomen, die über → Maskulinum, → Femininum und → Neutrum des Nomens informieren. Unterschieden wird zwischen → bestimmten und → unbestimmten Artikeln. Artikel können auch versteckt in einem Satz auftauchen. → 267

Artikelwort: Begleiter von → Nomen, wie → bestimmte Artikel (*der, die, das*), → unbestimmte Artikel (*einer, eine*) oder andere Wörter (*diese, mein, unser, einige*). Sie stimmen in → Genus, → Kasus und → Numerus mit dem Nomen überein. → 267

Ausrufezeichen: Sätze, die mit Warnungen, Angst, Verwunderung, Freude, Bitten und Nachdruck ausgedrückt werden sollen, werden mit einem Ausrufezeichen als → Satzschlusszeichen gekennzeichnet. (*Ich möchte in Ruhe gelassen werden!*) Dazu zählen vor allem Imperative (Befehlsform) *(Ruf die Feuerwehr!)* und Ausrufe ohne → Verben *(Hilfe!)*. → 222

Auswendiglernen: Methode. Z. B Lernmaterial, ein → Gedicht oder mündliches Vortragen vorher so lernen, dass die Inhalte ohne Hilfsmittel, z. B Lernzettel oder Karteikarten, wiedergegeben werden können.

B

Begleitsatz: Inhalt eines Begleitsatzes ist, wer spricht, und oftmals → Verben des Sagens, Meinens oder denkt. Ein Begleitsatz ist dem → Redesatz vorangestellt oder nachgestellt. Manchmal wird ein Redesatz eingeschoben. → 226

Beschreibung: Textart. Es können verschiedene Dinge beschrieben werden, z. B gibt es → Gegenstandsbeschreibungen oder → Tierbeschreibungen. In einer Beschreibung soll eine Sache so genau wie möglich beschrieben werden, am besten mit vielen → Adjektiven: Wie sieht etwas aus? Wo befindet sich etwas? Was kann man damit machen? Das Ziel ist es, dass Leser der Beschreibung sich eine Sache bildlich genau vorstellen können. → 154

Bestimmungswort: erstes Wort in einem → Kompositum (Wortzusammensetzung). Ein Bestimmungswort beschreibt das → Grundwort einer Wortzusammensetzung näher *(Eine Topfpflanze ist eine Pflanze, die in einem Topf wächst.).* → 246

Betonung: Wörter, die für die → Stimmung eines Textes wichtig sind und daher hervorgehoben werden sollten, werden lauter und prägnanter ausgesprochen oder gelesen als Wörter, die weniger Bedeutung tragen. → 79

Blitzlicht: Methode. Zu einem bestimmten Thema gibt jeder kurz und prägnant seine Meinung, Gedanken oder Gefühle wieder, ohne dass andere Gruppenmitglieder diese besprechen oder kommentieren.

Brainstorming: Methode. Einzeln oder zusammen neue Gedanken und Ideen zu einem bestimmten Thema finden.

Buchvorstellung: Methode. Präsentation eines ausgewählten Buches vor anderen, indem bestimmte Informationen genannt und andere weggelassen werden.

C

Checkliste: Methode. Liste aus mehreren Aufgaben, Fragen oder Punkten, die erarbeitet, geklärt oder besprochen werden sollen.

Cluster: Methode. Einzeln oder zusammen neue Gedanken und Ideen zu einem bestimmten Thema finden. Diese werden zueinander in Beziehung gesetzt.

D

Dativ: → Kasus des → Nomens. Nomen und zugehörige → Artikel im Dativ werden durch die Fragewörter wer? oder wem? erfragt: *(wem?) dem Tisch.* → 262

Dativobjekt: → Satzglied. Dativobjekte können mit dem Fragewort wem? erfragt werden: *(Wem?) begegnete ich? Einer Polizistin.* → 279

Dehnungs-*h*: verdeutlicht, dass ein Vokal lang gesprochen wird. Es steht nur, wenn die Konsonatnenbuchstaben *l, m, n* oder *r* folgen *(zählen, fahren).* → 201

Dialekt: hauptsächlich mündlich gesprochene Sprache, nicht schriftlich festgehalten. Begrenzt auf kleinere Regionen eines Landes *(sächsischer Dialekt, Berliner Dialekt, Schwäbisches).* → 237

Dialog: Gespräch zwischen zwei Personen.

Diskussion: sachliches, argumentierendes Gespräch zwischen mehreren Personen. In einer Diskussion wird ein bestimmtes Thema oder mehrere aus unterschiedlichen Perspektiven und mit verschiedenen Meinungen zwischen den Gesprächspartnern thematisiert. Die Teilnehmer/-innen probieren, ihre Meinungen auszudrücken und die anderen von dieser zu überzeugen.

Doppelpunkt: Hinter einem vorangestellten → Begleitsatz wird ein Doppelpunkt gesetzt, der einen nachfolgenden → Redesatz kennzeichnet *(Der Frosch grinst: „Quaaark!")* → 226

E

Elfchen (Gedichtform): Ein Elfchen ist nach bestimmten Regeln aufgebaut: Der erste → Vers besteht aus einem Wort, der zweite aus zwei, der dritte aus drei, der vierte aus vier und der fünfte aus einem. Insgesamt wird eine kleine → Geschichte erzählt. → 77

Erlebnis: ein Geschehnis, das jemand erlebt hat und das als prägend oder beeindruckend wahrgenommen wurde.

Erlebniserzählung: Textart. Erzählung, in der über etwas erzählt wird, das wirklich selbst erlebt wurde, oder etwas, was erlebt worden sein könnte.

Erweiterungsprobe: Durch die Erweiterungsprobe können → Nomen erkannt werden, indem ein → Adjektiv mit der entsprechenden Endung vor das Wort gesetzt werden kann *(Lisa macht einen Ausflug. – Lisa macht einen schönen Ausflug.).* → 212

Erzählkette: Methode. Zusammen wird in einer bestimmten Reihenfolge erzählt, wobei jeder mindestens einmal einen Teil zu der Erzählung beiträgt und die einzelnen Redebeiträge eine zusammenhängende Erzählung bilden.

Erzählrunde: Methode. In einer bestimmten Sitzordnung angeordnet erzählt jeder nacheinander von seinen persönlichen Ideen, Erkenntnissen, Gedanken und Gefühlen zu einem bestimmten Thema.

F

Feedback: Methode. Rückmeldung von anderen oder der Lehrkraft zu einer Ausarbeitung, Präsentation oder Ähnlichem.

Feldermodell: Der Aufbau von Sätzen kann mit dem Feldermodell untersucht werden. Im Feldermodell stehen die Satzteile in verschiedenen Feldern. Unterschieden werden zwischen dem Vorfeld, der linken Klammer, dem Mittelfeld und der rechten Klammer. → 283

Femininum: weibliches Genus (grammatisches Geschlecht) von einem → Nomen *(die Katze, eine Tasse).* → 259

Figur: handelnde oder auftretende Personen, Tiere oder Gegenstände eines → literarischen Textes, die durch Aussehen, Verhalten, Eigenschaften beschrieben werden und sprechen und/oder handeln.

Figurenbeziehung: Beziehungen zwischen unterschiedlichen → Figuren eines → literarischen Textes.

Fragezeichen: Fragezeichen kennzeichnen als → Satzschlusszeichen einen Fragesatz.

Fremdwort: Wort, das aus einer fremden Sprache in die deutsche Sprache aufgenommen wurde. Es gibt Wörter aus anderen Sprachen, die den deutschen Rechtschreiberegeln nicht entsprechen *(die Skizze, die Pizza)*, aber trotzdem in der deutschen Sprache häufig verwendet werden. → 192

Fünf-Schritt-Lesemethode: Methode. Schrittweises Vorgehen beim Auseinandersetzen und Erschließen von → Sachtexten.

G

Gedicht: → literarischer Text. Die äußere Form von Gedichten lässt sich in → Verse als Zeilen und → Strophen als Absätze einordnen. Sehr häufig haben Gedichte auch bestimmte Klänge, → Reime, einprägsame Bilder und Gefühle. → 68

Gedichtform: Gedichte treten in unterschiedlichen Strukturen oder Formen auf, z. B als → Akrostichon, → Schneeball, → Elfchen oder → Haiku. → 77

Gedichtvortrag: ein → Gedicht laut mit passenden Pausen und → Betonungen aufsagen und probieren, die entsprechende → Stimmung des Gedichtes zu vermitteln. → 79

Gegenstandsbeschreibung: Textart. In einer Gegenstandsbeschreibung wird ein ausgewählter Gegenstand so genau wie möglich beschrieben. Bei dieser → Beschreibung werden Merkmale wie Bezeichnung, Form, Größe, Farbe, Material und andere besondere Kennzeichen des Gegenstandes aufgegriffen. → 157

Genitiv (Wessen-Fall): → Kasus des → Nomens. Nomen und zugehörige → Artikel im Genitiv werden durch das Fragewort wessen? erfragt: *(wessen?) des Tisches.* → 262

Genus: → Nomen besitzen jeweils ein → Genus, also ein grammatisches Geschlecht. Unterschieden wird zwischen → Maskulinum, → Femininum und → Neutrum. → 259

Geschichte: Textart. Eine Geschichte ist ein erzählender Text, der Figuren, Schauplätze und Ereignisse beinhält und eine Handlung erzählt.

Geschlossene Silbe: Wörter, bei denen die erste → Silbe mit einem Konsonantenbuchstaben endet und daher kurz klingt *(len-ken)*. → 189

Gestik: Teil der Körpersprache, umfasst alle Körperbewegungen, ausgenommen Gesichtsbewegungen (→ Mimik). Durch Gestik können Meinungen und Redebeiträge hervorgehoben werden.

Grafik: durch Formen und Farben ausgestaltete Darstellung, die Informationen nicht-textlich zeigt.

Großschreibung: Schreibung von Wörtern mit großen Anfangsbuchstaben.

Grundstufe (Positiv): Grundform von → Adjektiven *(groß, hoch)*. → 263

Grundwort: Das letzte Wort in einem → Kompositum (Wortzusammensetzung). Ein Grundwort bestimmt die Grundbedeutung der Wortzusammensetzung *(Eine Topfpflanze ist eine Pflanze.)* und die → Wortart. → 246

H

Haiku (Gedichtform): Ein japanisches reimloses Haiku ist nach bestimmten Regeln aufgebaut: Es gibt drei → Verse, wobei der erste Vers fünf Silben, der zweite sieben und der dritte fünf hat. → 77

Hilfsverb: „haben" und „sein" sind Hilfsverben. Mit Hilfsverben und einem → Vollverb zusammen kann ein Satz in der → Tempusform (Zeitform) Perfekt gebildet werden *(Der Zauberer hat gelächelt.)* → 256

Hinweiswörter: → Signalwörter.

Höchststufe (Superlativ): höchste Steigerung von → Adjektiven *(am größten, am höchsten)*. → 265

Hörbuch: spezielle Version eines Buches, die vorgelesen wird und für andere zum Anhören verfügbar ist. → 34

I

Infinitiv: Grundform eines → Verbs (*leben*).

Infobox: meistens in Form einer → Tabelle oder Kastens mit knappen Informationen.

Internet: weltweites Computernetzwerk, das für die Speicherung und Weiterleitung von Daten zuständig ist. Zum Internet zählen auch soziale Netzwerke, Chats und Blogs.

J

Jugendbuch: Buch, das für eine junge Lesergruppe geschrieben und veröffentlicht wird, meistens im Alter von 12 bis 18 Jahren. → 108

K

Kasus (Fall): Der Kasus des → Nomens bestimmt die Funktion von Nomen und ihre zugehörigen → Artikel in einem Satz. Unterschieden wird zwischen → Nominativ, → Akkusativ, → Dativ und → Genitiv. → 262

Komma: Ein Komma kennzeichnet eine Aufzählung mehrerer Wörter oder Wortgruppen, die hintereinander gelistet werden *(Emily hat blaue, rote und grüne Stifte.)*, oder trennt → Teilsätze voneinander ab *(Sie sprintet so schnell, dass ich staune.)*. → 224-225

Kompositum: Wortzusammensetzung. → Wortstämme können zu neuen Wörtern zusammengesetzt werden *(Topfpflanze)*. Ein zusammengesetztes Wort besteht immer aus dem → Grundwort und dem → Bestimmungswort. → 246

Konjugation: Der → Infinitiv eines → Verbs wird im Satz angepasst, z. B hinsichtlich → Person, → Tempus oder → Numerus. → 253

Konsonantenbuchstaben: in geschriebener Sprache sind alle Buchstaben unseres Alphabetes außer → den Vokalen: *b, c, d, f, g, h, j, k, l, m, n, p, q, r, s, t, v, w, x, y, z*. → 187

Kreuzbögen: Kreuzbögen nutzen wir, um zu zeigen, dass → Konsonantenbuchstaben zu beiden → Silben dazugehören, aber nicht verdoppelt werden: *machen, mischen*. → 193

Kreuzreim: → Reimform. Bei dieser Form „kreuzen" sich die → Verse mit den enthaltenen → Reimpaaren, indem sich die Verse abwechseln. Die Reimform beim Kreuzreim ist: a - b - a - b *(Inselstrand - Meereswogen - weißer Sand - Regenbogen)*. → 73

L

Lautmalerei: Wörter. Beim Lesen, Hören oder Sprechen werden bestimmte Wörter nachgeahmt oder an sie erinnert. → 74

Leseeindruck: Gedanken, Gefühle, Überlegungen oder Fragen, die ein Text beim ersten Lesen ausgelöst hat. Ein Leseeindruck ist sehr unterschiedlich und für jeden anders, aber kein Leseeindruck ist falsch. → 88

Lesetandem: Methode. Unterstützung beim Vorlesen. Zu zweit wird ein Text mit verteilten Rollen vorgelesen: Einer liest vor und der andere liest nur für sich, unterstützt aber gleichzeitig, indem der Finger an den Zeilen entlang geführt und auf Vorlesefehler hingewiesen wird.

Literarischer Text: Literarische Texte erzählen, im Gegensatz zu Sachtexten, über fiktionale Geschehnisse und nicht über die reale Welt. Charakteristisch ist eine gestaltende Sprache. Literarische Texte sind z. B. → Märchen, → Gedichte, → Geschichten oder → Jugendbücher.

Lyrisches Ich: Das „Ich" erlebt, empfindet oder beschreibt Geschehnisse, Gedanken und Gefühle innerhalb eines → Gedichtes aus dessen Perspektive und ist daher das handelnde und empfindende Wesen des Gedichts. → 75

M

Maskulinum: männliches → Genus (grammatisches Geschlecht) von einem → Nomen *(der Rabe, ein Hund)*. → 259

Merkmal: bestimmte charakteristische Eigenschaften von z. B. → literarischen Texten wie → Märchen, → Gedichten oder → Figuren.

Mimik: Teil der Körpersprache, umfasst nur Gesichtsbewegungen. Durch Mimik können Gefühle und → Stimmungen gezielt hervorgehoben werden.

Mindmap: Methode. Einzeln oder zusammen werden in einer Karte Ideen und Gedanken gesammelt, strukturiert und in Ober- und Unterbegriffen einander zugeordnet.

Modalverb: „dürfen", „können", „möchten", „mögen", „müssen", „sollen" und „wollen" sind Modalverben. Mit Modalverben und dem → Infinitiv eines → Vollverbs zusammen können Möglichkeiten *(Ich darf.)*, Notwendigkeiten *(Sie müssen mitkommen.)* und Wünsche *(Ich will lesen.)* ausgedrückt werden. → 257

Märchen: → literarischer Text. Erzählung über fantastisch-wunderbare Geschehnisse und Gegebenheiten, die keinem wahren Ereignis folgen, sondern meistens frei erfunden sind. Typische → Merkmale von Märchen sind die Anfangsformel und Schlussformel, Fabelwesen, fantastische Orte, übernatürliche Kräfte und bewegende Aufgaben. Die Sprache von Märchen charakterisiert sich anhand von Sprüchen, Zauberformeln und magischen Zahlen. → 54

N

Neutrum: Genus (grammatisches Geschlecht) von einem → Nomen *(das Glück, ein Mädchen)*. → 259

Nomen: → Wortart. Mit Nomen werden Gegenstände *(das Buch)*, Lebewesen *(die Maus)*, abstrakte Dinge *(die Freiheit)* und Gedanken und Gefühle *(die Liebe)* bezeichnet. Vor Nomen stehen → Artikelwörter und/oder → Adjektive, anhand derer Nomen erkannt werden können. → 258

Nominativ (Wer-Fall): → Kasus des → Nomens. Nomen und zugehörige → Artikel im Nominativ werden durch die Fragewörter wer? oder was? erfragt: *(wer?) der Tisch.* → 262

Numerus: Anzahl der bezeichneten Gegenstände oder Personen. Unterschieden wird zwischen → Singular und → Plural.

O

Objekt: → Satzglied. Die Form des Objekts wird vom → Prädikat bestimmt, z. B. → Akkusativobjekt oder → Dativobjekt. → 279

Oberbegriff: übergeordneter Begriff, dem mehrere andere Begriffe untergeordnet und zugeschrieben werden können.

Offene Silbe: Wörter, bei denen die erste → Silbe mit einem Vokalbuchstaben endet und daher lang klingt *(le-ben)*. → 189

P

Paarreim: → Reimform. Bei dieser Form folgen die → Verse mit den enthaltenen → Reimpaaren direkt aufeinander. Die Reimform beim Paarreim ist: a – a – b – b *(Inselstrand – weißer Sand, Meereswogen – Regenbogen)*. → 73

Punkt: Ein Punkt kennzeichnet als → Satzschlusszeichen das Satzende *(Du springst über die Mauer.)* → 221

Perfekt: → Tempusform (Zeitform) von → Verben. Mit dem Perfekt werden Geschehnisse und Tätigkeiten ausgedrückt, die in der Vergangenheit passiert sind, ähnlich wie das → Präteritum *(Der Zauberer hat ein Kaninchen aus dem Hut gezaubert.)*. Das Perfekt wird sowohl in der gesprochenen als auch geschriebenen Sprache verwendet.→ 254

Personalpronomen: → Wortart. Personalpronomen sind Stellvertreter von → Nomen oder Nominalgruppen *(er, sie, es)*. Auch Personalpronomen lassen sich nach → Kasus,→ Numerus verändern. → 268

Persönlicher Brief: Textart. In einem persönlichen Brief können eigene Informationen, Gedanken und Gefühle geschrieben werden, z. B aus der eigenen Sicht oder aus der Perspektive literarischer Figuren. → 97

Plakatgestaltung: Methode. Informationen, Bilder und andere zusätzliche Gestaltungsmittel auf einem Plakat anordnen und vorher eingrenzen und überlegen, was genau auf das Plakat soll.

Plural: Plural bezeichnet die Mehrzahl von → Nomen, sodass mehrere Gegenstände oder Lebewesen gemeint sind *(die Drachen)*. Einige Nomen besitzen keinen Plural *(der Schnee, die Nässe)*. → 261

Prädikat: aus → Verben mit veränderter Form gebildet. Prädikate sind der Kern eines Satzes, weil sie → Satzglieder in einem Satz festlegen *(Wer klettert? Der Junge klettert.)*. → 275

Präfix: Vorsilbe. Wortbaustein, der vor dem → Wortstamm steht und eine veränderte Bedeutung des ursprünglichen Wortes erzeugt *(schreiben – beschreiben – abschreiben)*. Präfixe treten vor allem bei → Verben auf und sind entweder vom Verb trennbar *(Ich beschreibe das Bild.)* oder nicht trennbar *(Ich schreibe den Text ab.)*. → 247

Präposition: → Wortart. Präpositionen ermöglichen es, Zusammenhänge zwischen Wörtern auszudrücken *(Das Buch liegt auf dem Tisch.)*. → 270

Präsens: → Tempusform (Zeitform) von → Verben. Mit dem Präsens werden sowohl Geschehnisse oder Tätigkeiten ausgedrückt, die in der Gegenwart geschehen *(Der Zauberer zieht ein Kaninchen aus dem Hut.)*, als auch Tatsachen genannt *(Jeder Zaubertrick ist nur ein Trick.)*. → 254

Präteritum: → Tempusform (Zeitform) von Verben. Mit dem Präteritum werden Geschehnisse oder Tätigkeiten ausgedrückt, die in der Vergangenheit passiert sind, ähnlich wie das → Perfekt *(Der Zauberer zog ein Kaninchen aus dem Hut.)*. Das Präteritum wird hauptsächlich in erzählenden Texten verwendet.→ 254

R

Recherche: Vorgang, bei dem gezielt Informationen gesucht werden und aus einer großen Auswahl an Informationen die passenden und richtigen eingegrenzt werden.

Rechtschreibgespräch: Methode. Unterstützung bei der Schreibung von Wörtern, indem sich zu zweit oder als Gruppe über die Rechtschreibung von Wörtern ausgetauscht wird und mögliche → Rechtschreibestrategien überlegt werden.

Rechtschreibstrategien: Herangehensweisen, um die Schreibung bestimmter Wörter abzuleiten und sich selbst zu erschließen.

Redesatz: Inhalt eines Redesatzes ist, was gesagt wird *(„Was hätten Sie gern?“)*. Die → Anführungszeichen heben einen Redesatz hervor und → Punkt, → Fragezeichen oder → Ausrufezeichen kennzeichnen das Ende des Redesatzes. → 226

Regionalsprache: Hauptsächlich mündlich gesprochene Sprache, nicht schriftlich festgehalten. Begrenzt auf bestimmte Regionen eines Landes und nur noch von wenigen Menschen gesprochen, daher werden diese Minderheitensprachen auch besonders geschützt und gefördert (*Niederdeutsch, Sorbisch*). → 238

Reim: Reime sind ähnlich klingende Wörter mit Wortenden oder betonten → Vokalen, die gleich oder sehr ähnlich klingen *(krachen – lachen)*. Meistens stellen zwei oder mehr Wörter ein → Reimpaar dar. → 73

Reimform: Anordnung und Aufteilung der → Reimpaare zwischen den → Versen eines → Gedichtes. Unterschieden wird zwischen → Paarreim, → Kreuzreim und → umarmendem Reim.

S

Sachtext: informiert als informierender Sachtext, appellierender Sachtext oder argumentierender Sachtext über Gegebenheiten der realen Welt und gibt nur wahre Informationen wieder. Sachtexte sind z. B → Beschreibungen wie → Täterbeschreibungen oder → Gegenstandbeschreibungen oder → Tabellen, Diagramme oder Infografiken.

Satzglied: Satzbestandteile, die zusammen im Vorfeld des Satzes stehen können, bilden ein Satzglied *(Der Abenteurer | findet | einen Schatz | .).* Mit der → Vorfeldprobe lassen sich zusammengehörige Wörter und → Satzglieder ermitteln. → 276

Satzschlusszeichen: → Punkt, → Fragezeichen und → Ausrufezeichen kennzeichnen als Satzschlusszeichen das Satzende.

Schaubild: beinhaltet Informationen von zusammenhängenden Inhalten, die durch räumliche Anordnungen anschaulich und knapp dargestellt werden.

Schema: grafische, zeichnerische Darstellung von Informationen.

Schneeball (Gedichtform): Ein Schneeball gleicht aufgrund seiner runden Form der → Verse einem Schneeball. Es ist nach bestimmten Regeln aufgebaut: Der erste und letzte Vers sind die kürzesten, der mittlere Vers der längste, zwischen dem ersten und mittleren Vers werden alle länger und zwischen dem mittleren und letzten immer kürzer. → 77

Schlüsselwort: zweisilbige Wörter mit der ersten → Silbe als betonte Silbe. Die zweite Silbe ist unbetont und hat ein *e* als Silbenkern *(le-ben).* → 189

Schreibkonferenz: Methode. In einer Gruppe werden selbstgeschriebene Texte besprochen und überarbeitet, wobei verschiedene Schwerpunkte gesetzt werden.

Schwache Verben: → Verben, bei denen der Verbstamm in jeder Form gleichbleibt *(fragen - ich frage - ich fragte - ich habe gefragt).* → 255

Signalwort: Wörter, wie → Artikel, → versteckte Artikel aus → Präpositionen oder → Artikelwörter, die auf → Nomen hinweisen und anhand derer man Nomen erkennen kann. → 214

Sinneseindrücke: sinnliche Wahrnehmung durch Sehen, Hören, Fühlen, Riechen und Schmecken. → 43

Silbe: Bestandteil der Wörter. → 214

Silbenbogen: Bögen unter geschriebenen Wörtern, um einzelne → Silben in den Wörtern der geschriebenen Sprache zu erkennen. → 189

Silbengelenk: In Wörtern mit doppelten Konsonantenbuchstaben *(die Hütte, fallen)* wird dieser Buchstabe nur einmal gesprochen. Der → Konsonant gehört zu beiden → Silben und stellt ein → Silbengelenk dar. → 191

Silbentrennendes *h*: verdeutlicht die Silbentrennung, indem es in geschriebener Sprache zwischen zwei → Vokalen steht, aber in gesprochener Sprache nicht mitgesprochen wird *(stehen, die Ruhe).* → 200

Singular: Singular bezeichnet die Einzahl von → Nomen, sodass nur jeweils ein Gegenstand oder Lebewesen gemeint ist *(ein Drache, der Drache).* Einige Nomen besitzen kein Singular *(die Eltern, die Ferien).* → 261

Spannungswörter: bei Erzählungen werden bestimmte Wörter genutzt, um den Inhalt aufregender wiederzugeben (aber, auf einmal, unglaublich). → 43

Stammvokal: → Vokal in der Stammsilbe.

Standardsprache: Sprache, die alle Menschen einer Sprachgemeinschaft mündlich und schriftlich verstehen und nutzen *(Deutsch).* → 237

Standbild: Methode. In kleinen Gruppen werden Ausschnitte oder → Szenen aus → literarischen Texten nachgestellt, indem die Schüler/-innen mit → Requisiten, der Umgebung und sich selbst Positionen einnehmen und starr stehenbleiben.

Starke Verben: → Verben, bei denen der Verbstamm nicht gleich bleibt, sondern der → Stammvokal wechselt *(finden – ich finde – ich fand – ich habe gefunden).* → 255

Steckbrief: ähnlich wie → Vorstellungstext/Selbstporträt, nur nicht als Textform runtergeschrieben, sondern in Stichpunkten aufgelistet.

Steigerung: Der Großteil aller → Adjektive ist steigerbar. Es werden drei Stufen der Steigerung unterschieden: → Grundstufe (Positiv), → Steigerungsstufe (Komparativ) und Höchststufe (Superlativ). → 265

Steigerungsstufe (Komparativ): zweithöchste Steigerung von → Adjektiven *(größer, höher).* → 265

Stimmung: wahrgenommene Atmosphäre, die bei den Lesern eines Textes für bestimmte Gefühle sorgt (ruhige Atmosphäre, Spannung). → 70, 79

Strophe: Ein Abschnitt in einem → Gedicht. → 68

Stolperstein-Übung: Methode. Wörter, die Schwierigkeiten bieten, flüssig vorgelesen zu werden, werden in eine „Stolpersteintabelle" geschrieben und nur diese Wörter probiert, „stolperfrei" vorzulesen.

Subjekt: → Satzglied. Subjekte können → Nomen, Pronomen oder → Wortgruppen sein, stehen im → Nominativ und stimmen mit dem → Prädikat in → Person und → Numerus überein. Subjekte werden durch die Fragewörter wer? oder was? erfragt: *Jonas und Paul klettern hoch hinaus. (wer?) Jonas und Paul.* → 277

Suchmaschine: Website, die mit bestimmten Suchbegriffen oder mehreren Wörtern Websites findet und anzeigt, die zu den Suchbegriffen passen.

Suffix: Nachsilbe. Wortbaustein, der nach dem → Wortstamm steht und die → Wortart des ursprünglichen Wortes verändert *(der Freund (Nomen) – freundlich (Adjektiv), essen (Verb) – essbar (Adjektiv).* → 248

Szene: einzelner Teil eines → literarischen Textes oder Theaterstückes, der eine kleine abgeschlossene Handlung mit einem Ort, einer bestimmten Zeit und → Figuren darstellt. Eine Szene setzt sich mit einer bestimmten einzelnen Situation der Gesamthandlung auseinander.

Szenisches Spiel: Methode. In kleinen Gruppen werden Ausschnitte oder → Szenen aus → literarischen Texten nachgespielt, indem die Schüler/-innen mit → Requisiten und der Umgebung arbeiten und selbst Figuren einnehmen.

T

Tabelle: keine Textform, sondern durch waagerechte Zeilen und senkrechte Spalten gebildet. Tabellen können bestimmte Einzelinformationen hervorheben.

Teilsatz: Einige Sätze setzen sich aus mehreren Sätzen als kleineren Bestandteilen zusammen, wobei jeder dieser Teilsätze ein eigenes → Verb (Prädikat) aufweist.

Tempusformen (Zeitformen): Formen des Verbes mit Bezug zur Zeit, also wann etwas stattfindet. Unterschieden wird z. B. zwischen → Präsens, → Präteritum und → Perfekt.

Tierbeschreibung: Textart. In einer Tierbeschreibung wird ein ausgewähltes Tier so genau wie möglich beschrieben. Bei dieser → Beschreibung werden → Merkmale wie Art, Gattung, äußere Merkmale, Größe, Farbe, Fell/Gefieder/Schuppen/Panzer, Geschlecht und andere besondere Kennzeichen des aufgegriffenen Tieres genannt. → 159

U

Umarmender Reim: → Reimform. Bei dieser Form „umarmen" sich die → Verse mit den enthaltenen Reimpaaren. Die Reimform beim umarmenden Reim ist: a – b – b – a *(Inselstrand – Meereswogen – Regenbogen – weißer Strand).* → 73

Unregelmäßige Verben: → Verben, bei denen der Verbstamm nicht gleichbleibt, sondern der → Stammvokal wechselt. Einige dieser Verben wechseln den Stamm komplett *(sein – ich bin – ich war – ich bin gewesen)* und manche bilden die Zeitformen ähnlich wie → schwache Verben *(bringen – ich bringe – ich brachte – ich habe gebracht).* → 255

Überarbeitung: Methode. Selbstgeschriebene Texte werden nach → Feedback von anderen oder → Schreibkonferenzen umgeschrieben und Schreibfehler korrigiert.

V

Verb: → Wortart. Verben bezeichnen Tätigkeiten und Geschehen *(du lebst)* und kennzeichnen die Zeit, indem sie in verschiedenen → Tempusformen (Zeitformen) auftreten.

Verlustanzeige: Textart. Eine Meldung über etwas Vermisstes oder Entwendetes, z. B ein Gegenstand oder ein Tier.

Vers: Eine Zeile in einem → Gedicht. → 68

Versteckter Artikel: → Artikel, die in → Präpositionen enthalten sind und daher als „versteckt" gelten *(am – an dem, ins – in das).* → 214

Vokal: Vokalbuchstaben in geschriebener Sprache sind *a, e, i, ie, u, o*. Es treten auch Vokalverbindungen wie *ai, au, äu, ei, eu, aa, ee, oo* und die Umlaute *ä, ü* und *ö* als Vokale auf. In geschriebener Sprache enthalten alle → Silben (Schreibsilben) Vokale. → 187

Vollverb: Mit Vollverben können vollständige Sätze gebildet werden *(Der Zauberer lächelt.).* → 256

Vorfeldprobe: Mit der Vorfeldprobe lassen sich zusammengehörige Wörter und → Satzglieder ermitteln, indem einzelne Wörter ins Vorfeld Satzes, also vor das finite Verb, gestellt werden. Entstehen grammatisch richtige Sätze, sind die Wörter aus dem Vorfeld ein → Satzglied. → 276

Vorstellungstext/Selbstportrait: Textsorte. Ein Vorstellungstext oder Selbstportrait ist eine knappe Selbstbeschreibung, in der Name, Alter, Wohnort, Hobbys und Lieblingsdinge genannt werden und manchmal auch Freunde und Familie kurz beschrieben werden.

W

Wortarten: Wortarten sind grammatische Kategorien, denen Wörter zugeordnet werden. Wortarten sind z. B → Nomen, → Verben, → Adjektive, → Präpositionen, → Personalpronomen.

Wortfamilie: kleinere oder größere Gruppe von Wörtern, die den gleichen → Wortstamm haben.

Wortschatz: alle Wörter, die zu einer Sprache gehören und die ein Sprecher der Sprache kennt und anwendet.

Wortschlange: Methode. Wörter und meistens weitere Buchstaben werden hintereinander ohne Leerzeichen angereiht und die einzelnen Wörter müssen herausgelesen und erkannt werden.

Wortstamm: Teil eines Wortes, der sich (meistens) nicht verändert und die Bedeutung des Wortes trägt. Der Wortstamm wird durch andere Wortstämme, → Suffixe oder → Präfixe erweitert, sodass sich verschiedene Wörter mit demselben Stamm bilden lassen, die alle eine leicht abweichende Bedeutung tragen.

Wörterpyramide: Methode. Wörter werden schrittweise in einer Pyramidenform aufgelistet, wobei zu einem bestehenden Wort ein weiteres hinzugefügt wird. Die aufgelisteten Wörter müssen nacheinander gelesen werden.

Wörterslalom: Methode. Mit einer vorher festgelegten Reihenfolge von Wörtern wird zusammen eine → Geschichte erzählt.

wörtliche Rede: → Redesatz.

Z

Zeichensetzung: Verwendung von → Satzzeichen wie → Punkt, → Komma, → Fragezeichen, → Ausrufezeichen oder → Doppelpunkt und → Anführungszeichen.

Zusammenfassung: Methode. Mündliche Überlegungen, Klassendiskussionen oder lange Texte auf zentrale Aspekte verkürzt wiedergeben.

Quellen

Texte:

22: Mechthild Glaser: Die Bücherspringer. Prolog (Hörtext). Bindlach 2015: Loewe Verlag GmbH, S. 6–7. ISBN 978-3-7432-0481-2.
23: Paul Maar: Im Auto. In: Ders.: Das fliegende Kamel. Geschichten von Nasreddin Hodscha, neu erzählt von Paul Maar. Hamburg 2010: Oetinger Verlag, S. 44. ISBN 978-3-7891-4287-1. (Text verändert)
24: Marianne Kaurin: Irgendwo ist immer Süden. 8. Auflage. Zürich 2024 [2020]: © Atrium Verlag AG, Imprint WooW Books, S. 5–6. ISBN 978-3-96177-050-2.
25: Paul Maar: Sägen. In: Ders.: JAguar und NEINguar. Gedichte von Paul Maar.Hamburg 2007: Friedrich Oetinger Verlag, S. 40. ISBN 978-3-7891-4260-4. Mit freundlicher Genehmigung des Verlages.
26: Erich Kästner: Gustav hat abgeschrieben. In: Kleine Zeitung 59, 14. Jahrgang, Nr. 9. 13. Januar 1962, S. 20. © Atrium Verlag AG, Zürich, und Thomas Kästner.
27: Jenny Jägerfeld: Mein geniales Leben. Stuttgart 2022: Urachaus Verlag, S. 20. ISBN: 978-3-8251-5270-3.
28: Ayşe Bosse: Pembos Traum. Halb und halb macht doppelt glücklich! 1. Kapitel: Das Mädchen ohne Namen. Hamburg 2022: Carlsen Verlag, S. 5. ISBN: 978-3-551-23054-4.
29: Anna Woltz: Haifischzähne. Klappentext. Hamburg 2022: Carlsen Verlag. ISBN 978-3-551-32052-0. (Text verändert)
29: Anna Woltz: Haifischzähne. Übersetzt von Andrea Kluitmann. Hamburg 2020, 2022: © Carlsen Verlag, S. 16–17. ISBN 978-3-551-32052-0. (Text verändert)
32: Marc-Uwe Kling: Der Tag, an dem die Oma das Internet kapitt gemacht hat (Hörtext). Hamburg 2020: Silberfisch Verlag (= Der Tag, an dem ..., Band 1).
35: Marc-Uwe Kling: Der Tag, an dem Opa den Wasserkocher auf den Herd gestellt hat (Hörtext). Hamburg 2020: Silberfisch Verlag (= Der Tag, an dem ..., Band 2).
49: Brüder Grimm: Rumpelstilzchen. In: Dies.: Kinder- und Hausmärchen. Band 1. Ditzingen 2025: Philipp Reclam jun. Verlag, S. 317–320. ISBN 978-3-15-014673-6. (Text verändert)
52: Unbekannter Verfasser: Stachelsöhnchen. Aus: hekaya.de c/o Guido Adam, Hamburg o.J. URL: https://hekaya.de/maerchen/ stachelsoehnchen--europa_610.html [Zugriff: 26.05.2025].
60: Brüder Grimm: Hans Dumm. In: Hans-Jörg Uther (Hrsg.): Kinder- und Hausmärchen der Brüder Grimm. Berlin etc. 2008: de Gruyter, S. 444–446. ISBN 978-3-11-019441-8.
65: Brüder Grimm: Der süße Brei. In: Dies.: Kinder- und Hausmärchen. Band 2. Ditzingen 2025: Philipp Reclam jun. Verlag, S. 103. ISBN 978-3-125-014674-3.
66: Maria Höck: Im Winterkleid. Aus: mariahoeck.de c/o Maria Höck, München 2021. URL: https://mariahoeck.de/tiergedichte-fuer-kinder/ [Zugriff 14.07.2025].
67: Werner Färber: Die Fleddermaus. In: Ders.: Ungereimtheiten aus der Tierwelt. Hamburg 2012: Ungereimtheiten Verlag, S. 18. ISBN: 978-3-00-038102-7. (Text verändert)
69: Wilhelm Busch: Sie war ein Blümlein hübsch und fein. In: Das große Buch der Tiergedichte und Lieder. Ausgewählt von Victoria Gerold. München 2022: arsEdition GmbH, S. 113. ISBN 978-3-8458-4434-3.
71: James Krüss: Der gereimte Löwe. In: Ders.: Der wohltemperierte Leierkasten. 12 mal 12 Gedichte für Kinder, Erwachsene und andere Leute. München 1989: cbj in der Pengiun Random House Verlagsgruppe GmbH, S. 70. (Text verändert)
72: Victoria Herold: Eisbärwünsche. In: Das große Buch der Tiergedichte und Lieder. Ausgewählt von Victoria Herold. München 2022: arsEdition GmbH, S. 10. ISBN 978-3-8458-4434-3.
72: Regina Schwarz: Ameisenbär. In: Das große Buch der Tiergedichte und Lieder. Ausgewählt von Victoria Gerold. München 2022: arsEdition GmbH, S. 53. ISBN 978-3-8458-4434-3.
73: Joachim Ringelnatz: Niedliches Eichhörnchen. In: Ders.: Gehemes Kinder-Spiel-Buch. Für Kinder von 5 bis 15 Jahren gedichtet und bebildert von Joachim Ringelnatz. Potsdam 1924: gustav Kiepenheuer, S. 35.
74: Jürgen Spohn: Manchmal. Aus: DasGedichtBlog.de c/o. Anton G. Leitner Verlag (V.i.S.d.P.) o.J. URL: https://dasgedichtblog.de/gedichte-fuer-kinder-folge-14-sechs-unveroeffentlichte-kindergedichte-von-juergen-spohn/2016/04/10/ [Zugriff: 14.07.2025].
75: Unbekannter Verfasser: Der Schmetterling. Aus: Heilpaedagogik-Info.de c/o. Diana Sanft, Erfurt o.J. URL: https://heilpaedagogik-info.de/tiergedichte-naturgedichte/2246-der-schmetterling [Zugriff: 14.07.2025].
76: Matsuo Bashō: Auf entlaubtem Ast. In: Hundertundelf Haiko. Matsu Bashō. Ausgewählt und übersetzt und mit einem Begleitwort versehen von Ralph-Rainer Wuthenow. Zürich 2009: Ammann Verlag, S. 95. ISBN 978-3-250-10518-3.
78: Josef Guggenmos: Schattenspiel. In: Ders.: Ich will dir was verraten. Geschichten und Gedichte. Weinheim & Basel 1992: Beltz & Gelberg in der Verlagsgruppe Beltz, S. 50–51. ISBN 978-3-407-80005-3.
80: Martin Ebbertz: Winterschlaf. In: Ders.: PRIMA HOLZOFEN PIZZA. Ge(r)dichte für (R)Kinder. Frankfurt/M. 2018: © Razamba. ISBN: 978-3-941725-49-2. (Text verändert)
81: Friedrich Hoffmann: Fliegenmahlzeit. In: Marabu und Känguruh. Die schönsten Tiergedichte. Ausge-

wählt von Kathrin Jockusch, Birgit Göckritz und Reinhard Michl. Hildesheim 2006: Gerstenberg Verlag, S. 69. ISBN: 978-3-8067-5114-5. (Text verändert)
82: Jan Kaiser: Wattwurms Erwachen. In: Ders.: Wie Schwech und Pefel. Liebeslustundlachgedichte. München 2003: Knaur, S. 12–13. ISBN: 978-3-426-66104-8. (Text verändert)
85: Christian Morgenstern: Die Vogelscheuche. In: Marabu und Känguruh. Die schönsten Tiergedichte. Ausgewählt von Kathrin Jockusch, Birgit Göckritz und Reinhard Michl. Hildesheim 2006: Gerstenberg Verlag, S. 39. ISBN: 978-3-8067-5114-5. (Text verändert)
85: Wolfgang Harranth: Drei Finken. In: Hans-Joachim Gelberg (Hrsg.): Überall und neben dir. Weinheim & Basel 1994 [1986]: Beltz Verlag, S. 63. ISBN 978-3-407-79972-2. (Text verändert)
87: Marc-Uwe Kling: Das Klugscheißerchen. Hamburg 2023: Carlsen Verlag, S. 7–14. ISBN 978-3-551-52282-5.
89: Erich Kästner: Wie Till Eulenspiegel einem Esel das Lesen beibrachte. In: Ders.: Till Eulenspiegel. Zürich 2018: Atrium Verlag AG, S. 52–57. (Text verändert)
91: Astrid Lindgren: Wie Ole seinen Hund bekam. In: Dies.: Wir Kinder aus Bullerbü. Deutsch von Else von Hollander-Lossow. Hamburg 1988: Friedrich Oetinger Verlag, S. 42–47. ISBN: 978-3-7891-1944-6. Mit freundlicher Genehmigung des Verlages.
94: Cornelia Funke: Der Bücherfresser. Bindlach 2021: Loewe Verlag. ISBN: 978-4-7432-0217-7.
98: Raquel J. Palacio: Wunder. Übersetzt von André Mumot. München 2017: Carl Hanser Verlag, S. 9–10. ISBN 978-3-446-24175-6.
99: Raquel J. Palacio: Wunder. Übersetzt von André Mumot. München 2017: Carl Hanser Verlag, S. 123–125. ISBN 978-3-446-24175-6.
101: Raquel J. Palacio: Wunder. Übersetzt von André Mumot. München 2017: Carl Hanser Verlag, S. 208–210. ISBN 978-3-446-24175-6.
102: Raquel J. Palacio: Wunder. Übersetzt von André Mumot. München 2017: Carl Hanser Verlag, S. 53–55. ISBN 978-3-446-24175-6.
102: Raquel J. Palacio: Wunder. Übersetzt von André Mumot. München 2017: Carl Hanser Verlag, S. 225–227. ISBN 978-3-446-24175-6.
104: Raquel J. Palacio: Wunder. Übersetzt von André Mumot. München 2017: Carl Hanser Verlag, S. 10, 209 & 439. ISBN 978-3-446-24175-6.
104: Raquel J. Palacio: Wunder. Wie Julian es sah. München 2014: Carl Hanser Verlag, S. 56. ISBN 978-3-446-24821-2
106: Nikolás Schuff: Kommst du mit zum Mond? München 2023: Knesebeck-Verlag, S. 15–34. ISBN 978-3-95728-716-8.
108: Anne Becker: Die beste Bahn meines Lebens. Klappentext. Weinheim & Basel 2019: Beltz & Gelberg in der Verlagsgruppe Beltz. ISBN 978-3-407-81255-1.
109: Anne Becker: Die beste Bahn meines Lebens. Weinheim & Basel 2019: Beltz & Gelberg in der Verlagsgruppe Beltz, S. 5–11. ISBN 978-3-407-81255-1.
113: Anne Becker: Die beste Bahn meines Lebens. Weinheim & Basel 2019: Beltz & Gelberg in der Verlagsgruppe Beltz, S. 41–42. ISBN 978-3-407-81255-1.
115: Anne Becker: Die beste Bahn meines Lebens. Weinheim & Basel 2019: Beltz & Gelberg in der Verlagsgruppe Beltz, S. 123–125. ISBN 978-3-407-81255-1.
116: Anne Becker: Die beste Bahn meines Lebens. Weinheim & Basel 2019: Beltz & Gelberg in der Verlagsgruppe Beltz, S. 175–176. ISBN 978-3-407-81255-1.
123: Anne Becker: Die beste Bahn meines Lebens. Weinheim & Basel 2019: Beltz & Gelberg in der Verlagsgruppe Beltz, S. 57–59. ISBN 978-3-407-81255-1.
146: Sandy Syperek: Wie halte ich Zwergkaninchen richtig? Aus: Deutscher Tierschutzbund e.V., Bonn o.J. URL: https://www.tierschutzbund.de/tiere-themen/haustiere/andere-haustiere/zwergkaninchen/ [Zugriff: 28.07.2025].
147: Deutscher Tierschutzbund e.V., Bonn o.J.: Impressum. URL: https://www.tierschutzbund.de/impressum/ [Zugriff: 28.07.2025].
179: Unbekannter Verfasser (© dpa): Zehnjährigen im Zug vergessen – Außerplanmäßiger Halt in Neumünster. Verlagsgesellschaft Madsack GmbH & Co. KG, Hannover, 05.11.2023. URL: https://www.rnd.de/panorama/ flensburgneumuenster-familie-vergisst-zehnjaehrigen-beim-umstieg-KUVJSFEXD5OE5M47DBYX2XOBXQ.html [Zugriff: 01.08.2025]
202: Unbekannter Verfasser: Papierboote-Rennen. Aus: Saarländischer Rundfunk, Saarbrücken, 17.09.2021. URL: https://www.unserding.de/unserding/news/themen/die-verruecktesten-wettbewerbe-der-welt100.html [Zugriff: 28.07.2025] (Text verändert)
202: Unbekannter Verfasser: Beerenpflücken-WM. Aus: Saarländischer Rundfunk, Saarbrücken, 17.09.2021. URL: https://www.unserding.de/unserding/news/themen/die-verruecktesten-wettbewerbe-der-welt100.html [Zugriff: 28.07.2025] (Text verändert)
202: Merlin Scholz: Verrückte Wettbewerbe. Moorschnorcheln und Schienbeintreten. Aus: Süddeutsche Zeitung, München, 15.06.2009. URL: https://www.sueddeutsche.de/reise/ verrueckte-wettbewerbe-moorschnorcheln-und-schienbeintreten-1.462724 [Zugriff: 28.07.2025] (Text verändert)
226: Unbekannter Verfasser: Lach mal wieder! Witz des Tages: Ein Angler geht aufs Eis... Aus: Express. Verlag DuMont Schauberg, Köln, 05.05.2024. URL: https://

www.express.de/witz-des-tages/witz-des-tages-am-05-05-24-ein-angler-geht-aufs-eis-734287 [Zugriff: 31.07.2025] (Text verändert)
227: Margit Auer: Fuchs Rabbat fragt die schlaue Eule Muriel ... In: Die Schule der magischen Tiere: Witze! Über 333 magische Tier- und Schülerwitze. Hamburg 2019: Carlsen Verlag, S. 18. ISBN 978-3-551-65105-1 (Text verändert)
237: Kurt Weil: Klopslied. In: Carl Einstein & Paul Westheim: Europa-Almanach. Leipzig 1925: Kiepenheuer Verlag.
238: Brüder Grimm: Rootkäppken. In Bolko Bullerdiek (Hrsg.): Grimms Märchen. Plattdüütsch vertellt. Hamburg 1993: Quickborn-Verlag, S. 32. ISBN 3-87651-144-5 / Hamburg, Hörbuch Verlagsgesellschaft Dr. Dahms 2007.
238: Brüder Grimm: Doornröösken. In Bolko Bullerdiek (Hrsg.): Grimms Märchen. Plattdüütsch vertellt. Hamburg 1993: Quickborn-Verlag, S. 37. ISBN 3-87651-144-5 / Hamburg, Hörbuch Verlagsgesellschaft Dr. Dahms 2007.
238: Brüder Grimm: Fro Holl. In Bolko Bullerdiek (Hrsg.): Grimms Märchen. Plattdüütsch vertellt. Hamburg 1993: Quickborn-Verlag, S. 22. ISBN 3-87651-144-5 / Hamburg, Hörbuch Verlagsgesellschaft Dr. Dahms 2007.
239: Haim Shafir: Halli Galli Deluxe. Ratz fatz Familienspaß! Dietzenbach 2009: AMIGO Spiel + Freizeit GmbH, S. 1–4.
239: Haim Shafir: Halli Galli Deluxe. Il gioco per tutta la damiglia! Dietzenbach 2009: AMIGO Spiel + Freizeit GmbH, S. 13–16.
239: Haim Shafir: Halli Galli Deluxe. Ratz fatz Familienspaß! Redaktionell ins Bairische und Niederdeutsche übersetzt. Dietzenbach 2009: AMIGO Spiel + Freizeit GmbH, S. 1–4.
242: Norma Schulz: Ganz goot. © Schulz, Norma.
242: Dzwonek, Jesiah / Sierota, Jefery / Sierota, Graham / Sierota, Jamie / Sierota, Noah /
242: Sierota Sydney: Cool Kids. © Echosmith Songs/WB Music Corp. D/A/CH Neue Welt Musikverlag GmbH, Hamburg.
242: Wolfgang Niedecken: Schloof, Jung, schloog joot. © Niedecken, Wolfgang.
255: Brüder Grimm: Der Hahnenbalken. In: Dies.: Kinder- und Hausmärchen, Band 2. Ditzingen 2025: Philipp Reclam jun. Verlag , S. 287. ISBN 978-3-15-014674-3. (Text verändert)

Bilder:

|Alamy Stock Photo, Abingdon/Oxfordshire: Brian Jackson 185.1; Kneschke, Robert 292.1. |Alamy Stock Photo (RMB), Abingdon/Oxfordshire: Arcurs, Yuri 293.1; © Heirs of Josephine N. Hopper/VAGA at ARS, NY / VG Bild-Kunst, Bonn 2025 178.1. |Arena Verlag GmbH, Würzburg: 119.2, 119.4, 126.2; aus: Katja Brandis/ Woodwalkers. Carags Verwandlung/Umschlag von: Claudia Carls© 2016/2020 119.5. |Atlas zur deutschen Alltagssprache: Elspaß, Stephan / Robert Möller: Atlas zur deutschen Alltagssprache (AdA). URL: www.atlasalltagssprache.de [2003ff.] 237.1. |Baumhaus Verlag in der Bastei Lübbe AG, Köln: 39.5. |Baydemir, Alper, München: 135.1, 135.3, 142.1, 143.1, 145.1, 146.1, 147.1. |Burg Verlag, Rehau: 126.1. |Carl Hanser Verlag GmbH & Co. KG, München: Dita Zipfel, Wie der Wahnsinn mir die Welt erklärte. Mit Illustrationen von Rán Flygenring. © 2019 Carl Hanser Verlag GmbH & Co. KG, München 126.7. |Carlsen Verlag GmbH, München: 28.1, 29.1, 126.6, 126.9; aus: Der Tag, an dem der Opa den Wasserkocher auf den Herd gestellt hat, Marc-Uwe Kling, Carlsen 2020 35.2, 35.3, 35.4, 35.5, 35.6, 35.7, 36.5, 37.6, 37.9; aus: Der Tag, an dem die Oma das Internet kaputt gemacht hat, Marc-Uwe Kling, Carlsen 2020 33.1, 33.2, 33.3, 33.4, 33.5, 33.6. |Cornelsen Verlag GmbH (Duden), Berlin: https://www.duden.de/rechtschreibung 304.1. |Deutsches Museum, München: Archiv, BN31019 130.1. |Heinen, Rosalie, Münster: 20.1, 20.2, 30.1, 30.2, 30.3, 30.4, 30.5, 30.6, 30.7, 30.8, 30.9, 38.1, 38.2, 46.1, 46.2, 64.1, 64.2, 83.1, 83.2, 83.3, 83.4, 83.5, 83.6, 83.7, 83.8, 105.1, 105.2, 105.3, 105.4, 105.5, 105.6, 105.7, 128.1, 128.2, 139.1, 139.2, 152.1, 152.2, 165.1, 165.2, 184.1, 206.1, 206.2, 217.1, 217.2, 217.3, 217.4, 217.5, 230.1, 230.2, 241.1, 241.2, 250.1, 250.2, 271.1, 271.2, 286.1, 286.2. |Hörbuch Hamburg HHV GmbH, Hamburg: 35.1, 36.1, 37.1, 39.2, 39.3; Marc-Uwe Kling: Der Tag, an dem die Oma das Internet kaputt gemacht hat. 32.2. |Imago Creative, Berlin: Depositphotos 179.1. |Imago Editorial, Berlin: Depositphotos 243.1; Markus Tischler 242.1; QUHONGLUM/VCG 137.1. |iStockphoto.com, Calgary: Titel; adamkaz 301.1; AzmanJaka 47.4; Constantinis 47.6; designer491 294.1; Ekaterina79 5.1; Eloi_Omella 153.3; evgenyatamanenko 5.2; extravagantni 153.2; f9photos 153.4; FatCamera 11.1; freemixer 47.5; fstop123 296.1; GlobalP 151.2; hawk_style 178.2; Imgorthand 47.2; Irina Meshcheryakova 150.1, 150.2; jimmyjamesbond 149.1; Jose carlos Cerdeno 47.1; kali9 300.1; marekuliasz 297.1; martinedoucet 12.1; MasterLu 153.1; monkeybusinessimages 40.4, 135.2; Nieves, Marilyn 7.1, 290.1; Pavlina Popovska 40.2; PeopleImages 47.3; PicturePartners 151.1; RnDmS 40.1; SerrNovik 6.5, 232.1; skynesher 3.2, 8.1, 9.1, 15.1; vgajic 303.1; Wackerhausen, Jacob 291.1; Zinkevych 11.2. |JUMBO Neue Medien & Verlag GmbH, Hamburg: 39.4. |Magellan Verlag, Bamberg: 126.8. |mauritius images GmbH, Mittenwald: imageBROKER / Ben Kriemann 243.2. |Müller, Prof. Dr. Astrid, Hamburg: 203.1. |Naumann, Andrea, Aachen: 305.1. |Picture-Alliance GmbH, Frankfurt a.M.: Westend61 40.3. |Shutterstock.com, New York: Titel; CL STOCK 132.1; Halfpoint 298.1; Namoglu, Berna 7.2, 299.1; Principe, Fabio 3.3; Ratchat 289.1; Romaniuk, Olha 302.1. |Stadtbibliothek Braunschweig, Braunschweig: 121.1, 121.2. |Stiebner Verlag GmbH, Gruenwald: 119.3. |stock.adobe.com, Dublin: carballo 295.1; fotogestoeber 9.2; Kzenon 288.1. |Thienemann in der Thienemann-Esslinger Verlag GmbH, Stuttgart, München: 126.4. |Verlag Friedrich Oetinger GmbH, Hamburg: Illustration: Hannes Maar 126.3. |Verlagsgruppe Beltz, Weinheim: 108.1; aus: Anne Becker: Die beste Bahn meines Lebens. Weinheim 2021: Gulliver 109.1, 109.2, 111.1, 111.2, 112.1, 116.1. |© Fischer Sauerländer GmbH, Frankfurt am Main: 119.1, 126.5.